土木工程类专业应用型人才培养系列教材

公路工程造价

主　编　唐明怡
副主编　边　疆　赵泰翔
参　编　石欣然

北京理工大学出版社
BEIJING INSTITUTE OF TECHNOLOGY PRESS

内容简介

本书结合《公路工程标准施工招标文件》（2018年版）、《公路工程建设项目概算预算编制办法》（JTG 3830—2018）、《公路工程预算定额》（JTG/T 3832—2018），财政部、国家税务总局《关于全面推开营业税改征增值税试点的通知》（财税〔2016〕36号）对公路工程计价的整个程序进行了全面解析。本书共分8章，主要内容包括公路工程造价概述、公路工程定额原理、公路工程施工定额、公路工程预算定额、公路工程概预算编制原理、公路工程定额工程量计量与计价、公路工程工程量清单和公路工程工程量清单与计价编制等。

本书可作为普通高等院校交通工程类专业工程造价类课程教材，也可作为电大、职大、函大、自考及培训班教学用书，同时可供相关从业人员参考。

版权专有 侵权必究

图书在版编目（CIP）数据

公路工程造价/唐明怡主编. —北京：北京理工大学出版社，2021.1
ISBN 978-7-5682-9513-0

Ⅰ. ①公… Ⅱ. ①唐… Ⅲ. ①道路工程－工程造价－高等学校－教材 Ⅳ. ①U415.13

中国版本图书馆CIP数据核字（2021）第020980号

出版发行 /	北京理工大学出版社有限责任公司
社　　址 /	北京市海淀区中关村南大街5号
邮　　编 /	100081
电　　话 /	（010）68914775（总编室）
	（010）82562903（教材售后服务热线）
	（010）68948351（其他图书服务热线）
网　　址 /	http://www.bitpress.com.cn
经　　销 /	全国各地新华书店
印　　刷 /	河北鑫彩博图印刷有限公司
开　　本 /	787毫米×1092毫米　1/16
印　　张 /	20.5
字　　数 /	550千字
版　　次 /	2021年1月第1版　2021年1月第1次印刷
定　　价 /	58.00元

责任编辑／李　薇
文案编辑／赵　轩
责任校对／刘亚男
责任印制／边心超

图书出现印装质量问题，请拨打售后服务热线，本社负责调换

前　言

自《中华人民共和国招标投标法》实施以来，招标投标制在公路工程建设市场得到广泛的推广和应用。目前，公路工程虽普遍依据交通运输部颁布的《公路工程标准施工招标文件》（2018年版）开展招标投标工作，采用工程量清单计价模式，但同时也存在着少量的传统定额计价模式。双规并存的计价模式使得从业人员迫切需要一本能及时反映行业发展的公路工程计量与计价教材，本书就是为满足上述需要，依据《公路工程标准施工招标文件》（2018年版）、《公路工程建设项目概算预算编制办法》（JTG 3830—2018）、《公路工程预算定额》（JTG/T 3832—2018）及公路工程相关新规范编写而成的。

本书以招标投标阶段和施工阶段的造价为主要对象，结合公路工程施工建设、工程计价的特点，紧跟公路专业发展要求，全面反映了公路工程造价管理体制的新变化和实践的新发展。

本书由南京工业大学唐明怡（全国注册造价工程师、全国注册监理工程师）主编并负责全书的统稿工作，由南京工业大学边疆和江苏建科工程咨询有限公司赵泰翔担任副主编，美国宾夕法尼亚州立大学在读学生石欣然参与了本书的编写工作。具体编写分工为：第1章、第2章、第3章由边疆编写；第4章、第5章由唐明怡和赵泰翔共同编写；第6章、第7章、第8章由唐明怡和石欣然共同编写。

在本书编写过程中，编者参阅了很多专家、学者的著作，在此表示衷心的感谢！

由于编者水平有限，书中难免有不妥和疏漏之处，敬请广大读者批准指正。

编　者

目 录

第1章 公路工程造价概述 ... 1

1.1 公路基本建设概述 ... 1
1.1.1 建设工程与工程建设 ... 1
1.1.2 公路基本建设程序 ... 1
1.1.3 公路基本建设程序各阶段的造价类型 ... 6
1.1.4 基本建设项目的构成 ... 8

1.2 工程造价概述 ... 9
1.2.1 工程造价的含义 ... 9
1.2.2 建设项目总投资的构成 ... 9
1.2.3 工程造价的特点 ... 10
1.2.4 工程造价的计价特征 ... 11

1.3 工程建设定额概述 ... 12
1.3.1 定额的产生和形成 ... 12
1.3.2 我国公路工程定额的发展历程 ... 13
1.3.3 定额与劳动生产率 ... 14
1.3.4 工程建设定额的分类 ... 14
1.3.5 工程建设定额的特性 ... 16

1.4 公路工程计价改革 ··· 17
   1.4.1 公路工程计价改革历程 ·· 17
   1.4.2 公路工程工程量清单计价 ·· 18

第2章 公路工程定额原理 ·· 20

2.1 工时研究 ··· 20
   2.1.1 工时研究的含义 ·· 20
   2.1.2 施工过程研究 ··· 20
   2.1.3 工作时间消耗的分类 ··· 23

2.2 计时观察法（选讲） ·· 27
   2.2.1 计时观察法概述 ·· 27
   2.2.2 计时观察前的准备工作 ·· 27
   2.2.3 计时观察法的分类 ·· 28
   2.2.4 计时观察资料的整理 ··· 37

第3章 公路工程施工定额 ·· 43

3.1 施工定额的作用 ··· 43

3.2 施工定额中"三量"的确定 ·· 46
   3.2.1 劳动消耗定额 ··· 46
   3.2.2 施工机械消耗定额 ·· 52
   3.2.3 材料消耗定额 ··· 53

3.3 《公路工程施工定额》的内容及应用 ·· 57
   3.3.1 《公路工程施工定额》的内容 ··· 57
   3.3.2 《公路工程施工定额》的应用 ··· 58

第4章 公路工程预算定额 ... 63

4.1 预算定额中人工费的确定 ... 63
4.1.1 人工工日消耗量的确定 ... 63
4.1.2 人工工日单价的组成与确定 ... 65

4.2 预算定额中材料费的确定 ... 69
4.2.1 材料消耗量的确定 ... 69
4.2.2 材料预算价格的组成与确定 ... 69

4.3 预算定额中施工机械使用费的确定 ... 73
4.3.1 施工机械台班消耗量的确定 ... 73
4.3.2 施工机械台班单价的组成与确定 ... 75

4.4 公路工程预算定额的有关说明 ... 78
4.4.1 预算定额的适用范围及组成 ... 78
4.4.2 预算定额的有关规定 ... 79

第5章 公路工程概预算编制原理 ... 86

5.1 公路工程概预算费用 ... 86
5.1.1 公路工程概预算费用组成 ... 86
5.1.2 《编制办法》总则 ... 86
5.1.3 《编制办法》基本规定 ... 88

5.2 建筑安装工程费和定额建筑安装工程费的组成与确定 ... 88
5.2.1 直接费和定额直接费的组成与确定 ... 88
5.2.2 设备购置费和定额设备购置费的组成与确定 ... 89
5.2.3 措施费的组成与确定 ... 89
5.2.4 企业管理费的组成与确定 ... 97
5.2.5 规费的组成与确定 ... 99
5.2.6 利润的组成与确定 ... 100

  5.2.7 税金的组成与确定 ……………………………………………………………… 101
  5.2.8 专项费用的组成与确定 …………………………………………………… 101
 5.3 土地使用及拆迁补偿费的组成与确定 ………………………………………………… 102
  5.3.1 土地使用及拆迁补偿费的组成 …………………………………………… 102
  5.3.2 土地使用及拆迁补偿费的确定 …………………………………………… 103
 5.4 工程建设其他费的组成与确定 ………………………………………………………… 104
  5.4.1 建设项目管理费的组成与确定 …………………………………………… 104
  5.4.2 研究试验费的组成与确定 ………………………………………………… 108
  5.4.3 建设项目前期工作费的组成与确定 ……………………………………… 108
  5.4.4 专项评价（估）费的组成与确定 ………………………………………… 109
  5.4.5 联合试运转费的组成与确定 ……………………………………………… 109
  5.4.6 生产准备费的组成与确定 ………………………………………………… 110
  5.4.7 工程保通管理费的组成与确定 …………………………………………… 110
  5.4.8 工程保险费的组成与确定 ………………………………………………… 111
  5.4.9 其他相关费用的组成与确定 ……………………………………………… 111
 5.5 预备费的组成与确定 …………………………………………………………………… 111
  5.5.1 基本预备费的组成与确定 ………………………………………………… 111
  5.5.2 价差预备费的组成与确定 ………………………………………………… 111
 5.6 建设期贷款利息的组成与确定 ………………………………………………………… 112
 5.7 公路工程建设项目各项费用计算程序及计算方法 …………………………………… 112
 5.8 概预算文件内容及组成 ………………………………………………………………… 114
  5.8.1 概预算文件组成 …………………………………………………………… 114
  5.8.2 公路工程概预算文件的编制 ……………………………………………… 115
  5.8.3 公路工程概预算文件表格填写顺序 ……………………………………… 119
  5.8.4 概预算项目及编码规则 …………………………………………………… 121
  5.8.5 封面、目录及概（预）算表格样式 ……………………………………… 122

第6章 公路工程定额工程量计量与计价 …………………………………………… 148

 6.1 路基工程 ………………………………………………………………………………… 148

6.1.1	路基工程定额内容组成及说明	148
6.1.2	路基土、石方工程	148
6.1.3	特殊路基处理工程	161
6.1.4	排水工程	166
6.1.5	防护工程	169

6.2 路面工程 …… 172

6.2.1	路面工程定额内容组成及说明	172
6.2.2	路面基层及垫层	174
6.2.3	路面面层	177
6.2.4	路面附属工程	183

6.3 隧道工程 …… 183

6.3.1	隧道工程定额内容组成及说明	183
6.3.2	洞身工程	184
6.3.3	洞门工程	189
6.3.4	辅助坑道	189
6.3.5	瓦斯隧道	190

6.4 桥涵工程 …… 191

6.4.1	桥涵工程定额内容组成及说明	191
6.4.2	开挖基坑	193
6.4.3	筑岛、围堰及沉井工程	196
6.4.4	打桩工程	198
6.4.5	灌注桩工程	200
6.4.6	砌筑工程	203
6.4.7	现浇混凝土及钢筋混凝土	205
6.4.8	预制、安装混凝土及钢筋混凝土构件	208
6.4.9	构件运输	213
6.4.10	拱盔、支架工程	214
6.4.11	钢结构工程	217
6.4.12	杂项工程	218

6.5 交通工程及沿线设施 220

6.5.1 交通工程及沿线设施定额内容组成及说明 220
6.5.2 安全设施 220
6.5.3 监控、收费系统 223
6.5.4 通信系统及通信管道 224
6.5.5 通风及消防设施 225
6.5.6 供电、照明系统 225
6.5.7 电缆敷设 226
6.5.8 配管及铁构件制作安装 227

6.6 绿化及环境保护工程 227

6.6.1 绿化及环境保护工程定额内容组成及说明 227
6.6.2 绿化工程 227
6.6.3 环境保护工程 228

6.7 临时工程 228
6.8 材料采集及加工 229
6.9 材料运输 230

第7章 公路工程工程量清单 232

7.1 公路工程工程量清单概述 232

7.1.1 工程量清单的有关概念 232
7.1.2 工程量清单的作用 234
7.1.3 工程量清单编制的原则 234
7.1.4 编制工程量清单的条件 235
7.1.5 工程量清单的编制责任人 235

7.2 公路工程工程量清单的内容与编写要求 236

7.2.1 公路工程工程量清单的内容 236
7.2.2 编写工程量清单的要求 242

7.3 公路工程工程量清单计量规则概述 242

7.3.1 计量规则的内容组成 …………………………………………………… 242

7.3.2 公路工程工程量清单计量总则 …………………………………………… 243

7.3.3 计量规则总说明 …………………………………………………………… 245

第8章 公路工程工程量清单与计价编制 …………………………………………… 249

8.1 路基工程 ………………………………………………………………………… 249

8.1.1 路基工程工程量清单编制 ………………………………………………… 249

8.1.2 路基工程工程量清单计价的编制 ………………………………………… 254

8.2 路面工程 ………………………………………………………………………… 256

8.2.1 路面工程工程量清单编制 ………………………………………………… 256

8.2.2 路面工程工程量清单计价的编制 ………………………………………… 258

8.3 桥梁、涵洞工程 ………………………………………………………………… 260

8.3.1 桥梁、涵洞工程工程量清单编制 ………………………………………… 260

8.3.2 桥梁、涵洞工程工程量清单计价的编制 ………………………………… 263

8.4 隧道工程 ………………………………………………………………………… 265

8.4.1 隧道工程工程量清单编制 ………………………………………………… 265

8.4.2 隧道工程工程量清单计价的编制 ………………………………………… 267

8.5 安全设施及预埋管线工程 ……………………………………………………… 268

8.5.1 安全设施及预埋管线工程工程量清单编制 ……………………………… 268

8.5.2 安全设施及预埋管线工程工程量清单计价的编制 ……………………… 269

8.6 绿化及环境保护设施工程 ……………………………………………………… 270

8.6.1 绿化及环境保护设施工程工程量清单编制 ……………………………… 270

8.6.2 绿化及环境保护设施工程工程量清单计价的编制 ……………………… 270

附录 ……………………………………………………………………………………… 272

附录A 概预算项目表 …………………………………………………………… 272

附录B 工程量清单计量规则（节选） ················· 297
附录C 设备与材料的划分标准 ······················ 300
附录D 全国冬期施工气温区划分表 ··················· 303
附录E 全国雨期施工雨量区及雨季期划分表 ············· 307
附录F 全国风沙地区公路施工区划分表 ················ 312
附录G 涉水项目施工期通航安全保障费用计算方法 ········· 313

参考文献 ·· 316

第1章

公路工程造价概述

建筑业是国民经济中一个独立的生产部门,公路工程是建筑业生产的产品。产品需要计算价格,公路工程造价就是对公路工程产品进行价格计算。

1.1 公路基本建设概述

1.1.1 建设工程与工程建设

建设工程是人类有组织、有目的、大规模的经济活动,是固定资产再生产过程中形成综合生产能力或发挥工程效益的工程项目。其经济形态包括建筑、安装工程建设,购置固定资产以及与此相关的一切其他工作。

建设工程是指建设新的或改造原有的固定资产。固定资产是指在社会再生产过程中,可供较长时间使用,并在使用过程中基本不改变原有实物形态的劳动资料和其他物质资料。它是人类物质财富的积累,是人们从事生产和物质消费的基础。

建设工程的特定含义是通过"建设"来形成新的固定资产,单纯的固定资产购置如购进商品房屋,购进施工机械,购进车辆、船舶等,虽然新增了固定资产,但一般不视为建设工程。建设工程是建设项目从预备、筹建、勘察设计、设备购置、建筑安装、试车调试、竣工投产,直到形成新的固定资产的全部工作。

工程建设是人们利用各种施工机具、机械设备对各种建筑材料等进行建造和安装,使之成为固定资产的过程。

公路基本建设是指在公路工程中,人们利用各种施工机具、机械设备对各种建筑材料等进行建造和安装,使之成为有关公路固定资产的过程。

1.1.2 公路基本建设程序

基本建设程序是指建设项目从策划、选择、评估、决策、设计、施工到竣工验收、投入生产或交付使用的整个建设过程中,各项工作必须遵循的先后次序的法则。这个法则是人们在认识客观规律的基础上制定出来的,是建设项目科学决策和顺利进行的重要保证,按照建设项目发展的内在联系和发展过程，建设程序可分为若干阶段，这些发展阶段有严格的先后次序，不能任意颠倒而违反它的发展规律。

1.1.2.1　《中华人民共和国公路法》及《公路建设监督管理办法》对公路基本建设程序的规定

《中华人民共和国公路法》（以下简称《公路法》）第二十二条规定："公路建设应当按照国家规定的基本建设程序和有关规定进行。"该规定用法律形式确定了公路基本建设程序制度。

交通运输部令2006年第6号《公路建设监督管理办法》第八条规定："公路建设应当按照国家规定的建设程序和有关规定进行。政府投资公路建设项目实行审批制，企业投资公路建设项目实行核准制。县级以上人民政府交通主管部门应当按职责权限审批或核准公路建设项目，不得越权审批、核准项目或擅自简化建设程序。"

（1）政府投资公路建设项目的实施，应当按照下列程序进行：
1）根据规划，编制项目建议书；
2）根据批准的项目建议书，进行工程可行性研究，编制可行性研究报告；
3）根据批准的可行性研究报告，编制初步设计文件；
4）根据批准的初步设计文件，编制施工图设计文件；
5）根据批准的施工图设计文件，组织项目招标；
6）根据国家有关规定，进行征地拆迁等施工前准备工作，并向交通主管部门申报施工许可；
7）根据批准的项目施工许可，组织项目实施；
8）项目完工后，编制竣工图表、工程决算和竣工财务决算，办理项目交、竣工验收和财产移交手续；
9）竣工验收合格后，组织项目后评价。

国务院对政府投资公路建设项目建设程序另有简化规定的，依照其规定执行。

（2）企业投资公路建设项目的实施，应当按照下列程序进行：
1）根据规划，编制工程可行性研究报告；
2）组织投资人招标工作，依法确定投资人；
3）投资人编制项目申请报告，按规定报项目审批部门核准；
4）根据核准的项目申请报告，编制初步设计文件，其中涉及公共利益、公众安全、工程建设强制性标准的内容应当按项目隶属关系报交通主管部门审查；
5）根据初步设计文件编制施工图设计文件；
6）根据批准的施工图设计文件组织项目招标；
7）根据国家有关规定，进行征地拆迁等施工前准备工作，并向交通主管部门申报施工许可；
8）根据批准的项目施工许可，组织项目实施；
9）项目完工后，编制竣工图表、工程决算和竣工财务决算，办理项目交、竣工验收；
10）竣工验收合格后，组织项目后评价。

（3）县级以上人民政府交通主管部门根据国家有关规定，按照职责权限负责组织公路建设项目的项目建议书、工程可行性研究工作、编制设计文件、经营性项目的投资人招标、竣工验收和项目后评价工作。

公路建设项目的项目建议书、工程可行性研究报告、设计文件、招标文件、项目申请报告等应按照国家颁发的编制办法或有关规定编制，并符合国家规定的工作质量和深度要求。

（4）公路建设项目法人应当依法选择勘察、设计、施工、咨询、监理单位，采购与工程建设有关的重要设备、材料，办理施工许可，组织项目实施，组织项目交工验收，准备项目竣工验收和后评价。

（5）公路建设项目应当按照国家有关规定实行项目法人责任制度、招标投标制度、工程监理制度和合同管理制度。

（6）公路建设项目必须符合公路工程技术标准。施工单位必须按批准的设计文件施工，任何单位和人员不得擅自修改工程设计。

已批准的公路工程设计，原则上不得变更。确需设计变更的，应当按照原交通运输部制定的《公路工程设计变更管理办法》的规定履行审批手续。

（7）公路建设项目验收分为交工验收和竣工验收两个阶段。项目法人负责组织对各合同段进行交工验收，并完成项目交工验收报告报交通主管部门备案。交通主管部门在15天内没有对备案项目的交工验收报告提出异议，项目法人可开放交通进入试运营期。试运营期不得超过3年。

通车试运营2年后，交通主管部门应组织竣工验收，经竣工验收合格的项目可转为正式运营。对未进行交工验收、交工验收不合格或没有备案的工程开放交通进行试运营的，由交通主管部门责令停止试运营。

公路建设项目验收工作应当符合原交通运输部制定的《公路工程竣（交）工验收办法》的规定。

1.1.2.2　公路基本建设程序的主要工作环节说明

公路基本建设程序的主要工作环节示意图如图1-1所示。

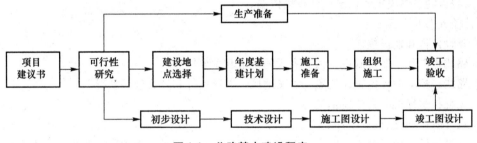

图1-1　公路基本建设程序

1. 项目建议书阶段

项目建议书是要求建设某一具体项目的建设文件，是项目建设程序中最初阶段的工作，是投资决策前对拟建项目的轮廓设想。

项目建议书的主要作用是为了推荐一个拟进行建设的项目的初步说明，论述它的建设必要性、条件的可行性和获利的可能性，供建设管理部门选择并确定是否进行下一步工作。

项目建议书的内容视项目的不同情况而有繁有简，但一般包括以下几个方面：
（1）建设项目提出的必要性和依据。
（2）产品方案、拟建规模和建设地点的初步设想。
（3）资源情况、建设条件、协作关系等的初步分析。
（4）投资估算和资金筹措设想。
（5）经济效益和社会效益的估计。

2. 可行性研究报告阶段

（1）可行性研究。项目建议书一经批准，即可着手进行可行性研究，对项目在技术上是否可行、经济上是否合理进行科学分析和论证。我国从20世纪80年代初将可行性研究正式纳入基本建设程序和前期工作计划；规定大中型项目、利用外资项目、引进技术和设备进口项目都要进行可行性研究，其他项目有条件的也要进行可行性研究。

（2）可行性研究报告的编制。可行性研究报告是确定建设项目、编制设计文件的重要依据。所有基本建设都要在可行性研究通过的基础上，选择经济效益最好的方案编制可行性研究报告。由于可行性研究报告是项目最终决策和进行初步设计的重要文件，因此，要求它有相当的深度和准确性。在20世纪80年代中期推行的财务评价和国民经济评价方法，已是可行性研究报告中的重要部分。

（3）可行性研究报告的审批。1988年国务院颁布的投资管理体制的近期改革方案，对可行性研究报告的审批权限做了新的调整。文件规定，属中央投资、中央和地方合资的大中型和限额以上（总投资2亿以上）项目的可行性研究报告要送原国家计委审批。可行性研究报告批准后，不得随意修改和变更。如果在建设规模、产品方案、建设地区、主要协作关系等方面有变动以及突破投资控制数时，应经原批准机关同意。

（4）设计任务书（即计划任务书）。设计任务书是工程建设大纲，是确定建设项目和建设方案（包括建设依据、规模、布局及主要技术经济要求等）的基本文件和编制设计文件的主要依据，而且是制约工程建设全过程的指导性文件。

编制设计任务书的依据是经审批后的工程可行性研究报告，其作用是对可行性研究报告所推荐的最佳方案进行更深入细致的研究，进一步分析拟建项目的利弊得失，落实各项建设条件和协作配合条件，审核各项技术经济指标的可靠性，比较、确定建设规模、标准，审查建设资金来源，为项目的最终决策和初步设计提供依据。

设计任务书的内容如下：

1）建设依据和建设规模。
2）路线走向和主要控制点，独立大桥的桥址和主要特点。
3）路线、桥梁地理位置，气象、水文地质、地形条件和社会经济状况。
4）工程技术标准和主要技术指标。
5）设计阶段和完成设计时间。
6）环境保护、城市规划、抗震、防洪、防空、文物保护等要求和采用的相应措施方案。
7）投资估算和资金筹措，包括主体工程和辅助配套工程所需的投资，资金来源、筹措方式及贷款的偿付方式。
8）经济效益和社会效益。
9）建设工期和实施方案。
10）施工力量的初步安排意见。

设计任务书经审批后，该建设项目才算成立，才能据此进行工程设计和其他准备工作。在工程可行性研究阶段需要编制相应工程的投资估算。投资估算是可行性研究报告中的一项重要内容，是控制整个建设项目投资额的依据，关系到整个建设项目的成功与否，必须引起足够的重视。

3. 建设地点的选择阶段

建设地点的选择，按照隶属关系，由主管部门组织勘察设计等单位和所在地部门共同进行。凡在城市辖区内选点的，要取得城市规划部门的同意，并且要有协议文件。

选择建设地点主要考虑三个问题：一是工程地质、水文地质等自然条件是否可靠；二是建设时所需水、电、运输条件是否落实；三是项目建成投产后原材料、燃料等是否具备，同时对生产人员生活条件、生产环境等也应全面考虑。

4. 设计阶段

公路基本建设项目一般采用两阶段设计，即初步设计和施工图设计。对于技术复杂而又缺乏经验的建设项目，如特殊大桥，经主管部门同意可增加技术设计阶段，即按照初步设计、技术设计和施工图设计三个阶段进行。当采用两阶段设计的初步设计深度达到技术设计程度时，此时的初步设计也称为扩大初步设计。对于技术简单、方案明确的小型建设项目，可采用一阶段设计，即施工图设计。

（1）初步设计。初步设计是根据已批准的设计任务书和初测资料编制的，即根据设计任务书的要求，拟定修建原则，选定方案，计算主要工程数量，提出施工方案的意见，提供文字说明及图表资料。在初步设计阶段需由设计单位编制工程设计概算。设计概算一定要严格按照设计方案及其相应的施工方法进行编制，而且编制出的设计概算不允许突破投资估算允许的幅度范围，即概算与投资估算的误差不得大于10%。否则必须充分说明理由，上报有关部门认可。不然，应修改设计方案，调整设计概算。

经批准的初步设计可作为订购或调拨主要材料（如机具设备）、征用土地、控制基本建设投资、编制施工组织设计和施工图设计的依据。

当采用三阶段设计时，批准的初步设计也作为编制技术设计文件的依据。

（2）技术设计。技术设计应根据批准的初步设计及审批意见，对重大、复杂的技术问题通过科学试验、专题研究、加深勘探调查及分析比较，解决初步设计中未能解决的问题，落实技术方案，计算工程数量，提出修正的施工方案，修正设计概算。批准后则作为编制施工图和施工图预算的依据。

（3）施工图设计。施工图设计应根据已批准的初步设计或技术设计进一步对所审定的修建原则、设计方案、技术决定，加以具体和深化，最终确定各项工程数量，提出文字说明和适应施工需要的图表资料，以及施工组织设计，并且编制相应的施工图预算。编制出的施工图预算要控制在设计概算以内，否则需要分析超出概算的原因，并调整预算。

5. 编制年度基本建设投资计划阶段

建设项目要根据经过批准的总概算和工期，合理地安排分年度投资，年度计划投资的安排，要与长远规划的要求相适应，保证按期建成。年度计划安排的建设内容，要和当年分配的投资、材料、设备相适应。配套项目同时安排，相互衔接。

6. 施工准备阶段

项目在开工建设之前要切实做好各项准备工作。本阶段主要工作由项目法人负责，主要工作包括：完成征地拆迁工作；完成施工用水、电、路和场地平整等工程（即三通一平）；组织设备、材料订货；工程建设项目报建；委托建设监理；实行工程招标投标，择优选定施工单位；办理施工许可证等内容。

7. 组织施工阶段

施工阶段的工作主要由施工单位来实施，其主要工作有以下几项：

（1）前期准备工作。前期准备工作主要是指为使整个建设项目能顺利进行所必须做好的工作，如搭设临时设施，落实材料、机具设备、施工力量及与有关部门的协调工作。

（2）施工组织设计。施工单位要遵照施工程序合理组织施工，按照设计要求和施工规范，制订各个施工阶段的施工方案和机具、人力配备及全过程的施工计划。

（3）施工组织管理。组织管理工作在整个施工过程中起着至关重要的作用，组织管理的水平反映了该施工单位整体水平的高低。特别是在建设市场竞争激烈的情况下，若组织管理得好，可节约工程投资，降低工程造价，提高本企业的经济效益。

8. 生产准备阶段

建设单位要根据建设项目或主要单项工程生产技术特点及时地组成专门班子或机构，有计划地抓好生产准备工作，保证项目或工程建成后能及时投产。

生产准备的内容很多，各种不同的工业企业对生产准备的要求也各不相同，从总的方面看，生产准备的主要内容如下：

（1）招收和培训人员。大型工程项目往往自动化水平高，相互关联性强，操作难度大，工艺条件要求严格，而新招收的职工大多数可能以前并没有生产的实践经验，解决这一矛盾的主要途径就是人员培训，通过多种方式培训并组织生产人员参加设备的安装调试工作，掌握好生产技术和工艺流程。

（2）生产组织准备。生产组织准备是生产厂家为了按照生产的客观要求和有关企业法规定的程序进行的组织准备，主要包括生产管理机构设置、管理制度的制定、生产人员配备等内容。

（3）生产技术准备。生产技术准备主要包括国内装置设计资料的汇总，有关的国外技术资料的翻译、编辑，各种开工方案、岗位操作法的编制以及新技术的准备。

（4）生产物资准备。生产物资准备主要是落实原材料、协作产品、燃料、水、电、气等的来源和其他需协作配合条件，组织工装、器具、备品、备件等的制造和订货。

9. 竣工验收阶段

竣工验收是工程建设过程的最后一环，是全面考核基本建设成果、检验设计和工程质量的重要步骤，也是基本建设转入生产或使用的标志。通过竣工验收，一是检验设计和工程质量，保证项目按设计要求的技术经济指标正常生产；二是有关部门和单位可以总结经验教训；三是建设单位对验收合格的项目可以及时移交固定，使其由基建系统转入生产系统或投入使用。

10. 后评价阶段

建设项目后评价是工程项目竣工投产、生产运营一段时间后，再对项目的立项决策、设计施工、竣工投产、生产运营等全过程进行系统评价的一种技术经济活动，是固定资产投资管理的一项重要的内容，也是固定资产投资管理的最后一个环节。通过建设项目后评价以达到肯定成绩、总结经验、研究问题、吸取教训、提出建议、改进工作、不断提高项目决策水平和投资效果的目的。

1.1.3　公路基本建设程序各阶段的造价类型

我国基本建设制度规定："初步设计要有概算，施工图设计要有预算，工程竣工要有决算"。除此之外在基本建设全过程中，根据建设程序的要求和国家有关文件规定，还要编制其他有关的经济文件。按工程建设阶段划分，它们的内容与作用如下：

1. 投资估算造价

投资估算是在项目建议书阶段建设单位向国家或主管部门申请拟立项目时，为确定建设项目的投资总额而编制的经济文件。它是根据估算指标、概算指标等资料进行编制的。

投资估算的主要作用如下：

（1）它是国家或主管部门审批项目建议书，确立投资计划的重要依据，因此是决策性质的经济文件。

（2）已批准的投资估算作为设计任务书下达的投资限额，对设计概算起控制作用。

（3）投资估算也可作为项目资金筹措及制订贷款计划的依据。

（4）它也是国家编制中长远规划，保持合理投资比例和投资结构的重要依据。

2. 设计概算造价

设计概算是在初步设计或扩大初步设计阶段由设计单位以投资估算为目标，根据初步设计或扩大初步设计图纸、概算定额或概算指标、设备预算价格、各项费用定额或取费标准及建设地区的自然条件和技术经济条件等资料，计算编制的建设项目费用的文件。

设计概算是设计文件的重要组成部分。设计概算的主要作用如下：

（1）它是国家确定和控制基本建设投资额、编制基本建设计划的依据，每个建设项目只有在初步设计和概算文件被批准之后，才能真正列入基本建设计划，也才能进行下一步的设计，如由于设计变更等原因，建设费用超过原概算时，必须重新审查批准。

（2）它是评价设计方案是否经济合理，以便选择最优设计方案的重要依据。

（3）它是实行建设项目投资大包干的依据，其包干指标必须控制在设计概算额以内。

（4）它是建设银行控制基建拨款或贷款，进行财政监督的依据。

（5）它还是控制施工图预算造价，并进行"三算"对比，以考核建设成果的基础。

3. 修正概算造价

修正概算是当采用三阶段设计时，在技术设计阶段，随着对初步设计内容的深化，对建设规模、结构性质、设备类型和数量等内容可能进行修改和变动，因此对初步设计总概算应作相应的修正而形成的概算文件。一般情况下，修正概算不能超过原已批准的概算投资额。修正概算的作用与设计概算的作用基本相同。

4. 施工图预算造价

施工图预算是当设计工作完成之后，由施工成本单位（或设计单位）在工程开工之前，根据施工图纸、施工组织设计（或施工方案）、国家及地方颁发的工程预算定额和取费标准等有关规定、建设地区的自然和技术经济条件等资料，详细计算编制的单位工程或单项工程建设费用的文件。

施工图预算的主要作用如下：

（1）它是基本建设投资管理的具体文件。由于它比设计概算更具体和切合实际，因此可据此落实和调整年度投资计划。

（2）它是施工单位与建设单位签订工程承包合同的依据，也是双方进行工程结算的依据。

（3）它是建设银行在施工期间拨付工程款的依据。

（4）它是施工单位加强经营管理的基础。单位可依据施工图预算编制施工计划，进行施工准备活动。

（5）它是施工单位加强经济责任制的基础。单位必须在施工图预算造价范围内加强经济核算，降低成本，才能增加盈利。

（6）它是实行工程招标、投标的重要依据。施工图预算一方面是建设单位编制招标控制价的依据，另一方面也是施工单位投标报价的依据。

5. 工程结算造价

工程结算是在一个单项工程、单位工程、分部工程或分项工程完工，并经建设单位及有关部门验收后，由施工单位以施工图预算为依据，并根据设计变更通知书、现场签证、预算定额、材料预算价格和取费标准及有关结算凭证等资料，按规定编制向建设单位办理结算工程价款的文件。

工程结算一般有定期结算（如按月结算）、工程阶段结算（即按工程形象进度结算）和竣工结算等方式。竣工结算是反映工程全部造价的经济文件，施工单位以它为依据，向建设单位办理最后的工程价款结算。竣工结算也是编制竣工决算的依据。

6. 竣工决算造价

(1) 建设项目竣工决算。建设项目竣工决算是在建设项目全部竣工并经过验收后，由建设单位编制的从项目筹建到建成投产或使用的全过程中，实际支付的全部建设费用的技术经济文件。它是基本建设项目实际投资额和投资效果的反映；是作为核定新增固定资产和流动资产价值，国家或主管部门验收与交付使用的重要财务成本依据。

(2) 单位工程竣工成本决算。单位工程竣工成本决算是施工单位以工程竣工结算为依据编制的从施工准备到竣工验收的全部实际成本费用的文件。它用于单位内部进行工程成本分析，核实预算成本、实际成本和成本降低额，作为反映经营效果，总结经验以提高单位的经营管理水平的手段。

公路基本建设程序各阶段的造价类型示意图如图1-2 所示。

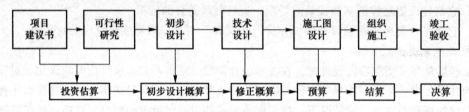

图1-2　公路基本建设程序各阶段的造价类型

1.1.4　基本建设项目的构成

建设项目是一个有机的整体，为了建设项目的科学管理和经济核算，将建设项目由大到小划分为：建设项目、单项工程、单位工程、分部工程、分项工程。

1. 建设项目

建设项目又称基本建设项目，一般是指符合国家总体建设规划，能独立发挥生产功能或满足生活需要，其项目建议书经批准立项和可行性研究报告经批准的建设任务。如交通基础设施中的一条公路、铁路、港口等。

2. 单项工程

单项工程是建设项目的组成部分，是指具有独立的设计文件，竣工后可以独立发挥生产设计能力或效益的产品车间（联合企业的分厂）生产线或独立工程。一个建设项目一般应由几个单项工程所组成，也可能只由一个单项工程组成，如某独立大中桥、隧道等。

公路建设的单项工程一般是指独立的桥梁工程、隧道工程，这些工程一般包括与已有公路的接线，建成以后可以独立发挥交通功能。但一条线路中的桥梁或隧道，在整个线路未修通前，并不能发挥交通功能，也就不能作为一个单项工程。

3. 单位工程

单位工程是指不能独立发挥生产能力，但具有独立设计的施工图，可以独立组织施工的工程。一个单项工程一般应由几个单位工程所组成，如独立合同段的路基工程、路面工程、隧道工程、桥涵工程等。

4. 分部工程

单位工程的组成部分，一般是按单位工程的主要结构、主要部位来划分的。在公路建设工程中，分部工程的确定，是在工程项目界定的范围内，基本上以工程部位、工程结构和施工工艺为依据，并考虑在工程建设实施过程中便于进行工程结算和经济核算的前提下确定的。如按工程结构和施工工艺将路基工程划分为路基土石方工程、特殊路基处理工程、排水工程和防护工程等。

5. 分项工程

分项工程是分部工程的组成部分，是根据工程的不同结构、不同材料和不同施工方法等因素为标准，对分部工程所做的进一步分类。它是预算定额的基本计量单位，故也称为工程定额子目或工程细目，是预算最基本的计价单元，如路基土石方分为人工挖运土方、推土机推土石方、开炸石方等。

1.2 工程造价概述

1.2.1 工程造价的含义

工程造价的直意就是工程的建造价格。工程，泛指一切建设工程，它的范围和内涵具有很大的不确定性。实际工作中，工程造价前面都会有一个对范围和内涵进行限定的词，如建筑工程造价、公路工程造价等。

按照计价的范围和内容的不同，工程造价可分为广义的工程造价和狭义的工程造价两种情况。

（1）广义的工程造价，是指建设一项工程预期开支或实际开支的全部固定资产投资费用。在造价问题上的有些论述，例如：工程决算问题；工程造价管理的改革目标是要努力提高投资效益；对工程造价进行全过程、全方位管理等，基本是建立在广义的工程造价的基础上的。显然，这一含义是从投资者——业主的角度来定义的。

（2）狭义的工程造价，即建成一项工程，预计或实际在土地市场、设备市场、技术劳务市场以及承包市场等交易活动中所形成的建筑安装工程的价格和建设工程总价格。显然，工程造价的这一含义是以社会主义商品经济和市场经济为前提的。它以工程这种特定的商品形式作为交易对象，通过招标投标、承发包或其他交易方式，在进行多次性预估的基础上，最终由市场形成的价格。通常工程造价的这种含义只认定为工程承发包价格。

1.2.2 建设项目总投资的构成

根据国家发改委和建设部发布的《建设项目经济评价方法与参数》（发改投资［2006］1325号）的规定，我国现行建设项目总投资由固定资产投资和经营性项目铺底流动资金组成。其中，固定资产投资由建设投资、建设期贷款利息、固定资产投资方向调节税（根据国务院的决定，自2000年1月1日起新发生的投资额，暂停征收）等几项组成。具体构成内容如图1-3所示。

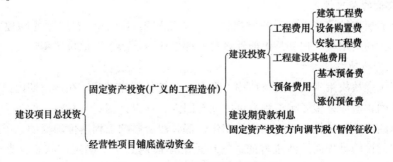

图1-3 建设项目总投资的构成

1. 建设投资

建设投资是指用于建设项目的全部工程费用、工程建设其他费用及预备费用之和。

建设投资由工程费用（建筑工程费、设备购置费、安装工程费）、工程建设其他费用和预备费用（基本预备费和涨价预备费）组成。

（1）基本预备费。基本预备费是指在初步设计及概算编制阶段难以包括的工程及其他支出发生的费用。

（2）涨价预备费。涨价预备费是指工程建设项目在建设期由于物价上涨而预留的费用，包括建设项目在建设期由于人工、设备、材料、施工机械价格及国家和省级政府发布的费率、利率、汇率等变化而引起工程造价变化的预测预留费用。

2. 建设期贷款利息

建设期贷款利息是指建设项目贷款在建设期内发生并应计入固定资产的贷款利息等财务费用。

3. 固定资产投资方向调节税

固定资产投资方向调节税是指国家为贯彻产业政策、引导投资方向、调整投资结构而征收的投资方向调整税金。已暂停征收。

4. 铺底流动资金

铺底流动资金是指生产经营性建设项目为保证投产后正常的生产营运所需、并在项目资本金中的自有流动资金。非生产经营性建设项目不列铺底流动资金。

铺底流动资金一般占流动资金的30%，其余70%流动资金可申请短期贷款。

1.2.3 工程造价的特点

1. 工程造价的大额性

要发挥工程项目的投资效用，其工程造价都非常昂贵，动辄数百万、数千万，特大的工程项目造价可达百亿人民币。工程造价的大额性使它关系到有关各方面的重大经济利益，同时也会对国家宏观经济产生重大影响。这就决定了工程造价的特殊地位，也说明了工程造价管理的重要意义。

2. 工程造价的个别性、差异性

任何一项工程都有特定的用途、功能、规模。因此对每一项工程的结构、造型、空间分割、设备配置和内外装饰都有具体的要求，所以工程内容和实物形态都具有个别性、差异性。产品的差异性决定了工程造价的个别性差异。同时每项工程所处地区、地段都不相同，使这一特点得到强化。

3. 工程造价的层次性

工程造价的层次性取决于工程的层次性。一个工程项目往往含有多项能够独立发挥设计效能的单项工程，一个单项工程又是由能够各自发挥专业效能的多个单位工程组成。

4. 工程造价的动态性

任何一项工程从决策到竣工交付使用，都有一个较长的建设期，在建设期内，往往由于不可控制因素的原因，造成许多影响工程造价的动态因素，如设计变更、材料、设备价格、工资标准以及取费费率的调整，贷款利率、汇率的变化，都必然会影响工程造价的变动。所以，工程造价是伴随着工程建设的进程而不断进行的，它在整个建设期处于不确定的状态，直至竣工决算后才能最终确定工程的实际造价。

5. 工程造价的兼容性

工程造价的兼容性首先表现在它具有两种含义，其次表现在造价构成因素的广泛性和复杂性。在工程造价中，首先成本因素非常复杂；其次建设工程用地支出的费用、项目可行性研究和规划设计费用、与政府一定时期政策（特别是产业政策和税收政策）相关的费用占有相当的份额；最后，盈利的构成也较为复杂，资金成本较大。

1.2.4 工程造价的计价特征

1. 单件性计价

产品的大额性和个体差异性决定每项工程都必须单独计算造价。也就是说，只能根据建设工程项目的具体设计资料和当地的实际情况单独计算工程造价。

2. 多次性计价

建设工程一般规模大、建设期长、技术复杂、受建设所在地的自然条件影响大，消耗的人力、物力和资金巨大，一旦决策失误，将造成巨大的损失。为了满足建设各阶段的不同需要，适应造价控制和管理的要求，应在建设全过程进行多次计价。工程造价多次计价过程如图1-4所示。

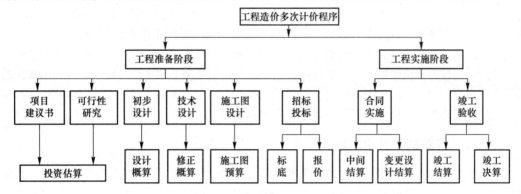

图 1-4 工程造价多次计价过程

3. 组合性特征

工程造价的计算是分步组合而成的，这一特征和建设项目的层次性有关。其计算过程和计算顺序是：分项工程造价、分部工程造价、单位工程造价、单项工程造价、建设项目总造价。例如，将公路建设工程分解为路基工程、路面工程、桥梁工程等；对路基工程再分解为路基土石方工程、特殊路基处理工程、排水工程和防护工程等；对路基土石方分为人工挖运土方、推土机推土石方、开炸石方……；如确定采用推土机推挖，就可以通过推土机推挖土方的工效定额得到推挖 $1~m^3$ 土方所需推土机的台班消耗量，再按推土机的每台班单价计算出所需的费用。各项工程都可以这样进行分解，再将各部分的费用加以综合就可确定全部工程所需要的费用。任何规模庞大、技术复杂的工程都可以采用这种方法计算其全部造价。

4. 方法的多样性

由于多次计价有各不相同的计价依据，且对多次计价的精确度要求不同，因而计价方法有多样性特征。计算和确定概、预算造价有两种基本方法，即单价法和实物量法。计算和确定投资估算的方法有设备系数法、生产能力指数估算法等。不同的方法各有利弊，适应条件也不同，计价时要加以选择。

5. 依据的复杂性特征

影响造价的因素多，计价依据复杂、种类繁多。计价依据主要可分为以下七类。

(1) 计算设备数量和工程量的依据。它包括项目建议书、可行性研究报告、设计文件等。
(2) 计算人工、材料、机械等实物消耗量的依据。它包括投资估算指标、概算定额、预算定额等。
(3) 计算工程单价的价格依据。它包括人工单价、材料供应价格、机械台班价格等。
(4) 计算设备购置费的依据。它包括设备原价、设备运杂费、进口设备关税等。
(5) 政府规定的税、费等。
(6) 物价指数。
(7) 工程造价指数。

1.3 工程建设定额概述

直接准确确定一个还不存在的建设工程的价格（预算）是有很大难度的。为了计价，需要研究生产产品的过程（建筑施工过程）。通过对建筑产品的生产过程的研究，发现任何一种建筑产品的生产总是消耗了一定的人工、材料和机械。因此，转而研究生产产品所消耗的人工量、材料量和机械量，通过确定生产产品直接消耗掉的人工、材料、机械的数量，计算出对应的人工费、材料费和机械费，进而在人工费、材料费和机械费的基础上组成产品的价格。

生产产品所消耗的人工量、材料量和机械量目前是通过定额获得的。定额是用来规定生产产品的人工、材料和机械的消耗量的标准。它反映的是生产关系和生产过程的规律，用现代的科学技术方法找出建筑产品生产和劳动消耗间的数量关系，并且联系生产关系和上层建筑的影响，以寻求最大地节约劳动消耗和提高劳动生产率的途径。

1.3.1 定额的产生和形成

定额是客观存在的，但人们对这种数量关系的认识却不是与其存在和发展同步的，而是随着生产力的发展、生产经验的积累和人类自身认识能力的提高，随着社会生产管理的客观需要由自发到自觉，又由自觉到定额制定和管理这样一个逐步深化和完善的过程。

在人类社会发展的初期，以自给自足为特征的自然经济的目的在于满足生产者家庭或经济单位（如原始氏族、奴隶主或封建主）的消费需要，生产者是分散的、孤立的，生产规模小，社会分工不发达，这使得个体生产者并不需要什么定额，他们往往凭借个人的经验积累进行生产。随着简单商品经济的发展，以交换为目的而进行的商品生产日益扩大，生产方式也发生了变化，出现了作坊和手工场。此时，作坊主或工场的工头依据他们自己的经验指挥和监督他人劳动和物资消耗。但这些劳动和物资消耗同样是依据个人经验而建立，并不能科学地反映生产和生产消耗之间的数量关系。这一时期是定额产生的萌芽阶段，是从自发走向自觉形成定额和定额管理雏形的阶段。

19世纪末20世纪初，随着科学管理理论的产生和发展，定额和定额管理才由自觉管理阶段走向了科学制定和科学管理的阶段。

国际公认最早提出定额制度的是美国工程师弗雷德里克·温斯洛·泰勒（1856—1915年）。当时美国正值工业的高速发展阶段，但由于旧的管理方法，工人的劳动生产率低下，远远落后于当时科学技术成就所应当达到的水平。在这种情况下，泰勒提出了工时定额，以提高工人的劳动生产率。通俗来说，就是泰勒对于各种工作制定一个定额（标准），达到就可以拿到基本工资，超过就可以拿到超额工资，而达不到就可能拿不到基本工资。这种模式其实就是目前在生产企业中广为采用的计件工资制。例如，泰勒先制定某一工种的定额，即一天需生产10个产品，再根据当地社会工资平均水平确定日工资水平为150元/天，从而确定生产每件产品的人工工资标准为

15元/件。这样就可以采用按件计价的模式，促进工人为了获得高额工资而努力提高劳动生产率。

为了减少工时消耗，从1880年开始，泰勒进行了各种试验，努力把当时科学技术的最新成就应用于企业管理。他着重从工人的操作方法上研究工时的科学利用，把工作时间分成若干组成部分（工序），并利用秒表来记录工人每一动作及其消耗的时间，制定出工时定额作为衡量工人工作效率的尺度。他还十分重视研究工人的操作方法，对工人在劳动中的操作和动作，逐一记录并分析研究，把各种最经济、最有效的动作集中起来，制定出最节约工作时间的所谓标准操作方法，并据以制定更高的工时定额。为了减少工时消耗，使工人完成这些较高的工时定额，泰勒还对工具和设备进行了研究，使工人使用的工具、设备、材料标准化。

泰勒通过研究，提出了一整套系统的标准的科学管理方法，形成了著名的"泰勒制"。"泰勒制"的核心可以归纳为：制定科学的工时定额，实行标准的操作方法，强化和协调职能管理以及有差别的计件工资。"泰勒制"给资本主义企业管理带来了根本性变革，对提高劳动效率做出了卓越的科学贡献。

1.3.2　我国公路工程定额的发展历程

国际上公认是由美国工程师泰勒最早提出的定额制度，而我国在很早以前就存在着定额的制度，不过没有明确定额的形式而已。在我国古代工程中，一直是很重视工料消耗计算的，并形成了许多则例。这些则例可以看作是工料定额的原始形态。我国在北宋时期就由李诫编写了《营造法式》，清朝时工部编写了整套的《工程做法则例》。这些著作对工程的工料消耗量做了较为详细的描述，可以认为是我国定额的前身。由于消耗量存在较为稳定的性质，因此，这些著作中的很多消耗量标准在现今的《仿古建筑及园林定额》中仍具有重要的参考价值，这些著作也仍然是《仿古建筑及园林定额》的重要编制依据。

民国期间，由于我国一直处于混乱之中，定额在国民经济中未能发挥其重要作用。

新中国成立后，党和国家对建立和加强劳动定额工作十分重视。

1958年，原交通部公路总局在对定额测定的基础上，制定了全国统一的《公路工程预算定额》，各省、市也制定了地方性的《预算定额》和《施工定额》。

1973年，原交通部重新颁发了《公路工程概算定额》《公路工程预算定额》和《公路工程施工计划劳材手册》。

1983年，原交通部经国家建委批准，颁发了《公路工程概算定额》《公路工程预算定额》。

1986年，原交通部发行我国第一本《公路工程估算指标》。

1992年，原交工发〔1992〕65号通知公布《公路工程预算定额》，《公路工程预算定额》自1992年5月起施行；1996年，原交通部颁布《公路工程基本建设工程概算、预算编制办法》《公路工程估算指标》，交公路发〔1996〕610号发布《公路工程机械台班费用定额》；1997年，交通运输部公设字〔1997〕134号发布《公路工程施工定额》，各省、市、自治区一般也都对施工定额的有关问题作了相关指导性的规定。

2007年，交通运输部发布《公路工程基本建设项目概算预算编制办法》（JTG B06—2007）、《公路工程概算定额》（JTG/T B06—01—2007）、《公路工程预算定额》（JTG/T B06—02—2007）、《公路工程机械台班费用定额》（JTG/T B06—03—2007），自2008年1月1日实施；2009年，交通公路工程定额站发布《公路工程施工定额》，于2009年7月1日起实施；2011年交通运输部发布《公路工程基本建设项目投资估算编制办法》（JTG M20—2011）、《公路工程估算指标》（JTG/T M21—2011）。

2018年，交通运输部发布《公路工程建设项目投资估算编制办法》（JTG 3820—2018）、《公路工程建设项目概算预算编制办法》（JTG 3830—2018）作为公路工程行业标准；《公路工程估算指标》（JTG/T 3821—2018）、《公路工程概算定额》（JTG/T 3831—2018）、《公路工程预算定额》（JTG/T 3832—2018）、《公路工程机械台班费用定额》（JTG/T 3833—2018）作为公路工程行业推荐性标准，自 2019 年 5 月 1 日起施行。

1.3.3　定额与劳动生产率

定额即完成单位合格产品所需消耗的人力、物力和财力的数量标准。也就是说"定额"是一本规定了生产某种合格产品的人工、材料、机械消耗量的一本书，而人、机的消耗量与工人及机械的效率有关，效率高的生产一种产品比效率低的生产同种产品花费的时间少。定额是对生产各种产品规定其消耗量的标准。换言之，定额规定了生产各种产品的劳动生产率的标准。随着社会的进步，劳动生产率也会变化，那么定额也应该变化。所以说定额不是一成不变的。它会随着劳动生产率的变化而变化。劳动生产率的变化是渐进的，是在原来基础上的变化，因此，定额也就不断地在原来的基础上改变。

1.3.4　工程建设定额的分类

1. 按编制单位和执行范围分类

工程建设定额按编制单位和执行范围划分，可分为全国统一定额、地区统一定额、行业统一定额、企业定额、补充定额。

（1）全国统一定额。全国统一定额是由国家有关主管部门综合全国工程建设中技术和施工组织管理的情况编制，是根据全国范围内社会平均劳动生产率的标准而制定的，在全国都具有参考价值。

（2）地区统一定额。我国幅员辽阔、人口众多，各地区的劳动生产率发展极不平衡，对于具体的地区而言，全国统一定额的针对性不强。因此，各地区在全国统一定额的基础上，制定自己的地区统一定额。地区统一定额的特点是在全国统一定额的基础上结合本地区的实际劳动生产率情况而制定的，在本地区的针对性较强，但也只能在本地区内使用。例如江苏省，在住房与城乡建设部发布的《城市轨道交通工程预算定额》（GCG 103—2008）的基础上制定了 2013 年《江苏省城市轨道交通工程计价表》。

（3）行业统一定额。行业统一定额是考虑到各行业部门专业工程的技术特点，以及施工生产和管理水平编制的。它一般只是在本行业和相同专业性质的范围内使用，如由交通运输部发布的《公路工程预算定额》（JTG/T 3832—2018）。

（4）企业定额。企业定额是在企业内部制定的本企业的劳动生产率状况标准的定额。前面三种定额都反映的是一定范围内的社会劳动生产率的标准（群体标准），是公开的信息；而企业定额反映的是企业内部劳动生产率的标准（个体标准），属于商业秘密。企业定额在我国目前还处于萌芽状态，但在不久的将来，它将成为市场经济的主流。

（5）补充定额。定额是一本书，一旦出版就固定下来，不易更改，但社会还在不断发展变化，一些新技术、新工艺、新方法还在不断涌现，为了新技术、新工艺、新方法的出现就再版定额肯定是不现实的，那么这些新技术、新工艺、新方法又如何计价呢？就需要做补充定额，以文件或小册子的形式发布，补充定额享有与正式定额同样的待遇。江苏省于 2007 年出版的《江苏省建筑与装饰、安装、市政工程补充定额》就属于这种类型。

上述各种定额虽然适用于不同的情况和用途，但是它们是一个互相联系、有机的整体，在实际工作中配合使用。

2. 按定额反映的生产要素消耗内容分类

工程建设定额按定额反映的生产要素消耗内容划分，可分为人工定额、材料消耗定额、机械台班定额。

（1）人工定额（劳动定额）：又称技术定额或时间技术定额，它表示在正常施工技术条件下，完成规定计量单位合格产品所必须消耗的活劳动数量标准。

（2）材料消耗定额：表示在正常施工技术条件下，完成规定计量单位合格产品所必须消耗的一定品种规格的原材料、燃料、半成品或构件的数量标准。

（3）机械台班定额：又称机械使用定额，表示在正常施工技术条件下，完成规定计量单位合格产品所必须消耗的施工机械工作的数量标准。

3. 按公路工程定额的用途分类

工程建设定额按公路工程定额的用途划分，可分为施工定额、预算定额、概算定额、估算指标、机械台班费用定额。

（1）施工定额：在正常施工技术条件下，以同一性质的施工过程——工序，作为研究对象，表示生产数量与生产要素消耗综合关系编制的定额。施工定额是施工企业为组织、指挥生产和加强管理而在企业内部使用的一种定额，属于企业定额的性质。为了适应组织生产和管理的需要，施工定额的项目划分很细，是工程建设定额中分项最细，定额子目最多的一种定额，也是工程建设定额中的基础性定额。

公路工程施工定额是为施工生产而服务的，本身由人工消耗定额和机械消耗定额两个独立的部分组成。定额中只有生产产品的消耗量而没有价格，反映的劳动生产率是平均先进水平，是编制预算定额的基础。

（2）预算定额：表示在正常施工技术条件下，以分项工程或结构构件为对象编制的定额。与施工定额不同，预算定额不仅有消耗量标准，而且有价格，反映的劳动生产率是平均合理水平。从编制程序上看，预算定额是以施工定额为基础综合扩大编制的，同时它也是编制概算定额的基础。

公路工程预算定额是在编制施工图预算阶段，计算工程造价和计算工程中的人工、材料、机械需要量时使用。

（3）概算定额：表示在正常施工技术条件下，以扩大分项工程或扩大结构构件为对象，完成规定计量单位合格产品所必须消耗的人工、材料和机械的数量和资金标准。与预算定额相似的是，概算定额也是既有消耗量也有价格，但与预算定额不同的是，概算定额较概括。概算定额是编制扩大初步设计概算、确定建设项目投资额的依据。概算定额的项目划分粗细，与扩大初步设计的深度相适应，一般是在预算定额的基础上综合扩大而成的。

（4）估算指标：表示在正常施工技术条件下，以分部工程为对象，完成规定计量单位合格产品所必须消耗的人工、材料和机械的数量和资金标准。公路工程估算指标是在项目建议书和可行性研究阶段编制的。

上述公路工程各种定额的相互关系参见表1-1。

表1-1 公路工程各种定额间的关系比较

定额分类	施工定额	预算定额	概算定额	估算指标
对象	工序	分项工程	扩大的分项工程	分部工程
用途	编制施工预算	编制施工图预算	编制设计概算	编制投资估算
项目划分	最细	细	粗	很粗
定额水平	平均先进	社会平均		
定额性质	生产性定额	计价性定额		

(5) 机械台班费用定额：是公路工程预算定额、概算定额、估算指标的配套定额，是编制公路建设工程估算、概算、预算的依据。

1.3.5 工程建设定额的特性

1. 科学性

工程建设定额的科学性包括两重含义。一重含义是指工程建设定额和生产力发展水平相适应，反映出工程建设中生产消费的客观规律；另一重含义是指工程建设定额管理在理论、方法和手段上适应现代科学技术和信息社会发展的需要。

工程建设定额的科学性，首先表现在用科学的态度制定定额，尊重客观实际，力求定额水平合理；其次表现在制定定额的技术方法上，利用现代科学管理的成就，形成一套系统的、完整的、在实践中行之有效的方法；最后表现在定额制定和贯彻的一体化。制定是为了提供贯彻的依据，贯彻是为了实现管理的目标，也是对定额的信息反馈。

2. 系统性

工程建设定额是相对独立的系统。它是由多种定额结合而成的有机的整体。它的结构复杂、层次分明、目标明确。

工程建设定额的系统性是由工程建设的特点决定的。按照系统论的观点，工程建设就是庞大的实体系统。工程建设定额是为这个实体系统服务的。因而工程建设本身的多种类、多层次决定了以它为服务对象的工程建设定额的多种类、多层次。从整个国民经济来看，进行固定资产生产和再生产的工程建设，是一个有多项工程集合体的整体，其中包括农林水利、轻纺、机械、煤炭、电力、石油、冶金、化工、建材工业、交通运输、邮电工程，以及商业物资、科学教育文化、卫生体育、社会福利和住宅工程等。这些工程的建设又划分为建设项目、单项工程、单位工程、分部工程和分项工程；在计划和实施过程中又分为规划、可行性研究、设计、施工、竣工交付使用、投入使用后的维修等阶段。与此相适应必然形成工程建设定额的多种类、多层次。

3. 统一性

工程建设定额的统一性，主要是由国家对经济发展的有计划的宏观调控职能决定的。为了使国民经济按照既定的目标发展，就需要借助于某些标准、定额、参数等，对工程建设进行规划、组织、调节、控制。

工程建设定额的统一性按照其影响力和执行范围来看，有全国统一定额、地区统一定额和行业统一定额等；按照定额的制定、颁布和贯彻使用来看，有统一的程序、统一的原则、统一的要求和统一的用途。

我国工程建设定额的统一性和工程建设本身的巨大投入和巨大产出有关。它对国民经济的影响不仅表现在投资的总规模和全部建设项目的投资效益等方面，还表现在具体建设项目的投资数额及其投资效益方面。

因此，虽说按不同形式对工程建设定额有各种分类，但它们的基本原理、组成和表现形式是统一的，能了解一类工程建设定额，就能明白所有的工程建设定额。

4. 指导性

随着我国建设市场的不断成熟和规范，工程建设定额尤其是统一定额原具备的法令性特点逐步弱化，转而成为对整个建设市场和具体建设产品交易的指导作用。

工程建设定额的指导性的客观基础是定额的可行性。只有可行性的定额才能正确地指导客观的交易行为。工程建设定额的指导性体现在两个方面：一是工程建设定额作为国家各地区和行业颁布的指导性依据，可以规范建设市场的交易行为，在具体的建设产品定价过程中也起到相应的参考性作用，同时统一定额还可以作为政府投资项目定价以及进行造价控制的重要依据；二是在现行的工程量清单计价方式下，体现交易双方自主定价的特点，承包商报价的主要依据是企业定额，但企业定额的编制和完善仍然离不开统一定额的指导。

5. 稳定性和时效性

定额是对劳动生产率的反映，劳动生产率是会变化的，因而定额也应有一定的时效性，但定额是一定时期技术发展和管理水平的反映，因而在一段时间内应表现出稳定的状态。根据具体情况不同，稳定的时间有长有短，一般为 5～10 年。保持定额的稳定性是维护定额的指导性所必需的，更是有效地贯彻定额所必要的。如果定额失去了稳定性，那么必然造成执行中的困难和混乱，使人们感到没有必要去认真对待它，很容易造成定额指导性的丧失。工程建设定额的不稳定也会给定额的编制工程带来极大的困难，也就是说稳定性是定额存在的前提，但同时定额也是有时效性的。

1.4 公路工程计价改革

1999 年《中华人民共和国招标投标法》（已于 2017 年进行了修正）的颁布标志着中国内地建设市场基本形成，建筑产品的商品属性得到了充分认识。在招标投标已经成为工程发包的主要方式之后，工程项目需要新的、更适应市场经济发展的，更有利于建设项目通过市场竞争合理形成造价的计价方式来确定其建造价格。

1.4.1 公路工程计价改革历程

为进一步加强对公路工程招标投标的管理，规范招标文件的编制和评标工作，交通运输部发布了 1999 年版《公路工程国内招标文件范本》，于 2000 年 1 月 1 日起施行。

2003 年，为加强公路工程施工招标投标管理，规范招标文件编制和评标工作，交通运输部组织有关单位对 1999 年出版的《公路工程国内招标文件范本》进行了修订，并予发布，于 2003 年 6 月 1 日起施行。规定自施行之日起，公开招标和邀请招标的二级以上公路和大型桥梁、隧道建设项目，必须使用《公路工程国内招标文件范本》（2003 年版）。为便于各有关单位熟悉招标文件，减少印刷和出版差错，各招标单位不得翻印招标文件范本。在具体项目招标过程中，项目法人可以根据项目实际情况，编制项目专用合同条款并补充有关技术规范内容，与范本共同使用。二级以下公路项目可参照执行《公路工程国内招标文件范本》（2003 年版）；外资贷款项目有特殊规定的，可以适用其规定。

2007 年 11 月 1 日国家发展改革委令第 56 号发布《中华人民共和国标准施工招标文件》，该文件适用于施工招标文件的编制，由国家发展和改革委员会、财政部、建设部、铁道部、交通运输部、信息产业部、水利部、民用航空总局、广播电影电视总局联合编制，于 2008 年 5 月 1 日起施行。

为加强公路工程施工招标管理，规范招标文件编制工作，交通运输部公路局组织华杰工程咨询有限公司和国内专家对 2003 年版《公路工程国内招标文件范本》进行修订，并经审定形成了《公路工程标准施工招标文件》（2009 年版上下）。交通运输部《公路工程标准施工招标文件》以《中华人民共和国标准施工招标文件》（2007 年版）为依据，考虑公路工程施工的招标特点和管理需要编制而成。《中华人民共和国标准施工招标文件》规定通用部分，《公路工程标准施工招标文件》补充公路工程行业内容，两者结合使用，其中《公路工程标准施工招标文件》不加修改地引用了《中华人民共和国标准施工招标文件》的部分只标注相关条款号，其内容详见《中华人民共和国标准施工招标文件》。

为加强公路工程施工招标管理，规范招标文件及资格预审文件编制工作，依照《中华人民共和国招标投标法》《中华人民共和国招标投标法实施条例》等法律法规，按照《公路工程建设项目招标投标管理办法》（交通运输部令 2015 年第 24 号），在国家发展改革委牵头编制的《标准施工招标文件》及《标准施工招标资格预审文件》（2013 修正版）（以下简称《标准文件》）基础上，结合公路工程施工招标特点和管理需要，交通运输部组织制定了《公路工程标准施工招标文件》（2018 年版）及《公路工程标准施工招标资格预审文件》（2018 年版）（以下简称《公路工程标准文件》），并予发布。《公路工程标准文件》（2018 年版）自 2018 年 3 月 1 日起施行，自施行之日起，依法必须进行招标的公路工程应当使用《公路工程标准文件》（2018 年版），其他公路项目可参照执行。在具体项目招标过程中，招标人可根据项目实际情况，编制项目专用文件，与《公路工程标准文件》（2018 年版）共同使用，但不得违反国家有关规定。《公路工程标准文件》（2018 年版）中"申请人须知""资格审查办法""投标人须知""评标办法"和"通用合同条款"等部分，与《标准文件》内容相同的只保留条目号，具体内容见《标准文件》。《公路工程标准文件》电子文本可在交通运输部网站（www.mot.gov.cn）"下载中心"下载。

1.4.2 公路工程工程量清单计价

公路工程计价改革在计价模式上的重大变化在于引入了工程量清单计价模式，根据《公路工程标准施工招标文件》（2018 年版）第五章"工程量清单"有关规定，工程量清单由招标人根据《公路工程标准招标文件》、招标项目具体特点和实际需要编制，并与"投标人须知""通用合同条款""专用合同条款""技术规范""工程量清单计量规则""图纸"相衔接。第五章所附表格可根据有关规定作相应的调整和补充。第八章"工程量清单计量规则"统一了清单的工程量计算方法。

随着我国工程造价管理体制改革的不断深入以及对国际管理的深入了解，市场自主定价的工程量清单计价模式已逐渐占据主导地位，但由于各地实际情况的差异，目前的工程造价计价方式不可避免地出现了双轨并存的局面——参照国际惯例使用工程量清单计价方式的基础上，保留传统定额计价方式。

本书主要内容是针对狭义的工程造价而言的，后面不做特殊说明，针对的都是狭义工程造价的内容。

习　题

一、单项选择题

1. （　　）是指建设新的或改造原有的固定资产。
   A. 建设工程　　　B. 工程建设　　　C. 基本建设程序　　　D. 施工活动
2. 政府投资公路建设项目实行（　　）。
   A. 核准制　　　B. 审批制　　　C. 备案制　　　D. 申请制
3. 企业投资公路建设项目实行（　　）。
   A. 核准制　　　B. 审批制　　　C. 备案制　　　D. 申请制
4. 根据《公路建设监督管理办法》规定，（　　）负责组织对各合同段进行交工验收，并完成项目交工验收报告报交通主管部门备案。
   A. 发包人　　　B. 承包人　　　C. 交通主管部门　　　D. 项目法人
5. 根据《公路建设监督管理办法》规定，项目法人可开放交通进入试运营期。试运营期不得超过（　　）。
   A. 1 年　　　B. 2 年　　　C. 3 年　　　D. 4 年

第1章 公路工程造价概述

6. 根据《公路建设监督管理办法》规定，通车试运营2年后，（ ）应组织竣工验收。
   A. 发包人　　　　B. 承包人　　　　C. 交通主管部门　　D. 项目法人
7. （ ）经审批后，建设项目才算成立，才能据此进行工程设计和其他准备工作。
   A. 项目建议书　　B. 可行性研究　　C. 设计任务书　　　D. 初步设计
8. 在工程可行性研究阶段需要编制相应工程的（ ）。
   A. 投资估算　　　B. 概算　　　　　C. 预算　　　　　　D. 结算
9. 一条线路中的桥梁工程属于（ ）。
   A. 建设项目　　　B. 单项工程　　　C. 单位工程　　　　D. 分部工程
10. 具有独立的设计文件，竣工后可以独立发挥生产设计能力或效益的产品车间生产线或独立工程的是（ ）。
    A. 建设项目　　　B. 单项工程　　　C. 单位工程　　　　D. 分部工程
11. 《公路工程预算定额》属于（ ）。
    A. 全国统一定额　　　　　　　　　B. 地区统一定额
    C. 行业统一定额　　　　　　　　　D. 企业定额
12. 工程建设定额中分项最细，定额子目最多的一种定额是（ ）。
    A. 施工定额　　　B. 预算定额　　　C. 概算定额　　　　D. 概算指标
13. 工程项目建设程序是指整个建设过程中，各项工作必须遵循的先后工作次序，不得任意颠倒。下列工程项目次序表示正确的是（ ）。
    A. 可行性研究→项目建议书→初步设计→施工图设计→开工准备→工程施工→竣工验收
    B. 可行性研究→项目建议书→初步设计→开工准备→施工图设计→工程施工→竣工验收
    C. 项目建议书→可行性研究→初步设计→开工准备→施工图设计→工程施工→竣工验收
    D. 项目建议书→可行性研究→初步设计→施工图设计→开工准备→工程施工→竣工验收
14. 在初步设计及概算编制阶段难以包括的工程及其他支出发生的费用属于（ ）。
    A. 建筑安装工程费　　　　　　　　B. 设备及工器具购置费
    C. 工程建设其他费用　　　　　　　D. 预备费用
15. 属于商业秘密的定额是（ ）。
    A. 全国统一定额　　　　　　　　　B. 地区统一定额
    C. 行业统一定额　　　　　　　　　D. 企业定额

二、简答题

1. 简述工程建设程序和对应于建设程序各阶段的计价类型。
2. 简述工程造价的两种含义。
3. 比较各种公路工程定额间的关系并填写表1-2。

表1-2　简答题3表

定额分类	施工定额	预算定额	概算定额	概算指标	估算指标
对象					
用途					
项目划分					
定额水平					
定额性质					

第2章

公路工程定额原理

如第1章所述,对产品计价是通过对生产产品所消耗的人工、材料、机械进行计价进而组成产品的价格。人工、材料、机械的价格分别用人工费、材料费和机械费来表达。为了计算生产产品所直接消耗的人工费、材料费和机械费,将费用分割成消耗量和单价两块来考虑。

$$人工费 = 人工消耗量 \times 人工工日单价$$
$$材料费 = 材料消耗量 \times 材料预算单价$$
$$机械费 = 机械消耗量 \times 机械台班单价$$

人工和机械消耗量的确定方法与材料消耗量的确定方法不同:前者是通过研究人工和机械的抽象劳动(时间)来确定其消耗量的,也就是说对于人工和机械,在考虑其消耗量时,定额是不对其具体劳动加以区分的,区分的只是其消耗的时间;后者则是通过研究具体的劳动来确定其消耗量的。正因如此,定额需要对人工和机械的工作时间进行研究。

2.1 工时研究

2.1.1 工时研究的含义

所谓工时研究,是在一定的标准测定条件下,确定工人工作活动所需时间总量的一套程序和方法。其目的,是要确定施工的时间标准(时间定额或产量定额)。

对工人和机械的作业时间的研究,是为了把工人和机械在整个生产过程中所消耗的作业时间,根据其性质、范围和具体情况,予以科学的划分、归纳和分析,确定哪些时间属于定额时间,哪些时间属于非定额时间;哪些时间可以计价,哪些时间不能计价。进而研究具体措施以减少或消除不能计价的时间,保证工作时间的充分利用,促进劳动生产率的提高。

为了进行工时研究,必须首先对引起工时的工作进行研究,也就是对施工过程进行研究。

2.1.2 施工过程研究

对施工过程的细致分析,能够更深入地确定施工过程各个工序组成的必要性及其顺序的合理性,从而正确地制定各个工序所需要的工时消耗。

2.1.2.1 施工过程的概念

施工过程,就是在建筑工地范围内所进行的生产过程,其最终目的是要建造、改建、扩建或拆除工业、民用建筑物和构筑物的全部或其一部分。例如,砌筑墙体、敷设管道等都是施工过程。

建筑安装施工过程与其他物质生产过程一样,也包括一般所说的生产力三要素,即劳动力、劳动对象和劳动工具。

(1) 劳动力(工人),是施工过程中最基本的因素。建筑工人以其所担任的工作不同而分为不同的专业工种,如砖瓦工、抹灰工、木工、管道工、电焊工、筑炉工、推土机及铲运机驾驶员等。

建筑工人的专业工种及其技术等级由国家颁发的《工人技术等级标准》确定。工人的技术等级是按其所工作的复杂程度、技术熟练程度、责任大小、劳动强度等确定的。工人的技术等级越高,其技术熟练程度也越高。施工过程中的建筑工人,必须是专业工种工人,其技术等级应与工作物的技术等级相适应,否则就会影响施工过程的正常工时消耗。

(2) 劳动对象,是指施工过程中所使用的建筑材料、半成品、构件和配件等。

(3) 劳动工具,是施工过程中的工人用以改变劳动对象的手段。施工过程中的劳动工具可分为三大类:手动工具、机具和机械。机具和机械不同点在于机具不设置床身,操作时拿在工人手中。也有的简单机具没有发动机(如绞磨、千斤顶、滑轮组等),而是用以改变作用力的大小和方向。在研究施工过程中,应当把机具与机械加以区分。

除了劳动工具以外,在许多施工过程中还要使用用具,它能使劳动力、劳动对象、劳动工具和产品处于必要的位置上,如电气安装工程使用的合梯(人字梯),木工使用的工作台,砖瓦工使用的灰浆槽等。

在施工过程中,有时还要借助自然的作用,使劳动对象发生物理和化学变化,如混凝土的养护,预应力钢筋的时效,白灰砂浆的气硬过程等。

每个施工过程的结果都获得一定的产品,该产品可能是改变了劳动对象的外表形态、内部结构或性质(由于制作和加工的结果),也可能是改变了劳动对象的空间位置(由于运输和安装的结果)。

施工过程中所获得的产品的尺寸、形状、表面结构、空间位置和质量,必须符合建筑物设计及现行技术规范的标准要求,只有合格的产品才能计入施工过程中消耗工作时间的劳动成果。

2.1.2.2 施工过程的分类

将施工过程进行分类(见表2-1)的目的,是通过对施工过程中的各类活动进行分解,并按其不同的劳动分工、不同的操作方法、不同的工艺特点,以及不同的复杂程度来区别和认识其内容与性质,以便采用技术测定的方法,研究其必需的工作时间消耗,从而取得编制定额和改进施工管理所需要的技术资料。

表 2-1 施工过程的分类

依据	分类	依据	分类
1. 按施工过程的完成方法分类	手动过程	3. 按施工过程劳动分工的特点	个人完成
	机动过程		工人班组完成
	半机械化过程		施工队完成
2. 按施工过程是否循环分类	循环施工	4. 按施工过程组织上的复杂程度分类	工序
			工作过程
	非循环施工		综合工作过程

1. 按施工过程的完成方法分类

手动过程只需计算人工消耗量而不需计算机械消耗量;机动过程只需计算机械消耗量而不需计算人工消耗量(操作机械的人的消耗是在机械费中考虑的);半机械化过程则需同时考虑其中的人工和机械消耗量。

2. 按施工过程劳动分工的特点分类

个人完成的施工过程,将个人生产消耗的时间与个人产量挂钩计算产品中人工消耗量;工人班组完成的施工过程,将班组生产消耗的时间与班组产量挂钩计算产品中人工消耗量;施工队完成的施工过程,将施工队生产消耗的时间与施工队产量挂钩计算产品中人工消耗量。

3. 按施工过程是否循环分类

施工过程的工序或组成部分,如果以同样的次序不断重复,并且每重复一次都可以生产出同一种产品,则称为循环的施工过程。若施工过程的工序或组成部分不是以同样的次序重复,或者生产出来的产品各不相同,则称为非循环的施工过程。

对于循环施工,定额是通过研究其一个循环过程的消耗进而获得整个工作日的消耗;而非循环施工,则是通过研究一段时间的消耗进而获得整个工作日的消耗。

4. 按施工过程组织上的复杂程度分类

(1) 工序:在组织上分不开的和技术上相同的施工过程,即一个工人(或一个小组)在一个工作地点,对同一个(或几个)劳动对象所完成的一切连续活动的综合,称为工序。工序的主要特征是,劳动力、劳动对象和使用的劳动工具均不发生变化。如果其中有一个条件发生变化时,就意味着从一个工序转入另一个工序。产品生产一般要经过若干道工序,如钢筋工程可分为平直、切断、弯曲、绑扎等主要工序。

从施工的技术操作和组织的观点看,工序是最简单的施工过程。但是如果从劳动过程的观点看,工序又可以分解为许多操作,而操作本身又由若干个动作所组成。若干个操作构成为一道工序。每一个操作和动作,都是完成施工工序的一部分。例如,"弯曲钢筋"工序,可分解为以下"操作":将钢筋放到工作台上;对准位置;用扳手弯曲钢筋;扳手还原;将弯好的钢筋取出。而"将钢筋放到工作台上"这个操作,又可以分解为以下动作:走到已整直的钢筋堆放处;弯腰拿起钢筋;拿着钢筋走向工作台;把钢筋移到支座前面。

工序可由一个人来完成,也可由班组或施工队的几名工人协同完成。前者叫个人工序,后者则为小组工序。工序可以手动完成,也可由机械操作完成。在机械化的施工工序中,还可以包括由工人自己完成的各项操作和由机器完成的工作两部分。

在编制施工定额时,工序是基本的施工过程,是主要的研究对象。测定定额时只需分解和标定到工序为止。如果进行某项先进技术或新技术的工时研究,就要分解到操作甚至动作为止,从中研究可加以改进操作或节约工时的方法。

(2) 工作过程:由同一工人或同一工人班组所完成的在技术操作上相互联系的工序的综合,称为工作过程,如浆砌片石墙的砌筑、勾缝和养护。其特点是劳动力不变、工作地点不变,而材料和工具可以变换。

由一个工人完成的工作过程称为个人工作过程,由小组共同完成的工作过程称为小组工作过程。工作过程又分为手动工作过程和机械工作过程两种。在机械工作过程中又分为两种:一是完全机械的工作过程,即全部由机械工序所组成,如混凝土预制构件厂集中搅拌混凝土时,原材料运输、上料、搅拌、出料等全部由机械完成;又如挖土机挖土等。二是部分机械的工作过程,即其中包括一个或几个手工工序,如现场搅拌机搅拌混凝土时,用双轮车运材料、人工上料。

(3) 综合工作过程：凡是同时进行的，在组织上彼此有直接关系而又为一个最终产品结合起来的各个工作过程的综合，称为综合工作过程。综合工作过程的特点是人员、工作地点、材料和工具都可以变换。例如，浆砌片石墙这个综合工作过程，由工作内容挖基、搭拆脚手架、拌运砂浆、砌筑、勾缝等工作过程构成，它们在不同的空间同时进行，在组织上有直接联系，并最终形成其共同产品——一定工程量的片石墙。

预算定额中的子目（分项工程）所针对的施工过程往往是工作过程或综合工作过程。

2.1.2.3 施工过程的影响因素

对施工过程的影响因素进行研究，其目的是正确确定单位施工产品所需要的作业时间消耗。施工过程的影响因素包括技术因素、组织因素和自然因素。

(1) 技术因素，包括产品的种类和质量要求，所用材料、半成品、构配件的类别、规格和性能，所用工具和机械设备的类别、型号、性能和完好情况等。

(2) 组织因素，包括施工组织与施工方法、劳动组织、工人技术水平、操作方法和劳动态度、工资分配方式、劳动竞赛等。

(3) 自然因素，包括酷暑、大风、雨、雪、冰冻等。

2.1.3 工作时间消耗的分类

工作时间，指的是工作班延续时间（不包括午休）。例如，8 h 工作制的工作时间就是 8 h。对工作时间消耗的研究，可以分为两个系统进行，即工人工作时间消耗和工人所使用的机器工作时间消耗。

人工和机械是通过研究其消耗的时间来决定其价格，如果没有其他的规定，可以想象得到，大家在施工中都会喜欢"磨洋工"——只见时间消耗而不见出产产品。如何避免这种情况的产生？这就需要定额了。定额在这方面相当于给了一个标准：对应于每一个产品定额给了对应的时间标准，完成了产品也就获得了对应定额标准的相关费用，效率高，一天获得两天的费用；效率低，一天就只能获得半天的费用。

既然定额给了一个计时的标准，就需要了解哪些时间可以计价，哪些时间不能计价；可以计价的时间哪些在定额里已计算了，哪些没有计算。对于那些可以计价而定额没有计算的时间，在实际的施工中发生的话要及时以索赔的形式获得补偿。

2.1.3.1 工人工作时间消耗的分类

工人在工作班内消耗的工作时间，按其消耗的性质，基本可以分为必需消耗的时间和损失的时间两大类。

工人工作时间的分类如图 2-1 所示。

1. 必需消耗的时间

必需消耗的时间是工人在正常施工条件下，为完成一定产品（工作任务）所消耗的时间。它是制定定额的主要根据。必需消耗的时间包括有效工作时间、不可避免的中断时间和休息时间。

(1) 有效工作时间。有效工作时间是从生产效果来看与产品生产直接有关的时间消耗。其中包括基本工作时间、辅助工作时间、准备与结束工作时间的消耗。这类时间消耗应该计价并在定额中已计算。

1) 基本工作时间。基本工作时间是指直接与施工过程的技术操作发生关系的时间消耗。通过基本工作，使劳动对象直接发生变化：可以使材料改变外形，如钢管煨弯；可以改变材料的结

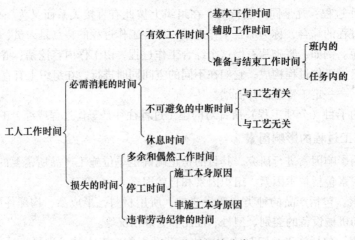

图 2-1 工人工作时间的分类

构和性质，如混凝土制品；可以使预制构件安装组合成型；可以改变产品的外部及表面的性质，如粉刷、油漆等。基本工作时间的消耗量与工作量大小成正比。

2) 辅助工作时间。辅助工作时间是指与施工过程的技术操作没有直接关系的工序，为了保证基本工作的顺利进行而做的辅助性工作所需消耗的时间。辅助性工作不直接导致产品的形态、性质、结构或位置发生变化。如工具磨快、校正、小修、机械上油、移动合梯、转移工作地、搭设临时跳板等均属辅助性工作。它的时间长短与工作量大小有关。

3) 准备与结束工作时间。准备与结束工作时间是指工人为加工一批产品、执行一项特定的工作任务事前准备和事后结束工作所消耗的时间。准备与结束工作时间一般分为班内的准备与结束工作时间和任务内的准备与结束工作时间两种。班内的准备与结束工作，具有经常的、每天的工作时间消耗的特性，如领取料具、工作地点布置、检查安全技术措施、调整和保养机械设备、清理工作地、交接班等。任务内的准备与结束工作，是由工人接受任务的内容所决定，如接受任务书、技术交底、熟悉施工图纸等。准备与结束的工作时间与所担负的工作量大小无关，但往往与工作内容有关。

(2) 不可避免的中断时间。不可避免的中断时间是指由于施工过程的技术操作或组织的、独有的特性而引起的不可避免的或难以避免的中断时间。它可分为与工艺有关的不可避免的中断时间和与工艺无关的不可避免的中断时间两类。

1) 与工艺有关的不可避免的中断时间。如汽车司机在等待汽车装、卸货时消耗的时间，这种中断是由汽车装、卸货的工作特点决定的，应该计价并已考虑入定额，但在实际工作中应尽量缩短此类时间消耗。

2) 与工艺无关的不可避免的中断时间。这部分时间不是由工艺特点决定的，而是其他原因造成的。这部分时间在定额里没有考虑，没有考虑的原因是由于原因不明无法计算。这部分时间是否计算要具体分析时间损失的原因，如时间损失是由施工方自身的原因造成的（施工方有责任），不可计价；如时间损失与施工方无关（施工方无责任有损失），可以计价，以索赔形式计价。

(3) 休息时间。休息时间是指工人在工作过程中，为了恢复体力所必需的短时间的休息，以及他本人由于生理上的要求所必须消耗的时间（如喝水、大小便等）。这种时间是为了保证工人精力充沛地进行工作，所以是包含在定额时间中的。休息时间的长短与劳动强度、工作条件、工作性质有关。劳动强度大、劳动条件差,则休息时间要长。

2. 损失的时间

损失的时间,是与产品生产无关,而与施工组织和技术上的缺点有关,与工人在施工过程的个人过失或某些偶然因素有关的时间消耗。损失的时间包括多余和偶然工作时间、停工时间、违背劳动纪律的时间。

(1) 多余和偶然工作时间:包括多余工作引起的时间损失和偶然工作引起的时间损失两种情况。

1) 多余工作。多余工作是指工人进行的任务以外的而又不能增加产品数量的工作。对产品计价有一个重要的前提——合格产品,不合格产品是不计价的。例如,工人砌筑 1 m³ 墙体,经检验质量不合格,推倒重砌,合格后虽然工人共完成了 2 m³ 墙体的砌墙工作,但只能计算 1 m³ 合格墙体的价格,不合格产品消耗的时间就是多余工作时间。

2) 偶然工作。偶然工作指的是工人在计划任务之外进行的零星的偶然发生的工作。例如,在施工合同中土建施工单位不承建电缆的施工工作,但在实际施工中,甲方要求土建施工单位配合电缆施工单位在构件上开槽,这种工作在当初的合同中是没有的(计划任务之外),且是偶然发生的(甲方要求)、零星的(工作量不大)。由于这种工作能产生产品,也应计价,但不适合用定额计价(人工降效严重),实际发生时应采用索赔形式计价较合理。

(2) 停工时间。停工时间是工作班内停止工作所发生的时间损失。停工时间按其性质可分为施工本身原因造成的停工时间和非施工本身原因造成的停工时间。施工本身原因,即施工方有责任,不计价;非施工本身原因,即施工方无责任、有损失,应以索赔的形式计价。

(3) 违背劳动纪律的时间。违背劳动纪律的时间是指工人不遵守劳动纪律而造成的时间损失,如迟到早退、擅自离开工作岗位、工作时间内聊天、办私事,以及个别工人违反劳动纪律而使别的工人无法工作的时间损失。这种时间损失不应允许存在,也不应计价。

2.1.3.2 机械工作时间消耗的分类

在机械化施工过程中,对工作时间消耗的分析和研究,除了要对工人工作时间的消耗进行分类研究之外,还需要分类研究机械工作时间的消耗。

机械工作时间的消耗和工人工作时间的消耗虽然有很多共同点,但也有其自身特点。机械工作时间的消耗,按其性质可作如下分类,如图 2-2 所示。

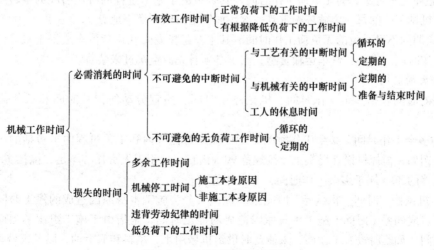

图 2-2 机械工作时间的分类

机械在工作班内消耗的工作时间按其消耗的性质也可分为两大类，即必需消耗的时间和损失的时间。

1. 必需消耗的时间

必需消耗的时间包括有效工作时间、不可避免的中断时间和不可避免的无负荷工作时间。机械工作时间中的必需消耗的时间全部计入定额。

(1) 有效工作时间。有效工作时间包括正常负荷下的工作时间和有根据降低负荷下的工作时间。

1) 正常负荷下的工作时间。正常负荷下的工作时间是指机械在与机械说明书规定的负荷相符的正常负荷下进行工作的时间。

2) 有根据降低负荷下的工作时间。有根据降低负荷下的工作时间是指在个别情况下，由于技术上的原因，机械在低于额定功率、额定吨位下工作的时间。例如，卡车有额定吨位，但由于卡车运送的是泡沫塑料，虽然卡车已装满但仍未达到额定吨位，这种时间消耗属于有根据降低负荷下的工作时间。

(2) 不可避免的中断时间。不可避免的中断时间是指由于施工过程的技术操作和组织的特性而造成的机械工作中断时间。它包括与工艺有关的不可避免的中断时间、与机械有关的不可避免的中断时间和工人的休息时间。

1) 与工艺有关的不可避免的中断时间。其有循环的和定期的两种。循环的不可避免的中断时间，是在机械工作的每一个循环中重复一次，如汽车装货和卸货时的停车；定期的不可避免的中断时间，是经过一定时期重复一次，如喷浆器喷白，从一个工作地点转移到另一个工作地点时，喷浆器工作的中断时间。

2) 与机械有关的不可避免的中断时间。其是指使用机械工作的工人在维护保养机械时必须使其停转所发生的中断时间，或者在准备与结束工作时而使机械暂停的中断时间。前者属于定期的不可避免的中断时间，后者属于准备与结束工作的不可避免的中断时间。

3) 工人的休息时间。其是指工人必需的休息时间，即不可能利用机械的其他不可避免的停转空闲机会，而且组织轮班又不方便的时候所引起的机械工作中断时间。

(3) 不可避免的无负荷工作时间。不可避免的无负荷工作时间是指由于施工过程的特性和机械结构的特点所造成的机械无负荷工作时间。它一般可分为循环的和定期的两类。

1) 循环的不可避免的无负荷工作时间。其是指由于施工过程的特性引起的空转所消耗的时间。它在机械工作的每一个循环中重复一次，如铲运机回到铲土地点。

2) 定期的不可避免的无负荷工作时间。其主要是指发生在运货汽车或挖土机等的工作中的无负荷工作时间。例如，汽车运输货物，汽车必须首先放空车过来装货。

2. 损失的时间

损失的时间包括多余工作时间、机械停工时间、违背劳动纪律的时间和低负荷下的工作时间。

(1) 多余工作时间。多余工作时间是指机械进行任务内和工艺过程内未包括的工作而延续的时间。例如，搅拌机搅拌混凝土，按规范 90 s 出料，由于工人责任心不足，搅拌了 120 s 才出料，多搅拌的 30 s 属于多余工作时间，不应计价。

(2) 机械停工时间。机械停工时间按其性质可分为施工本身原因造成的停工时间和非施工本身原因造成的停工时间。施工本身原因造成的停工时间，是指由于施工组织不当而引起的机械停工时间，如临时没有工作面，未能及时供给机械用水、燃料和润滑油，以及机械损坏等所引起的机械停工时间。这种情况施工方有责任，不予计价。非施工本身原因造成的停工时间，是指由于外部的影响而引起的机械停工时间,如水源、电源中断(不是由于施工的原因),以及气候条件(暴雨、冰冻等)的影响而引起的机械停工时间。这种情况施工方无责任,可以计价(现场索赔)。

(3)违背劳动纪律的时间。机械当然不可能违背劳动纪律,违背劳动纪律的时间指的是操作机械的人违背劳动纪律,人违背了劳动纪律,机械也就停止了工作,这种时间的损失是不可以计价的。

(4)低负荷下的工作时间。低负荷下的工作时间是指由于工人或技术人员的过错所造成的施工机械在降低负荷情况下工作的时间。例如,卡车的额定吨位是6吨/车,现在有60吨石子要运输,正常情况下需要运10车,但由于工人的上料责任心不足,每次上到5吨/车就让车子走了,这样就需要运12车,这多运的2车时间就属于低负荷下的工作时间损失,是不可以计价的。

2.2 计时观察法(选讲)

测定定额是制定定额的一个主要步骤。测定定额要用科学的方法观察、记录、整理、分析施工过程,为制订工程定额提供可靠的依据。测定定额通常使用计时观察法。

2.2.1 计时观察法概述

计时观察法是研究工作时间消耗的一种技术测定方法。它以研究工时消耗为对象,以观察测时为手段,通过密集抽样和粗放抽样等技术进行直接的时间研究。计时观察法由于工程施工中以现场观察为主要技术手段,所以也称为现场观察法。

计时观察法的具体用途如下:
(1)取得编制施工定额的劳动定额和机械定额所需要的基础资料和技术依据。
(2)研究先进工作法和先进技术操作对提高劳动生产率的具体影响,并应用和推广先进工作法和先进技术操作。
(3)研究减少工时消耗的潜力。
(4)研究定额执行情况,包括研究大面积、大幅度超额和达不到定额的原因,积累资料、反馈信息。

计时观察法能够把现场工时消耗情况和施工组织技术条件联系起来加以考察。它不仅能为制订定额提供基础数据,而且也能为改善施工组织管理、改善工艺过程和操作方法、消除不合理的工时损失和进一步挖掘生产潜力提供技术依据。计时观察法的局限性是考虑人的因素不够。

2.2.2 计时观察前的准备工作

1. 确定需要进行计时观察的施工过程

计时观察之前的第一个准备工作,是研究并确定有哪些施工过程需要进行计时观察,对于需要进行计时观察的施工过程要编出详细的目录,拟定工作进度计划,制定组织技术措施,并组织编制定额的专业技术队伍,按计划认真开展工作。

2. 对施工过程进行预研究

对于已确定的施工过程的性质应进行充分的研究,目的是正确地安排计时观察和收集可靠的原始资料。研究的方法,是全面地对各个施工过程及其所处的技术组织条件进行时间调查和分析,以便设计正常的(标准的)施工条件和分析研究测时数据。

(1) 熟悉与该施工过程有关的现行技术规范和技术标准等文件和资料。

(2) 了解新采用的工作方法的先进程度,了解已经得到推广的先进施工技术和操作,还应该了解施工过程存在的技术组织方法的缺点和由于某些原因造成的混乱现象。

(3) 注意系统地收集完成定额的统计资料和经验资料,以便与计时观察所得的资料进行对比分析。

(4) 把施工过程划分为若干个组成部分(一般划分到工序)。例如,混凝土搅拌机拌和混凝土的施工过程可以划分为:装料入鼓、搅拌、出料三个工序。施工过程划分的目的是便于计时观察。如果计时观察的目的是研究先进工作法,或是分析影响劳动生产率提高或降低的因素,则必需将施工过程划分到操作以至动作。

(5) 确定定时点和施工过程产品的计量单位。定时点是上下两个相衔接的组成部分之间时间上的分界点。确定定时点,对于保证计时观察的精确性是不容忽视的因素。例如,混凝土搅拌机拌和混凝土的施工过程,装料入鼓这个组成部分,它的开始是工人装料,结束是装料完成。

确定产品计量单位,要能具体地反映产品的数量,并具有最大限度的稳定性。

3. 选择施工的正常条件

绝大多数企业和施工队、班组,在合理组织施工的条件下所处的施工条件,称之为施工的正常条件。选择施工的正常条件是技术测定中的一项重要内容,也是确定定额的依据。

施工条件一般包括:工人的技术等级是否与工作等级相符、工具与设备的种类和质量、工程机械化程度、材料实际需要量、劳动的组织形式、工作报酬形式、工作地点的组织和其准备工作是否及时、安全技术措施的执行情况、气候条件、劳动竞赛开展情况等。所有这些条件,都有可能影响产品生产中的工时消耗。

施工的正常条件应该符合有关的技术规范;符合正确的施工组织和劳动组织条件;符合已经推广的先进的施工方法、施工技术和操作。

4. 选择观察对象

根据测定的目的来选择测定对象:

(1) 制定劳动定额,应选择有代表性的班组或个人,包括各类先进的或比较后进的班组或个人;

(2) 总结推广先进经验,应选择先进的班组或个人;

(3) 帮助后进班组提高工效,应选择长期不能完成定额的班组或个人。

5. 调查所测定施工过程的影响因素

施工过程的影响因素包括技术、组织及自然因素。例如,产品和材料的特征(规格、质量、性能等);工具和机械性能、型号;劳动组织和分工;施工技术说明(工作内容、要求等),并附施工简图和工作地点平面布置图。

6. 其他准备工作

此外,还必需准备好必要的用具和表格,如测时用的秒表或电子计时器,测量产品数量的工、器具,记录和整理测时资料用的各种表格等。如果有条件并且也有必要,还可配备电影摄像和电子记录设备。

2.2.3 计时观察法的分类

对施工过程进行观察、测时,计算实物和劳务产量,记录施工过程所处的施工条件和确定影响工时消耗的因素，是计时观察法的三项主要内容和要求。计时观察法的种类很多，最主要的有三种，如图2-3所示。

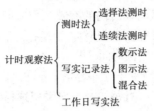

图2-3 计时观察法的分类

2.2.3.1 测时法

测时法是一种精确度比较高的计时观察法，主要用于测定循环工作的工时消耗，而且测定的主要是"有效工作时间"中的"基本工作时间"。按照测时的具体方式分为选择法测时和连续法测时两种类型。

1. 选择法测时

选择法测时是间隔选择施工过程中非紧连接的组成部分（工序或操作）测定工时，精确度达0.5 s。

选择法测时也称间隔法测时。采用选择法测时，当被观察的某一循环工作的组成部分开始时，观察者开动秒表，当该组成部分终止，则停止秒表，把秒表上指示的延续时间记录到选择法测时记录表上，并把秒表回归到零点。下一组成部分开始，再开动秒表，如此依次观察，并依次记录下延续时间。选择法测时记录表示例见表2-2。

当所测定的工序的延续时间较短时，连续测定比较困难，用选择法测时则方便而简单。这是在标定定额中常用的方法。

表2-2 选择法测时记录表示例

测定对象：单斗正铲挖土机挖土（斗容量1 m³）观察精确度：每一循环时间精度为1 s	施工单位名称		工地名称		观察日期		开始时间		终止时间		延续时间		观察号次
	施工过程名称：用正铲挖松土，装上自卸载重汽车 挖土机斗臂回转角度为120°～180°												
	每一循环内各组成部分的工时消耗/台秒										记录整理		
序号	工序或操作名称	1	2	3	4	5	6	7	8	9	10	延续时间总计	有效循环次数	算术平均值	占一个循环比例/%
1	土斗挖土并提升斗臂	17	15	18	19	19	22	16	18	18	16	178	10	17.8	38.12
2	回转斗臂	12	14	13	25①	10	11	12	11	12	13	108	9	12.0	25.70
3	土斗卸土	5	7	6	5	6	6	8	6	6	4	59	10	5.9	12.63
4	返转斗臂并落下土斗	10	12	11	10	12	10	9	12	10	14	110	10	11.0	23.55
	一个循环总计	44	48	48	59	47	49	42	49	46	48			46.7	

注：①由于载重汽车未组织好，使挖土机等候，不能立刻卸土。

在测时中，如有某些工序遇到特殊技术上或组织上的问题而导致工时消耗骤增时，在记录表上应加以注明（如表2-2中的①），供整理时参考。

由选择法测时所获得的是必需消耗时间的有效工作时间，而且是选择的某一工序所测定的有效工作时间。最终要获得施工过程的定额时间还需由工序的有效工作时间组成施工过程的有效工作时间，进而形成施工过程的定额时间。

【例2-1】 对某单斗正铲挖土机挖土（斗容量1 m³），装上自卸载重汽车的施工过程进行测时，将该施工过程分解为4个工序，对每一个工序采用选择法测时（数据见表2-2），求该施工过程的基本工作时间。

解：施工过程的基本工作时间 = 各组成工序的基本工作时间之和
$$= 17.8 + 12.0 + 5.9 + 11.0 = 46.7 \text{（s）}$$

答：该施工过程的基本工作时间为46.7 s。

2. 连续法测时

连续法测时也称接续法测时，是连续测定一个施工过程各工序或操作的延续时间。连续法测时每次要记录各工序或操作的终止时间，并计算出本工序的延续时间。

连续法测时由于需要对各组成部分进行连续的时间测定，因此采用的是双针秒表。双针秒表的一个指针一直在转动计时，另一根指针（辅助指针）一开始与主指针同步工作，一旦要计时，按动秒表，辅助指针停止在某一时间，计下时间，放开手，停止的指针立即跟上一直转动的那根指针，再次按动秒表，又可以计下下一次的时间。使用这种秒表，只需要记录下各次的终止时间，将两次终止时间相减，即可获得各工序的延续时间。连续法测时记录表示例见表2-3。

表2-3 连续法测时记录表示例

测定对象：混凝土搅拌机拌和混凝土		施工单位名称		工地名称		观察日期		开始时间		终止时间		延续时间		观察号次	
观察精确度：1 s		施工过程名称：混凝土搅拌机（J_sB-500型）拌和混凝土													
		观察次数												记录整理	
序号	工序或操作名称	时间	1		2		3		4		5		6		7		8		9		10		延续时间总计	有效循环次数	算术平均值

序号	工序或操作名称	时间	1分	1秒	2分	2秒	3分	3秒	4分	4秒	5分	5秒	6分	6秒	7分	7秒	8分	8秒	9分	9秒	10分	10秒	延续时间总计	有效循环次数	算术平均值
1	装料入鼓	终止时间	0	15	2	16	4	20	6	30	8	33	10	39	12	44	14	56	17	4	19	5	148	10	14.8
		延续时间		15		13		13		17		14		15		16		19		12		14			
2	搅拌	终止时间	1	45	3	48	5	55	7	57	10	4	12	9	14	20	16	28	18	33	20	38	915	10	91.5
		延续时间		90		92		95		87		91		90		96		92		89		93			

续表

测定对象：混凝土搅拌机拌和混凝土 观察精确度：1 s		施工单位名称	工地名称		观察日期		开始时间		终止时间		延续时间		观察号次		
		施工过程名称：混凝土搅拌机（J_5B-500 型）拌和混凝土													
3	出料	终止时间	2	3	4	7	6	13	8	19	10	24	12	28	14	37	16	52	18	51	20	54	191	10	19.1
		延续时间		18		19		18		22		20		19		17		24		18		16			

连续法测时是一次性完成一个施工过程所包含的各个工序的基本工作时间的测定，而选择法测时往往一次只能完成一个施工过程中的某一个工序的基本工作时间的测定。

【例2-2】 对某混凝土搅拌机搅拌混凝土的施工过程进行测时，将该施工过程分解为3个工序，对每一个工序采用连续法测时（数据见表2-3），求该施工过程的基本工作时间。

解：施工过程的基本工作时间 = 各组成工序的基本工作时间之和
$$= 14.8 + 91.5 + 19.1 = 125.4 \text{ (s)}$$

答：该施工过程的基本工作时间为125.4 s。

3. 测时法的观察次数

由于测时法属于抽样调查的方法，因此为了保证选取样本的数据可靠，需要对同一施工过程进行重复测时。一般来说，观测的次数越多，资料的准确性越高，但要花费较多的时间和人力，这样既不经济，也不现实。确定观测次数较为科学的方法，是依据误差理论和经验数据相结合的方法来判断。表2-4 给出了测时法所必需的观察次数。显然，需要的观察次数与要求的算术平均值精确度及数列的稳定系数有关。

表2-4 测时法所必需的观察次数

稳定系数 $k_\mu = \dfrac{t_{max}}{t_{min}}$	要求的算术平均值精确度 $E = \pm \dfrac{1}{\overline{X}} \sqrt{\sum \dfrac{\Delta^2}{n(n-1)}}$				
	5%以内	7%以内	10%以内	15%以内	20%以内
	观察次数				
1.5	9	6	5	5	5
2	16	11	7	5	5
2.5	23	15	10	6	5
3	30	18	12	8	6
4	39	25	15	10	7
5	47	31	19	11	8

注：t_{max}—最大观测值；t_{min}—最小观测值；$\overline{X}$—算术平均值；n—观察次数；Δ—每次观察值与算术平均值之差。

4. 测时法定额时间的确定

测时法测得的是工序的基本工作时间，要确定工序的定额时间，首先要获得工序的作业时间，再加上规范时间得到定额时间。计算公式如下：

$$工序作业时间 = 基本工作时间 + 辅助工作时间$$
$$规范时间 = 准备与结束工作时间 + 不可避免的中断时间 + 休息时间$$
$$定额时间 = 工序作业时间 + 规范时间$$

测时法的优点在于实测时所花费的时间比较短,效率比较高;缺点是测定的只是定额时间中的基本工作时间。由基本工作时间获得定额时间,采用的是按比例测算的方式。这种测定方式的准确度直接受到辅助工作时间占工序工作时间的百分比和规范时间占定额时间的百分比的影响。百分比的误差,将直接影响到工序定额时间的误差。

为了尽量减小定额时间的误差,可以将测定的时间拉长,测定的时间范围扩大。时间拉长到1小时以上,时间范围将不仅包括基本工作时间,而且包括在此时间段内所消耗的所有定额时间。这种测定定额时间的方法称为写实记录法。

2.2.3.2 写实记录法

与测时法相比,写实记录法的优点是能较真实地反映时间消耗的情况,且可对多人同时进行测时(测时法只能对单人进行测定);缺点是精确度不及测时法高。

写实记录法根据其记录成果的方式又可分为数示法、图示法和混合法。

1. 数示法

数示法写实记录是三种写实记录法中精确度较高的一种,可以同时对两个以内的工人进行观察,观察的工时消耗,记录在专门的数示法写实记录表中。数示法的特征是用数字记录工时消耗,精确度达5 s。表2-5 为数示法写实记录表示例。

表2-5 数示法写实记录表示例

工地名称			开始时间	9:00		延续时间	65′45″		调查号次		
施工单位名称			终止时间	10:05′45″		记录日期			页次		
施工过程:双轮车运土方(运距150 m)			观察记录					观察记录			
序号	施工过程组成部分名称	时间消耗量	组成部分序号	起止时间		延续时间	完成产品		组成部分序号	起止时间		延续时间	完成产品	

序号	施工过程组成部分名称	时间消耗量	组成部分序号	时:分	秒	延续时间	计量单位	数量	组成部分序号	时:分	秒	延续时间	计量单位	数量
1	装土	25′35″	(开始)	9:00	00				1	38	40	3′40″	m³	0.288
2	运输	14′55″	1	02	50	2′50″	m³	0.288	2	40	20	1′40″	次	1
3	卸土	8′00″	2	05	10	2′20″	次	1	3	41	20	1′00″		
4	空返	13′25″	3	06	30	1′20″			4	43	00	1′40″		
5	等候装土	2′10″	4	08	30	2′00″			5	45	10	2′10″		
6	喝水	1′40″	1	12	00	3′30″	m³	0.288	1	49	05	3′55″	m³	0.288
			2	14	00	2′00″	次	1	2	51	50	2′45″	次	1
			3	15	00	1′00″			3	53	15	1′25″		
			4	16	50	1′50″			4	55	15	2′00″		
			1	21	00	4′10″	m³	0.288	1	59	05	3′50″	m³	0.288
			2	23	00	2′00″	次	1	2	10:01	05	2′00″	次	1
			3	24	10	1′10″			3	02	05	1′00″		

续表

		4	26	20	2'10"			6	03	45	1'40"
		1	30	00	3'40"	m³	0.288	4	05	45	2'00"
		2	32	10	2'10"	次	1				
		3	33	15	1'05"						
		4	35	00	1'45"						
合计	65'45"				35'00"						30'45"

2. 图示法

图示法写实记录，可同时对三个以内的工人进行观察，观察资料记入图示法写实记录表中（见表2-6）。观察所得时间消耗资料记录在表的中间部分。表的中部是由60个小纵列组成的网格，每一个小纵列的长度代表1 min。观察开始后根据各组成部分的延续时间用横线划出相应的长度，横线的起止点与该组成部分的开始和结束时间相对应；每一个工序所对应的行中间设置了一根辅助直线，采用在辅助线的上方、辅助线上和辅助线下方划横线的方法就可以实现对同一工序中三个工人工作时间消耗的分别记录。

表2-6 图示法写实记录表示例

观测对象：五级瓦工1人 三级瓦工1人		施工单位名称	工地名称	观测日期	开始时间 8:00	终止时间 12:00	延续时间 4 h	观测号次 3	页次 3/4
				施工过程名称：砌筑0.5 dm厚的块石墙					

序号	工作名称	时间/分 5 10 15 20 25 30 35 40 45 50 55 60	延续时间 个人	延续时间 总体	产品数量	备注
1	铺设灰浆		16	16		
2	石块放于墙上		16	16		完成产品数量按照一个工作的产量测量
3	斩块石		21 / 5	26		
4	砌墙身两侧块石		31	31		
5	砌墙身中心块石		20	20		
6	填缝		2	2		
7	清理		2	2		
8	休息		4 / 3	7		
9	总计		60 / 60	120		

3. 混合法

混合法写实记录，吸取了数示法和图示法两种方法的优点，可以同时对三个以上工人进行观察，记录观察资料的表格仍采用图示法写实记录表。填写表格时，各组成部分延续时间用图示法填写，完成每一组成部分的工人人数则用数字填写在该组成部分时间线段的上面。

混合法计时方法，是将表示分钟数的线段与标在线段上面的工人人数相乘，算出每一组成部分的工时消耗，计入图示法写实记录表总计栏，再将总计垂直相加，计算出工时消耗总量，该总计数应符合参加该施工过程的工人人数乘以观察时间（见表2-7）。

表2-7 混合法写实记录表示例

工地名称			开始时间	9:00	延续时间	60'00"	观测号次	
施工单位名称			终止时间	10:00	观测日期		页次	
施工过程名称		浇捣混凝土柱	观测对象		4级混凝土工：3人		3级混凝土工：3人	
序号	工作名称	时间/分 5 10 15 20 25 30 35 40 45 50 55 60					延续时间/工分	产品数量	备注
1	撒锹	2 12 21 2 1 1 2 1 2					78	1.85m³	
2	振捣	4 24 21 2 1 4 34 21 1 4 2 3					148	1.85m³	
3	转移	5 1 3 2 5 6 35 6 4 3 3 3					103	3次	
4	等待混凝土	63 3					21		
5	做其他工作	1 1 1					10		
	总计						360		

4. 写实记录法的延续时间

写实记录法与确定测时法的观察次数相同，为保证写实记录法的数据可靠性，需要确定写实记录法的延续时间。

延续时间的确定，应立足于既不能消耗过多的观察时间，又能得到比较可靠和准确的结果。同时，还必须注意：所测施工过程的广泛性和经济价值；已经达到的功效水平的稳定程度；同时测定不同类型施工过程的数目；被测定的工人人数以及测定完成产品的可能次数等。写实记录法所需的延续时间见表2-8，必须同时满足表中三项要求，如其中任一项达不到最低要求，均应酌情增加延续时间。

表2-8 写实记录法确定延续时间

序号	项目	同时测定施工过程的类型数	测定对象		
			单人的	集体的	
				2~3人	4人以上
1	被测定的个人或小组的最低数	任一数	3人	3个小组	2个小组
2	测定总延续时间的最小值/h	1	16	12	8
		2	23	18	12
		3	28	21	24
3	测定完成产品的最低次数	1	4	4	4
		2	6	6	6
		3	7	7	7

2.2.3.3 工作日写实法

工作日写实法是一种研究整个工作班内的各种工时消耗的方法。

运用工作日写实法主要有两个目的：一是取得编制定额的基础资料；二是检查定额的执行情况，找出缺点，改进工作。当它被用来达到第一个目的时，工作日写实法的结果要获得观察对象在工作班内的工时消耗的全部情况以及产品数量和影响工时消耗的影响因素，其中，工时消耗应该按它的性质分类记录。在这种情况下，通常需要测定3~4次。当它被用来达到第二个目的时，通过工作日写实法应该做到：查明工时损失量和引起工时损失的原因，制定消除工时损失、改善劳动组织和工作地点组织的措施；查明熟练工人是否能发挥自己的专长，确定合理的小组编制和合理的小组分工；确定机器在时间利用和生产率方面的情况，找出使用不当的原因，提出改善机器使用情况的技术组织措施；计算工人或机器完成定额的时间百分比和可能百分比。在这种情况下，通常需要测定1~3次。

工作日写实法和测时法、写实记录法比较，具有技术简便、费力不多、应用面广和资料全面的优点，是一种在我国采用较广的编制定额的方法。

工作日写实法，利用写实记录表记录观察资料。记录时间时不需要将有效工作时间分为各个组成部分，只需划分适合于技术水平和不适合于技术水平两类，但是工时消耗还需按性质分类记录。工作日写实结果见表2-9。

表2-9 工作日写实结果表

工作日写实结果表	观察的对象和工地：造船厂工地甲种宿舍						
	工作队（小组）：小组 工种：瓦工						
施工过程名称：砌筑2砖厚混水墙 观察日期：×××年×月××日 工作班：自8:00到17:00，共8小时	工作队（小组）的工人组成						
	1级	2级	3级	4级	5级	6级	7级 共计
				2		2	4
号次	工时平衡表						
	工时消耗种类	消耗量/工分	百分比/%	劳动组织的主要缺点			
	1. 必需消耗的时间			（1）架子工搭设脚手板的工作没有保证质量，同时架子工的工作未按计划进度完成，以致影响了砌砖工人的工作。（2）由于灰浆搅拌机时有故障，使灰浆不能及时供应。（3）工长和工地技术人员，对于工人工作指导不及时，并缺乏经常的检查、督促，致使砌砖返工，架子工搭设脚手板后，也未校验。又由于没有及时指示，而造成砌砖工停工。（4）由于工人宿舍距施工地点远，工人经常迟到。			
1	适合于技术水平的有效工作	1 120	58.3				
2	不适合于技术水平的有效工作	67	3.5				
	有效工作共计	1 187	61.8				
3	休息	176	9.2				
4	不可避免的中断						
I	必需消耗的时间共计	1 363	71.0				
	2. 损失的时间						
5	由于砖层砌筑不正确而加以更改	49	2.6				
6	由于架子工把脚手板铺得太差而加以修正	54	2.8				
7	多余与偶然工作共计	103	5.4				
8	因为没有灰浆而停工	112	5.9				

续表

工作日写实结果表	观察的对象和工地：造船厂工地甲种宿舍			
	工作队（小组）：小组　　　　　工种：瓦工			
9	因脚手板准备不及时而停工	64	3.3	（1）架子工搭设脚手板的工作没有保证质量，同时架子工的工作未按计划进度完成，以致影响了砌砖工人的工作。 （2）由于灰浆搅拌机时有故障，使灰浆不能及时供应。 （3）工长和工地技术人员，对于工人工作指导不及时，并缺乏经常的检查、督促，致使砌砖返工，架子工搭设脚手板后，也未校验。又由于没有及时指示，而造成砌砖工停工。 （4）由于工人宿舍距施工地点远，工人经常迟到。
10	因工长耽误指示而停工	100	5.2	
11	施工本身原因而停工共计	276	14.4	
12	因雨停工	96	5.0	
13	因电流中断而停工	12	0.6	
14	非施工本身原因而停工共计	108	5.6	
15	工作班开始时迟到	34	1.7	
16	午后迟到	36	1.9	
17	违背劳动纪律共计	70	3.6	
Ⅱ	损失时间共计	557	29.0	
Ⅲ	总共消耗的时间	1 920	100	
	现行定额总消耗时间	1 718	100	
	完成工作数量：6.66 千块　　　　　测定者：			

完成定额情况的计算

序号	定额编号	定额子目	计量单位	完成工作数量	定额工时消耗		备注
					单位	总计	
1		2 砖混水墙	千块	6.66	4.3	28.64	现行定额为 4.3 工时/千块

完成定额情况	实际：$\dfrac{60 \times 28.64}{1\ 920} \times 100\% = 89.5\%$
	可能：$\dfrac{60 \times 28.64}{1\ 363} \times 100\% = 126\%$

	建议和结论
建议	1. 建议工长和技术人员加强对砌砖工人工作的指导，并及时检查督促； 2. 工人开始工作前要先检验脚手板，工地领导和安全技术人员必须负责贯彻技术安全措施； 3. 立即修好灰浆搅拌机； 4. 采取措施，消除上班迟到现象。
结论	全工作日中实际损失占 29%，原因主要是施工技术人员指导不及时。如果能够保证对工人小组的工作给予切实有效的指导，改善施工组织管理，劳动生产率就可以提高 36.5%。

表 2-9 是对某一小组的施工过程进行观测所得到的结果。根据定额的原理，定额所测定的时间标准不应该仅依据一个个体的结果来确定，而应该依据群体的结果来确定。也就是说，为了得到定额的时间标准，需要对同一施工过程针对不同的对象进行多次观测，多次观测的结果汇总在工作日写实结果汇总表中（见表 2-10）。

第2章 公路工程定额原理

表2-10 工作日写实结果汇总表

施工单位名称													
施工过程名称		砌筑2砖厚混水墙									测定时间：		
序号	工时消耗分类	小组编号及人数（总数28人）										加权平均值	备注
		第1组	第2组	第3组	第4组	第5组	第6组	第7组	第8组	第9组	第10组		
		4人	2人	2人	3人	4人	3人	2人	2人	4人	2人	28人	
	1. 必需消耗的时间												
1	适合于技术水平的有效工作	58.3	67.3	67.7	50.3	56.9	50.6	77.1	62.8	75.9	53.1	61.5	
2	不适合于技术水平的有效工作	3.5	17.3	7.6	31.7	0	21.8	0	6.5	12.8	3.6	10.5	
Ⅰ	有效工作共计	61.8	84.6	75.3	82.0	56.9	72.4	77.1	69.3	88.7	56.7	72.0	
3	休息	9.2	9.0	8.7	10.9	10.8	11.4	8.6	17.8	11.3	13.4	11.0	
	定额时间合计	71.0	93.6	84.0	92.9	67.7	83.8	85.7	87.1	100	70.1	83.0	
	2. 损失的时间												
4	多余和偶然工作共计	5.4	5.2	6.7	0	0	3.3	6.9	0	0	2.5		
5	施工本身原因而停工共计	14.4	0	6.3	2.6	26.0	3.8	4.4	11.3	0	29.9	10.2	
6	非施工本身原因而停工共计	5.6	0	1.3	3.6	6.3	9.1	3.0	0	0	0	3.4	
7	违背劳动纪律时间共计	3.6	1.2	1.7	0.9	0	0	0	1.6	0	0	0.9	
Ⅱ	非定额时间共计	29.0	6.4	16.0	7.1	32.3	16.2	14.3	12.9	0	29.9	17.0	
Ⅲ	总共消耗时间	100	100	100	100	100	100	100	100	100	100		
完成定额	实际	89.5	115	107	113	95	98	102	110	116	97	103.5	
	可能	126	123	128	122	140	117	199	126	116	138	131.2	

【例2-3】 对某小组砌筑2砖厚清水墙的施工过程进行定额时间的测定，经过8 h的跟踪测定，整理数据见表2-9：有效工作时间1 187 min，休息时间176 min，多余和偶然工作时间103 min，施工本身原因停工276 min，非施工本身原因停工108 min，违背劳动纪律时间70 min，求该施工过程的定额时间。

解：定额时间 = 有效工作时间 + 不可避免的中断时间 + 休息时间
= 1 187 + 0 + 176
= 1 363（min）

答：该施工过程的定额时间为1 363 min。

上述介绍了计时观察的主要方法，在实际工作中，有时为了减少测时工作量，往往采取某些简化的方法。这在制订一些次要的、补充的和一次性定额时，是可取的。在查明大幅度超额和完不成定额的原因时，采用简化方法也比较经济。简化的最主要途径是合并组成部分的项目。例如，把施工过程的组成部分简化为有效工作、休息、不可避免中断和损失时间四项。至于孰细孰粗，则根据实际需要来决定。

2.2.4 计时观察资料的整理

计时观察的结果会获得大量的数据和文字记载。无论是数据，还是文字记载，都是不可缺少的资料。两者相互补充,才能获得满意的效果。

1. 确定影响工时消耗的具体因素

所谓影响工时消耗的具体因素,是指在对施工过程进行观察中,实际发生的对工时消耗发生作用的那些因素。这些具体因素的确定是计时观察中不可缺少的工作。无论是采用测时法、写实记录法还是工作日写实法,在测时的同时,就要观察影响工时消耗的各种因素,测时完毕立即在专用表格或测时记录表格上记录下来,并作出必要、详尽的说明,这样才可能对测到的时间消耗资料进行全面的分析研究。

在确定因素时,要注意两类情况的记录:一类是构成该施工过程的各个条件,另一类是在观察期间各因素的变化。应确定的因素包括以下内容:

(1) 观察日期、工作班时间。

(2) 施工过程名称以及所属公司、工区、工程项目。

(3) 气温、雨量、风力。

(4) 工人的详细情况(年龄、性别、文化程度、工种、等级、工龄、从事本专业的实际工作时间、工资制度、平均工资、参加劳动竞赛的情况、工作速度、上月劳动生产率等)。

(5) 所使用的材料情况(材料类别、质量)。

(6) 工具、设备及机械的详细说明。

(7) 产品的规格和质量。

(8) 工作地点与施工过程的组织与技术说明。

(9) 产品数量的计算。

2. 整理施工过程观察资料的基本方法

对每次计时观察的资料进行整理之后,要对整个施工过程的观察资料进行系统的分析、研究和整理。

整理观察资料的方法基本上有两种:一种是平均修正法,另一种是图示整理法。

(1) 平均修正法。平均修正法是一种在对测时数列进行修正的基础上,求出平均值的方法。

所谓测时数列,是指由各次观察记录下来的施工过程中同一组成部分的不同延续时间所形成的数列序列。例如,对施工过程的同一组成部分观察10次,记录下来的必然是10个时间值。这10个时间值就形成一个测时数列。

整理测时数列主要是求算术平均值。因为在有限的观察次数下,算术平均值最可靠。但由于观察过程中不可避免地会受到偶然因素的干扰,因此引起时间值发生误差。为了消除偶然因素的干扰,计算算术平均值之前,应将测时数列中误差极大和显然存在问题的数值抽出来,并在测试表的附注中找出引起误差的原因。如果误差是人为因素引起的,则该项数值应予剔除。例如,观察者在工作中与别人聊天而延长的工时应删除,以免定额受偶然因素的影响。如果该项误差的出现是由于受某种难以完全避免的客观因素的影响,如在木板刨光工作中,碰到了节疤太多的木板,延长了刨光时间,这类性质的数值虽然要抽出,但在确定定额时,应计算此项因素在刨光木板工作中的影响。

剔除上述个别数值的数列成为修正数列。

对测时数列进行修正后,即可计算算术平均值。在技术测定工作中通常称之为平均修正值。

$$平均修正值 = \frac{延续时间的总和}{循环次数}$$

式中　延续时间的总和——经过剔除后的各次观察的延续时间的总和;

循环次数——经过剔除后的观察次数。

修正测时数列，就是剔除或修正那些偏高或偏低的可疑数值，目的是保证不受那些偶然性因素的影响。

找出影响偏高和偏低的时间数值方法，是计算出最大极限数值和最小极限数值以确定可疑值。超过极限值的时间数值就是可疑值。

$$最大极限值 = \bar{X} + K(M-S)$$

$$最小极限值 = \bar{X} - K(M-S)$$

式中 $\bar{X}$——测时数列的平均值；

K——极限系数，可参考表2-11中所列数值；

M——测时数列的最大值；

S——测时数列的最小值。

表2-11 极限系数表

观察次数	极限系数 K	观察次数	极限系数 K
5	1.3	9~10	1.0
6	1.2	11~15	0.9
7~8	1.1	16~30	0.8

计算测时数列的平均修正值，可以采用算术平均值，也可以采用加权平均值。当测时数列不受或很少受产品数量影响时，采用算术平均值可以保证获得可靠的数值。但是，如果测时数列受到产品数量的影响时，采用加权平均值则比较适当。

（2）图示整理法。只有在同一工作过程或其组成部分的产品具有数种规格时才使用图示整理法，如挖不同深度的地槽，随着地槽深度的变化，工时消耗也发生变化。

采用图示整理法，是将完成不同规格的工时消耗量用点画在坐标图上，然后研究点的位置，目的是确定工时消耗量的变化与因素数值（长度、深度、直径等）的关系，这一关系在图表上以一根或数根曲线表示。

图上的点如果代表多次观察的平均修正值，应在点上端注明观察次数。描绘曲线时，应尽量接近观察次数多的点。

图示整理法可以显示出观察的结果，确定出所求的定额工时消耗，并可避免发生较大的错误。此外，这种方法还可以确定出某些未进行观察的同一施工过程的其他类型的延续时间。

当某一过程或其组成部分的延续时间，不是根据一个因素数值，而是根据两个或三个因素数值转移时，那么，在图上所连成的将是两条、三条或更多条曲线。

整理后的计时观察资料可以作为评价工作的根据，也可以作为制订定额的根据。

习题

一、单项选择题

1. 施工过程中所使用的建筑材料、半成品、构件和配件等属于（　　）。
A. 劳动力　　　　　B. 劳动对象　　　　C. 劳动工具　　　　D. 劳动层次
2. 施工过程中的工人用以改变劳动对象的手段是（　　）。
A. 劳动力　　　　　B. 劳动对象　　　　C. 劳动工具　　　　D. 劳动层次
3. 在公路工程预算定额中，操作机械的人的消耗（　　）。

A. 含在人工消耗量中　　　　　　　　B. 含在机械消耗量中
C. 含在人工单价中　　　　　　　　　D. 含在机械台班单价中
4. 劳动力、劳动对象和使用的劳动工具均不发生变化是（　　）。
A. 工序的主要特征　　　　　　　　　B. 工作过程的主要特征
C. 分项工程的主要特征　　　　　　　D. 综合工作过程的主要特征
5. 劳动力不变、工作地点不变，而材料和工具可以变换是（　　）。
A. 工序的主要特征　　　　　　　　　B. 工作过程的主要特征
C. 分项工程的主要特征　　　　　　　D. 综合工作过程的主要特征
6. 人员、工作地点、材料和工具都可以变换是（　　）。
A. 工序的主要特征　　　　　　　　　B. 工作过程的主要特征
C. 分项工程的主要特征　　　　　　　D. 综合工作过程的主要特征
7. 测定定额需分解和标定到（　　）。
A. 工序　　　　B. 操作　　　　C. 工作　　　　D. 工作过程
8. 进行某项先进技术或新技术的工时研究，需要分解到（　　）。
A. 工序　　　　B. 操作　　　　C. 工作过程　　　D. 综合工作过程
9. 工人在正常施工条件下，为完成一定产品（工作任务）所消耗的制定定额的主要依据时间是（　　）。
A. 有效工作时间　　　　　　　　　　B. 不可避免的中断时间
C. 必需消耗的时间　　　　　　　　　D. 损失的时间
10. 工人基本工作时间的消耗量与任务大小（　　）。
A. 成正比　　　　B. 有关　　　　C. 无关　　　　D. 成反比
11. 工人辅助工作时间的消耗量与任务大小（　　）。
A. 成正比　　　　B. 有关　　　　C. 无关　　　　D. 成反比
12. 工人准备与结束的工作时间与任务大小（　　）。
A. 成正比　　　　B. 有关　　　　C. 无关　　　　D. 成反比
13. 计入定额的工人工作时间是（　　）。
A. 工人多余工作时间　　　　　　　　B. 非施工本身原因的停工时间
C. 施工本身原因的停工时间　　　　　D. 工人准备工作时间
14. 可以索赔的工人工作时间是（　　）。
A. 工人多余工作时间　　　　　　　　B. 非施工原因的时间损失
C. 工人辅助工作时间　　　　　　　　D. 工人准备工作时间
15. 不能计价的工人工作时间是（　　）。
A. 工人多余工作时间　　　　　　　　B. 非施工本身原因的停工时间
C. 工人辅助工作时间　　　　　　　　D. 工人准备工作时间
16. 使劳动对象直接发生变化的工作是（　　）。
A. 基本工作　　　　　　　　　　　　B. 辅助工作
C. 准备与结束工作　　　　　　　　　D. 多余工作
17. 可以计价的工人工作时间是（　　）。
A. 工人多余工作时间　　　　　　　　B. 违背劳动纪律时间
C. 施工本身原因的停工时间　　　　　D. 偶然工作时间
18. 不可以计价的机械工作时间是（　　）。

A. 不可避免的中断时间 B. 不可避免的无负荷时间
C. 多余工作时间 D. 非施工本身原因的机械停工时间

19. 可以索赔的机械工作时间是（　　）。
A. 不可避免的中断时间 B. 不可避免的无负荷时间
C. 多余工作时间 D. 非施工本身原因的机械停工时间

20. 可以计价的机械工作时间是（　　）。
A. 低负荷下的工作时间 B. 不可避免的无负荷时间
C. 多余工作时间 D. 施工本身原因的机械停工时间

21. 主要用于测定循环工作的工时消耗，而且测定的主要是"有效工作时间"中的"基本工作时间"的测定时间的方法是（　　）。
A. 测时法 B. 写实记录法
C. 工作日写实法 D. 技术测时法

22. 可以同时对三个以上工人进行观察的技术测定方法是（　　）。
A. 数示法 B. 图示法 C. 混合法 D. 测时法

23. 具有技术简便、费力不多、应用面广和资料全面的优点，且在我国广泛采用的一种用来编制定额的计时观察法是（　　）。
A. 测时法 B. 写实记录法 C. 工作日写实法 D. 混合法

24. 工人进行任务以外的不能增加产品数量的工作属于（　　）。
A. 辅助工作 B. 多余工作 C. 偶然工作 D. 基本工作

25. 计时观察法最主要的三种方法是（　　）。
A. 测时法、写实记录法、混合法
B. 写实记录法、工作日写实法、混合法
C. 测时法、写实记录法、工作日写实法
D. 写实记录法、选择测时法、工作日写实法

26. 从施工过程组织的复杂程度上说，现浇混凝土结构应属于（　　）。
A. 工序 B. 工作过程
C. 综合工作过程 D. 操作

27. 抹灰工在抹灰时拔掉遗留在墙上的钉子，该时间消耗属于（　　）。
A. 多余工作时间 B. 偶然工作时间
C. 必需消耗的时间 D. 基本工作时间

28. 在标定定额中常用的方法是（　　）。
A. 选择法测时 B. 连续法测时
C. 写实记录法 D. 工作日写实法

29. 测定的只是定额时间中的基本工作时间的方法是（　　）。
A. 技术测定法 B. 测时法
C. 工作日写实法 D. 写实记录法

30. （　　）是通过研究具体劳动来确定其消耗量的。
A. 人工消耗量 B. 材料消耗量
C. 机械消耗量 D. 资源消耗量

二、简答题

1. 简述工时研究的定义及目的。

2. 简述研究工人和机械作业时间的目的。
3. 简述我国人工费、材料费和机械费的计算方法。
4. 简述在定额中考虑的工人工作时间和通过索赔考虑的工人工作时间的内容。
5. 简述在定额中考虑的机械工作时间和通过索赔考虑的机械工作时间的内容。

三、分析题

1. 某市出租车公司提议：当出租车低速行驶时（时速小于 12 km），每行驶 2.5 min 加收 1 元钱，遇红灯等待每 2.5 min 加收 1 元钱。根据定额原理说明该提议是否合理？为什么？
2. 某工人砌墙 2 m^3，经验收不合格，推倒重砌，第二次验收合格，项目经理只认可 2 m^3 的砌墙工作量，是否合理？为什么？
3. 某建筑工地联系了一辆卡车准备将场内垃圾运到垃圾场，卡车到达后，因情况有变暂不需要使用卡车，因此要求卡车回程，卡车司机要求支付一定的费用，工地负责人认为卡车没有运垃圾，不肯支付费用，问：卡车司机的要求是否合理？为什么？
4. 施工单位施工中由于机械损坏引起机械停工，该机械停工时间能否计价，说明原因。
5. 施工单位施工中遇到供电公司停电 3 天，导致机械停工，该机械停工时间能否计价，说明原因。
6. 施工单位施工中收到监理工程师错误指令，导致机械停工，该机械停工时间能否计价，说明原因。

四、计算题

1. 对某施工队浇捣混凝土的时间进行定额测定，经过 1 天（8 h）的跟踪测定，整理数据如下：基本工作时间 4.0 h，辅助工作时间 1.25 h，准备与结束时间 0.25 h，休息时间 0.75 h，多余工作时间 1 h，违背劳动纪律时间 0.75 h，计算该工序的定额时间。
2. 根据计时观察法测得工人工作时间：基本工作时间 61 min，辅助工作时间 9 min，准备与结束工作时间 13 min，不可避免的中断时间 6 min，休息时间 9 min，求其作业时间、规范时间和定额时间。

第 3 章

公路工程施工定额

施工定额和预算定额是承发包阶段使用较多的两种定额,作为一个优秀的施工造价人员,应该学会熟练地使用这两种定额。这两种定额反映了两种不同的劳动生产率水平:施工定额是企业定额,反映了企业施工的平均先进水平;预算定额是社会性定额,反映的是社会平均合理水平。使用施工定额和工人计价,使用预算定额和甲方计价,除了可以获取预算定额水平的合理利润外,还可以获得两种定额水平差异的额外利润。

3.1 施工定额的作用

1. 施工定额是施工单位计划管理的依据

施工定额在企业计划管理方面的作用,表现在它既是企业编制施工组织设计的依据,也是企业编制施工作业计划的依据。

施工组织设计内容包括所建工程的资源需要量;适用这些资源的最佳时间安排;施工现场平面规划。

施工定额规定了施工生产产品的人工、材料、机械等资源的需要量标准,利用施工定额即可算出所建工程的资源需要量。用总资源量除以单位时间的资源量获得所需时间,对单位时间的资源量进行调整即可获得资源的最佳时间安排。施工现场的平面规划将影响到相关资源的需要量,因此,对现场进行平面规划应在施工定额的指导下进行。

【例 3-1】 某干砌片石护坡 3 564 m^3,按瓦工配备 20 人考虑。计算该工程的资源需要量和完成该项工作需要的时间。

解:经查企业施工定额可知:干砌片石护坡 10 m^3 的人工消耗量为 4.0 工日、片石 12.0 m^3、1.0 m^3 以内轮胎式装载机 0.1 台班。

人工需要量:356.4 × 4.0 = 1 425.6(工日)

材料需要量:片石需要量 = 356.4 × 12.0 = 4 276.8(m^3)

机械需要量:装载机需要量 = 356.4 × 0.1 = 35.64(台班)

按人工配备计算所需时间 = 1 425.6 ÷ 20 = 72(天)

答:该工程需要人工 1 425.6 工日,片石 4 276.8 m^3,装载机 35.64 台班,按瓦工配备 20 人考虑，工程所需时间为72天。

上例说明了施工定额在施工组织设计的资源需要量和时间安排中所起的作用，施工组织设计中的资源需要量是完全通过施工定额计算出来的，最佳时间安排则需要结合施工中的知识和施工定额计算而得。

施工现场平面规划并不是施工定额决定的，它是由施工单位作出的施工规划，而一旦施工单位作出了规划，就将对计价产生影响。不过，施工单位在做施工规划时需要以施工定额为基础，力求造价最低。例如，施工单位在确定料场位置的时候就会考虑按照运距最短的原则来确定料场的位置，而料场的位置属于施工平面规划的组成部分。

施工作业计划内容包括本月（旬）应完成的施工任务；完成施工任务的资源需要量；提高劳动生产率和节约措施计划。

施工组织设计是在施工之前所做的对整个工程的全局计划和安排，但在实际施工中，如果不作监管，工程的发展不会自然而然地按照计划进行，施工作业计划就是分解施工组织设计而得的阶段性的计划。施工作业计划不出大的差错，由施工作业计划组成的施工组织设计就不会与全局计划相差太大。

施工作业计划中的施工任务是由施工组织设计分解而得，施工作业计划中的资源需要量是由施工定额计算而得。

【例3-2】 已知例3-1中干砌片石护坡工程需要人工1 425.6工日，片石4 276.8 m³，装载机35.64台班，按瓦工配备20人考虑，工程所需时间为72天。工程按平均进度考虑，请计算本月应完成的施工任务和对应的人工费、材料费和机械费。

解：本月应完成的施工任务 = $\frac{3\ 564}{72} \times 30 = 1\ 485$（m³）

人工需要量：$148.5 \times 4.0 = 594.0$（工日）

材料需要量：片石 = $148.5 \times 12.0 = 1\ 782.0$（m³）

机械需要量：装载机 = $148.5 \times 0.1 = 14.85$（台班）

需要人工费 = $594.0 \times 106.28 = 63\ 130.32$（元）

需要材料费 = $1\ 782.0 \times 63.11 = 112\ 462.02$（元）

需要机械费 = $14.85 \times 585.22 = 8\ 690.52$（元）

答：本月应完成1 485 m³干砌片石护坡工作。完成该工程需要人工费63 130.32元，材料费112 462.02元，机械费8 690.52元。

施工作业计划内容中的第三部分，指的是施工单位可以在自己的施工作业计划中献计献策，以达到提高劳动生产率和节约的目的，由此而产生的收益，可以与甲方协商按比例进行分配。

【例3-3】 某甲方需要在一山坡上建设一建筑物，对此项目采用了招标方式来确定最终的承建商，某施工单位经招标投标活动后最终被确定为中标方，由于建筑物位于山坡上，原材料和机械设备无法一次运送就位，该施工单位在投标书中的施工方案中考虑材料和设备运送到山坡下后，采用垂直吊装机械将材料和设备吊放到山坡上，再采用人力运输的方式将材料和设备运送到建筑物的附近进行堆放。依据这个方案，该施工单位在报价中计算了80万的材料、设备二次搬运费。最终施工方以3 780万元中标。在准备开始施工前，施工方发现当地的人都是采用毛驴进行物品的运送，受此启发，施工单位的材料二次搬运全部改用毛驴进行，最终只花费了20万元。但施工方并未就方案的变更和甲方进行协商。最终，工程结束时，甲方委托的审计单位只认可20万元的二次搬运费，要扣除当初报价中的60万元的二次搬运费。请问：（1）审计单位的做法正确吗？说明理由。（2）施工方正确的做法是什么？

答：(1) 审计单位的做法是正确的。理由如下：在合同签订过程中有两个法定的程序，即要约和承诺。对于法定程序中的具体内容视同合同内容。投标属于要约，施工方在要约中明确说明其采用吊装机械结合人力的方式进行材料和设备的二次搬运，实际施工中采用的是毛驴运送，该行为视为工程变更，变更应遵循变更的程序，施工方未按程序就履行了变更的事实，视同违约，故而审计单位扣除其违约所得是合理的。

(2) 施工方的正确做法是：在施工作业计划中将此想法提出，同意由自己承担由于变更而带来的一切风险，如果变更产生收益，提出与甲方的利益分配比例。该提议经甲方确认后就完成了变更，最终结算时，施工方必将获得其商定的额外收益。

2. 施工定额是组织和指挥生产的有效工具

企业组织和指挥施工，是按照作业计划通过下达施工任务书和限额领料单来实现的。

(1) 施工任务书：既是下达施工任务的技术文件，也是班、组经济核算的原始凭证。它表明了应完成的施工任务，也记录着班、组实际完成任务的情况，并且进行班、组工人的工资结算。施工任务书上的计量单位、产量定额和计件单位，均需取自施工定额，工资结算也要根据施工定额的完成情况计算。

(2) 限额领料单：是施工队随施工任务书同时签发的领取材料的凭证，根据施工任务的材料定额填写。其中领料的数量，是班组为完成规定的工程任务消耗材料的最高限额。领料的最高限额是根据施工任务和施工定额计算而得。

3. 施工定额是计算工人劳动报酬的依据

施工定额是衡量工人劳动数量和质量，提供成果和效益的标准。所以，施工定额是计算工人工资的依据。这样，才能做到完成定额好的，工资报酬就多，达不到定额的，工资报酬就会减少。真正实现多劳多得，少劳少得的社会主义分配原则。

4. 施工定额有利于推广先进技术

施工定额水平中包含着某些已成熟的先进的施工技术和经验，工人要达到和超过定额，就必须掌握和运用这些先进技术；要想大幅度超过定额，就必须创造性地劳动，不断改进工具和改进技术操作方法，注意原材料的节约，避免浪费。当施工定额明确要求采用某些较先进的施工工具和施工方法时，贯彻施工定额就意味着推广先进技术。

5. 施工定额是编制施工预算，加强企业成本管理的基础

施工定额中的消耗量直接反映了施工中所消耗的人工、材料、机械的情况，只需将有关的量与相应的单价相乘即可获得施工人工费、材料费和机械费，进而获得施工造价。利用施工定额编制造价，既要反映设计图纸的要求，也要考虑在现有条件下可能采取的节约人工、材料和降低成本的各项具体措施。这就有效地控制了人力、物力消耗，节约了成本开支。严格执行施工定额不仅可以起到控制消耗、降低成本和费用的作用，同时为贯彻经济核算制、加强班组核算和增加盈利创造良好的条件。

6. 施工定额是编制工程建设定额体系的基础

施工定额在工程建设定额体系中的基础作用，是由施工定额作为生产定额的基本性质决定的。施工定额和生产结合最紧密，它直接反映生产技术水平和管理水平，而其他各类定额则在较高的层次上、较大的跨度上反映社会生产力水平。尽管这些定额有更大的综合性和覆盖面，但它们都不能脱离施工定额所直接反映的生产技术水平和管理水平。

以施工定额作为预算定额的技术基础，可以使预算定额与实际的生产和经营管理水平相适应，并能保证施工中的人力、物力消耗得到合理的补偿。对于其他各种定额来说，施工定额则是它们的间接基础。

3.2 施工定额中"三量"的确定

施工定额中的"三量"是指人工、材料、机械三者的定额消耗数量。

3.2.1 劳动消耗定额

3.2.1.1 概念

劳动消耗定额指的是在正常的技术条件、合理的劳动组织下生产单位合格产品所消耗的合理活劳动时间,或者是活劳动一定的时间所生产的合理产品数量。也就是说经过了定额测定,将获得一个定额时间和一个定额时间内的产量,将这两者联系起来就获得了定额(标准)。根据联系的情况有时间定额和产量定额两种形式。

1. 时间定额

时间定额指的是生产单位合格产品所消耗的工日数。对于人工而言,工分是指 1 min,工时是指 1 h,而工日则代表 1 天(一般以 8 h 计)。也就是说,时间定额规定了生产单位产品所需要的工日标准。

时间定额的对象可以是一人也可以是多人。

【例3-4】 对一工人挖土的工作进行定额测定,该工人经过 3 天的工作(其中 4 h 为损失的时间),挖了 25 m^3 的土方,计算该工人的时间定额。

解: 消耗总工日数 = (3×8-4)÷8 = 2.5(工日)

完成产量数 = 25 m^3

时间定额 = 2.5÷25 = 0.10(工日/m^3)

答:该工人的时间定额为 0.10 工日/m^3。

【例3-5】 对一三人小组进行砌墙施工过程的定额进行测定,三人经过 3 天的工作,砌筑完成 8 m^3 的合格墙体,计算该组工人的时间定额。

解: 消耗总工日数 = 3×3 = 9(工日)

完成产量数 = 8 m^3

时间定额 = 9÷8 = 1.125(工日/m^3)

答:该组工人的时间定额为 1.125 工日/m^3。

2. 产量定额

产量定额与时间定额同为定额(标准),只不过角度不同。时间定额规定的是生产产品所需的时间,而产量定额正好相反,它规定的是单位时间生产的产品的数量。

【例3-6】 对一工人挖土的工作进行定额测定,该工人经过 3 天的工作(其中 4 h 为损失的时间),挖了 25 m^3 的土方,计算该工人的产量定额。

解: 消耗总工日数 = (3×8-4)÷8 = 2.5(工日)

完成产量数 = 25 m^3

产量定额 = 25÷2.5 = 10(m^3/工日)

答:该工人的产量定额为 10 m^3/工日。

从时间定额和产量定额的定义可以看出,两者互为倒数关系。

当然,不管是时间定额还是产量定额,都是给了一个标准,而这个标准的应用是有前提的:正常的技术条件、合理的劳动组织、合格产品。没有了这些前提,这个标准将毫无意义;前提不同,使用这个结果也是不恰当的。所以后面就会明白为什么定额要换算,为什么有时候不能使用公路工程定额,而要使用市政工程定额。

3.2.1.2 制定劳动定额的方法

1. 技术测定法

(1) 根据必需消耗时间测定结果。对施工过程进行计时观察后,对测时数据进行整理,对工作时间进行分类,分别统计基本工作时间、辅助工作时间、不可避免的中断时间、准备与结束工作时间及休息时间,形成定额时间,然后记录这段时间内生产的产品数量,建立起定额时间与产品数量的关系,从而形成时间定额或产量定额(劳动定额的表现)(见例2-3)。

(2) 利用工时规范。基本工作时间在必需消耗的工作时间中占的比重最大。在确定基本工作时间时,必须细致、精确。因此,对一些施工过程重点就基本工作时间进行计时观察,并分析确定,而辅助工作和准备与结束工作、不可避免的中断、休息时间可采用已有的工时规范或经验数据计算确定。

木作工程各类辅助工作时间的比例见表3-1。

表3-1 木作工程各类辅助工作时间的比例

工作项目	占工序作业时间的比例/%	工作项目	占工序作业时间的比例/%
磨刨刀	12.3	磨线刨	8.3
磨槽刨	5.9	锉锯	8.2
磨凿子	3.4		

建筑工程准备与结束、休息、不可避免中断时间占工作班时间的比例见表3-2。

表3-2 建筑工程准备与结束、休息、不可避免中断时间占工作班时间的比例

序号	时间分类 工种	准备与结束时间占工作时间的比例/%	休息时间占工作时间的比例/%	不可避免的中断时间占工作时间的比例/%
1	材料运输及材料加工	2	13~16	2
2	人力土方工程	3	13~16	2
3	架子工程	4	12~15	2
4	砖石工程	5	10~13	4
5	抹灰工程	6	10~13	3
6	手工木作工程	4	7~10	3
7	机械木作工程	3	4~7	3
8	模板工程	5	7~10	3
9	钢筋工程	4	7~10	4
10	现浇混凝土工程	6	10~13	3
11	预制混凝土工程	4	10~13	3
12	防水工程	5	25	3
13	油漆玻璃工程	3	4~7	2
14	钢制品制作及安装工程	4	4~7	2

续表

序号	时间分类 工种	准备与结束时间占工作时间的比例/%	休息时间占工作时间的比例/%	不可避免的中断时间占工作时间的比例/%
15	机械土方工程	2	4~7	2
16	石方工程	4	13~16	2
17	机械打桩工程	6	10~13	3
18	构件运输及吊装工程	6	10~13	3
19	水暖电气工程	5	7~10	3

【例3-7】 测定现浇混凝土木模板制作 1 m^2 的基本工作时间为 160 min。试按工时规范确定其时间定额。

解：现浇混凝土木模板制作属于木作工程，除了基本工作之外，辅助工作就是磨刨刀，查表 3-1 得木作工程中磨刨刀时间占工序作业时间的 12.3%，则

$$工序作业时间 = 基本工作时间 + 辅助工作时间$$

$$= \frac{基本工作时间}{1 - 辅助时间所占百分比}$$

$$= \frac{160}{1 - 12.3\%}$$

$$= 182.44 \ (min)$$

查表 3-2 可知，手工木作工程准备与结束时间占工作班时间的 4%，不可避免的中断时间占 3%，休息时间取中间值 8.5%，则：

$$定额时间 = 工序作业时间 + 规范时间$$

$$= \frac{工序作业时间}{1 - 规范时间所占百分比}$$

$$= \frac{182.44}{1 - (4\% + 3\% + 8.5\%)}$$

$$= 215.91 \ (min)$$

$$时间定额 = 215.91 \div 60 \div 8 \div 1 = 0.45 \ (工日/m^2)$$

答：该工作的时间定额为 0.45 工日/m^2。

技术测定法看起来很简单，但存在一个定额水平的问题，也就是说定额的测定不可能是一个个体水平，而必须是一个群体水平的反映。既然是群体，那一个定额子目就必须测定若干对象才能获得真正意义上的科学的消耗量。由此带来的问题是费时费力费钱（从第 2 章的内容可知，测定定额时间出于逼近真值的考虑，一个对象往往要测定 8~10 次）。因此，在最基本的技术测定法之外，还有一些较简便的定额测定法。

2. 比较类推法

对于一些类型相同的项目，可以采用比较类推法来测定定额。方法是取其中之一为基本项目，通过比较其他项目与基本项目的不同来推得其他项目的定额。但这种方法要注意基本项目一定要选择恰当，结果要进行一些微调。

计算公式：

$$t = p \times t_0$$

式中 t——其他项目工时消耗；

p——耗工时比例；

t_0——基本项目工时消耗。

【例3-8】 已知人工挖运松土（运距20 m）的时间定额及普通土、硬土和松土耗用工时的比例关系（见表3-3），试用比较类推法推算普通土和硬土的时间定额。

表3-3　不同土壤的耗工时比例　　　　　　　　　　工时/m³

土壤类别	耗工时比例 p	人工挖运土方、运距20 m	
		槽外	槽内
松土	1.00	0.158	0.177
普通土	1.50		
硬土	2.12		

解：根据 $t = p \times t_0$ 计算，普通土 $p = 1.50$；硬土 $p = 2.12$。

答：计算结果见表3-4。

表3-4　计算结果　　　　　　　　　　工时/m³

土壤类别	耗工时比例 p	人工挖运土方、运距20 m	
		槽外	槽内
松土	1.00	0.158	0.177
普通土	1.50	1.50×0.158	1.50×0.177
硬土	2.12	2.12×0.158	2.12×0.177

3. 经验估计法（经验估工法）

测定时间确定定额消耗的方法利用的是经济学中关于"社会必要劳动时间决定产品价值"的观点，产品价格应该是围绕着价值受市场影响而波动，最终必将回归价值。技术测定法测定的是按价值观点确定的价格，一般情况下是科学的，但遇到新技术、新工艺就会出现问题。

新技术、新工艺在一开始出现的时候，拥有该技术的人或单位对该技术占据垄断地位，因此是不可能同意按照正常情况下的定额测定来计价的，换言之，即使按正常情况测定，也会处于有价无市的状况（没人做），更别谈拥有技术的人是不会让其他人来测定其施工技术的工时消耗了。因此，这种情况下就要用到经验估计法了。

经验估计法的特点是完全凭借个人的经验，邀请一些有丰富经验的技术专家、施工工人参加，通过对图纸的分析、现场的研究来确定工时消耗。

该方法简单、速度快，但易受参加制订人员主观因素和局限性影响，使制订的定额出现偏高或偏低现象。经验估计法的数据选定方法如下：

设 M 为所需的平均时间，则

$$M = \frac{a + 4c + b}{6}$$

式中 a——较短时间；

b——较长时间；

c——一般时间。

标准偏差：

$$\sigma = \frac{b-a}{6}$$

σ 值越大，说明数据越分散；σ 值越小，说明数据越集中。

工时定额：

$$T = M + \sigma\lambda \quad 或 \quad \lambda = \frac{T-M}{\sigma}$$

λ 为标准离差系数，从正态分布表（见表3-5）中可以查到对应于 λ 值的概率 $P(\lambda)$。$P(\lambda)$ 值表示该项目在定额工时消耗 T 的情况下完成的可能性程度。

表3-5 正态分布的标准离差系数 λ 值与概率 $P(\lambda)$

λ	$P(\lambda)$	λ	$P(\lambda)$	λ	$P(\lambda)$	λ	$P(\lambda)$
0.0	0.50	−1.3	0.10	0.0	0.50	1.3	0.90
−0.1	0.46	−1.4	0.08	0.1	0.54	1.4	0.92
−0.2	0.42	−1.5	0.07	0.2	0.58	1.5	0.93
−0.3	0.38	−1.6	0.05	0.3	0.62	1.6	0.95
−0.4	0.34	−1.7	0.04	0.4	0.66	1.7	0.96
−0.5	0.31	−1.8	0.04	0.5	0.69	1.8	0.96
−0.6	0.27	−1.9	0.03	0.6	0.73	1.9	0.97
−0.7	0.24	−2.0	0.02	0.7	0.76	2.0	0.98
−0.8	0.21	−2.1	0.02	0.8	0.79	2.1	0.98
−0.9	0.18	−2.2	0.01	0.9	0.82	2.2	0.99
−1.0	0.16	−2.3	0.01	1.0	0.84	2.3	0.99
−1.1	0.14	−2.4	0.01	1.1	0.86	2.4	0.99
−1.2	0.12	−2.5	0.01	1.2	0.88	2.5	0.99

【例3-9】 已知完成某项任务的较短时间为6 h，较长时间为10 h，一般时间为7 h。问：（1）要使完成任务的可能性为62%，即有62%工人可达到这一水平，则下达的工时定额应为多少小时？（2）如果要求在8 h内完成，其完成任务的可能性是多少？

解：（1）

$$M = \frac{a + 4c + b}{6} = \frac{6 + 4 \times 7 + 10}{6} = 7.33 \text{（h）}$$

$$\sigma = \frac{b-a}{6} = \frac{10-6}{6} = 0.67$$

$P(\lambda) = 0.62$，查表3-5得 $\lambda = 0.3$。

$$T = M + \sigma\lambda = 7.33 + 0.67 \times 0.3 = 7.53 \text{（h）}$$

（2）

$$\lambda = \frac{T-M}{\sigma} = \frac{8-7.33}{0.67} = 1$$

查表3-5得

$$P(\lambda) = 0.84$$

答：（1）下达的工时定额应为7.53 h；（2）当要求在8 h内完成，能完成任务的可能性为84%。

如果实际收集的时间消耗数据是 n 个，可以首先把个别偏差很大的数据去掉，然后将留下的数据从小到大排列,划分三个区间,再分别求出各区间中的算术平均值,作为三个估计数 a、c、b。

4. 统计分析法

统计分析法与技术测定法很相似,不同的是技术测定法有意识地在某一段时间内对工时消耗进行测定,一次性投入较大;而统计分析法采用的是细水长流的方法,让施工单位在其施工过程中建立起数据采集的制度,然后根据积累的数据获得工时消耗。

【例3-10】 某公交公司拟采用统计分析法测定1路车的定额水平,最终希望确定司机一天往返次数和一天完成营业额的标准,由此确定司机应完成的定额水平。请设计统计分析的方法。

答:在1路车起点和终点站各设置一执勤人员,负责记录下1路车的到站和离站时间,比如:1路车6:00从起点站出发,6:40到达终点站,6:42分从终点站出发,7:30回到起点站,7:32分再次出发……,用7:32减去6:00得到1小时32分钟,就得到了1路车跑一个来回所需时间;一天工作结束后,再将车开到指定地点收集刷卡和投币的数额,就可以得到一天的营业额。长年累月的记录,就可以得到延续时间的真值以及一天正常所能往返的次数和一天正常完成的营业额,由此也就确定了司机工作的定额水平。

统计分析法的优点在于减少重复劳动,将定额的集中测定转化为分别测定,将专门的定额测定工作转化为施工中的一个工序;但采用这种方法的准确性不易保证,需要对施工单位和班组、原始数据的获得和统计分析做好事先控制、事后处理的工作。

该方法以积累的大量统计资料为基本依据,这些资料提供数据的准确性和真实性直接影响到定额的精度。凡是施工条件比较正常、定额比较稳定、原始资料比较真实的单位,采用统计分析法比采用经验估计法科学和先进。

用统计分析法制订定额时,其平均实耗工时可按下式计算:

$$M = \frac{\sum_{i=1}^{n} t_i}{n}$$

式中 t_i——统计资料所提供的完成单位合格产品的实耗时间;

n——提供数据中的数值个数。

将小于平均实耗工时 M 的 n' 个数据挑选出来,计算平均值,即先进平均的实耗工时。

$$M' = \frac{\sum_{i=1}^{n'} t_i}{n'}$$

$$平均先进定额时间 = \frac{平均实耗工时 + 先进平均的实耗工时}{2}$$

【例3-11】 某单位产品在12个月的实耗工时统计资料分别为:12,13,11,14,10,12,13,12,11,13,12,10。试求产品的平均实耗工时和平均先进定额时间。

解:平均实耗工时 $M = \dfrac{\sum_{i=1}^{n} t_i}{n} = \dfrac{12+13+11+14+10+12+13+12+11+13+12+10}{12}$

$= 11.92(\text{h})$

将12个数据中小于 M 的4个数据11、10、11、10挑选出来,则

先进平均的实耗工时 $M' = \dfrac{\sum_{i=1}^{n'} t_i}{n'} = \dfrac{11+10+11+10}{4} = 10.5(\text{h})$

$$\text{平均先进定额时间} = \frac{11.92 + 10.5}{2} = 11.21 \text{ (h)}$$

答：产品的平均实耗工时为 11.92 h，平均先进定额时间为 11.21 h。

如果把统计分析法和经验估计法的概率估计方法结合起来，可以更加科学地掌握定额水平，使之先进合理。

首先，利用施工积累资料按统计分析法计算平均实耗工时 M，并计算出标准偏差 σ：

$$\sigma = \sqrt{\frac{\sum_{i=1}^{n'}(M-t_i)^2}{n}}$$

再拟定完成定额的概率 $P(\lambda)$（小于 0.5），查表 3-5 得 λ，按经验估计法计算定额时间 T。

3.2.1.3 劳动定额的应用

【例 3-12】 某瓦工班组 15 人，砌块石挡土墙，需 6 天完成，砌筑块石挡土墙的定额为 1.25 工日/m³，计算该班组完成的砌筑工程量。

解：
$$\text{总工日数} = 15 \times 6 = 90 \text{ （工日）}$$
$$\text{时间定额} = 1.25 \text{ 工日/m}^3$$
$$\text{砌筑工程量} = 90 \div 1.25 = 72 \text{ （m}^3\text{）}$$

答：该班组完成的砌筑工程量为 72 m³。

【例 3-13】 经查砌双面清水墙时间定额为 1.270 工日/m³，某包工包料工程砌墙班组砌墙工程量为 100 m³，需耗费多少定额人工？

解：
$$\text{所需定额人工} = 100 \times 1.27 = 127 \text{ （工日）}$$

答：需耗费 127 工日定额人工。

【例 3-14】 某人工挖运土方工程，土壤类别为松土，工程量为 450 m³，每天有 24 名工人负责施工，时间定额为 0.205 工日/m³，试计算完成该分项工程的施工天数。

解：
$$\text{所需定额人工} = 450 \times 0.205 = 92.25 \text{ （工日）}$$
$$\text{施工天数} = 92.25 \div 24 = 3.84 \text{ （天）} \approx 4 \text{ （天）}$$

答：完成该分项工程需要 4 天。

3.2.2 施工机械消耗定额

3.2.2.1 概念

施工机械消耗定额指的是在正常的技术条件、合理的劳动组织下生产单位合格产品所消耗的合理的机械工作时间，或者是机械工作一定的时间所生产的合理产品数量。同样的，施工机械消耗定额也有时间定额和产量定额两种形式。

1. 时间定额

时间定额指的是生产单位产品所消耗的机械台班数。对于机械而言，台班代表 1 天（以 8 h 计）。

2. 产量定额

产量定额指的是在正常的技术条件、合理的劳动组织下，每一个机械台班时间所生产的合格产品的数量。

3.2.2.2 施工机械消耗定额的编制方法

施工机械消耗定额的编制方法只有一个：技术测定法。根据机械是循环动作还是非循环动作，其测定的思路是不同的。

编制机械消耗定额时，通常先确定产量定额，再计算时间定额。具体编制步骤如下：
(1) 选择合理的施工单位、工人班组、工作地点及施工组织。
(2) 确定机械纯工作1 h的正常生产率。
1) 循环动作机械。

$$机械纯工作1\ h正常循环次数 = 3\ 600\ (s) \div 一次循环的正常延续时间$$

$$机械一次循环的正常延续时间 = \sum(循环各组成部分正常延续时间) - 交叠时间$$

$$机械纯工作1\ h正常生产率 = 机械纯工作1\ h正常循环次数 \times 一次循环生产的产品数量$$

2) 非循环动作机械。

$$机械纯工作1\ h正常生产率 = 工作时间内完成的产品数量 \div 工作时间\ (h)$$

(3) 确定施工机械的正常利用系数。机械工作与工人工作相似，除了正常负荷下的工作时间（纯工作时间）外，还有根据降低负荷下的工作时间、不可避免的中断时间、不可避免的无负荷时间等定额包含的时间，考虑机械正常利用系数是将计算的纯工作时间转化为定额时间。

$$机械正常利用系数 = 机械在一个工作班内纯工作时间 \div 一个工作班延续时间\ (8\ h)$$

(4) 施工机械消耗定额。

$$施工机械台班定额 = 机械纯工作1\ h正常生产率 \times 工作班纯工作时间$$

或 $$施工机械台班定额 = 机械纯工作1\ h正常生产率 \times 工作班延续时间 \times 机械正常利用系数$$

【例3-15】 一混凝土搅拌机搅拌一次延续时间为300 s（包括上料、搅拌、出料时间），一次生产混凝土0.2 m^3，一个工作班的纯工作时间为4 h，计算该搅拌机的正常利用系数和产量定额。

解：

$$机械纯工作1\ h正常循环次数 = 3\ 600 \div 300 = 12\ (次)$$

$$机械纯工作1\ h正常生产率 = 12 \times 0.2 = 2.4\ (m^3)$$

$$机械正常利用系数 = 4 \div 8 = 0.5$$

$$搅拌机的产量定额 = 2.4 \times 8 \times 0.5 = 9.6\ (m^3/台班)$$

答：该搅拌机的正常利用系数为0.5，产量定额为9.6 m^3/台班。

【例3-16】 采用一液压岩石破碎机破碎混凝土，现场观测机器工作2 h完成了56 m^3 混凝土的破碎工作，机械正常利用系数为0.8，计算该液压岩石破碎机的时间定额。

解：

$$机械纯工作1\ h正常生产率 = 56 \div 2 = 28\ (m^3/h)$$

$$液压岩石破碎机的产量定额 = 28 \times 8 \times 0.8 = 179.2\ (m^3/台班)$$

$$液压岩石破碎机的时间定额 = 1 \div 179.2 = 0.006\ (台班/m^3)$$

答：该液压岩石破碎机的时间定额为0.006 台班/m^3。

3.2.3 材料消耗定额

3.2.3.1 概念

材料消耗定额指的是在正常的技术条件、合理的劳动组织下生产单位合格产品所消耗的合理的品种、规格的建筑材料（包括半成品、燃料、配件、水、电等）的数量。

材料消耗定额的作用是编制材料需用量计划、运输计划、供应计划，计算仓库面积、签发限额领料单和经济核算的根据。

根据材料消耗的情况，可以将材料分为实体材料（直接性材料、非周转性材料）和非实体材料（措施性材料、周转性材料）。这两种材料的消耗量的计算方法是不同的，在计价中的地位也不一样。

3.2.3.2 实体材料消耗定额

1. 实体材料消耗定额的组成

实体材料是指在建筑工程施工中,一次性消耗并直接构成工程实体的材料,如钢筋、水泥等。实体材料消耗定额的组成如图3-1所示。

$$实体材料消耗定额\begin{cases}必需消耗的材料\begin{cases}直接用于工程的材料(材料净用量)\\不可避免的施工废料(材料损耗量)\\不可避免的施工操作损耗(材料损耗量)\end{cases}\\损失的材料\end{cases}$$

图 3-1 实体材料消耗定额的组成

(1) 直接用于工程的材料:直接转化到产品中的材料,应计入定额;

(2) 不可避免的施工废料:如加工制作中的合理损耗;

(3) 不可避免的施工操作损耗:场内运输、场内堆放中的材料损耗,由于不可避免,应计入定额。

$$材料消耗量 = 材料净用量 + 材料损耗量$$

$$材料损耗率 = \frac{材料损耗量}{材料净用量} \times 100\%$$

则:材料消耗量 = 材料净用量 × (1 + 材料损耗率)

2. 实体材料消耗定额的制定

(1) 现场观察法。现场观察法又称现场观测法。与劳动消耗定额中的技术测定法相似;采用现场观察测定生产产品所消耗的原材料的数量,将材料量与产品量挂钩就获得了材料的消耗定额。

此方法通常用于制定材料的损耗量。通过现场的观察,获得必要的现场资料,才能测定出哪些是施工过程中不可避免的损耗,应该计入定额内;哪些材料是施工过程中可以避免的损耗,不应计入定额内。在现场观察测定过程中,测出合理的材料损耗量,即可据此测定出相应的材料损耗定额。

【例3-17】 一施工班组砌筑1砖内墙,经现场观测共使用砖2 660块(其中:直接用于工程2 608块,不可避免的施工废料52块),M5水泥砂浆1.175 m³,水0.5 m³,最终获得5 m³的砖墙。计算该砖墙的材料消耗量和砖的损耗率。

解:
$$砖消耗量 = 2\ 660 \div 5 = 532\ (块/m^3)$$
$$M5 水泥砂浆消耗量 = 1.175 \div 5 = 0.235\ (m^3/m^3)$$
$$水消耗量 = 0.5 \div 5 = 0.1\ (m^3/m^3)$$
$$砖的损耗率 = \frac{52}{2\ 608} \times 100\% = 2\%$$

答: 该砖墙消耗砖532 块/m³,M5水泥砂浆0.235 m³/m³,水0.1 m³/m³,砖的损耗率为2%。

(2) 试验室试验法。这是专业材料实验人员,通过试验仪器设备确定材料消耗定额的一种方法,主要用于编制材料净用量定额。它只适用于在试验室条件下测定混凝土、沥青、砂浆、油漆涂料等材料的消耗定额。

由于试验室工作条件与现场施工条件存在一定的差别,施工中的某些因素对材料消耗量的影响,不一定能充分考虑到。因此,对测出的数据还要用观察法进行校核修正。

表3-6为定额中使用试验法获得消耗量的混凝土配合比表[摘自《公路工程预算定额》(JTG/T 3832—2018)附录二]。

表 3-6 普通混凝土配合比表　　　　　　　　　　　　1 m³ 混凝土

序号	项目	单位	碎（砾）石最大粒径 40/mm		
			混凝土强度等级 C40		
			水泥强度等级		
			32.5	42.5	52.5
1	水泥	kg	461	415	359
2	中（粗）砂	m³	0.43	0.44	0.46
3	碎（砾）石	m³	0.81	0.83	0.84

（3）统计分析法。统计分析法是指在现场施工中，对分部分项工程发出的材料数量、完成建筑产品的数量、竣工后剩余材料的数量等资料，进行统计、整理和分析而编制材料消耗定额的方法。这种方法主要是通过工地的工程任务单、限额领料单等有关记录取得所需要的资料，因而不能将施工过程中材料的合理损耗和不合理损耗区别开来，也就不能作为确定材料净用量定额和材料损耗定额的依据，只能作为编制定额的辅助性方法使用。

（4）理论计算法。理论计算法是根据设计图纸、施工规范及材料规格，运用一定的理论计算公式制定材料消耗定额的方法。

该方法主要适用于计算按件论块的现成制品材料。例如砖石砌体、装饰材料中的砖石、镶贴材料等。其计算方法比较简单，先计算出材料的净耗量，再算出材料的损耗量，然后两者相加即材料消耗定额。

1）每 1 m³ 砖砌体材料消耗量的计算公式。

$$砖净用量（块）= \frac{墙厚对应砖数 \times 2}{(砖长+灰缝) \times 墙厚 \times (砖厚+灰缝)}$$

$$砖消耗量 = 砖净用量 \times (1+损耗率)$$

$$砂浆净用量（m³）= 1 - 砖净用量 \times 每块砖体积$$

$$砂浆消耗量 = 砂浆净用量 \times (1+损耗率)$$

【例 3-18】 计算用 240 mm × 115 mm × 53 mm 规格的红砖砌筑 1 m³ 一砖厚墙体（灰缝 10 mm）所需砖、砂浆定额用量（砖、砂浆损耗率按 1% 计算）。

分析：墙厚砖数指的是墙厚对应于砖长的比例关系。以 240 mm × 115 mm × 53 mm 规格的红砖为例，墙厚对应砖数见表 3-7。

表 3-7 墙厚对应砖数表

墙厚砖数	$\frac{1}{2}$	$\frac{3}{4}$	1	$1\frac{1}{2}$	2
墙厚/m	0.115	0.178	0.24	0.365	0.49

解：（1）砖净耗量（块）$= \frac{墙厚对应砖数 \times 2}{(砖长+灰缝) \times 墙厚 \times (砖厚+灰缝)}$

$$= \frac{1 \times 2}{(0.24+0.01) \times 0.24 \times (0.053+0.01)}$$

$$= 529.1（块）$$

（2）砂浆净耗量 = 砖墙体积 − 砖体积

$$= 1 - 0.24 \times 0.115 \times 0.053 \times 529.1$$

$$= 0.226（m³）$$

(3) 砖消耗量（块）＝砖净用量＋砖损耗量
＝砖净用量×（1＋损耗率）
＝529.1×（1＋1%）
＝535（块）

(4) 砂浆消耗量＝砂浆净用量×（1＋损耗率）
＝0.226×（1＋1%）
＝0.228（m³）

答：砌筑 1 m³ 一砖墙定额用量砖 535 块，砂浆 0.228 m³。

2) 100 m² 块料面层材料消耗量计算。

$$无嵌缝块料面层材料消耗量 = \frac{100}{块料长 \times 块料宽} \times (1+损耗率)$$

$$有嵌缝块料面层材料消耗量 = \frac{100}{(块料长+灰缝) \times (块料宽+灰缝)} \times (1+损耗率)$$

【例 3-19】 某隧道洞门墙，拟粘贴 300 mm×300 mm 的墙砖（灰缝 2 mm），墙砖单价 10 元/块，计算墙砖 1 m² 定额消耗量和单价（墙砖损耗率按 2%计算）。

分析：
(1) 地砖、墙砖在定额中的消耗量以平方米计算，但地砖、墙砖是按块计价的，在计算地砖、墙砖单价的时候就需要用理论计算法计算消耗量，继而计算单价。
(2) 地面面积由地砖和灰缝共同占据。没有灰缝，用地面面积直接除以一块地砖的面积即可获得地砖净用量；有灰缝，可以用地面面积除以扩大的一块地砖面积获得地砖净用量。

解：(1) 墙砖 1 m² 定额消耗量＝1×（1＋2%）＝1.02（m²）
(2) 墙砖 1 m² 单价＝10.96×10＝109.60（元）

其中：

$$墙砖 1 m² 净用量（块）= \frac{1}{(地砖长+灰缝) \times (地砖宽+灰缝)}$$

$$= \frac{1}{(0.3+0.002) \times (0.3+0.002)} = 10.96（块）$$

答：墙砖 1 m² 定额消耗量为 1.02 m²，单价为 109.60 元。

3.2.3.3 非实体材料消耗定额

非实体材料又称为周转材料，是指在施工过程中能多次使用、周转的工具型材料，如各种模板、活动支架、脚手架、支撑等。它只在施工过程中参与工程的修建，而不构成工程的主要实体。

由于公路工程的结构形式不一、情况各异，所以能充分周转使用的次数也不尽相同，这是在实际工作中比较难以确定的一个参数。通常，以实际施工生产经验资料，结合工程的具体情况，在适当留有余地的基础上，分别对各种周转材料预计可能达到的周转次数，以此计算确定周转次数的消耗定额。公路工程施工定额中各种材料的周转及摊销次数，一般通过施工实践测定。

综上所述，各种材料的周转及摊销定额，可按下式进行计算：

$$定额用量（摊销量）= \frac{图纸一次使用量 \times (1+场内运输及操作损耗)}{周转次数（或摊销次数）}$$

【例 3-20】 按施工图计算得到某 100 m³ 悬浇箱形梁的模板接触面积为 1 600 m²，采用钢模板，每 1 m² 接触面积需模量 1.1 m²，模板场内运输及操作损耗率为 5%，周转次数 80 次，计算该混凝土工程的单位体积模板定额用量。

解： 图纸一次使用量＝混凝土和模板接触面积×每 1 m² 接触面积模板用量
＝1 600×1.1＝1 760（m²）

$$定额用量 = \frac{图纸一次使用量 \times (1 + 场内运输及操作损耗)}{周转次数(或摊销次数)}$$

$$= \frac{1\,760 \times (1 + 5\%)}{80} = 23.1 \ (m^2)$$

$$混凝土工程的单位体积模板定额用量 = 23.1 \div 100$$

$$= 0.231 \ (m^2/m^3)$$

答：该混凝土工程的单位体积模板定额用量为 $0.231 \ m^2/m^3$。

所以，编制周转材料的消耗定额，基本上是以设计图纸或施工图纸为依据的。首先计算出产品的工程量和各种周转材料的图纸一次使用量，然后按实测的周转及摊销次数进行计算。

周转材料只包括木料、铁件、铁钉、铁丝、钢丝绳以及钢结构等材料。

3.3 《公路工程施工定额》的内容及应用

3.3.1 《公路工程施工定额》的内容

《公路工程施工定额》是交通运输部公路管理司于 2009 年颁布施行的。《公路工程施工定额》的内容包括文字说明、定额表和附录三部分。

1. 文字说明

文字说明分为总说明、章说明和节说明。

（1）总说明。有关定额全部并具体共同性的问题和规定，通常列入总说明中。总说明的基本内容有：定额的用途、适用范围及编制依据，定额水平，有关定额全册综合性工作内容，工程质量及安全要求，定额指标的计算方法，有关规定及说明等。

（2）章说明。主要内容有使用范围、工作内容、定额计算方法、质量要求、施工方法、术语说明以及其他说明。

（3）节说明。主要内容有工作内容、施工方法、小组成员等。

2. 定额表

《公路工程施工定额》共有 18 章，分别为：准备工作，路基工程，路面工程，隧道工程，基础工程，打桩工程，灌注桩造孔工程，砌筑工程，模板、架子及木作工程，钢筋及钢丝束工程，混凝土及钢筋混凝土，预制构件运输工程，安装工程，钢结构工程，杂项工程，临时工程，备料，材料运输。

定额表是定额中的核心部分和主要内容，又可分为表头、表格和表注，其中表格又包括劳动定额表和机械定额表两部分。

表注一般列在定额表的下面，主要是根据施工条件的变动，固定工人、材料、机械定额用量的增减变化，通常采用乘系数和增减工日或台班的方法来计算。表注的作用是对定额表的补充，也是对定额使用的限制。

施工定额表的具体内容包括（参见表3-8、表3-9）：

（1）表名：位于表最上端；

（2）工作内容：位于表名下方，说明本项工程的工作内容；

（3）项目：位于表左，由时间定额和每工产量构成；

（4）劳动定额：说明该工作的劳动力时间定额或每工产量；

（5）机械定额：说明该工作需要的机械数量或台班产量；

（6）每工产量：说明该工作每个工日的产量；

(7) 编号：位于表最下方，是每个细目的顺序号。

3. 附录

附录放在定额分册的最后，作为使用定额的参考和换算的依据，包括名词解释，必要时附图解说明，先进经验介绍及先进工具介绍，参考资料，部分材料消耗定额。

3.3.2 《公路工程施工定额》的应用

按照定额的使用情况，主要有直接套用、换算套用和补充定额三种形式。

1. 直接套用

当工程项目的设计要求、施工条件及施工方法与定额项目的内容、条件及规定完全一致时，可直接套用。

【例 3-21】 某路基开挖工程，其中人工挖运槽外土方 200 m^3，均为硬土，手推车运输 50 m，试计算需多少工日。

解：(1) 查《公路工程施工定额》，第 2 章路基工程、第 2 节人工挖土方。定额表见表 3-8。

表 3-8　2-2 人工挖运土方

工作内容：挖运：挖、装、运 20 m，卸土、空回。
　　　　　增运：平运 10 m，空回。

每 1 m^3 的劳动定额

项目	第一个 20 m 挖运						每增运 10 m	
	槽外			槽内				
	松土	普通土	硬土	松土	普通土	硬土	挑运	手推车
时间定额	0.158	0.231	0.33	0.177	0.269	0.379	0.033	0.01
每工产量	6.33	4.33	3.03	5.65	3.72	2.64	40	100
编号	1	2	3	4	5	6	7	8

(2) 计算所需工日。

槽外土方 200 m^3 第一个 20 m 挖运硬土，定额为 2-2-3，0.33×200=66（工日）。

增运定额为 2-2-8，增运距应为 50-20=30（m），$0.01 \times \frac{30}{10} \times 200 = 6$（工日）。

则：66+6=72（工日）。

答：本项工程共需 72 工日。

【例 3-22】 某 5 720 m^2 公路，拟采用 2.2 kW 手扶自行式划线车进行划线，要求 10 天完成任务，试确定所需施工人数和机械台数。

解：(1) 查《公路工程施工定额》，第 3 章路面工程、第 33 节路面标线。定额表见表 3-9，定额为 3-33-2。

表 3-9　3-33 路面标线

工作内容：清扫放线，喷漆划线，维护交通。

每 100 m^2 标线面积的劳动、机械定额

项目	喷漆划线		
	人工划线	手扶自行式划线车	汽车式划线车
劳动定额	$\dfrac{5}{0.2}$	$\dfrac{4.71}{0.212}$	$\dfrac{2.07}{0.483}$

续表

项目		喷漆划线		
		人工划线	手扶自行式划线车	汽车式划线车
机械定额	2.2 kW 以内 手扶自行式划线车	—	$\dfrac{0.524}{1.91}$	—
	55 kW 以内 汽车式划线车	—	—	$\dfrac{0.313}{3.205}$
编号		1	2	3

(2) 计算施工人数。

$$5\,720 \div (0.212 \times 100 \times 10) = 27（人）$$

(3) 计算 2.2 kW 以内手扶自行式划线车台数。

$$5\,720 \div (1.91 \times 100 \times 10) = 3（台）$$

答：本项工程需 27 人，3 台机械。

2. 换算套用

当工程项目的设计要求、施工条件、施工方法与定额项目的内容及规定不完全一致时，应当按定额总说明、章说明或表注有关规定换算调整。具体方法有系数调整和增减调整等。

【例 3-23】 某路基土方工程，其中有 3 000 m³（天然密实方）拟采用斗容量 10 m³ 以内的自行式铲运机铲运，土质为普通土，平均运距为 200 m。试确定所需机械台班数量。

解：(1) 查《公路工程施工定额》，第 2 章路基工程、第 9 节拖式铲运机铲运土方。定额表见表 3-10。

表 3-10 2-9 拖式铲运机铲运土方

工作内容：铲土，运土，卸车，空回，推土机整理卸土。

每 100 m³ 的机械定额

项目		第一个 100 m			每增运 50 m			序号
		松土	普通土	硬土	松土	普通土	硬土	
铲运机斗容量/m³	8 以内	$\dfrac{0.273}{3.66}$	$\dfrac{0.337}{2.97}$	$\dfrac{0.419}{2.39}$	$\dfrac{0.054}{18.5}$	$\dfrac{0.060\,2}{16.6}$	$\dfrac{0.067\,3}{14.9}$	一
	10 以内	$\dfrac{0.214}{4.67}$	$\dfrac{0.264}{3.79}$	$\dfrac{0.33}{3.03}$	$\dfrac{0.042\,3}{23.6}$	$\dfrac{0.047\,3}{21.1}$	$\dfrac{0.052\,9}{18.9}$	二
	12 以内	$\dfrac{0.144}{6.94}$	$\dfrac{0.188}{5.32}$	$\dfrac{0.229}{4.37}$	$\dfrac{0.031\,5}{31.7}$	$\dfrac{0.035}{28.6}$	$\dfrac{0.038\,6}{25.9}$	三
编号		1	2	3	4	5	6	

注：1. 采用自行式铲运机铲运土方时，时间定额乘以 0.70 系数。
2. 铲土区土层的平均厚度应不小于 300 mm，若小于 300 mm 时，时间定额乘以 1.18。
3. 铲运含石量大于 30% 的土壤或爆破后的软石时，时间定额按硬土定额乘以 1.11。
4. 用 75 kW 推土机配合施工，松土、普通土每 7 台铲运机配 1 台，硬土每 5 台铲运机配 1 台。

(2) 计算机械台班数量。本施工的定额为 2-9-2-二和 2-9-5-二。

$$\left(0.264+0.047\ 3\times\frac{200-100}{50}\right)\times\frac{3\ 000}{100}=10.758\ (台班)$$

根据定额表注第1条，还应乘以调整系数0.70：10.758×0.70=7.53（台班）

答：所需机械台班量为7.53。

【**例 3-24**】 某桥梁基础工程需浇筑混凝土20 m³，拟采用手推车运输、扒杆吊运、人工捣固的施工方法，试确定所需劳动工日数。

解：(1) 查《公路工程施工定额》，第11章混凝土及钢筋混凝土工程、第4节卷扬机或扒杆吊运浇筑混凝土。定额表见表3-11。

表 3-11　11-4 卷扬机或扒杆吊运浇筑混凝土

工作内容：浇筑混凝土：卷扬机或扒杆配吊斗浇筑混凝土、振捣、抹平等。
管道压浆：拌和水泥浆，安移压浆机，接管压浆，清洗机具。
混凝土凿毛：修钎、凿毛、清扫、搭拆脚手架等。
凿桩头：凿除混凝土，拔出钢筋，清理工具。

每 1 m³ 的劳动定额

项目	现浇混凝土								
	基础							灌注桩	
	基础承台	支撑梁（人工捣固）	沉井				管桩填心	长度/m	
			井壁	封底	填心	封顶		30 以内	30 以外
时间定额	0.559	2.25	1.15	1.78	0.788	1.24	3.35	1.39	1.45
每工产量	1.79	0.444	0.87	0.562	1.27	0.806	0.299	0.719	0.69
编号	1	2	3	4	5	6	7	8	9

(2) 计算劳动工日数。本施工的定额为11-4-1。

根据第11章说明中关于"定额中混凝土捣固除注明者外，均为机械捣固。如需人工捣固时，每1 m³ 混凝土增加0.1工日"的规定，则：

$$(0.559+0.1)\times20=13.18\ (工日)$$

答：本项工程需13.18工日。

3. 补充定额

对于一些新技术、新工艺、新方法，实际施工做法与定额无可比性，也就是定额中没有相近的子目可以套用，就需要作补充定额。补充定额有两个思路，一是借，看看其他专业定额（如市政工程、铁路工程定额）中有没有，如果有，就将其他专业定额里的消耗量借过来；二是测，就是采用前面介绍的定额测定的方法，测出相关的人工、材料、机械的消耗量，进而获得人工费、材料费、机械费，在人工费、材料费和机械费的基础上组成基价。

习　题

一、单项选择题

1. 劳动定额的主要表现形式是时间定额，但同时也表现为产量定额，时间定额与产量定额的关系是（　　）。

A. 互为倒数　　　　　　　　　　B. 独立关系
C. 正比关系　　　　　　　　　　D. 相关关系

2. 已知挖 50 m³ 土方，按现行劳动定额计算共需 20 工日，则其时间定额和产量定额分别为（　　）。
A. 0.4；0.4　　　　　　　　　　B. 0.4；2.5
C. 2.5；0.4　　　　　　　　　　D. 2.5；2.5

3. 周转性材料的消耗量是指（　　）。
A. 摊销量　　　　　　　　　　　B. 一次使用量
C. 图纸一次使用量　　　　　　　D. 一次使用量加合理损耗

4. 实体材料必需消耗量等于（　　）。
A. 净用量＋总损耗量　　　　　　B. 净用量＋运输损耗量
C. 净用量＋操作损耗量　　　　　D. 净用量＋不可避免损耗量

5. 已知钢筋必需消耗量为 300 t，损耗率为 2%，那么钢筋的净用量为（　　）。
A. 306 t　　　B. 306.1 t　　　C. 294.1 t　　　D. 294 t

6. 材料损耗率的计算公式，可以表示为（　　）。
A. 损耗量/净用量×100%　　　　B. 净用量/损耗量×100%
C. 损耗量/总用量×100%　　　　D. 净用量/总用量×100%

7. 采用试验室实验法确定材料消耗量的是（　　）。
A. 水泥　　　B. 石子　　　C. 黄砂　　　D. 油漆

8. 主要通过工地的工程任务单、限额领料单等有关记录取得需要的资料，进而编制定额的方法是（　　）。
A. 技术测定法　　　　　　　　　B. 比较类推法
C. 统计分析法　　　　　　　　　D. 经验估计法

9. 属于机械时间定额测定方法的是（　　）。
A. 技术测定法　　　　　　　　　B. 比较类推法
C. 统计分析法　　　　　　　　　D. 经验估计法

10. 不能区别施工过程中材料的合理损耗和不合理损耗，得出的材料消耗量准确性也不高的确定材料消耗定额的方法是（　　）。
A. 现场观察法　　　　　　　　　B. 试验室试验法
C. 统计分析法　　　　　　　　　D. 理论计算法

11. 通常用于制定材料损耗量的方法是（　　）。
A. 现场观察法　　　　　　　　　B. 试验室试验法
C. 统计分析法　　　　　　　　　D. 理论计算法

12. 测定劳动定额最基本的方法是（　　）。
A. 技术测定法　　　　　　　　　B. 比较类推法
C. 统计分析法　　　　　　　　　D. 经验估计法

二、计算题

1. 为测算一新工艺的时间定额，通过现场观测，测得完成该工艺每 1 m 所需的基本工作时间 0.625 工日、辅助工作时间 0.120 工日、准备与结束时间 0.075 工日、必需休息时间 0.150 工日、因避雨停工时间 0.330 工日、不可避免的中断时间 0.250 工日和机具故障停工时间 0.160 工日，求该工艺的时间定额。

2. 某人工挖土的基本工作时间为 30 min，由工时规范查得，该工序的辅助工作时间占工序作业时间的 6%，规范时间占定额时间的 12%，求该工序的定额时间。

3. 某抹灰班组有13名工人，抹混凝土护栏面，施工25天完成任务。已知产量定额为 10.2 m²/工日，试计算抹灰班完成的抹灰面积。

4. 某载重汽车进行循环装、卸货工作，装货和卸货点距离为15 km，平均行驶速度（重车与返回空车速度的平均值）为60 km/h，装车、卸车和等待时间分别为15 min、10 min和5 min，汽车额定平均装载量为5 t，载重汽车的时间利用系数为0.8，计算该载重汽车的产量定额。

5. 按某施工图计算现浇混凝土墩柱接触面积为1 000 m²，混凝土构件体积为160 m³，采用钢模板，每1 m²接触面积需模量1.1 m²，模板场内运输及操作损耗率为3%，周转次数100次，计算所需模板单位体积摊销量。

第4章

公路工程预算定额

预算定额是指在正常施工条件和合理劳动组织下，完成单位数量的合格产品（分部分项工程或结构构件）所需消耗的人工、材料、施工机械台班的数量标准和费用标准。预算定额是以施工定额为基础编制的，它是施工定额的结合和扩大，是编制施工图预算，确定工程预算造价的依据，也是编制概算定额和估算指标的基础，其反映的是社会平均生产力水平。

4.1 预算定额中人工费的确定

人工费是指列入概算、预算定额的直接从事建筑安装工程施工的生产工人开支的各项费用。采用人工工日消耗量乘以人工工日单价的形式进行计算。

4.1.1 人工工日消耗量的确定

预算定额中人工工日消耗量包括基本用工和其他用工两部分。

1. 基本用工

基本用工是完成定额计量单位的主要用工，按工程量乘以相应劳动定额计算。其是以施工定额子目综合扩大而得到的。计算公式如下：

$$基本用工 = \sum (综合取定的工程量 \times 劳动定额)$$

如现浇钢筋混凝土基础，包括以下两个过程：

（1）模板制作、安装、拆除、修理、涂脱模剂；

（2）混凝土配料、拌和、运输、浇筑、捣固、养护等基本工作的基本用工。

将以上两个过程的用工综合累计后就是预算定额的基本用工。

【例4-1】 人工挖运土的预算定额，按陡坡土方5%、槽内土方15%、槽外土方80%取定，天然密实土，定额单位为100 m³。试计算挖普通土、人工运输20 m的基本用工。

解：（1）挖陡坡土方的用工量。查《公路工程施工定额》劳动定额部分表2-1-2（见表4-1），劳动定额为0.14 工日/m³。

表 4-1　人工挖陡坡土方每 1 m³ 的劳动定额

项目	松土	普通土	硬土
时间定额	0.085	0.14	0.21
每工产量	11.765	7.143	4.762
编号	1	2	3

（2）挖槽内、槽外土方的用工量。查《公路工程施工定额》劳动定额部分表 2-2-5 和 2-2-2（见表 3-8）。挖槽内土方劳动定额为 0.269 工日/m³；挖槽外土方劳动定额为 0.231 工日/m³。

（3）计算基本用工。

$$100 \times 5\% \times 0.14 + 100 \times 15\% \times 0.269 + 100 \times 80\% \times 0.231 = 23.215（工日）$$

答：挖普通土、人工运输 20 m 的基本用工为 23.215 工日。

2. 其他用工

其他用工是指辅助基本用工消耗的工日。通常包括超运距用工、辅助用工和人工幅度差三部分内容。

（1）超运距用工。超运距用工是指当材料、半成品等的运距超过劳动定额规定的运距时，需要额外增加的用工数量。

$$超运距距离 = 预算定额规定的运距 - 施工定额规定的运距$$

$$超运距用工 = \sum（超运距材料数量 \times 超运距劳动定额）$$

（2）辅助用工。辅助用工是指技术工种劳动定额内部未包括而在预算定额内又必须考虑的用工。例如，机械土方工程配合用工、材料加工（筛砂、洗石、淋化石膏）用工、电焊点火用工等。计算公式如下：

$$辅助用工 = \sum（材料加工数量 \times 相应的加工劳动定额）$$

（3）人工幅度差。人工幅度差是指在劳动定额中未包括而在正常施工情况下不可避免但又很难精确计算的用工和各种工时损失。其内容如下：

1）各工种间的工序搭接及交叉作业相互配合或影响所发生的停歇用工；
2）施工机械在场内单位工程之间转移及临时水电线路移动所造成的临时停水、停电所发生的不可避免的停歇时间；
3）施工过程中水电维修用工；
4）质量检查和隐蔽工程验收工作的时间；
5）班组操作地点转移用工；
6）工序交接时后一工序对前一工序不可避免的修整用工；
7）施工中不可避免的其他零星用工。

计算公式如下：

$$人工幅度差 = （基本用工 + 超运距用工 + 辅助用工）\times 人工幅度差系数$$

表 4-2 为人工幅度差系数的取用情况。

表 4-2　人工幅度差系数表

预算定额工程项目	系数
准备工作、土方、石方、安全设施、材料采集加工、材料运输	0.04
路面、临时工程、纵向排水、整修路基、其他零星工程	0.06

续表

预算定额工程项目	系数
砌筑、涵管、木作、支拱架、混凝土及钢筋混凝土、沿线房屋	0.08
隧道、基坑、围堰、打桩、造孔、沉井、安装、预应力钢桥	0.10

【例4-2】 某砌筑工程,工程量为 10 m³,每 1 m³ 砌体需要基本用工 0.85 工日,辅助用工和超运距用工分别是基本用工的 25% 和 15%,利用表 4-2 计算该砌筑工程的人工工日消耗量。

解:人工工日消耗量 = [基本用工 + 其他用工] × 工程量
 = [基本用工 + 辅助用工 + 超运距用工 + 人工幅度差] × 工程量
 = [(基本用工 + 辅助用工 + 超运距用工) × (1 + 人工幅度差系数)] × 工程量
 = [0.85 × (1 + 25% + 15%) × (1 + 8%)] × 10
 = 12.85(工日)

答:该砌筑工程的人工工日消耗量为 12.85 工日。

4.1.2 人工工日单价的组成与确定

1. 人工工日单价的组成

人工工日单价由计时工资或计件工资、津贴补贴、特殊情况下支付的工资组成。

(1) 计时工资或计件工资:是指按计时工资标准和工作时间或对已做工作按计件单价支付给个人的劳动报酬。

(2) 津贴补贴:是指为了补偿职工特殊或额外的劳动消耗和因其他特殊原因支付给个人的津贴,以及为了保证职工工资水平不受物价影响支付给个人的物价补贴,如流动施工津贴、特殊地区施工津贴、高温(寒)作业临时津贴、高空津贴等。

(3) 特殊情况下支付的工资:是指根据国家法律、法规和政策规定,因病、工伤、产假、计划生育、婚丧假、事假、探亲假、定期休假、停工学习、执行国家或社会义务等原因按计时工资标准或计时工资标准的一定比例支付的工资。

2. 人工工日单价的确定

(1) 预算定额人工单价标准。

1)《公路工程预算定额》(JTG/T 3832—2018) 中的人工为综合工日单价,不区分工种、技术等级,即公路建设所有用工(例如小工、混凝土工、钢筋工、木工、起重工、张拉工、隧道掌子面开挖工、交通工程安装工、施工机械工等)都采用同一综合工日单价。

2) 综合工日单价已包括由个人缴纳的社会保险费中的养老保险费、失业保险费、医疗保险费(生育保险费除外)和住房公积金。

3) 综合工日单价不同于建设人工劳务市场价,其主要区别在于以下几方面:

①工作时间不同。综合工日单价通常按每天工作 8 h,隧道按每天工作 7 h,潜水工按每天工作 6 h 考虑;公路建设市场劳务用工每天工作时间普遍与综合工日有差异。

②企业应支出的"四险一金"不同。编制公路工程概(预)算时,由企业支付的社会保险费和住房公积金需单独计算,而公路建设人工劳务市场价一般已包含上述费用。

③其他费用计算不同。公路工程概(预)算的工人的冬、雨、夜施工的补助,工地转移、取暖补贴、主副食补贴、探亲路费等单独计算,而公路建设人工劳务市场价不再单独计算。

4)《公路工程预算定额》(JTG/T 3832—2018) 中的预算工资单价为 106.28 元/工日(根据

交通运输部86号文确定，发文时间2018年12月17日，执行时间2019年5月1日）。

（2）人工单价指导标准。人工工日单价是动态变化的，人工工日单价标准是按照本地区建设项目的人工工资统计情况以及公路建设劳务市场情况进行综合分析而确定的。人工工日单价由省级交通运输主管部门制定发布，并适时进行动态调整。

以江苏省为例，根据《省交通运输厅关于执行交通运输部第86号公告有关补充规定的通知》（苏交建〔2019〕22号文），规定从2019年5月1日起执行128.17元/工日的工资标准，截止2019年6月，各省发布的人工单价指导标准见表4-3。

表4-3 各省人工单价指导标准、执行依据及执行时间一览表

序号	省份	适用范围		人工单价/（元·工日$^{-1}$）	颁布文件号	发文时间	执行时间
1	湖南	全省		103.86	湘交基建〔2019〕74号	2019年4月23日	2019年5月1日
2	河北	全省		103	冀交基〔2019〕179号	2019年4月24日	2019年5月1日
3	吉林	全省		105.49	吉交造价〔2019〕162号	2019年4月26日	2019年5月1日
4	黑龙江	哈尔滨		100.54	黑交发〔2019〕90号	2019年4月26日	2019年5月1日
		齐齐哈尔		97.58			
		牡丹江		98.67			
		佳木斯		98.56			
		大庆		100.89			
		伊春		97.41			
		鸡西		102.68			
		鹤岗		104.41			
		双鸭山		100.86			
		七台河		99.93			
		绥化		95.39			
		黑河		101.29			
		大兴安岭		107.44			
5	山东	全省		111.23	鲁交建管〔2019〕25号	2019年4月29日	2019年5月1日
6	广西	全省		101.25	桂交建管发〔2019〕39号	2019年4月30日	2019年5月1日
7	辽宁	全省		105.08	辽交公水发〔2019〕183号	2019年4月30日	2019年5月1日
8	重庆	全市		101	渝交路〔2019〕29号	2019年4月30日	2019年5月1日
9	云南	一类工程	高速公路、一级公路建设项目	101.54	云交建设〔2019〕34号	2019年5月1日	2019年5月1日
		二类工程	二级及二级以下公路建设项目	90.18			

续表

序号	省份	适用范围		人工单价/（元·工日$^{-1}$）	颁布文件号	发文时间	执行时间
10	江西	一级		108.02	赣交建管字〔2019〕23号	2019年5月6日	2019年5月1日
		二级		97.22			
		三级		86.42			
11	福建	全省		112	闽交建〔2019〕31号	2019年5月7日	2019年5月1日
12	内蒙古	呼和浩特市、包头市、乌兰察布市、锡林郭勒盟、二连浩特市		102.5	内交发〔2019〕338号	2019年5月14日	2019年5月1日
		呼伦贝尔市、满洲里市、兴安盟、通辽市、赤峰市		103.8			
		鄂尔多斯市、巴彦淖尔市、乌海市、阿拉善盟		104			
13	新疆	二类	乌鲁木齐市等	133.67	新交综〔2019〕54号	2019年5月16日	2019年5月16日
		三类	奎屯市、塔城市、伊宁市、伊宁县	135.09			
			吐鲁番市等	140.79			
			温宿县等	143.41			
			玛纳斯县等	146.49			
			克拉玛依市	160.74			
		四类	新源县等	161.03			
14	贵州	全省		100.75	黔交建设〔2019〕65号	2019年5月22日	高速公路PPP项目2019年5月20日，其他2019年5月1日
15	北京	北京市		120~130	京路造价发〔2019〕5号	2019年5月23日	
16	四川	Ⅰ类	地区类别*不同人工单价系数	101	川交函〔2019〕344号	2019年5月24日	2019年5月1日
		Ⅱ类		115			
		Ⅲ类		135			
17	甘肃	全省		103.41	甘交建设〔2019〕2号	2019年5月29日	2019年5月29日
18	上海	参照本市建设工程造价信息平台发布的公路价格信息计算			沪建标定联〔2019〕317号	2019年5月29日	2019年5月1日
19	江苏	全省		128.17	苏交建〔2019〕22号	2019年6月5日	2019年5月1日

续表

序号	省份	适用范围		人工单价/（元·工日$^{-1}$）	颁布文件号	发文时间	执行时间
20	浙江	全省		127.66	浙交〔2019〕116号	2019年6月17日	2019年8月1日
21	湖北	全省		110.07	鄂交建〔2019〕187号	2019年6月18日	2019年5月1日
22	广东	一类	深圳	135.65	粤交基〔2019〕544号	2019年6月20日	2019年6月20日
			广州	131.23			
		二类	珠海、佛山、东莞、中山	126.56			
		三类	惠州、肇庆、江门、汕头	120.66			
		四类	汕尾、河源、清远、云浮、韶关、阳江、湛江、梅州、茂名、揭阳、潮州	118.99			
23	安徽	全省		105.56	皖交建管函〔2019〕210号	2019年6月21日	2019年6月21日
24	河南	全省		108.85	豫交文〔2019〕274号	2019年7月5日	2019年7月5日
25	西藏	二类		174.48	藏交发〔2019〕300号	2019年7月8日	2019年5月1日
		三类		187.57			
		四类		202.05			
26	宁夏	全省		104.5	试行	2019年7月8日	2019年5月1日
27	海南	全省		115	琼交规划〔2019〕387号	2019年7月16日	2019年5月1日
28	山西	全省		100.8	晋交建管发〔2019〕282号（试行）	2019年7月26日	2019年7月26日
29	青海	西宁市、海东市		149	青交办建管〔2019〕184号	2019年7月30日	2019年7月30日
		海北州、海南州、海西州、黄南州		140			
		果洛州、玉树州		128			
30	陕西	全省		105.89	陕交发〔2019〕93号	2019年8月21日	2019年9月1日

人工工日单价仅作为编制概算、预算的依据，不作为施工企业实发工资的依据。

从人工工日单价的变化也再一次验证了在第1章所介绍的：消耗量可以长期稳定，而单价变化是很大的。定额将消耗量与单价分离也是出于对它们两者的不同特点的考虑。

4.2 预算定额中材料费的确定

材料费是指施工过程中耗用的构成工程实体的原材料、辅助材料、构（配）件、零件、半成品、成品的用量和周转材料的摊销量，按工程所在地的材料预算价格计算的费用。采用材料消耗量乘以材料预算单价的形式进行计算。

4.2.1 材料消耗量的确定

预算定额的材料消耗量由材料的净用量和各种合理损耗组成。各种合理损耗是指场内运输损耗和操作损耗，场外运输损耗和工地仓库保管损耗则计入材料预算单价之中。

（1）主要材料：材料消耗量 = 净用量 × （1 + 场内运输及操作损耗率）。

（2）周转性材料：材料消耗量 = 摊销量。

（3）其他材料：其他材料费 = 材料预算单价 × 数量。

（4）金属设备：设备摊销费 = （　　）元 × 设备质量（t）× 施工期（月）。

4.2.2 材料预算价格的组成与确定

4.2.2.1 材料预算价格的组成

材料预算价格由材料原价、运杂费、场外运输损耗费、采购及保管费组成。如生产厂家负责材料包装，存在包装品回收价值的，应在材料预算价格中扣除；如用户自备周转使用包装容器的，应另计包装费。

1. 材料原价

材料原价是指材料的出厂价格或商家供应价格。在预算定额中，材料购买只有一种来源的，这种价格就是材料原价。材料的购买有几种来源的，按照不同来源加权平均后获得定额中的材料原价。计算公式如下：

$$材料原价总值 = \sum（各次购买量 × 各次购买价）$$

$$加权平均原价 = 材料原价总值 ÷ 材料总量$$

2. 运杂费

运杂费是指材料自供应地点至工地仓库（施工地点存放材料的地方）的费用。要了解运杂费，首先要了解材料预算价格所包含的内容。材料预算价格指的是从材料购买地开始一直到施工现场的集中堆放地或仓库之后出库的费用。

材料原价只是材料的购买价，材料购买后需要装车运到施工现场，到现场之后需要卸材料，堆放在某地点或仓库。从购买地到施工现场将产生运输费、装车（上力）费、卸材料（下力）费，如果发生，还应计囤存费及其他杂费（如过磅、标签、支撑加固、路桥通行等费用）。

3. 场外运输损耗费

场外运输损耗费是指有些材料在正常的场外运输过程中发生的损耗。

4. 采购及保管费

采购及保管费是指在组织采购、保管材料过程中所需的各项费用及工地仓库的材料储存损耗。其包括：采购费、仓储费、工地保管费、仓储损耗。

5. 包装品回收价值

为了便于材料的运输或为保护材料免受损坏，材料供应商经常会对某些材料进行包装，凡是供应商负责包装的，其包装费用已计入材料原价内，如该包装品可以回收时，回收的价值即包装品回收价值。

4.2.2.2 材料预算价格的确定

1. 材料原价的价格取定

（1）外购材料。外购材料的价格参照本行政区域内交通运输主管部门发布的价格和按调查的市场价格综合取定。

（2）自采材料。自采的砂、石、黏土等材料，按定额中开采单价加辅助生产间接费和矿产资源税（如有）计算。

辅助生产间接费是指施工单位自行开采加工的砂、石等自采材料及施工单位自办的人工、机械装卸和运输的间接费。

辅助生产间接费按定额人工费的3%计算，该项费用并入材料预算单价内构成材料费，不直接出现在概预算中。

$$辅助生产间接费 = 定额人工费 \times (1+3\%)$$
$$自采材料原价 = 人工费 + 辅助生产间接费 + 材料费 + 施工机械使用费$$

【例4-3】 某料场机械压碎石，筛分，碎石最大粒径为6 cm。不考虑人工、材料和机械的价差。试求碎石的原价（即料场单价）。

解：查《公路工程预算定额》（JTG/T 3832—2018）8-1-7-16，得人工：27.9工日。

$$碎石（6 cm）料场单价 = 8\ 566 + 27.9 \times 106.28 \times 3\%$$
$$= 8\ 654.96 （元/100\ m^3）$$
$$= 86.55\ 元/m^3$$

答：该碎石的原价为86.55元/m^3。

2. 材料运杂费的价格取定

运杂费计算公式为

$$运杂费 = 运费 + 装卸费 + 杂费$$

（1）运费。

1）通过铁路、水路和公路运输的材料，按调查的市场运价计算运费；当一个材料有两个以上的供应点时，应根据不同的运距、运量、运价采用加权平均的方法计算运费。

2）施工单位自办的运输。施工企业根据公路建设项目所在地交通不便、社会运力缺乏的情况，结合本企业运输能力而组织材料运输的一种运输方式。单程运距在15 km以上的长途汽车运输，按调查的市场运价计算运费，单程运距在15 km以内的汽车运输以及人力场外运输，按《公路工程预算定额》（JTG/T 3832—2018）第九章材料运输计算运费，另按定额人工费加计3%的辅助生产间接费。

3）由于概预算定额中已考虑了工地运输便道的特点，以及定额中已计入了"工地小搬运"的费用，因此汽车运输平均运距中不得乘调整系数，也不得在工地仓库或堆料场之外再加场内运距或二次倒运的运距。

4）有容器或包装的材料及长大轻浮材料，按表4-4规定的毛质量计算。桶装沥青、汽油、柴油按每吨摊销一个旧汽油桶计算包装费（不计回收）。

表4-4 材料毛重系数及单位毛质量表

材料名称	单位	毛重量系数/%	单位毛质量
爆破材料	t	1.35	
水泥、块状沥青	t	1.01	
铁钉、铁件、焊条	t	1.10	

续表

材料名称	单位	毛重量系数/%	单位毛质量
液体沥青、液体燃料、水	t	桶装1.17，油罐车装1.00	
木料	m³	—	原木0.750 t，锯材0.650 t
草袋	个	—	0.004 t

运费 = 运价率 × 运距 × 单位毛重

（2）装卸费。

1）通过铁路、水路和公路运输的材料，按当地运输部门规定计算。

2）施工单位自办的装卸。

按《公路工程预算定额》（JTG/T 3832—2018）第九章材料运输的相应装卸定额计算，另按定额人工费加计3%的辅助生产间接费。

（3）杂费。杂费是指单位所需囤存费、过磅费、支撑加固费、路桥通行费等。根据具体情况有则计，无则不计。

【例4-4】 施工单位自办碎石材料运输，已知人工装卸、挑抬运碎石30 m，人工定额价为106.28元/工日，人工指导价为128.17元/工日。求运费和装卸费。

解：查《公路工程预算定额》（JTG/T 3832—2018）9-1-1-5（-6）得

运费 = 1.3 × 3 × 128.17 + 1.3 × 3 × 106.28 × 3% = 512.30/100 = 5.12（元/m³）

装卸费 = 8.8 × 128.17 + 8.8 × 106.28 × 3% = 1 155.95/100 = 11.56（元/m³）

答：运费为5.12元/m³，装卸费为11.56元/m³。

【例4-5】 已知采用1 m³以内轮胎式装载机装、3 t以内自卸汽车运输片石5 km，不考虑价差，求施工单位自办的运费和装卸费。

解：查《公路工程预算定额》（JTG/T 3832—2018）9-1-6-7（-8）得

运费 = 594 + 121 × 4 = 1 078/100 = 10.78（元/m³）

查《公路工程预算定额》（JTG/T 3832—2018）9-1-10-2得

装卸费 = 181/100 = 1.81（元/m³）

答：运费为10.78元/m³，装卸费为1.81元/m³。

3. 场外运输损耗费的价格取定

场外运输损耗费计算公式为

场外运输损耗费 = （材料原价 + 运杂费）× 场外运输操作损耗率

材料场外运输操作损耗率见表4-5。

表4-5 材料场外运输操作损耗率表   %

材料名称		场外运输（包括一次装卸）	每增加一次装卸
块状沥青		0.5	0.2
石屑、碎砾石、砂砾、煤渣、工业废渣、煤		1.0	0.4
砖、瓦、桶装沥青、石灰、黏土		3.0	1.0
草皮		7.0	3.0
水泥（袋装、散装）		1.0	0.4
砂	一般地区	2.5	1.0
	风沙地区	5.0	2.0
注：汽车运水泥，当运距超过500 km时，袋装水泥损耗率增加0.5个百分点。			

4. 采购及保管费的价格取定

采购及保管费的计算公式为

采购及保管费=（材料原价+运杂费+场外运输损耗费）×采购及保管费率

采购及保管费率的规定：钢材为 0.75%；燃料、爆破材料为 3.26%；其余材料为 2.06%；外购的构件、成品及半成品为 0.42%；商品水泥混凝土、沥青混合料和各类稳定土混合料不计采购及保管费。

5. 包装品回收价值及包装费的取定

（1）包装费已计入材料原价的，当包装品可以回收时，应在材料预算价格中扣回包装品的回收价值。

包装品回收价值如有专门规定者，应按规定计算。若无规定，参考表 4-6 数据计算。

表 4-6 包装品的回收价值

包装品的种类	回收量	回收价值
木材制品包装	70%	原价的 20%
铁桶、铁皮、铁丝制品包装	铁桶 95%，铁皮 50%，铁丝 20%	原价的 50%
纸皮、纤维品包装	60%	原价的 50%
草绳、草袋制品包装	0	0

（2）如用户自备周转使用包装容器的，可按下列公式计算包装费：

$$包装费 = \frac{包装材料原价 \times (1 - 回收率 \times 回收残值率) + 使用期维修费}{周转使用次数 \times 包装器材标准容量}$$

6. 材料预算价格的取定

商品水泥混凝土、沥青混合料和各类稳定土混合料，外购的构件、成品及半成品与材料的预算价格计算方法一致，即

材料预算价格=材料原价+运杂费+运输损耗费+采购和保管费+
（包装费）-（包装品回收价值）

【例 4-6】 某施工队为某工程施工购买水泥，从甲单位购买水泥 200 t，单价 280 元/t；从乙单位购买水泥 300 t，单价 260 元/t；从丙单位第一次购买水泥 500 t，单价 240 元/t；第二次购买水泥 500 t，单价 235 元/t（这里的单价均指材料原价）。采用汽车运输，甲地距工地 40 km，乙地距工地 60 km，丙地距工地 80 km。根据该地区公路运价标准：汽运货物运费为 1.0 元/（t·km），装、卸费各为 20 元/t，不考虑包装品回收。求此水泥的预算单价。

分析：由于该施工队在一项工程上所购买的水泥价格有几种，在计算时分开来是很麻烦的，也无此必要。往往是将其转化为一个价格来计算，采用的就是加权平均的方法。运输虽然采用的是一种运输方式，但因为运距不同，也是采用加权平均的方法来计算运费。

解：材料原价总值 = $\sum$（各次购买量×各次购买价）
= 200×280+300×260+500×240+500×235
= 371 500（元）
材料总量 = 200+300+500+500
= 1 500（t）
加权平均原价 = 材料原价总值÷材料总量
= 371 500÷1 500
= 247.67（元/t）

材料运杂费 = [1.0 × (200 × 40 + 300 × 60 + 1 000 × 80) + 20 × 2 × 1 500] ÷ 1 500
= 110.67（元/t）

查表4-5得水泥场外运输损耗率为1%；根据有关规定，水泥的采购及保管费率为2.06%。

场外运输损耗费 = (247.67 + 110.67) × 1%
= 3.58（元/t）

采购及保管费 = (247.67 + 110.67 + 3.58) × 2.06%
= 7.46（元/t）

无包装品回收价值：

水泥预算价格 = 247.67 + 110.67 + 3.58 + 7.46
= 369.38 元/t

答：此水泥的预算价格为369.38元/t。

【例4-7】 某工地距料场300 m，施工单位拟从料场机械开采块石，人工装卸，翻斗车运输至工地使用，不考虑价差。求块石的预算单价。

解：材料原价，即料场单价 = 基价 + 定额人工费 × 3%。

查《公路工程预算定额》（JTG/T 3832—2018）8-1-5-5得：人工消耗量为47.6 工日/100 m^3 码方。

材料原价 = 8 372 + 47.6 × 106.28 × 3% = 8 523.77（元/100 m^3）= 85.24 元/m^3。

运杂费：查《公路工程预算定额》（JTG/T 3832—2018）9-1-3-9（-10）及9-1-7-5得

运杂费 = 868 + 72 × 2 + 595 + 5.6 × 106.28 × 3% = 1 624.86（元/100 m^3）= 16.25 元/m^3。

场外运输损耗率0%，采购及保管费率2.06%，包装品回收价值0。

块石预算价格 = (85.24 + 16.25) × (1 + 0%) × (1 + 2.06%) = 103.58（元/m^3）。

答：块石的预算价格为103.58元/t。

4.3 预算定额中施工机械使用费的确定

施工机械使用费是指列入概算、预算定额的工程机械和工程仪器仪表台班数量，按相应的施工机械台班费用定额计算的费用。

4.3.1 施工机械台班消耗量的确定

预算定额按定额综合范围将施工机械分为主要机械和小型机具。

1. 主要机械台班量的确定

预算定额中的主要机械台班消耗量按合理的施工方法取定并考虑增加了机械幅度差。

预算定额机械台班量 = 基本机械台班 + 机械台班幅度差

（1）基本机械台班：完成定额计量单位的主要台班量。按工程量乘以相应机械台班定额计算。相当于施工定额中的机械台班消耗量。计算公式如下：

基本机械台班 = $\sum$（各工序实物工程量 × 相应的施工机械台班定额）

（2）机械台班幅度差：在基本机械台班中未包括而在正常施工情况下不可避免但又很难精确计算的台班用量。例如，正常施工组织条件下不可避免的机械空转时间；施工技术原因的中断及合理的置滞时间；因供电供水故障及水电线路移动检修而发生的运转中断时间；因气候变化或机械本身故障影响工时利用的时间；施工机械转移及配套机械相互影响损失的时间；配合机械施工的工人因与其他工种交叉造成的间歇时间；因检查工程质量造成的机械停歇时间，工程收尾和工程量不饱满造成的机械停歇时间等。

$$机械台班幅度差 = 基本机械台班 \times 机械幅度差系数$$

机械幅度差系数一般根据测定和统计资料取定，没有具体规定时可参照表4-7取定。

表4-7　机械幅度差系数表

推土机	0.25	铲运机	0.33	挖掘机	0.33
装载机	0.43	平地机	0.54	拖拉机	0.33
羊足碾	0.43	压路机、拖式振动碾	0.43	夯土机	0.43
强夯机械	0.43	凿岩机	1.00	装岩机	0.54
锻钎机、磨钻机	1.00	稳定土拌合机	0.54	稳定土厂拌设备	0.33
沥青乳化机	0.33	沥青乳化设备	0.25	石屑撒布机	0.33
沥青油运输车	0.33	沥青洒布车	0.54	沥青混凝土摊铺机	0.25
黑色粒料拌合机	0.43	沥青混合料拌合设备	0.25	混凝土抹平机	1.00
路面线车	0.33	水泥混凝土真空吸水机组	1.00	灰浆搅拌机	1.00
混凝土切缝机	0.33	混凝土搅拌机（现浇）	1.50	灌浆机、压浆机	1.00
混凝土振捣器（现浇）	1.50	混凝土搅拌机（预制）	1.00	混凝土输送泵	0.33
混凝土喷射机	1.00	水泥喷枪	1.00	预应力钢绞线拉伸设备	0.66
散装水泥车	0.33	混凝土搅拌运输车	0.33	波纹管卷制机	0.25
混凝土搅拌站	0.33	预应力拉伸机	0.66	平板拖车组	1.00
钢绞线压花机	0.66	钢绞线穿束机	0.66	轨道拖车头	0.66
载重汽车	0.25	自卸汽车	0.33	液压千斤顶	1.50
洒水汽车	0.54	机动翻斗车	0.48	振动打拔桩锤	0.43
起重机、卷扬机	0.66	带式运输机	0.54	潜水钻井机	0.43
柴油打桩机、重锤打桩机	0.43	振动打拔桩机	0.43	振冲器	0.43
冲击钻机、回旋钻机	0.54	汽车式钻孔机	0.43	钢筋加工机械	0.66
全套管钻孔机	0.54	袋装砂井机	0.43	对焊机	1.00
水泵	1.00	泥装泵、砂泵	1.00	破碎机、筛分机	0.43
木料加工机械	0.66	电焊机、点焊机	0.66	工业锅炉	0.33
自动埋弧焊机	0.66	气焊设备	0.66	潜水设备	0.66
柴油发电机组	0.25	空气压缩机	0.54		
工程驳船	2.00	通风机	1.00		

综上所述，预算定额的机械台班消耗量按下式计算：

$$预算定额机械台班量 = 基本机械台班 \times (1 + 机械幅度差系数)$$

2. 小型机具

小型机具使用费计算公式为

$$小型机具使用费 = \sum (各工序实物工程量 \times 相应的施工机械台班定额)$$

3. 停置台班量的确定

机械台班消耗量中已经考虑了施工中合理的机械停置时间和机械的技术中断时间，但特殊原因造成机械停置，可以计算停置台班。也就是说在计取了定额中的台班量之后，当发生某些特殊情况（例如图纸变更）造成机械停置后，施工方有权另外计算停置台班量，按实际停置的天数计算。

注意：台班是按 8 h 计算的，一天 24 h，机械工作台班一天最多可以算 3 个，但停置台班一天只能算 1 个。

4.3.2 施工机械台班单价的组成与确定

4.3.2.1 施工机械台班单价的组成与有关规定

1. 组成

根据《公路工程机械台班费用定额》（JTG/T 3833—2018）规定，施工机械台班单价由折旧费、检修费、维护费、安拆辅助费、人工费、动力燃料费、车船税七项费用组成。

（1）折旧费：是指施工机械在规定的耐用总台班内，陆续回收其原值（含智能信息化管理设备费）的费用。

（2）检修费：是指施工机械在规定的耐用总台班内，按规定的检修间隔进行必要的检修，以恢复其正常功能所需的费用。

（3）维护费：是指施工机械在规定的耐用总台班内，按规定的维护间隔进行各级维护和临时故障排除所需的费用。维护费包括为保障机械正常运转所需替换设备与随机配备工具附具的摊销费用、机械运转及日常维护所需润滑与擦拭的材料费用及机械停置期间的维护费用等。

（4）安拆辅助费：是指施工机械在现场进行安装与拆卸所需的人工、材料、机械和试运转费用以及机械辅助设施的折旧、搭设、拆除等费用。辅助设施费包括安置机械的基础、底座及固定锚桩等费用。

打桩、钻孔机械在施工过程中的过墩、移位等所发生的安装及拆卸费包括在工程项目费之内；稳定土厂拌设备、沥青乳化设备、黑色粒料拌合机、沥青混合料拌合设备、混凝土搅拌站（楼）、塔式起重机、施工电梯的安装、拆卸以及拌合设备、混凝土搅拌站（楼）、大型发电机的混凝土基础、沉淀池、散热池等辅助设施和机械操作所需的轨道、工作台的设置费用，不在此项费用内，在工程项目中另行计算。

（5）人工费：是指随机操作人员的工作日工资（包括工资、各类津贴、补贴、辅助工资、劳动保护费等）。

（6）动力燃料费：是指机械在运转施工作业中所耗用的电力、固体燃料（煤、木柴）、液体燃料（汽油、柴油、重油）和水等的费用。

（7）车船税：是指施工机械按照国家、省（自治区、直辖市）规定应缴纳的车船税等。

2. 有关规定

（1）《公路工程机械台班费用定额》（JTG/T 3833—2018）中各类机械（除潜水设备、变压器和配电设备外）每台（艘）班均按 8 h 计算，潜水设备每台班按 6 h 计算，变压器和配电设备每台班按一个昼夜计算。

（2）台班单价组成中的七项费用中的前四项（折旧费、检修费、维护费、安拆辅助费）为不变费用，编制机械台班单价时，除青海、新疆、西藏等边远地区均直接采用。边远地区因机械使用年限差异及维修工资、配件材料等价差较大而需调整不变费用时，可根据具体情况，由各省级交通运输主管部门制定系数并执行。

（3）台班单价组成中的七项费用中的后三项（人工费、动力燃料费、车船税）为可变费用，编制机械台班单价时,人工及动力燃料消耗量应以定额中的数值为准,人工单价、动力燃料单价按《公路工程建设项目概算预算编制办法》(JTG 3830—2018)的规定计算。工程船舶和潜水设备的工日单价,按当地有关部门规定计算。其他费用,如需缴纳时,应根据各省(自治区、直辖市)及国务院有关部门规定的标准,按机械的年工作台班(见表4-8)计入台班费中。

表4-8 机械项目年工作台班取定表

机械项目	年工作台班
沥青洒布车、汽车式划线车	150
平板拖车组	160
液态沥青运输车、散装水泥运输车、混凝土搅拌运输车、混凝土输送泵车、自卸汽车、运油汽车、加油汽车、洒水汽车、拖拉机、汽车式起重机、轮胎式起重机、汽车式钻孔机、内燃拖轮、起重船	200
载货汽车、机动翻斗车	220
工程驳船、抛锚船、机动艇、泥浆船	230

(4)《公路工程机械台班费用定额》(JTG/T 3833—2018)基价的可变费用中的人工单价为106.28元/工日,汽油8.29元/kg,柴油7.44元/kg,重油3.59元/kg,煤561.95元/t,电0.85元/kW·h,水2.72元/m³,木柴0.71元/kg。

(5)机械设备转移费不包括在定额中。

(6)加油及油料过滤的损耗和由变电设备至机械之间的输电线路电力损失,均已包括在《公路工程机械台班费用定额》(JTG/T 3833—2018)内。

(7)当工程用电为自行发电时,电动机械每千瓦时(度)电的单价可由以下公式近似计算:

$$A = 0.15K/N$$

式中 A——每千瓦时电单价(元);
K——发电机组的台班单价(元);
N——发电机组的总功率(kW)。

(8)《公路工程机械台班费用定额》(JTG/T 3833—2018)是按公路工程中常用的施工机械的规格编制的,规格与之相同或相似的,均应直接采用。《公路工程机械台班费用定额》(JTG/T 3833—2018)中未包括的机械项目,各省级交通主管部门可根据《公路工程机械台班费用定额》(JTG/T 3833—2018)的编制原则和方法编制补充定额。

4.3.2.2 施工机械台班单价的取定

1. 自有施工机械工作台班单价的取定

自有施工机械台班单价是根据施工机械台班费用定额为依据来取定的。表4-9、表4-10摘录自《公路工程机械台班费用定额》(JTG/T 3833—2018)。

表4-9 公路工程机械台班费用定额表示例(一)

序号	代号	机械名称	规格型号	不变费用				
				折旧费	检修费	维护费	安拆辅助费	小计
1	8001001	履带式推土机 功率/kW	60以内 T80	55.21	32.45	85.76		173.42
2	8001002		75以内 TY100	83.62	49.15	129.90		262.67
3	8001003		90以内 T120A	110.75	65.10	172.04		347.89
4	8001004		105以内 T140-1 带松土器	126.72	74.48	196.84		398.04

表4-10 公路工程机械台班费用定额表示例（二）

序号	代号	机械名称	规格型号		可变费用				定额基价
					人工	柴油	其他费用	小计	
					工日	kg			
1	8001001	履带式推土机	功率/kW	60以内	T80	2	40.86		516.56	689.98
2	8001002			75以内	TY100	2	54.97		621.54	884.21
3	8001003			90以内	T120A	2	65.37		698.91	1 046.80
4	8001004			105以内	T140-1 带松土器	2	76.52		781.87	1 179.91

【例4-8】 已知人工128.17元/工日，柴油9.03元/kg，求60 kW以内的履带式推土机的台班单价。

解：查《公路工程机械台班费用定额》（JTG/T 3833—2018）得该机械代号为8001001，可知不变费用为173.42元。

$$可变费用：人工费 = 128.17 \times 2 = 256.34（元）$$
$$柴油费 = 9.03 \times 40.86 = 368.97（元）$$

则
$$台班单价 = 173.42 + 256.34 + 368.97 = 798.73（元）$$

答：该履带式推土机的台班单价为798.73元。

2. 自有机械停置台班单价的取定

前面在机械消耗量中提到了停置机械的台班量的计算，停置机械的台班单价的计算与工作机械的台班单价的计算也是不同的。停置机械的台班单价计算公式如下：

$$机械停置台班单价 = 机械折旧费 + 人工费 + 其他费用$$

【例4-9】 由于甲方出现变更，造成施工方两台60 kW以内的履带式推土机各停置3天，已知人工128.17元/工日，计算由此产生的停置机械费用。

解：
$$停置台班量 = 3 \times 1 \times 2$$
$$= 6（台班）$$
$$停置台班价 = 机械折旧费 + 人工费 + 其他费用（查表4-9、表4-10）$$
$$= 55.21 + 2 \times 128.17 + 0.00$$
$$= 311.55（元/台班）$$
$$停置机械费用 = 停置台班量 \times 停置台班价$$
$$= 6 \times 311.55$$
$$= 1 869.30（元）$$

答：由此产生的停置机械费用为1 869.30元。

计算机械停置费用应注意以下几点：

(1) 机上人员如在停置期间未在施工现场或另作其他工作时，则不能计算机上人工费；

(2) 年停置台班不能超过该施工机械的年工作台班数量；

(3) 如长时间停置最多不能超过该施工机械开始停置时的设备现值。

3. 租赁机械停置台班单价的取定

租赁机械停置台班单价按照设备租赁费计算。

4.4 公路工程预算定额的有关说明

4.4.1 预算定额的适用范围及组成

为加强公路工程造价管理，合理确定和有效控制公路建设项目投资，中华人民共和国交通运输部于2018年12月17日发布了《公路工程预算定额》（JTG/T 3832—2018），于2019年5月1日正式实施，该定额分上下两册，与《公路工程建设项目概算预算编制办法》（JTG 3830—2018）配套使用。

4.4.1.1 预算定额的适用范围

《公路工程预算定额》（JTG/T 3832—2018）（以下简称本定额）是全国公路专业定额。它是编制施工图预算的依据；也是编制工程概算定额（指标）的基础，适用于公路基本建设新建、改扩建工程。

4.4.1.2 预算定额的组成

1. 章、节组成

本定额由九章及四个附录组成，具体章、节、子目、页数情况见表4-11。

表4-11 《公路工程预算定额》（JTG/T 3832—2018）章、节、子目、页数一览表

章		节	子目	页数
上册				
第一章	路基工程	4	73	147
第二章	路面工程	3	42	133
第三章	隧道工程	4	42	93
第四章	桥涵工程（1~6节）	6	55	286
下册				
第四章	桥涵工程（7~11节）	5	83	190
第五章	交通工程及沿线设施	7	61	146
第六章	绿化及环境保护工程	2	12	26
第七章	临时工程	1	6	10
第八章	材料采集及加工	1	11	23
第九章	材料运输	1	12	27
附录一	路面材料计算基础数据表	—	—	2
附录二	基本定额	—	—	16
附录三	材料的周转及摊销	—	—	9
附录四	定额人工、材料、设备单价表	—	—	55

2. 《公路工程预算定额》（JTG/T 3832—2018）中的单价组成

《公路工程预算定额》（JTG/T 3832—2018）的子目价格为基价，由人工费、材料费、机械费三项费用组成，表4-12以本定额中人工挖基坑土、石方子目为例介绍定额中基价的组成。

第4章 公路工程预算定额

表 4-12 《公路工程预算定额》（JTG/T 3832—2018）示例　　　　　1 000 m³

4-1-1 人工挖基坑土、石方

工作内容：1）人工挖土或人工打眼、装药、爆破石方，清运土、石渣出坑外；2）安、拆简单脚手架及整修运土、石渣便道；3）清理、整平、夯实土质基底，检平石质基底；4）挖排水沟及集水井；5）取土回填、铺平、洒水、夯实。

顺序号	项目	单位	代号	流砂	石方
				6	7
1	人工	工日	1001001	710.1	383.1
2	空心钢钎	kg	2009003	—	13.8
3	φ50 mm 以内合金钻头	个	2009004	—	21.4
4	硝铵炸药	kg	5005002	—	157.1
5	非电毫秒雷管	个	5005008	—	201
6	导爆索	m	5005009	—	90.8
7	其他材料费	元	7801001	—	22
8	3 m³/min 以内机动空压机	台班	8017047	—	11.81
9	小型机具使用费	元	8099001	—	340.2
10	基价	元	9999001	75 469	48 070

注：基坑挖深超过 6 m 时，每加深 1 m，按挖基 6 m 以内人工消耗量干处递增 5%，湿处递增 10%。

3.《公路工程预算定额》（JTG/T 3832—2018）中的定额子目

本定额中每一个子目有一个编号，编号的第一项数字代表的是章号，如桥涵工程是第四章，这章的子目的第一项数字均为 4；第二项数字代表的是节编号，开挖基坑是桥涵工程中的第一节，这一节的子目的第二项数字编号均为 1；第三项数字为子目编号，人工挖基坑土、石方为开挖基坑节下的第一个子目，则该子目的第三项数字为 1，也就是 4-1-1 代表的是第四章桥涵工程中第一节开挖基坑里的第一个子目的含义。

4-1-1 的子目中又根据具体挖的是土方（干、湿土，挖土深度）、淤泥、流砂还是石方分为 7 个细目，在细目对应列编顺序号，如挖流砂为第六列，挖石方为第七列，编号的第四项数字代表的是细目所在列。如上所述，人工挖基坑石方的编号为 4-1-1-7。

定额子目中的行顺序号依次代表的是人工、材料、机械和基价。对应顺序号，分别给出人工、材料和机械的名称、单位、代号（便于计算机管理）和消耗量，对于其他材料和小型机械使用费不单列消耗量，直接以"元"的形式列出。基价是采用表中的消耗量分别乘以各自的单价而得，定额中的人工、材料和机械的定额单价可在本定额附录四中查得。如 4-1-1-6 的基价 75 469 = 710.1 × 106.28。

4. 定额的使用

按照定额的使用情况，主要有直接套用、换算套用、补充定额三种形式，参见 3.3.2 所述。

4.4.2　预算定额的有关规定

（1）本定额是以人工、材料、机械台班消耗量表现的工程预算定额。编制预算时，其人工费、材料费、机械使用费应按现行《公路工程建设项目概算预算编制办法》（JTG 3830—2018）的规定计算。

（2）本定额包括路基工程、路面工程、隧道工程、桥涵工程、交通工程及沿线设施、绿化及环境保护工程、临时工程、材料采集及加工、材料运输共九章及附录。

(3) 本定额是按照合理的施工组织和一般正常的施工条件编制的。本定额中所采用的施工方法和工程质量标准,是根据国家现行的公路工程施工技术及验收规范、质量评定标准及安全操作规程取定的,除定额中规定允许换算者外,均不得因具体工程的施工组织、操作方法和材料消耗与定额的规定不同而调整定额。

(4) 本定额除潜水工作每工日 6 h,隧道工作每工日 7 h 外,其余均按每工日 8 h 计算。

(5) 本定额中的工作内容,均包括定额项目的全部施工过程。本定额内除扼要说明施工的主要操作工序外,均包括准备与结束、场内操作范围内的水平与垂直运输、材料工地小搬运、辅助和零星用工、工具及机械小修、场地清理等工作内容。

(6) 本定额中的材料消耗量系按现行材料标准的合格料和标准规格料计算的。本定额内材料、成品、半成品均已包括场内运输及操作损耗,编制预算时,不得另行增加。其场外运输损耗、仓库保管损耗应在材料预算价格内考虑。

(7) 本定额中周转性的材料、模板、支撑、脚手杆、脚手板和挡土板等的数量,已考虑了材料的正常周转次数并计入定额内。其中,就地浇筑钢筋混凝土梁用的支架及拱圈用的拱盔、支架,如确因施工安排达不到规定的周转次数时,可根据具体情况进行换算并按规定计算回收,其余工程一般不予抽换。

(8) 本定额中列有的混凝土、砂浆的强度等级和用量,其材料用量已按本定额附录二中配合比表规定的数量列入定额,不得重算。如设计采用的混凝土、砂浆的强度等级或水泥强度等级与定额所列强度等级不同时,可按配合比表进行换算。但实际施工配合比材料用量与定额配合比表用量不同时,除配合比表说明中允许换算者外,均不得调整。

【例 4-10】 采用碎石粒径 40 mm 以内,42.5 水泥 C30 混凝土现浇桥头搭板,定额子目内容见表 4-13。已知人工单价为 128.17 元/工日,型钢单价为 3 500 元/t,组合钢模板单价为 3 400 元/t,铁件单价为 4 200 元/t,水单价为 3.8 元/m^3,原木单价为 1 500 元/m^3,锯材 2 000 元/m^3,中粗砂 50 元/m^3,碎石 60 元/m^3,32.5 水泥 260 元/t,42.5 水泥 280 元/t,1 t 以内机动翻斗车的单价为 250 元/台班,求混凝土搭板的基价。

表 4-13 混凝土桥头搭板子目内容   10 m^3 实体混凝土

4-6-14 现浇混凝土桥头搭板

工程内容:1) 模板安装、拆除、修理、脱模剂、堆放;2) 钢筋除锈、制作、电焊、绑扎;3) 混凝土浇筑、捣固及养护。

顺序号	项目	单位	代号	混凝土搭板 1	混凝土枕梁 2
1	人工	工日	1001001	14.1	18.24
2	普 C30 - 32.5 - 4	m^3	1503034	(10.20)	(10.20)
3	HRB400 钢筋	t	2001002	—	—
4	20~22 号铁丝	kg	2001022		
5	型钢	t	2003004	0.002	0.006
6	组合钢模板	t	2003026	0.003	0.027
7	电焊条	kg	2009011		
8	铁件	kg	2009028	1.4	9.6
9	水	m^3	3005004	12	12
10	原木	m^3	4003001	0.001	—

第4章 公路工程预算定额

续表

顺序号	项目	单位	代号	混凝土搭板	混凝土枕梁
				1	2
11	锯材	m^3	4003002	0.008	0.008
12	中（粗）砂	m^3	5503005	4.692	4.692
13	碎石（4 cm）	m^3	5505013	8.466	8.466
14	32.5级水泥	t	5509001	3.845	3.845
15	其他材料费	元	7801001	24.5	18.7
16	1 t 以内机动翻斗车	台班	8007046	0.451	0.451
17	数控立式钢筋弯曲中心	台班	8015007	—	—
18	32 kV·A 以内交流电弧焊机	台班	8015028	—	—
19	小型机具使用费	元	8099001	14.3	13.1
20	基价	元	9999001	4 031	4 627

解：定额4-6-14-1中采用的是碎石粒径40 mm以内、42.5水泥的C30混凝土，题目中采用的混凝土强度等级与定额相同，但水泥强度等级不同，需要对混凝土的配合比进行换算。

查本定额附录二混凝土配合比表得：实际1 m^3 混凝土中含水泥355 kg，中粗砂0.46 m^3，碎石0.84 m^3。

定额10 m^3 实体混凝土含42.5水泥 $355 \times 1.02 \times 10 \div 1\ 000 = 3.621$（t）；含中粗砂 $0.46 \times 1.02 \times 10 = 4.692$（$m^3$）；含碎石 $0.84 \times 1.02 \times 10 = 8.568$（$m^3$）。

人工费 $= 14.1 \times 128.17 = 1\ 807.20$（元）

材料费 $= 0.002 \times 3\ 500 + 0.003 \times 3\ 400 + 1.4 \times 4.2 + 12 \times 3.8 + 0.001 \times 1\ 500 + 0.008 \times 2\ 000 + 4.692 \times 50 + 8.568 \times 60 + 3.621 \times 280 + 24.5$
$= 1\ 873.24$（元）

机械费 $= 0.451 \times 250 + 14.3 = 127.05$（元）

基价 = 人工费 + 材料费 + 机械费 $= 1\ 807.20 + 1\ 873.24 + 127.05 = 3\ 807.49$（元）

答：混凝土搭板的基价为3 807.49元。

混凝土、砂浆配合比表的水泥用量，已综合考虑了采用不同品种水泥的因素，实际施工中不论采用何种水泥，均不得调整定额用量。

（9）本定额中各类混凝土均未考虑外掺剂的费用，如设计需要添加外掺剂时，可按设计要求另行计算外掺剂的费用并适当调整定额中的水泥用量。

（10）本定额中各类混凝土均按施工现场拌和进行编制，当采用商品混凝土时，可将相关定额中的水泥、中（粗）砂、碎石的消耗量扣除，并按定额中所列的混凝土消耗量增加商品混凝土的消耗。

【例4-11】 采用C30商品混凝土现浇桥头搭板，定额子目内容见表4-13。已知人工单价为128.17元/工日，型钢单价为3 500元/t，组合钢模板单价为3 400元/t，铁件单价为4 200元/t，水单价为3.8元/m^3，原木单价为1 500元/m^3，锯材单价为2 000元/m^3，中粗砂单价为50元/m^3，碎石单价为60元/m^3，32.5水泥单价为260元/t，42.5水泥单价为280元/t，C30商品混凝土单价为300元/m^3，1 t以内机动翻斗车单价为250元/台班，求混凝土搭板的基价。

解：定额4-6-14-1中混凝土是按施工现场拌和进行编制的，题目中采用的是商品混凝土，需要将定额中的水泥、中（粗）砂、碎石的消耗量扣除，并按定额中所列的混凝土消耗量增加商品混凝土的消耗。

$$人工费 = 14.1 \times 128.17 = 1\,807.20（元）$$

$$材料费 = 10.2 \times 300 + 0.002 \times 3\,500 + 0.003 \times 3\,400 + 1.4 \times 4.2 + 12 \times 3.8 +$$
$$0.001 \times 1\,500 + 0.008 \times 2\,000 + 24.5$$
$$= 3\,170.68（元）$$

$$机械费 = 0.451 \times 250 + 14.3 = 127.05（元）$$

$$基价 = 人工费 + 材料费 + 机械费 = 1\,807.20 + 3\,170.68 + 127.05 = 5\,104.93（元）$$

答： 混凝土搭板的基价为 5 104.93 元。

（11）水泥混凝土、钢筋、模板工程的一般规定列在桥涵工程说明中，该规定同样适用于预算定额其他各章。

（12）本定额中各项目的施工机械种类、规格是按一般合理的施工组织确定的，如施工中实际采用机械的种类、规格与定额规定的不同时，一律不得换算。

（13）本定额中的施工机械的台班消耗，已考虑了工地合理的停置、空转和必要的备用量等因素。编制预算的台班单价，应按《公路工程机械台班费用定额》（JTG/T 3833—2018）分析计算。

（14）本定额中只列工程所需的主要材料用量和主要机械台班数量。对于次要、零星材料和小型施工机具均未一一列出，分别列入"其他材料费"及"小型机具使用费"内，以元计，编制预算即按此计算。

（15）其他未包括的项目，各省级造价管理部门可编制补充定额在本地区执行；还缺少的项目，各设计单位可编制补充定额，随同预算文件一并送审。所有补充定额均应按照本定额的编制原则、方法进行编制，并将数据上传至"公路工程造价依据信息管理平台"。

（16）定额表中注明"某某数以内"或"某某数以下"者，均包括"某某数"本身；而注明"某某数以外"或"某某数以上"者，则不包括"某某数本身"。定额内数量带"（　）"者，则表示基价中未包括其价值。

（17）本定额中凡定额名称中带有"＊"号者，均为参考定额，使用定额时，可根据情况进行调整。

（18）本定额的基价是人工费、材料费、机械费的合计价值。基价中的人工费、材料费按本定额附录四计算，机械使用费按《公路工程机械台班费用定额》（JTG/T 3833—2018）计算。项目所在地海拔高度 3 000 m 以上，人工、材料、机械基价乘以系数 1.3。

（19）本定额中的"工料机代号"是编制概预算采用电子计算机时作为对人工、材料、机械名称识别的符号，不应随意变动。编制补充定额时，遇有新增材料或机械，编码应采用 7 位，第 1、2 位取相近品种的材料或机械代号，第 3、4 位采用偶数编制，后 3 位采用顺序编制。

习　题

一、单项选择题

1. 预算定额的人工工日消耗量包括（　　）。
   A. 基本用工、其他用工
   B. 基本用工、辅助用工
   C. 基本用工、人工幅度差
   D. 基本用工、其他用工、人工幅度差

2. 机械土方工程配合用工是在预算定额的（　　）。
   A. 基本用工中考虑的
   B. 辅助用工中考虑的

C. 人工幅度差中考虑的 　　　　　　　D. 超运距用工中考虑的

3. 材料加工（洗石、淋化石膏）用工是在预算定额的（　　）。
A. 基本用工中考虑的 　　　　　　　B. 辅助用工中考虑的
C. 人工幅度差中考虑的 　　　　　　　D. 超运距用工中考虑的

4. 电焊点火用工是在预算定额的（　　）。
A. 基本用工中考虑的 　　　　　　　B. 辅助用工中考虑的
C. 人工幅度差中考虑的 　　　　　　　D. 超运距用工中考虑的

5. 各工种间的工序搭接及交叉作业相互配合或影响所发生的停歇用工是在预算定额的（　　）。
A. 基本用工中考虑的 　　　　　　　B. 辅助用工中考虑的
C. 人工幅度差中考虑的 　　　　　　　D. 超运距用工中考虑的

6. 已知 1 m^2 分项工程，基本用工 2 工日，超运距用工 0.5 工日，辅助用工 1 工日，人工幅度差系数 15%，则该工程预算定额人工消耗量为（　　）。
A. 3.8 工日　　　B. 3.875 工日　　　C. 4.025 工日　　　D. 3.725 工日

7. 施工机械在单位工程之间转移及临时水电线路移动所造成的停工是在预算定额的（　　）。
A. 基本用工中考虑的 　　　　　　　B. 辅助用工中考虑的
C. 人工幅度差中考虑的 　　　　　　　D. 超运距用工中考虑的

8. 质量检查和隐蔽工程验收工作的时间是在预算定额的（　　）。
A. 基本用工中考虑的 　　　　　　　B. 辅助用工中考虑的
C. 人工幅度差中考虑的 　　　　　　　D. 超运距用工中考虑的

9. 班组操作地点转移用工是在预算定额的（　　）。
A. 基本用工中考虑的 　　　　　　　B. 辅助用工中考虑的
C. 人工幅度差中考虑的 　　　　　　　D. 超运距用工中考虑的

10. 以"元"的形式列在定额材料栏之下（可不列材料名称及耗用量）的是（　　）。
A. 主要材料　　　B. 金属设备　　　C. 周转性材料　　　D. 其他材料

11. 在人工单价的组成内容中，生产工人探亲、定期休假的工资属于（　　）。
A. 奖金 　　　　　　　　　　　　　B. 津贴补贴
C. 加班加点工资 　　　　　　　　　D. 特殊情况下支付的工资

12. 在人工单价的组成内容中，停工学习、执行国家或社会义务的工资属于（　　）。
A. 奖金 　　　　　　　　　　　　　B. 津贴补贴
C. 加班加点工资 　　　　　　　　　D. 特殊情况下支付的工资

13. 在人工单价的组成内容中，因病、工伤、产假、计划生育、婚丧假、事假、探亲假的工资属于（　　）。
A. 奖金 　　　　　　　　　　　　　B. 津贴补贴
C. 加班加点工资 　　　　　　　　　D. 特殊情况下支付的工资

14. 因购买的黄砂不合要求，需要对其进行筛砂处理，该人工消耗包含在（　　）。
A. 基本用工内 　　　　　　　　　　B. 辅助用工内
C. 超运距用工内 　　　　　　　　　D. 人工幅度内

15. 材料装车、卸材料及运至集中地或仓库的费用为（　　）。
A. 材料原件 　　　　　　　　　　　B. 运输费
C. 杂费 　　　　　　　　　　　　　D. 采保费

16. 仓储费和仓储损耗包含在（　　）。
   A. 材料原件中　　　　　　　　　　B. 运输费中
   C. 杂费中　　　　　　　　　　　　D. 采保费中
17. 施工机械一天24 h工作或一天24 h停置，其工作台班和停置台班量分别为（　　）。
   A. 3；1　　　　　　　　　　　　　B. 1；3
   C. 1；1　　　　　　　　　　　　　D. 3；3
18. 材料预算价格是指（　　）。
   A. 材料出厂价　　　　　　　　　　B. 材料出厂价与采购保管费之和
   C. 从其来源地运到工地仓库后的出库价格　D. 材料供应价
19. 材料的场内运输损耗包含在（　　）。
   A. 材料损耗量内　　　　　　　　　B. 材料运杂费内
   C. 材料保管费内　　　　　　　　　D. 材料预算单价内
20. 材料入库后到使用期间的损耗包含在（　　）。
   A. 材料原价内　　　　　　　　　　B. 运杂费内
   C. 保管费内　　　　　　　　　　　D. 采购费内

二、计算题

1. 人工挖运土的预算定额单位为100 m³，利用表3-8、表4-2计算槽外挖普通土、人工运输20 m的定额用工。

2. 已知完成某一施工过程，单位产量套劳动定额得到基本用工12.5工日、超运距用工0.8工日、辅助用工1.05工日、人工幅度差系数采用12%，计算该施工过程单位产量的预算定额人工工日消耗量。

3. 某砌筑工程，工程量为10 m³，每1 m³砌体需要基本用工0.92工日，辅助用工和超运距用工分别是基本用工的15%和10%，人工幅度差系数为12%，计算该砌筑工程的人工工日消耗量。

4. 某施工队为某工程施工购买钢筋，从甲单位购买钢筋100 t，单价4 000元/t；从乙单位购买钢筋200 t，单价3 800元/t；从丙单位购买钢筋500 t，单价3 700元/t（这里的单价均指材料原价）。采用汽车运输，甲地距工地40 km，乙地距工地60 km，丙地距工地80 km。根据该地区公路运价标准：汽运货物运费为0.6元/(t·km)，装、卸费各为10元/t，采保费率各为1%，其余不计，求此钢筋的预算价格。

5. 某钢材供应价为3 500元/t，用4 t载重汽车人工装卸运输5 km。已知人工定额价为106.28元/工日，人工指导价为128.17元/工日，汽车470.10元/台班，求钢材的预算单价。

6. 某工地距料场300 m，采用人工开采，手扶拖拉机运输（配合人工装卸）片石，不计价差。求片石的预算单价。

7. M7.5水泥砂浆15 m³，需要32.5水泥、中（粗）砂各多少？

8. 某浆砌块石桥墩高17 m，采用M5水泥砂浆砌筑，M10水泥砂浆勾缝，编制预算时工料机定额值是否需要抽换？如何抽换？

9. 已知人工挖运普通土、水平运距40 m（重载运输升7%的坡），确定该项目的预算定额编号和基价。

10. 已知人工128.17元/工日，柴油6.2元/kg，求88 kW以内的稳定土拌合机的台班单价。

11. 采用C30商品混凝土现浇混凝土枕梁，已知人工单价为128.17元/工日，型钢单价为3 500元/t，组合钢模板单价为3 400元/t，铁件单价为4 200元/t，水单价为3.8元/m³，锯材单价为

2 000元/m³，中粗砂单价为50元/m³，碎石单价为60元/m³，32.5水泥单价为260元/t，C30商品混凝土单价为300元/m³，1 t以内机动翻斗车的单价为250元/台班，求混凝土枕梁的基价。

12. 某公路用石油沥青，供应价3 150元/t，运距80 km，运价0.6元/（t·km），装卸费4.0元/t，回收沥青桶为50元/t，请计算该石油沥青的预算单价。

13. 某工地有一台水泥混凝土拌合站，其动力依靠工地柴油发电机组供应。若当地柴油价格为6.00元/kg，人工工日单价为128元/工日，发电机组总功率为300 kW，拌合站和发电机组的基本情况见表4-14，请计算水泥混凝土拌合站的机械台班预算单价。

表4-14 拌合站和发电机组的基本情况

项目	机械名称	
	水泥混凝土拌合站	发电机组
折旧费/（元·台班$^{-1}$）	800	200
检修费/（元·台班$^{-1}$）	150	90
维护费/（元·台班$^{-1}$）	250	200
安拆辅助费/（元·台班$^{-1}$）	0	10
人工费/（工日·台班$^{-1}$）	8	2
电/（kW·h·台班$^{-1}$）	700	—
柴油/（kg·台班$^{-1}$）	—	300

第5章

公路工程概预算编制原理

5.1 公路工程概预算费用

公路工程概预算是指在执行基本建设程序的过程中，根据公路工程各个阶段的设计内容和国家发布的定额、编制办法及各项取费标准，预先计算和确定工程全部建设费用的经济文件。公路工程概预算的编制是公路工程造价管理的重要环节，是国家对公路基本建设实行科学化管理和监督的重要手段。

为了适应公路交通建设发展的需要，合理确定和有效控制工程造价，提高公路建设项目工程造价的编制质量，中华人民共和国交通运输部根据国家发改委和建设部以发改投资〔2006〕1325 号发布的《建设项目经济评价方法与参数》的规定，住房城乡建设部、财政部发布的《建筑安装工程费用项目组成》（建标〔2013〕44 号）的规定，财政部、税务总局《关于全面推开营业税改征增值税试点的通知》（财税〔2016〕36 号）、《关于调整增值税税率的通知》（财税〔2018〕32 号）等文件并结合公路行业的特点，于 2018 年 12 月 17 日公告颁布了《公路工程建设项目概算预算编制办法》（JTG 3830—2018）（以下简称《编制办法》），自 2019 年 5 月 1 日起施行。

5.1.1 公路工程概预算费用组成

按照《编制办法》的规定，公路工程概预算费用（广义的工程造价）由建筑安装工程费（狭义的工程造价）、土地使用及拆迁补偿费、工程建设其他费、预备费和建设期贷款利息五大部分组成。具体费用组成如图 5-1 所示。

5.1.2 《编制办法》总则

（1）为加强公路工程造价管理，合理确定和有效控制工程造价，制定《编制办法》。

（2）《编制办法》适用于编制新建、改（扩）建的公路工程建设项目设计概算和施工图预算。

（3）设计概算是初步设计文件和技术设计文件的重要组成部分。经批准后的概算应是建设项目投资的最高限额。

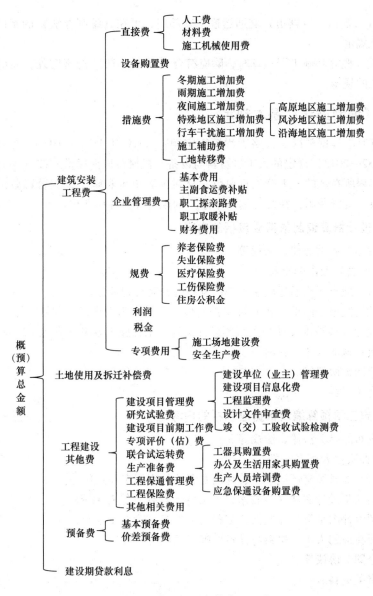

图 5-1 公路工程概预算费用组成

（4）施工图预算是施工图设计文件的重要组成部分。施工图预算应控制在批准的设计概算范围之内。

（5）编制设计概算和施工图预算时，应根据项目的设计文件，全面了解工程所在地的建设条件，掌握各项基础资料，正确引用定额、取费标准、人工单价、材料和设备价格，按《编制办法》进行编制。

（6）公路工程建设项目的设计概算或施工图预算造价文件分多段编制时，应统一编制原则，将分段造价汇总成项目总造价。总造价与前一阶段总造价应做对比分析，以利于造价控制。需单独反映造价的联络线、支线以及规模较大的辅道、连接线工程，应单独编制造价文件，并汇总至项目总造价。

（7）《编制办法》及配套定额未包含的专业工程的建筑安装工程费可执行相应行业定额及规定。

（8）各省（自治区、直辖市）交通运输主管部门，可在《编制办法》的基础上结合当地实际情况制定补充规定。

（9）编制设计概算和施工图预算时，除应符合《编制办法》的规定外，尚应符合国家及行业现行有关标准的规定。

5.1.3 《编制办法》基本规定

编制概预算时应根据现行《公路工程概算定额》（JTG/T 3831—2018）、《公路工程预算定额》（JTG/T 3832—2018）规定的人工、材料与设备、机械台班消耗量和按《编制办法》规定的概预算编制时工程所在地的人工费工日单价、材料预算单价和施工机械台班单价计算出工程项目的人工、材料、机械费用，并按《编制办法》的规定计算各项费用。

5.1.3.1 设计概算编制依据应包括的内容

（1）国家发布的有关法律、法规等。
（2）《编制办法》及配套定额。
（3）工程所在地省级交通运输主管部门发布的补充规定和定额等。
（4）可行性研究报告的批（核）准文件（修正概算时为初步设计批复文件）等有关资料。
（5）初步设计（或技术设计）图纸等设计文件、工程施工方案（含施工组织设计）。
（6）工程所在地的人工、材料与设备、施工机械价格等。
（7）有关合同、协议等。
（8）其他有关资料。

5.1.3.2 施工图预算编制依据应包括的内容

（1）国家发布的有关法律、法规等。
（2）《编制办法》及配套定额。
（3）工程所在地省级交通运输主管部门发布的补充规定和定额等。
（4）批准的初步设计文件（或技术设计文件，若有）等有关资料。
（5）施工图设计图纸等设计文件、工程施工方案（含施工组织设计）。
（6）工程所在地的人工、材料与设备、施工机械价格等。
（7）有关合同、协议等。
（8）其他有关资料。

5.2 建筑安装工程费和定额建筑安装工程费的组成与确定

建筑安装工程费包括直接费、设备购置费、措施费、企业管理费、规费、利润、税金和专项费用。除专项费用外，其他均按"价税分离"计价规则计算，即各项费用均以不含增值税可抵扣进项税额的价格（费率）进行计算，具体要素价格适用增值税税率执行财税部门的相关规定。

定额建筑安装工程费包括定额直接费、定额设备购置费的40%、措施费、企业管理费、规费、利润、税金和专项费用。

5.2.1 直接费和定额直接费的组成与确定

1. 直接费

直接费包括人工费、材料费和施工机械使用费三项内容。人工费、材料费和施工机械使用费分别通过各自的消耗量（查定额获得）乘以人工工日单价、材料预算价格和机械台班单价而得。

2. 定额直接费

定额直接费包括定额人工费、定额材料费、定额施工机械使用费三项内容。定额人工费、定额材料费、定额施工机械使用费均按《公路工程预算定额》（JTG/T 3832—2018）附录四"定额人工、材料、设备单价表"及现行《公路工程机械台班费用定额》（JTG/T 3833—2018）中规定的人工、材料、机械的相应基价计算的定额费用。

5.2.2 设备购置费和定额设备购置费的组成与确定

1. 设备购置费

设备购置费是指为满足公路初期运营、管理需要购置的构成固定资产标准的设备和虽低于固定资产标准但属于设计明确列入设备清单的设备的费用，包括渡口设备，隧道照明、消防、通风的动力设备，公路收费、监控、通信、路网运行监测、供配电及照明设备等。

（1）设备购置费应列出计划购置的清单（包括设备的规格、型号、数量），以设备预算价计入。

（2）设备购置费包括设备原价、运杂费、运输保险费、采购及保管费，各种税费按编制期有关部门规定计算。

（3）需要安装的设备，按建筑安装工程费的有关规定计算设备的安装工程费。设备与材料的划分标准见附录C。

$$设备购置费 = 计划购置的设备数量 \times 预算单价$$

2. 定额设备购置费

定额设备购置费按《公路工程预算定额》（JTG/T 3832—2018）附录四"定额人工、材料、设备单价表"中规定的设备基价乘以数量计算而得。

$$定额设备购置费 = 计划购置设备的数量 \times 定额基价$$

5.2.3 措施费的组成与确定

措施费包括冬期施工增加费、雨期施工增加费、夜间施工增加费、特殊地区施工增加费、行车干扰施工增加费、施工辅助费、工地转移费七项内容。措施费是按取费基数乘以费率的方法进行计算，计算取费基数时，购买的路基填料、绿化苗木、商品水泥混凝土、商品沥青混合料和各类稳定土混合料、外购混凝土构件不作为措施费及企业管理费的计算基数。

费率往往与工程类别有关，通过查表获得。

1. 工程类别划分

（1）土方：是指人工及机械施工的土方工程、路基掺灰、路基换填及台背回填。

（2）石方：是指人工及机械施工的石方工程。

（3）运输：是指用汽车、拖拉机、机动翻斗车、船舶等运送土石方、路面基层和面层混合料、水泥混凝土及预制构件、绿化苗木等。

（4）路面：是指路面所有结构层工程（包括隧道路面、桥面铺装工程）、路面附属工程、便道以及特殊路基处理（不含特殊路基处理中的圬工构筑物）。

（5）隧道：是指隧道土建工程（不含隧道的钢材及钢结构）。

（6）构造物Ⅰ：是指砍树挖根、拆除工程、排水、防护、特殊路基处理（不包含土石方和换填工程）中的圬工构造物、涵洞、交通安全设施［不包括金属标志牌、防撞钢护栏、防眩板（网）、防护网等钢结构工程］、拌合站（楼）安拆工程、便桥、便涵、临时电力和电信设施

（机电工程不包括设备安装工程）、临时轨道、临时码头、绿化工程等工程。

（7）构造物Ⅱ：是指小桥、中桥、大桥、特大桥。

（8）构造物Ⅲ：是指商品水泥混凝土的浇筑、商品沥青混合料和各类商品稳定土混合料的铺筑、外购混凝土构件、设备安装工程等。

（9）技术复杂大桥：是指钢管拱桥、斜拉桥、悬索桥、单孔跨径在 120 m 以上（含 120 m）和基础水深在 10 m 以上（含 10 m）的大桥主桥部分的基础、下部和上部工程（不含桥梁的钢材及钢结构）。

（10）钢材及钢结构：是指所有工程的钢材及钢结构等工程。所有工程是指路基、路面、桥梁、涵洞、隧道、交通工程及沿线设施等。钢材及钢结构含钢筋及预应力钢材，钢沉井、钢围堰、钢套箱及钢护筒等基础工程，钢构件［含钢索塔、钢管拱、钢锚箱、钢锚梁、钢箱（桁）梁、索鞍、斜拉索、索股、索夹、吊杆、系杆］等安装工程，伸缩缝，支座，路基和隧道工程的锚杆、隧道管棚及钢支撑、金属标志牌、防撞钢护栏、防眩板（网）、隔离栅、防护网等。

2．冬期施工增加费

冬期施工增加费是指按照公路工程施工及验收规范所规定的冬期施工要求，为保证工程质量和安全生产所需采取的防寒保温设施、工效降低和机械作业效率降低以及技术操作过程的改变等所增加的有关费用。

（1）冬期施工增加费的内容如下：

1）因冬期施工所需增加的一切人工、机械与材料的支出。

2）施工机械所需修建的暖棚（包括拆、移），增加其他保温设备购置费用。

3）因施工组织设计确定，需增加的一切保温、加温等有关支出。

4）清除工作地点的冰雪等与冬期施工有关的其他各项费用。

（2）冬期施工增加费的计算。

1）冬期施工增加费是根据各类工程的特点，规定各气温区（全国冬期施工气温区划分见附录D）的取费标准。

2）冬期施工增加费以各类工程的定额人工费和定额施工机械使用费之和为基数，按工程所在地的气温区选用表5-1的费率计算。

表 5-1 冬期施工增加费费率 %

工程类别	冬期平均温度/℃							准一区	准二区
	-1 以上		-1 ~ -4		-4 ~ -7	-7 ~ -10	-10 ~ -14	-14 以下		
	冬一区		冬二区		冬三区	冬四区	冬五区	冬六区		
	Ⅰ	Ⅱ	Ⅰ	Ⅱ						
土方	0.835	1.301	1.800	2.270	4.288	6.094	9.140	13.720	—	—
石方	0.164	0.266	0.368	0.429	0.859	1.248	1.861	2.801		
运输	0.166	0.25	0.354	0.437	0.832	1.165	1.748	2.643		
路面	0.566	0.842	1.181	1.371	2.449	3.273	4.909	7.364	0.073	0.198
隧道	0.203	0.385	0.548	0.710	1.175	1.52	2.269	3.425	—	—
构造物Ⅰ	0.652	0.940	1.265	1.438	2.607	3.527	5.291	7.936	0.115	0.288
构造物Ⅱ	0.868	1.240	1.675	1.902	3.452	4.693	7.028	10.542	0.165	0.393
构造物Ⅲ	1.616	2.296	3.114	3.523	6.403	8.680	13.020	19.520	0.292	0.721

续表

工程类别	冬期平均温度/℃								准一区	准二区
	-1以上		-1~-4		-4~-7	-7~-10	-10~-14	-14以下		
	冬一区		冬二区		冬三区	冬四区	冬五区	冬六区		
	Ⅰ	Ⅱ	Ⅰ	Ⅱ						
技术复杂大桥	1.019	1.444	1.975	2.230	4.057	5.479	8.219	12.338	0.170	0.446
钢材及钢结构	0.04	0.101	0.141	0.181	0.301	0.381	0.581	0.861	—	—

注：绿化工程不计冬期施工增加费。

3）为了简化计算手续，冬期施工增加费采用全年平均摊销的方法，即无论是否在冬期施工，均按规定的取费标准计取冬期施工增加费。

4）一条线路穿过两个以上的气温区时，可分段计算或按各区的工程量比例求得全线的平均增加率，计算冬期施工增加费。

（3）冬期气温区的划分。冬期气温区的划分是根据气象部门提供的满15年的气温资料确定的。从每年秋冬第一次连续5 d出现室外日平均气温在5 ℃以下、日最低温度在-3 ℃以下的第一天算起，至第二年春夏最后一次连续5 d出现同样温度的最末一天为冬季期。冬季期内平均温度在-1 ℃以上者为东一区，-1 ℃~-4 ℃者为东二区，-4 ℃~-7 ℃者为东三区，-7 ℃~-10 ℃者为冬四区，-10 ℃~-14 ℃者为东五区，-14 ℃以下者为东六区。东一区内平均温度低于0 ℃的连续天数在70 d以内的为Ⅰ副区，70 d以上的为Ⅱ副区；东二区内平均温度低于0 ℃的连续天数在100 d以内的为Ⅰ副区，100 d以上的为Ⅱ副区。气温高于东一区，但砖石混凝土工程施工需采取一定措施的地区为准冬季区。准冬季区分两个副区，简称准一区和准二区。凡一年内日最低气温在0 ℃以下的天数多于20 d的，日平均气温在0 ℃以下的天数少于15 d的为准一区，多于15 d的为准二区。若当地气温资料与附录D中划定的冬期气温区划分有较大出入时，可按当地气温资料及上述划分标准确定工程所在地的冬期气温区。

3. 雨期施工增加费

雨期施工增加费是指雨期期间施工为保证工程质量和安全生产所需采取的防雨、排水、防潮和防护措施、工效降低和机械作业率降低以及技术操作过程的改变等，所需增加的有关费用。

（1）雨期施工增加费的内容包括：

1）因雨期施工所需增加的人工、材料、机械费用的支出，包括工作效率的降低及易被雨水冲毁的工程所增加的清理坍塌基坑和堵塞排水沟、填补路基边坡冲沟等工作内容。

2）路基土方工程的开挖和运输，因雨期施工（非土壤中水影响）而引起的黏附工具、降低工效所增加的费用。

3）因防止雨水必须采取的挖临时排水沟、防止基坑坍塌所需的支撑、挡板等防护措施费用。

4）材料因受潮、受湿的耗损费用。

5）增加防雨、防潮设备的费用。

6）因河水高涨致使工作困难等其他有关雨期施工所需增加的费用。

（2）雨期施工增加费的计算。

1）雨期施工增加费是将全国划分为若干雨量区和雨季期（全国雨期施工雨量区即雨季期划分表见附录E），并根据各类工程的特点规定各雨量区和雨季期的取费标准。

2）雨期施工增加费以各类工程的定额人工费和定额施工机械使用费之和为基数，按工程所在地的雨量区、雨季期选用表5-2的费率计算。

表 5-2 雨期施工增加费费率 %

工程类别	雨季期(月数)															
	1	1.5	2		2.5		3		3.5		4		4.5		5	
	I	I	I	II	I	II	I	II	I	II	I	II	I	II	I	II
土方	0.140	0.175	0.245	0.385	0.315	0.455	0.385	0.525	0.455	0.595	0.525	0.700	0.595	0.805	0.665	0.939
石方	0.105	0.140	0.212	0.349	0.280	0.420	0.349	0.491	0.418	0.563	0.487	0.667	0.555	0.772	0.626	0.876
运输	0.142	0.178	0.249	0.391	0.320	0.462	0.391	0.568	0.462	0.675	0.533	0.781	0.604	0.888	0.675	0.959
路面	0.115	0.153	0.230	0.366	0.306	0.480	0.366	0.557	0.425	0.634	0.501	0.710	0.578	0.825	0.654	0.940
隧道	—	—	—	—	—	—	—	—	—	—	—	—	—	—	—	—
构造物 I	0.098	0.131	0.164	0.262	0.196	0.295	0.229	0.360	0.262	0.426	0.327	0.491	0.393	0.557	0.458	0.622
构造物 II	0.106	0.141	0.177	0.282	0.247	0.353	0.282	0.424	0.318	0.494	0.388	0.565	0.459	0.636	0.530	0.742
构造物 III	0.200	0.266	0.366	0.565	0.466	0.699	0.565	0.832	0.665	0.998	0.765	1.164	0.898	1.331	1.031	1.497
技术复杂大桥	0.109	0.181	0.254	0.363	0.290	0.435	0.363	0.508	0.435	0.580	0.508	0.689	0.580	0.798	0.653	0.907
钢材及钢结构	—	—	—	—	—	—	—	—	—	—	—	—	—	—	—	—

工程类别	雨季期(月数)					
	6		7		8	
	I	II	I	II	I	II
土方	0.764	1.114	—	1.289	—	1.499
石方	0.701	1.018	—	1.194	—	1.373
运输	0.781	1.136	—	1.314	—	1.527
路面	0.749	1.093	—	1.267	—	1.459
隧道	—	—	—	—	—	—
构造物 I	0.524	0.753	—	0.884	—	1.015
构造物 II	0.600	0.883	—	1.059	—	1.201
构造物 III	1.164	1.730	—	1.996	—	2.295
技术复杂大桥	0.725	1.052	—	1.233	—	1.414
钢材及钢结构	—	—	—	—	—	—

注:室内和隧道内工程及设备安装工程不计雨期施工增加费。

3)为了简化计算手续,雨期施工增加费采用全年平均摊销的方法,即无论是否在雨期施工,均按规定的取费标准计取雨期施工增加费。

4)一条线路通过不同的雨量区和雨季期时,应分别计算雨期施工增加费或按工程量比例求得平均的增加率,计算全线雨期施工增加费。

(3)雨量区和雨季期的划分。雨量区和雨季期的划分根据气象部分提供的满15年的降雨资料确定。凡月平均降雨天数在10 d以上,月平均日降雨量在3.5~5 mm者为Ⅰ区,月平均降雨量在5 mm以上者为Ⅱ区。若当地气象资料与附录E所划定的雨量区及雨季期出入较大时,可按当地气象资料及上述划分标准确定工程所在地的雨量区及雨季期。

4. 夜间施工增加费

夜间施工增加费是指根据设计、施工技术规范和合理的施工组织要求,必须在夜间施工或必须昼夜连续施工而发生的夜班补助费、夜间施工降效、施工照明设备摊销及照明用电等费用。

夜间施工增加费以夜间施工工程项目的定额人工费与定额施工机械使用费之和为基数,按表5-3的费率计算。

表5-3 夜间施工增加费费率　　　　　　　　　　　　　　　　　　　　　　　%

工程类别	费率	工程类别	费率
构造物Ⅱ	0.903	构造物Ⅲ	1.702
技术复杂大桥	0.928	钢材及钢结构	0.874

注:设备安装工程及金属标志牌、防撞钢护栏、防眩板(网)、隔离栅、防护网等不计夜间施工增加费。

5. 特殊地区施工增加费

特殊地区施工增加费包括高原地区施工增加费、风沙地区施工增加费和沿海地区施工增加费三项。

(1)高原地区施工增加费。高原地区施工增加费是指海拔高度2 000 m以上地区施工,由于受气候、气压的影响,致使人工、机械效率降低而增加的费用。

1)高原地区施工增加费以各类工程的定额人工费与定额施工机械使用费之和为基数,按表5-4的费率计算。

表5-4 高原地区施工增加费费率　　　　　　　　　　　　　　　　　　　　　　　%

工程类别	海拔高度/m						
	2 001~2 500	2 501~3 000	3 001~3 500	3 501~4 000	4 001~4 500	4 501~5 000	5 000以上
土方	13.295	19.709	27.455	38.875	53.102	70.162	91.853
石方	13.711	20.358	29.025	41.435	56.875	75.358	100.223
运输	13.288	19.666	26.575	37.205	50.493	66.438	85.040
路面	14.572	21.618	30.689	45.032	59.615	79.500	102.640
隧道	13.364	19.850	28.490	40.767	56.037	74.302	99.259
构造物Ⅰ	12.799	19.051	27.989	40.356	55.723	74.098	95.521
构造物Ⅱ	13.622	20.244	29.082	41.617	57.214	75.874	101.408
构造物Ⅲ	12.786	18.985	27.054	38.616	53.004	70.217	93.371
技术复杂大桥	13.912	20.645	29.257	41.670	57.134	75.640	100.205
钢材及钢结构	13.204	19.622	28.269	40.492	55.699	73.891	98.930

2) 一条线路通过两个以上（含两个）不同的海拔高度分区时，应分别计算高原地区施工增加费或按工程量比例求得平均的增加率，计算全线高原地区施工增加费。

3) 高原地区施工单位的辅助生产，可按高原地区施工增加费费率，以定额人工费与定额施工机械费之和为基数计算高原地区施工增加费（其中：人工采集、加工材料、人工装卸、材料运输按土方费率计算；机械采集、加工材料按石方费率计算；机械装卸、运输材料按运输费率计算）。辅助生产高原地区施工增加费不作为辅助生产间接费的计算基数。

(2) 风沙地区施工增加费。风沙地区施工增加费是指在沙漠地区施工时，由于受风沙影响，按照施工及验收规范的要求，为保证工程质量和安全生产而增加的有关费用。内容包括防风、防沙及气候影响的措施费，人工、机械效率降低增加的费用，以及积沙、风蚀的清理修复等费用。

1) 风沙地区施工增加费是根据各类工程的特点，规定各风沙地区（全国风沙地区公路施工区划表见附录 F）的取费标准。当地气象资料及自然特征与附录 F 中的风沙地区划分有较大出入时，由项目所在地省级交通运输主管部门按当地气象资料和自然特征及上述标准确定工程所在地的风沙区划。

2) 风沙地区施工增加费以各类工程的定额人工费和定额施工机械使用费之和为基数，根据工程所在地的风沙区划及类别，按表 5-5 的费率计算。

表 5-5　风沙地区施工增加费费率　　　　　　　　　　　　　　　　%

工程类别	风沙一区			风沙二区			风沙三区		
	沙漠类型								
	固定	半固定	流动	固定	半固定	流动	固定	半固定	流动
土方	4.558	8.056	13.674	5.618	12.614	23.426	8.056	17.331	27.507
石方	0.745	1.490	2.981	1.014	2.236	3.959	1.490	3.726	5.216
运输	4.304	8.608	13.988	5.38	12.912	19.368	8.608	18.292	27.976
路面	1.364	2.727	4.932	2.205	4.932	7.567	3.365	7.137	11.025
隧道	0.261	0.522	1.043	0.355	0.783	1.386	0.522	1.304	1.826
构造物Ⅰ	3.968	6.944	11.904	4.96	10.912	16.864	6.944	15.872	23.808
构造物Ⅱ	3.254	5.694	9.761	4.067	8.948	13.828	5.694	13.015	19.523
构造物Ⅲ	2.976	5.208	8.928	3.720	8.184	12.648	5.208	11.904	17.226
技术复杂大桥	2.778	4.861	8.333	3.472	7.638	11.805	8.861	11.110	16.077
钢材及钢结构	1.035	2.07	4.14	1.409	3.105	5.498	2.07	5.175	7.245

3) 一条线路穿过两个以上不同风沙区时，按线路长度经过不同的风沙区加权计算项目全线风沙地区施工增加费。

4) 风沙地区的划分，是根据《公路自然区划标准》（JTJ 003—1986）、"沙漠地区公路建设成套技术研究报告"的公路自然区划和沙漠公路区划，结合风沙地区的气候状况将风沙地区分为三区九类：半干旱、半湿润沙地为风沙一区，干旱、极干旱寒冷沙漠地区为风沙二区，极干旱炎热沙漠地区为风沙三区；根据覆盖度（沙漠中植被、戈壁等覆盖程度）又将每区分为固定沙漠（覆盖度 > 50%）、半固定沙漠（覆盖度 10%~50%）、流动沙漠（覆盖度 < 10%）三类，覆盖度由工程勘察设计人员在公路工程勘察设计时确定。

(3) 沿海地区施工增加费。沿海地区施工增加费是指工程项目在沿海地区施工受海风、海浪和潮汐的影响，致使人工、机械效率降低等所需增加的费用。本项费用，由沿海各省级交通运输主管部门制定具体的使用范围（地区）。沿海地区施工增加费以各类工程的定额人工费和定额施工机械使用费之和为基数，按表5-6的费率计算。

表5-6 沿海地区施工增加费费率 %

工程类别	费率	工程类别	费率
构造物Ⅱ	0.207	构造物Ⅲ	0.195
技术复杂大桥	0.212	钢材及钢结构	0.200

注：①表中的构造物Ⅲ系指桥梁工程所用的商品水泥混凝土浇筑及混凝土构件、钢构件的安装。
②表中的钢材及钢结构系桥梁工程所用的钢材及钢结构。

6. 行车干扰施工增加费

行车干扰施工增加费是指由于边施工边维持通车，受行车干扰的影响，致使人工、机械效率降低而增加的费用。该费用以受行车影响部分的工程项目的定额人工费和定额施工机械使用费之和为基数，按表5-7的费率计算。

表5-7 行车干扰施工增加费费率 %

工程类别	施工期间平均每昼夜双向行车次数（机动车、非机动车合计）							
	51~100	101~500	501~1 000	1 001~2 000	2 001~3 000	3 001~4 000	4 001~5 000	5 000以上
土方	1.499	2.343	3.194	4.118	4.775	5.314	5.885	6.468
石方	1.279	1.881	2.618	3.479	4.035	4.492	4.973	5.462
运输	1.451	2.230	3.041	4.001	4.641	5.164	5.719	6.285
路面	1.390	2.098	2.802	3.487	4.046	4.496	4.987	5.475
隧道	—	—	—	—	—	—	—	—
构造物Ⅰ	0.924	1.386	1.858	2.320	2.693	2.988	3.313	3.647
构造物Ⅱ	1.007	1.516	2.014	2.512	2.915	3.244	3.593	3.943
构造物Ⅲ	0.948	1.417	1.896	2.365	2.745	3.044	3.373	3.713
技术复杂大桥	—	—	—	—	—	—	—	—
钢材及钢结构	—	—	—	—	—	—	—	—

注：新建工程、中断交通进行封闭施工或为保证交通正常通行而修建保通便道的改（扩）建工程，不计行车干扰施工增加费。

7. 施工辅助费

施工辅助费包括生产工具用具使用费、检验试验费和工程定位复测、工程点交、场地清理等费用。

（1）生产工具用具使用费是指施工所需不属于固定资产的生产工具、检验、试验用具及仪器、仪表等的购置、摊销和维修费，以及支付给生产工人自备工具的补贴费。

（2）检验试验费是指施工企业对建筑材料、构件和建筑安装工程进行一般鉴定、检查所发生的费用，包括自设试验室进行试验所耗用的材料和化学药品的费用，以及技术革新和研究试验费，不包括新结构、新材料的试验费和建设单位要求对具有出厂合格证明的材料进行检验、对构件破坏性试验及其他特殊要求检验的费用。

（3）工程定位复测费是指工程施工过程中进行全部施工测量放线和复测工作的费用。

高填方和软基沉降监测、高边坡稳定监测、桥梁施工监测、隧道施工监控量测、超前地质预报等施工监控费含在施工辅助费中，不得另行计算。

施工辅助费以各类工程的定额直接费为基数，按表5-8的费率计算。

表5-8 施工辅助费费率 %

工程类别	费率	工程类别	费率
土方	0.521	构造物Ⅰ	1.201
石方	0.470	构造物Ⅱ	1.537
运输	0.154	构造物Ⅲ	2.729
路面	0.818	技术复杂大桥	1.677
隧道	1.195	钢材及钢结构	0.564

8. 工地转移费

工地转移费是指施工企业迁至新工地的搬迁费用。

（1）工地转移费的内容包括：

1）施工单位职工及随职工迁移的家属向新工地转移的车费、家具行李运费、途中住宿费、行程补助费、杂费等。

2）公物、工具、施工设备器材、施工机械的运杂费，以及外租机械的往返费及施工机械、设备、公物、工具的转移费等。

3）非固定工人进退场的费用。

（2）工地转移费以各类工程的定额人工费和定额施工机械使用费之和为基数，按表5-9的费率计算。

表5-9 工地转移费费率 %

工程类别	工地转移距离/km					
	50	100	300	500	1 000	每增加100
土方	0.224	0.301	0.470	0.614	0.815	0.036
石方	0.176	0.212	0.363	0.476	0.628	0.030
运输	0.157	0.203	0.315	0.416	0.543	0.025
路面	0.321	0.435	0.682	0.891	1.191	0.062
隧道	0.257	0.351	0.549	0.717	0.959	0.049
构造物Ⅰ	0.262	0.351	0.552	0.720	0.963	0.051
构造物Ⅱ	0.333	0.449	0.706	0.923	1.236	0.066
构造物Ⅲ	0.622	0.841	1.316	1.720	2.304	0.119
技术复杂大桥	0.389	0.523	0.818	1.067	1.430	0.073
钢材及钢结构	0.351	0.473	0.737	0.961	1.288	0.063

（3）高速公路、一级公路及独立大桥、独立隧道项目转移距离按省会城市至工地的里程计算；二级及二级以下公路项目转移距离按地级城市所在地至工地的里程计算。

（4）工地转移里程数在表列里程之间时，费率可内插计算。工地转移距离在50 km以内的工程按50 km计算。

5.2.4 企业管理费的组成与确定

企业管理费由基本费用、主副食运费补贴、职工探亲路费、职工取暖补贴和财务费用五项组成。

1. 基本费用

基本费用是指建筑安装企业组织施工生产和经营管理所需的费用。

（1）基本费用包括以下内容：

1）管理人员工资：管理人员的基本工资、绩效工资、津贴补贴及特殊情况下支付的工资以及缴纳的养老、医疗、失业、工伤保险费和住房公积金等。

2）办公费：企业管理办公用的文具、纸张、账表、印刷、通信、网络、书报、办公软件、会议、水电、烧水和集体取暖降温（包括现场临时宿舍取暖降温）用煤（电、气）等费用。

3）差旅交通费：职工因公出差、调动工作的差旅费、住勤补助费、市内交通费和误餐补助费，劳动力招募费，职工退休、退职一次性路费，工伤人员就医路费以及管理部门使用的交通工具的油料、燃料等费用。

4）固定资产使用费：管理部门及附属生产单位使用的属于固定资产的房屋、设备等的折旧、大修、维修或租赁费。

5）工具用具使用费：企业管理使用的不属于固定资产的工具、器具、家具、交通工具和检验、试验、测绘、消防用具等的购置、维修和摊销费。

6）劳动保险费：企业支付的离退休职工的易地安家补助费、职工退职金、6个月以上的病假人员工资、职工死亡丧葬补助费、抚恤费、按规定支付给离休干部的各项经费。

7）职工福利费：按国家规定标准计提的职工福利费。

8）劳动保护费：企业按国家有关部门规定标准发放的劳动保护用品的购置费及修理费、防暑降温费、在有碍身体健康环境中施工的保健费用等。

9）工会经费：是指企业根据《中华人民共和国工会法》的规定按全部职工工资总额比例计提的工会经费。

10）职工教育经费：按职工工资总额的规定比例计提，企业为职工进行专业技术和职业技能培训，专业技术人员继续教育、职工职业技能鉴定、职业资格认定以及根据需要对职工进行各类文化教育所发生的费用，不含职工安全教育、培训费用。

11）保险费：企业财产保险、管理用及生产用车辆等保险费用及人身意外伤害险的费用。

12）工程排污费：施工现场按规定缴纳的排污费用。

13）税金：是指企业按规定缴纳的城市维护建设税、教育费附加、地方教育附加、房产税、车船使用税、土地使用税、印花税等。

14）其他：上述项目以外的其他必要的费用支出，包括技术转让费、技术开发费、竣（交）工文件编制费、招标投标费、业务招待费、绿化费、广告费、公证费、定额测定费、法律顾问费、审计费、咨询费以及施工标准化、规范化、精细化管理等费用。

（2）基本费用以各类工程的定额直接费为基数，按表5-10的费率计算。

表5-10 基本费用费率   %

工程类别	费率	工程类别	费率
土方	2.747	构造物Ⅰ	3.587
石方	2.792	构造物Ⅱ	4.726
运输	1.374	构造物Ⅲ	5.976

续表

工程类别	费率	工程类别	费率
路面	2.427	技术复杂大桥	4.143
隧道	3.569	钢材及钢结构	2.242

2. 主副食运费补贴

主副食运费补贴是指施工企业在远离城镇及乡村的野外施工购买生活必需品所需增加的费用。该费用以各类工程的定额直接费为基数，按表5-11的费率计算。

表 5-11 主副食运费补贴费率   %

工程类别	综合里程/km										
	3	5	8	10	15	20	25	30	40	50	每增加10
土方	0.122	0.131	0.164	0.191	0.235	0.284	0.322	0.377	0.444	0.519	0.07
石方	0.108	0.117	0.149	0.175	0.218	0.261	0.293	0.346	0.405	0.473	0.063
运输	0.118	0.13	0.166	0.192	0.233	0.285	0.322	0.379	0.447	0.519	0.073
路面	0.066	0.088	0.119	0.13	0.165	0.194	0.224	0.259	0.308	0.356	0.051
隧道	0.096	0.104	0.13	0.152	0.185	0.229	0.26	0.304	0.359	0.418	0.054
构造物Ⅰ	0.114	0.12	0.145	0.167	0.207	0.254	0.285	0.338	0.394	0.463	0.062
构造物Ⅱ	0.126	0.14	0.168	0.196	0.242	0.292	0.338	0.394	0.467	0.54	0.073
构造物Ⅲ	0.225	0.248	0.303	0.352	0.435	0.528	0.599	0.705	0.831	0.969	0.132
技术复杂大桥	0.101	0.115	0.143	0.165	0.205	0.245	0.28	0.325	0.389	0.452	0.063
钢材及钢结构	0.104	0.113	0.146	0.168	0.207	0.247	0.281	0.331	0.387	0.449	0.062

注：综合里程 = 粮食运距×0.06 + 燃料运距×0.09 + 蔬菜运距×0.15 + 水运距×0.70，粮食、燃料、水的运距均为全线平均运距；如综合里程数在表列里程之间时，费率可内插，综合里程在3 km以内的工程，按3 km计取本项费用。

3. 职工探亲路费

职工探亲路费指按照规定发放给施工企业职工在探亲期间发生的往返交通费和途中住宿费等费用。该费用以各类工程的定额直接费为基数，按表5-12的费率计算。

表 5-12 职工探亲路费费率   %

工程类别	费率	工程类别	费率
土方	0.192	构造物Ⅰ	0.274
石方	0.204	构造物Ⅱ	0.348
运输	0.132	构造物Ⅲ	0.551
路面	0.159	技术复杂大桥	0.208
隧道	0.266	钢材及钢结构	0.164

4. 职工取暖补贴

职工取暖补贴是指按规定发放给施工企业职工的冬季取暖费和为职工在施工现场设置的临时取暖设施的费用。该费用以各类工程的定额直接费为基数，按工程所在地的气温区选用表5-13的费率计算。

表 5-13　职工取暖补贴费率　　　　　　　　　　　　　　　　　%

工程类别	气温区						
	准二区	冬一区	冬二区	冬三区	冬四区	冬五区	冬六区
土方	0.060	0.130	0.221	0.331	0.436	0.554	0.663
石方	0.054	0.118	0.183	0.279	0.373	0.472	0.569
运输	0.065	0.130	0.228	0.336	0.444	0.552	0.671
路面	0.049	0.086	0.155	0.229	0.302	0.376	0.456
隧道	0.045	0.091	0.158	0.249	0.318	0.409	0.488
构造物Ⅰ	0.065	0.130	0.206	0.304	0.390	0.499	0.607
构造物Ⅱ	0.070	0.153	0.234	0.352	0.481	0.598	0.727
构造物Ⅲ	0.126	0.264	0.425	0.643	0.849	1.067	1.297
技术复杂大桥	0.059	0.120	0.203	0.310	0.406	0.501	0.609
钢材及钢结构	0.047	0.082	0.141	0.222	0.293	0.363	0.433

5. 财务费用

财务费用是指施工企业为筹集资金提供投标担保、预付款担保、履约担保、职工工资支付担保等所发生的各种费用，包括企业经营期间发生的短期贷款利息净支出、汇兑净损失、调剂外汇手续费、金融机构手续费，以及企业筹集资金发生的其他财务费用。财务费用以各类工程的定额直接费为基数，按表 5-14 的费率计算。

表 5-14　财务费用费率　　　　　　　　　　　　　　　　　　%

工程类别	费率	工程类别	费率
土方	0.271	构造物Ⅰ	0.466
石方	0.259	构造物Ⅱ	0.545
运输	0.264	构造物Ⅲ	1.094
路面	0.404	技术复杂大桥	0.637
隧道	0.513	钢材及钢结构	0.653

5.2.5　规费的组成与确定

规费是指按法律、法规、规章、规程规定施工企业必须缴纳的费用。

1. 规费的内容

（1）养老保险费：施工企业按规定标准为职工缴纳的基本养老保险费。

（2）失业保险费：施工企业按规定标准为职工缴纳的失业保险费。

（3）医疗保险费：施工企业按规定标准为职工缴纳的医疗保险费（含生育保险费）。

（4）工伤保险费：施工企业按规定标准为职工缴纳的工伤保险费（含流动作业人员的工伤强制险）。

（5）住房公积金：施工企业按规定标准为职工缴纳的住房公积金。

2. 规费的计算

各项规费以各类工程的人工费之和为基数，按国家或工程所在地法律、法规、规章、规程规定的标准计算。表 5-15 为截止 2019 年 8 月各省规费汇总一览表。

表 5-15 各省规费汇总一览表

序号	省份	规费合计	养老保险费	失业保险费	医疗保险费（含生育保险费）	工伤保险费	住房公积金	备注
1	北京	40.00%	16%	1.00%	9.80%	1.20%	12%	参考
2	湖南	21.60%	国家相关规定	0.70%	8.70%	2.20%	10%	正式发文
3	河北	34.20%	16%	0.70%	7.00%	0.50%	10%	正式发文
4	吉林	32.40%	16%	0.70%	6.70%	1.00%	8%	正式发文
5	黑龙江	33.50%	20.00%	1.00%	6.00%	1.50%	5%	正式发文
6	山东	35.90%	16%	0.70%	6.50%	0.70%	12.00%	正式发文
7	广西	33.50%	16%	0.50%	7.50%	1.00%	8.50%	正式发文
8	辽宁	36.10%			36.10%			正式发文
9	重庆	36.60%	16%	0.50%	10%	1.60%	8.50%	正式发文
10	云南	35.45%	16%	0.70%	10%	0.75%	8.00%	正式发文
11	江西	32.30%	16%	0.50%	6.50%	1.30%	8%	正式发文
12	福建	33.50%		16%	0.50%	8.50%	8.50%	正式发文
13	内蒙古	0.00%			按自治区现行规定执行			正式发文
14	新疆	34.80%	16%	0.50%	9.80%	0.50%	8%	正式发文
15	贵州	30.50%	16%	0.70%	7.50%	1.30%	5%	正式发文
16	四川	26.90%	16%	0.60%	9%	1.30%	5%–12%	正式发文
17	甘肃	35.10%	16%	1%	10%	1.10%	7%	正式发文
18	上海	35.04%	16%	0.50%	10.50%	1.04%	7%	正式发文
19	江苏	34.40%	16%	0.50%	6.80%	1.10%	10%	正式发文
20	浙江	32.30%	14%	0.50%	7.50%	1.30%	8.50%	正式发文
21	湖北	34.80%	16%	1%	8.50%	1.30%	8%	正式发文
22	广东	30.65%	14%	0.80%	6.85%	0.50%	8.50%	正式发文
23	安徽	38.10%			目前按照旧规定执行			
24	河南	33.50%	16%	1%	7.30%	1.00%	8.50%	正式发文
25	西藏	37.15%	16%	0.50%	8%	12.00%	0.65%	正式发文
26	宁夏	36.20%	16%	0.50%	8.70%	2.50%	8.50%	试行
27	海南	31.50%	16%	0.50%	6.50%	0.50%	8%	正式发文
28	山西	33.80%	16%	0.70%	7.50%	1.10%	8.50%	试行
29	青海	36.50%	16%	0.50%	6.50%	1.50%	12.00%	正式发文
30	陕西	33.36%	16%	0.70%	7.25%	0.91%	8.50%	正式发文

5.2.6 利润的组成与确定

利润是指施工企业完成所承包工程活动的盈利，按定额直接费及措施费、企业管理费之和的 7.42% 计算。

5.2.7 税金的组成与确定

税金指国家税法规定应计入建筑安装工程造价的增值税销项税额。

税金 =（直接费 + 设备购置费 + 措施费 + 企业管理费 + 规费 + 利润）× 建筑业增值税税率

根据交通运输部公告 2019 年第 26 号，目前执行的建筑业增值税税率为 9%，今后涉及建筑业增值税税率调整的，均按国家最新规定及时调整，不再另行公告。

5.2.8 专项费用的组成与确定

专项费用包括施工场地建设费和安全生产费。编制概算、预算时，施工场地建设费和安全生产费单独计列，分项工程费中不再计取。

1. 施工场地建设费

（1）施工场地建设费包括以下内容：

1）按照工地建设标准化要求进行承包人驻地、工地试验室建设，钢筋集中加工、混合料集中拌制、构件集中预制等所需的办公、生活居住房屋（包括职工家属房屋及探亲房屋），公用房屋（如广播室、文体活动室、医疗室等）和生产用房屋（如仓库、加工厂、加工棚、发电站、空压机站、停机棚、值班室等）等费用。

2）包括场区平整（山岭重丘区的土石方工程除外）、场地硬化、排水、绿化、标志、污水处理设施、围墙隔离设施等的费用，不包括钢筋加工的机械设备、混合料拌合设备及安拆、预制构件台座、预应力张拉设备、起重及养护设备，以及概算、预算定额中临时工程的费用。

3）包括以上范围内的各种临时工作便道（包括汽车、人力车道）、人行便道，工地临时用水、用电的水管支线和电线支线，临时构筑物（如水井、水塔等）、其他小型临时设施等的搭设或租赁、维修、拆除、清理的费用；但不包括红线范围内贯通便道、进出场的临时道路、保通便道。

4）工地试验室所发生的属于固定资产的试验设备和仪器等折旧、维修或租赁费用。

5）施工扬尘污染防治措施费：是指裸露的施工场地覆盖防尘网、施工便道和施工场地洒水或喷洒抑尘剂，运输车辆的苫盖和冲洗，环境敏感区设置围挡，防尘标识设置，环境监控与检测等所需要的费用。

6）文明施工、职工健康生活的费用。

（2）施工场地建设费的计算。以施工场地计费基数，按表 5-16 的费率，以累进法计算。施工场地计费基数为定额建筑安装工程费扣除专项费用。

表 5-16 施工场地建设费费率

施工场地 计费基数/万元	费率/%	算例/万元	
		施工场地 计费基数	施工场地建设费
500 及以下	5.338	500	500 × 5.338% = 26.69
500 ~ 1 000	4.228	1 000	26.69 +（1 000 - 500）× 4.228% = 47.83
1 000 ~ 5 000	2.665	5 000	47.83 +（5 000 - 1 000）× 2.665% = 154.43
5 000 ~ 10 000	2.222	10 000	154.43 +（10 000 - 5 000）× 2.222% = 265.53
10 000 ~ 30 000	1.785	30 000	265.53 +（30 000 - 10 000）× 1.785% = 622.53

续表

施工场地计费基数/万元	费率/%	算例/万元	
		施工场地计费基数	施工场地建设费
30 000～50 000	1.694	50 000	622.53＋（50 000－30 000）×1.694%＝961.33
50 000～100 000	1.579	100 000	961.33＋（100 000－50 000）×1.579%＝1 750.83
100 000～150 000	1.498	150 000	1 750.83＋（150 000－100 000）×1.498%＝2 499.83
150 000～200 000	1.415	200 000	2 499.83＋（200 000－150 000）×1.415%＝3 207.33
200 000～300 000	1.348	300 000	3 207.33＋（300 000－200 000）×1.348%＝4 555.33
300 000～400 000	1.289	400 000	4 555.33＋（400 000－300 000）×1.289%＝5 844.33
400 000～600 000	1.235	600 000	5 844.33＋（600 000－400 000）×1.235%＝8 314.33
600 000～800 000	1.188	800 000	8 314.33＋（800 000－600 000）×1.188%＝10 690.33
800 000～1 000 000	1.149	1 000 000	10 690.33＋（1 000 000－800 000）×1.149%＝12 988.33
1 000 000 以上	1.118	1 200 000	12 988.33＋（1 200 000－1 000 000）×1.118%＝15 224.33

(3) 施工场地建设费的说明。

1) 山岭重丘区的土石方工程需要单独计算。

2) 施工场地内的场地硬化、各种临时便道已含在费率中，不单独计算。

3) 施工场地的厂房、加工棚等已含在费率中，不单独计算。

2. 安全生产费

安全生产费包括完善、改造和维护安全设施设备费用，配备、维护、保养应急救援器材、设备费用，开展重大危险源和事故隐患评估和整改费用，安全生产检查、评价、咨询费用，安全设施及特种设备检测检验费用，施工安全风险评估、应急演练等有关工作及其他安全生产直接相关的费用。

安全生产费按建筑安装工程费乘以安全生产费费率计算，费率按不少于1.5%计取。各省（自治区、直辖市）可根据当地实际情况具体确定实行费率。如江苏省规定：按照江苏省安全生产委员会发布的《省安委会关于以更高标准更严措施管控交通运输领域重大安全风险的通知》（苏安〔2019〕14号）的文件要求：主线桥路比超过20%，含高墩、悬浇、支架现浇的一般路基建设项目和一般隧道建设项目，安全生产费费率为1.6%；过江通道、高速公路改扩建和长度大于3 000 m隧道建设项目，安全生产费费率为1.8%；除以上规定的公路建设项目的安全生产费费率按照《新编制办法及其定额》执行。

5.3 土地使用及拆迁补偿费的组成与确定

5.3.1 土地使用及拆迁补偿费的组成

土地使用及拆迁补偿费包括永久占地费、临时占地费、拆迁补偿费、水土保持补偿费、其他费用。

1. 永久占地费

永久占地费包括土地补偿费、征用耕地安置补助费、耕地开垦费、森林植被恢复费、失地农民养老保险费。

(1) 土地补偿费包括征地补偿费、被征用土地上的青苗补偿费，征用城市郊区的菜地等缴纳的菜地开发建设基金，耕地占用税，用地图编制费及勘界费等。

(2) 征用耕地安置补助费是指征用耕地需要按照农业人口的补助费。

(3) 耕地开垦费是指公路建设项目占用耕地的，应由建设项目法人（业主）负责补充耕地所发生的费用；没有条件开垦或者开垦的耕地不符合要求的，按规定缴纳的耕地开垦费。

(4) 公路建设项目发生跨省域补充耕地国家统筹的，应执行《关于印发跨省域补充耕地国家统筹管理办法和城乡建设用地增减挂钩节余指标跨省域调剂管理办法的通知》（国办发〔2018〕16号）的规定；发生省内跨区域补充耕地的，执行本省相关规定。

(5) 森林植被恢复费是指公路建设项目需要占用、征用林地的，经县级以上林业主管部门同意或批准，建设项目法人（业主）单位按照省级人民政府有关规定向县级以上林业主管部门预缴的森林植被恢复费。

(6) 失地农民养老保险费是指根据国家规定为保障依法被征地农民养老而缴纳的保险费用。失地农民养老保险费按项目所在地省级人民政府的相关规定进行计算。

2. 临时占地费

临时占地费包括临时征地使用费、复耕费。

(1) 临时征地使用费是指为满足施工所需的承包人驻地、预制场、拌合场、仓库、加工厂（棚）、堆料场、取弃土场、进出场便道、便桥等所有的临时用地及其附着物的补偿费用。

(2) 复耕费是指临时占用的耕地、鱼塘等，在工程交工后将其恢复到原有标准所发生的费用。

3. 拆迁补偿费

拆迁补偿费是指被征用或占用土地地上、地下的房屋及附属构筑物，公用设施、文物等的拆除、发掘及迁建补偿费等。

4. 水土保持补偿费

水土保持补偿费是指根据《中华人民共和国水土保持法》《财政部、国家发展和改革委员会、水利部、中国人民银行关于印发〈水土保持补偿费征收使用管理办法〉的通知》等相关法律、法规的规定征收的水土保持补偿费。

5. 其他费用

其他费用是指国务院行政主管部门及省级人民政府规定的与征地拆迁相关的费用。

5.3.2 土地使用及拆迁补偿费的确定

土地使用及拆迁补偿费计算方法如下：

(1) 土地使用及拆迁补偿费应根据设计文件确定的建设工程用地和临时用地面积及其附着物的情况，以及实际发生的费用项目，按国家有关规定及工程所在地的省（自治区、直辖市）颁布的有关规定和标准计算。

(2) 森林植被恢复费应根据审批单位批准的建设工程占用林地的类型及面积，按国家有关规定及工程所在地的省（自治区、直辖市）颁布的有关规定和标准计算。

(3) 当与原有的电力电信设施、管线、水利工程、铁路及铁路设施互相干扰时，应与有关部门联系，商定合理的解决方案和补偿金额，也可由这些部门按规定编制费用以确定补偿金额。

(4) 水土保持补偿费按各省（自治区、直辖市）制定的水土保持补偿费收费标准进行计算。

5.4 工程建设其他费的组成与确定

工程建设其他费包括建设项目管理费、研究试验费、建设项目前期工作费、专项评价（估）费、联合试运转费、生产准备费、工程保通管理费、工程保险费、其他相关费用。其中，建设项目管理费和建设项目前期工作费的费率仅作为确定建设项目概算预算的依据，不作为项目实际支出的依据。

5.4.1 建设项目管理费的组成与确定

建设项目管理费包括建设单位（业主）管理费、建设项目信息化费、工程监理费、设计文件审查费、竣（交）工验收试验检测费。其中，建设单位（业主）管理费、建设项目信息化费和工程监理费均为实施建设项目的费用，可根据建设单位（业主）、施工、监理单位所实际承担的工作内容和工作量统筹使用。

1. 建设单位（业主）管理费

建设单位（业主）管理费是指建设单位（业主）为进行建设项目的立项、筹建、建设、竣（交）工验收、总结等工作所发生的费用。

（1）建设单位（业主）管理费包括以下内容：

1）工作人员的工资、工资性津贴、施工现场津贴、社会保险费用（基本养老、基本医疗、失业、工伤保险）、住房公积金、职工福利费、工会经费、劳动保护费、办公费、会议费、差旅交通费、固定资产使用费（包括办公及生活房屋折旧、维修或租赁费，车辆折旧、维修、使用或租赁费，通信设备购置、使用费，测量、试验设备仪器折旧、维修或租赁费，其他设备折旧、维修或租赁费等）、零星固定资产购置费、招募生产工人费、技术图书资料费、职工教育培训经费、招标管理费、合同契约公证费、法律顾问费、咨询费、建设单位的临时设施费、完工清理费、竣（交）工验收费〔含其他行业或部门要求的竣工验收费用、建设单位负责的竣（交）工文件编制费〕、各种税费（包括房产税、车船使用税、印花税等），对建设项目前期工作、项目实施及竣工决算等全过程进行审计所发生的审计费用（为建设单位内部审计所发生的费用，施工单位所发生的审计费在建筑安装工程费的企业管理费中）；境内外融资费用（不含建设期贷款利息）、业务招待费及工程质量、安全生产管理费和其他管理性开支。

2）建设单位（业主）管理费不包括应计入材料与设备预算价格的建设单位采购及保管材料与设备所需的费用。

（2）建设单位（业主）管理费的计算。以定额建筑安装工程费为基数，按表5-17的费率，以累进方法计算。

表5-17 建设单位（业主）管理费费率

定额建筑安装工程费/万元	费率/%	算例/万元	
		定额建筑安装工程费	建设单位（业主）管理费
500 及以下	4.858	500	500 × 4.858% = 24.29
500 ~ 1 000	3.813	1 000	24.29 + (1 000 − 500) × 3.813% = 43.355
1 000 ~ 5 000	3.049	5 000	43.355 + (5 000 − 1 000) × 3.049% = 165.315

续表

定额建筑安装工程费/万元	费率/%	算例/万元	
		定额建筑安装工程费	建设单位（业主）管理费
5 000 ~ 10 000	2.562	10 000	165.315 + (10 000 - 5 000) × 2.562% = 293.415
10 000 ~ 30 000	2.125	30 000	293.415 + (30 000 - 10 000) × 2.125% = 718.415
30 000 ~ 50 000	1.773	50 000	718.415 + (50 000 - 30 000) × 1.773% = 1 073.015
50 000 ~ 100 000	1.312	100 000	1 073.015 + (100 000 - 50 000) × 1.312% = 1 729.015
100 000 ~ 150 000	1.057	150 000	1 729.015 + (150 000 - 100 000) × 1.057% = 2 257.515
150 000 ~ 200 000	0.826	200 000	2 257.515 + (200 000 - 150 000) × 0.826% = 2 670.515
200 000 ~ 300 000	0.595	300 000	2 670.515 + (300 000 - 200 000) × 0.595% = 3 265.515
300 000 ~ 400 000	0.498	400 000	3 265.515 + (400 000 - 300 000) × 0.498% = 3 763.515
400 000 ~ 600 000	0.450	600 000	3 763.515 + (600 000 - 400 000) × 0.450% = 4 663.515
600 000 ~ 800 000	0.400	800 000	4 663.515 + (800 000 - 600 000) × 0.400% = 5 463.515
800 000 ~ 1 000 000	0.375	1 000 000	5 463.515 + (1 000 000 - 800 000) × 0.375% = 6 213.515
1 000 000 以上	0.350	1 200 000	6 213.515 + (1 200 000 - 1 000 000) × 0.350% = 6 913.515

(3) 双洞长度超过 5 000 m 的独立隧道，水深大于 15 m、跨径大于或等于 400 m 的斜拉桥和跨径大于或等于 800 m 的悬索桥等独立特大型桥梁工程（是指按基本建设程序单独立项的项目，不包括线路项目中的隧道和桥梁）的建设单位（业主）管理费，按表 5-17 中的费率乘以系数 1.3 计算；海上工程 [是指由于风浪影响，工程施工期（不包括封冻期）全年月平均工作日少于 15 d 的工程] 的建设单位（业主）管理费，按表 5-17 中的费率乘以系数 1.2 计算。

2. 建设项目信息化费

建设项目信息化费是指建设单位（业主）和各参建单位用于建设项目的质量、安全、进度、费用等方面的信息化建设、运维及各种税费等费用，包括建设项目全寿命周期的建筑信息模型（Building Information Modeling）等有关费用。

建设项目信息化费以定额建筑安装工程费为基数，按表 5-18 的费率，以累进方法计算。

表 5-18 建设项目信息化费费率

定额建筑安装工程费/万元	费率/%	算例/万元	
		定额建筑安装工程费	建设项目信息化费
500 及以下	0.6	500	500 × 0.6% = 3
500 ~ 1 000	0.452	1 000	3 + (1 000 - 500) × 0.452% = 5.26
1 000 ~ 5 000	0.356	5 000	5.26 + (5 000 - 1 000) × 0.356% = 19.5
5 000 ~ 10 000	0.285	10 000	19.5 + (10 000 - 5 000) × 0.285% = 33.75
10 000 ~ 30 000	0.252	30 000	33.75 + (30 000 - 10 000) × 0.252% = 84.15
30 000 ~ 50 000	0.224	50 000	84.15 + (50 000 - 30 000) × 0.224% = 128.95
50 000 ~ 100 000	0.202	100 000	128.95 + (100 000 - 50 000) × 0.202% = 229.95
100 000 ~ 150 000	0.171	150 000	229.95 + (150 000 - 100 000) × 0.171% = 315.45

续表

定额建筑安装工程费/万元	费率/%	算例/万元	
		定额建筑安装工程费	建设项目信息化费
150 000~200 000	0.160	200 000	315.45+（200 000-150 000）×0.160%=395.45
200 000~300 000	0.142	300 000	395.45+（300 000-200 000）×0.142%=537.45
300 000~400 000	0.135	400 000	537.45+（400 000-300 000）×0.135%=672.45
400 000~600 000	0.131	600 000	672.45+（600 000-400 000）×0.131%=934.45
600 000~800 000	0.127	800 000	934.45+（800 000-600 000）×0.127%=1 188.45
800 000~1 000 000	0.125	1 000 000	1 188.45+（1 000 000-800 000）×0.125%=1 438.45
1 000 000 以上	0.122	1 200 000	1 438.45+（1 200 000-1 000 000）×0.122%=1 682.45

3. 工程监理费

工程监理费是指建设单位（业主）委托具有监理资格的单位，按施工监理规范进行全面的监督和管理所发生的费用。

（1）工程监理费的内容包括工作人员的工资、工资性津贴、施工现场津贴、社会保险费用（基本养老、基本医疗、失业、工伤保险）、住房公积金、职工福利费、工会经费、劳动保护费、办公费、会议费、差旅交通费、办公、试验固定资产使用费（包括办公及生活房屋折旧、维修或租赁费，车辆折旧、维修、使用或租赁费，通信设备购置、使用费，测量、试验、检测设备仪器折旧、维修或租赁费，其他设备折旧、维修或租赁费等）、零星固定资产购置费、招募生产工人费、技术图书资料费、职工教育经费、投标费用、合同契约公证费、法律顾问费、咨询费、业务招待费、财务费用、监理单位的临时设施费、完工清理费、竣（交）工验收费、各种税费、安全生产管理费和其他管理性开支。

（2）工程监理费以定额建筑安装工程费为基数，按表 5-19 的费率，以累进方法计算。

表 5-19 工程监理费费率

定额建筑安装工程费/万元	费率/%	算例/万元	
		定额建筑安装工程费	建设项目信息化费
500 及以下	3	500	500×3%=15
500~1 000	2.4	1 000	15+（1 000-500）×2.4%=27
1 000~5 000	2.1	5 000	27+（5 000-1 000）×2.1%=111
5 000~10 000	1.94	10 000	111+（10 000-5 000）×1.94%=208
10 000~30 000	1.87	30 000	208+（30 000-10 000）×1.87%=582
30 000~50 000	1.83	50 000	582+（50 000-30 000）×1.83%=948
50 000~100 000	1.78	100 000	948+（100 000-50 000）×1.78%=1 838
100 000~150 000	1.72	150 000	1 838+（150 000-100 000）×1.72%=2 698
150 000~200 000	1.64	200 000	2 698+（200 000-150 000）×1.64%=3 518
200 000~300 000	1.55	300 000	3 518+（300 000-200 000）×1.55%=5 068
300 000~400 000	1.49	400 000	5 068+（400 000-300 000）×1.49%=6 558

续表

定额建筑安装工程费/万元	费率/%	算例/万元	
		定额建筑安装工程费	建设项目信息化费
400 000 ~ 600 000	1.45	600 000	6 558 + (600 000 - 400 000) ×1.45% = 9 458
600 000 ~ 800 000	1.42	800 000	9 458 + (800 000 - 600 000) ×1.42% = 12 298
800 000 ~ 1 000 000	1.37	1 000 000	12 298 + (1 000 000 - 800 000) ×1.37% = 15 038
1 000 000 以上	1.33	1 200 000	15 038 + (1 200 000 - 1 000 000) ×1.33% = 17 698

（3）工程监理费包括公路建设过程中的土建、机电、环保、水保、房建等所有监理内容。建设单位若委托有资质的单位承担试验检测、计量支付费用监理等，其费用应由工程监理费中支列。

4. 设计文件审查费

设计文件审查费是指在项目审批前，建设单位（业主）为保证勘察设计工作的质量，组织有关专家或委托有资质的单位，对提交的建设项目可行性研究报告和勘察设计文件进行审查所需要的相关费用。

（1）建设项目若有地质勘察监理，费用在此项目开支。

（2）建设项目若有设计咨询（或称设计监理、设计双院制），其费用在此项目内开支。

（3）设计文件审查费以定额建筑安装工程费为基数，按表5-20的费率，以累进方法计算。

表5-20 设计文件审查费费率

定额建筑安装工程费/万元	费率/%	算例/万元	
		定额建筑安装工程费	设计文件审查费
5 000 以下	0.077	5 000	5 000 ×0.077% = 3.85
5 000 ~ 10 000	0.072	10 000	3.85 + (10 000 - 5 000) ×0.072% = 7.45
10 000 ~ 30 000	0.069	30 000	7.45 + (30 000 - 10 000) ×0.069% = 21.25
30 000 ~ 50 000	0.066	50 000	21.25 + (50 000 - 30 000) ×0.066% = 34.45
50 000 ~ 100 000	0.065	100 000	34.45 + (100 000 - 50 000) ×0.065% = 66.95
100 000 ~ 150 000	0.061	150 000	66.95 + (150 000 - 100 000) ×0.061% = 97.45
150 000 ~ 200 000	0.059	200 000	97.45 + (200 000 - 150 000) ×0.059% = 126.95
200 000 ~ 300 000	0.057	300 000	126.95 + (300 000 - 200 000) ×0.057% = 183.95
300 000 ~ 400 000	0.055	400 000	183.95 + (400 000 - 300 000) ×0.055% = 238.95
400 000 ~ 600 000	0.053	600 000	238.95 + (600 000 - 400 000) ×0.053% = 344.95
600 000 ~ 800 000	0.052	800 000	344.95 + (800 000 - 600 000) ×0.052% = 448.95
800 000 ~ 1 000 000	0.051	1 000 000	448.95 + (1 000 000 - 800 000) ×0.051% = 550.95
1 000 000 以上	0.050	1 200 000	550.95 + (1 200 000 - 1 000 000) ×0.050% = 650.95

5. 竣（交）工验收试验检测费

竣（交）工验收试验检测费是指在公路建设项目竣（交）工验收前，由建设单位（业主）

或工程质量监督机构委托有资质的公路工程质量检测单位按照有关规定对建设项目的工程质量进行检测并出具检测试验意见，以及进行桥梁动（静）载试验或其他特殊检测等所需的费用。

(1) 竣（交）工验收试验检测费按表5-21规定的费率计算。道路工程按主线路基长度计算，桥梁工程以主线桥梁、分离式立交、匝道桥的长度之和进行计算，隧道按单洞长度计算。

(2) 道路工程，高速公路、一级公路按四车道计算，二级及二级以下公路按两车道计算，每增加1个车道，按表5-21费用增加10%。桥梁和隧道按双向四车道计算，每增加1个车道费用增加15%。二级及二级以下公路的桥隧工程，按表5-21费用的40%计算。

表5-21 竣（交）工验收试验检测费

检测项目		竣（交）工验收试验检测费	备注
道路工程/（元·km^{-1}）	高速公路	23 500	包括路基、路面、涵洞、通道、路段安全设施和机电、房建、绿化、环境保护及其他工程
	一级公路	17 000	
	二级公路	11 500	
	三级及三级以下公路	5 750	
桥梁工程	一般桥梁（元·延米$^{-1}$）	—	40	包括桥梁范围内的所有土建、安全设施和机电、声屏障等环境保护工程及必要的动（静）载试验
	技术复杂桥梁（元·延米$^{-1}$）	钢管拱	750	
		连续钢构	500	
		斜拉桥	600	
		悬索桥	560	
隧道工程（元·延米$^{-1}$）	单洞	80	包括隧道范围内的所有土建、安全设施、机电、消防设施等

5.4.2 研究试验费的组成与确定

研究试验费是指按项目特点和有关规定，在建设过程中必须进行的研究和试验所需的费用，以及支付科技成果、专利、先进技术的一次性技术转让费。

(1) 研究试验费不包括以下费用：

1）应由前期工作费（为建设项目提供或验证设计数据、资料等专题研究）开支的项目。

2）应由科技三项费用（即新产品试制费、中间试验费和重要科学研究补助费）开支的项目。

3）应由施工辅助费开支的施工企业对建筑材料、构件和建筑物进行一般鉴定、检查所发生的费用及技术革新研究试验费。

(2) 计算方法：按设计提出的研究试验内容和要求进行编制。

5.4.3 建设项目前期工作费的组成与确定

建设项目前期工作费是指委托勘察设计单位、咨询单位对建设项目进行可行性研究、工程勘察设计，以及设计、监理、施工招标文件及招标标底或造价控制值文件编制时，按规定应支付的费用。

第5章 公路工程概预算编制原理

（1）建设项目前期工作费包括以下内容：

1）编制项目建议书（或预可行性研究报告）、可行性研究报告、投资估算，以及相应的勘察（勘察包括测量、水文气象调查、工程地质勘察、室内试验等内容）、设计等所需的费用。

2）通过风洞试验、地震动参数、索塔足尺模型试验、桥墩局部冲刷试验、桩基承载力试验等为建设项目提供或验证设计数据所需的专题研究费用。

3）初步设计和施工图设计的勘察费、设计费、概（预）算编制及调整概算编制费用等。

4）设计、监理、施工招标及招标标底（或造价控制值或清单预算）文件编制费等。

（2）计算方法：建设项目前期工作费以定额建筑安装工程费为基数，按表5-22的费率，以累进方法计算。

表5-22 建设项目前期工作费费率

定额建筑安装工程费/万元	费率/%	算例/万元	
		定额建筑安装工程费	建设项目前期工作费
500及以下	3.00	500	500 × 3% = 15
500～1 000	2.70	1 000	15 +（1 000 - 500）× 2.7% = 28.5
1 000～5 000	2.55	5 000	28.5 +（5 000 - 1 000）× 2.55% = 130.5
5 000～10 000	2.46	10 000	130.5 +（10 000 - 5 000）× 2.46% = 253.5
10 000～30 000	2.39	30 000	253.5 +（30 000 - 10 000）× 2.39% = 731.5
30 000～50 000	2.34	50 000	731.5 +（50 000 - 30 000）× 2.34% = 1 199.5
50 000～100 000	2.27	100 000	1 199.5 +（100 000 - 50 000）× 2.27% = 2 334.5
100 000～150 000	2.19	150 000	2 334.5 +（150 000 - 100 000）× 2.19% = 3 429.5
150 000～200 000	2.08	200 000	3 429.5 +（200 000 - 150 000）× 2.08% = 4 469.5
200 000～300 000	1.99	300 000	4 469.5 +（300 000 - 200 000）× 1.99% = 6 459.5
300 000～400 000	1.94	400 000	6 459.5 +（400 000 - 300 000）× 1.94% = 8 399.5
400 000～600 000	1.86	600 000	8 399.5 +（600 000 - 400 000）× 1.86% = 12 119.5
600 000～800 000	1.80	800 000	12 119.5 +（800 000 - 600 000）× 1.80% = 15 719.5
800 000～1 000 000	1.76	1 000 000	15 719.5 +（1 000 000 - 800 000）× 1.76% = 19 239.5
1 000 000以上	1.72	1 200 000	19 239.5 +（1 200 000 - 1 000 000）× 1.72% = 22 679.5

5.4.4 专项评价（估）费的组成与确定

专项评价（估）费是指依据国家法律、法规规定进行评价（评估）、咨询，按规定应支付的费用。

（1）专项评价（估）费包括环境影响评价费、水土保持评估费、地震安全性评价费、地质灾害危险性评价费、压覆重要矿床评估费、文物勘察费、通航论证费、行洪论证（评估）费、使用林地可行性研究报告编制费、用地预审报告编制费、项目风险评估费、节能评估费和社会风险评估费、反射性影响评估费、规划选址意见书编制费等费用。

（2）计算方法：依据委托合同，或参照类似工程已发生的费用进行计列。

5.4.5 联合试运转费的组成与确定

联合试运转费是指建设项目的机电工程，按照有关规定标准，需要进行整套设备带负荷联合试运转所需的全部费用，不包括应由设备安装工程费中开支的调试费用。

（1）该费用包括联合试运转期间所需的材料、燃料和动力的消耗，机械和检测设备使用费，工具用具和低值易耗品费，参加联合试运转的人员工资及其他费用等。

（2）计算方法：联合试运转费以定额建筑安装工程费为基数，按0.04%费率计算。

5.4.6 生产准备费的组成与确定

生产准备费是指为保证新建、改扩建项目交付使用后满足正常的运行、管理发生的工器具购置、办公和生活用家具购置、生产人员培训、应急保通设备购置等费用。

1. 工器具购置费

工器具购置费是指建设项目交付使用后为满足初期正常运营必须购置的第一套不构成固定资产的设备、仪器、仪表、工卡模具、器具、工作台（框、架、柜）等的费用，不包括构成固定资产的设备、工器具和备品、备件及已列入设备费中的专用工具和备品、备件。工器具购置费由设计单位列出计划购置清单（包括规格、型号、数量），计算方法同设备购置费。

2. 办公和生活用家具购置费

办公和生活用家具购置费是指新建、改扩建工程项目，为保证初期正常生产、使用和管理所购置的办公和生活用家具、用具的费用，包括行政、生产部门的办公室、会议室、资料档案室、阅览室、宿舍及生活福利设施等的家具、用具。办公和生活用家具购置费按表5-23的规定计算。

表5-23 办公和生活用家具购置费标准

工程所在地	路线/（元·公路千米$^{-1}$）				单独管理或单独收费的桥梁、隧道/（元·座$^{-1}$）		
	高速公路	一级公路	二级公路	三、四级公路	特大、大桥		特长隧道
					一般桥梁	技术复杂大桥	
内蒙古、黑龙江、青海、新疆、西藏	21 500	15 600	7 800	4 000	24 000	60 000	78 000
其他省、自治区、直辖市	17 500	14 600	5 800	2 900	19 800	49 000	63 700

注：改（扩）建工程按表列费用的70%计。

3. 生产人员培训费

生产人员培训费是指为保证生产的正常进行，在工程交工验收交付使用前对运营部门生产人员和管理人员进行培训所需的费用，包括培训人员的工资、工资性津贴、职工福利费、差旅交通费、劳动保护费、培训及教学实习费等。该费用按设计定员和3 000元/人的标准计算。

4. 应急保通设备购置费

应急保通设备购置费是指新建、改（扩）建工程项目，为满足初期正常营运，购置保证抢修保通、应急处置，且构成固定资产的设备所需的费用。该费用由设计单位列出计划购置清单，计算方法同设备购置费。

5.4.7 工程保通管理费的组成与确定

工程保通管理费是指新建或改（扩）建工程需边施工边维持通车或通航的建设项目，为保证公（铁）路运营安全、船舶航行安全及施工安全而进行交通（公路、航道、铁路）管制、交通（铁路）与船舶疏导所需的和媒体、公告等宣传费用及协管人员经费等。

工程保通管理费仅为保通管理方面的费用,其他保通措施需要根据保通工程方案另行计算,例如保通便道、保通安全设施则需要根据设计方案单独计算。

工程保通管理费应按设计需要进行列支。涉水项目施工期通航安全保障费用计算方法按附录 G 执行。

5.4.8　工程保险费的组成与确定

工程保险费是指在合同执行期内,施工企业按合同条款要求办理保险的费用,包括建筑工程一切险和第三者责任险。

(1) 建筑工程一切险是为永久工程、临时工程和设备及已运至施工工地用于永久工程的材料和设备所投的保险。

(2) 第三者责任险是对因实施合同工程而造成的财产(本工程除外)损失或损害,或人员(业主和承包人雇员除外)的死亡或伤残所负责进行的保险。

(3) 工程保险费是指工地范围内发生的保险,材料和设备运输保险不在其中,施工企业的办公、生活、施工机械、员工的人身意外险在企业管理费中支出。设备的保险在设备单价中计列。

(4) 工程保险费以建筑安装工程费(不含设备费)为基数,按 0.4% 费率计算。

5.4.9　其他相关费用的组成与确定

其他相关费用是指国务院行政主管部门及省级人民政府规定的其他与公路建设相关的费用,按其相关规定计算。

5.5　预备费的组成与确定

预备费由基本预备费和价差预备费两部分组成。

5.5.1　基本预备费的组成与确定

基本预备费是指在初步设计和概算、施工图设计和施工图预算中难以预料的工程费用。

(1) 基本预备费包括以下内容:

1) 在进行技术设计、施工图设计和施工过程中,在批准的初步设计和概算范围内所增加的工程费用。

2) 在设备订货时,由于规格、型号改变的价差,材料货源变更、运输距离或方式的改变以及因规格不同而代换使用等原因发生的价差。

3) 在项目主管部门组织竣(交)工验收时,验收委员会(或小组)为鉴定工程质量必须开挖和修复隐蔽工程的费用。

(2) 计算方法:基本预备费以建筑安装工程费、土地使用及拆迁补偿费、工程建设其他费之和为基数,按下列费率计算:设计概算按 5% 计列;修正概算按 4% 计列;施工图预算按 3% 计列。

5.5.2　价差预备费的组成与确定

价差预备费是指设计文件编制年至工程交工年期间,建筑安装工程费用的人工费、材料费、设备费、施工机械使用费、措施费、企业管理费等由于政策、价格变化可能发生上浮而预留的费用,以及外资贷款汇率变动部分的费用。

(1) 计算方法：价差预备费以建筑安装工程费用总额为基数，按设计文件编制年始至建设项目工程交工年终的年数和年工程造价增长率计算。计算公式如下：

$$价差预备费 = P \times [(1+i)^{n-1} - 1]$$

式中　P——建筑安装工程费总额（元）；
　　　i——年工程造价增长率（%）；
　　　n——设计文件编制年至建设项目开工年 + 建设项目建设期限（年）。

(2) 年工程造价增长率按有关部门公布的工程投资价格指数计算。
(3) 设计文件编制至工程交工在1年以内的工程，不列此项费用。

5.6　建设期贷款利息的组成与确定

建设期贷款利息是指工程项目使用的贷款部分在建设期内应计取的贷款利息，包括各种金融机构贷款、建设债券和外汇贷款等利息。

利息计算方法：根据不同的资金来源分年度投资计算所需支付的利息。计算公式如下：

建设期贷款利息 = ∑（上年末付息贷款本息累计 + 本年度付息贷款额 ÷ 2）× 年利率

即

$$S = \sum_{n=1}^{N}(F_{n-1} + b_n \div 2) \times i$$

式中　S——建设期贷款利息；
　　　N——项目建设期（年）；
　　　n——施工年度；
　　　F_{n-1}——建设期第 $n-1$ 年末需付息贷款本息累计；
　　　b_n——建设期第 n 年度付息贷款额；
　　　i——中国人民银行公布的贷款基准年利率。

5.7　公路工程建设项目各项费用计算程序及计算方法

公路工程建设项目各项费用计算程序及计算方法见表5-24。

表5-24　公路工程建设项目各项费用的计算程序及计算方法

序号	项目	说明及计算式
（一）	定额直接费	∑人工消耗量×人工基价 + ∑（材料消耗量×材料基价 + 机械台班消耗量×机械台班基价）
（二）	定额设备购置费	∑设备购置数量×设备基价
（三）	直接费	∑人工消耗量×人工单价 + ∑（材料消耗量×材料预算单价 + 机械台班消耗量×机械台班预算单价）
（四）	设备购置费	∑设备购置数量×预算单价
（五）	措施费	（一）×施工辅助费费率 + 定额人工费和定额施工机械使用费之和×其余措施费综合费率

续表

序号	项目	说明及计算式
（六）	企业管理费	（一）×企业管理费综合费率
（七）	规费	各类工程人工费（含施工机械人工费）×规费综合费率
（八）	利润	［（一）+（五）+（六）］×利润率
（九）	税金	［（三）+（四）+（五）+（六）+（七）+（八）］×9%
（十）	专项费用	
	施工场地建设费	［（一）+（二）×40%+（五）+（六）+（七）+（八）+（九）］×累进费率
	安全生产费	建筑安装工程费（不含安全生产费本身）×（≥1.5%）
（十一）	定额建筑安装工程费	（一）+（二）×40%+（五）+（六）+（七）+（八）+（九）+（十）
（十二）	建筑安装工程费	（三）+（四）+（五）+（六）+（七）+（八）+（九）+（十）
（十三）	土地使用及拆迁补偿费	按规定计算
（十四）	工程建设其他费	
	建设项目管理费	
	建设单位（业主）管理费	（十一）×累进费率
	建设项目信息化费	（十一）×累进费率
	工程监理费	（十一）×累进费率
	设计文件审查费	（十一）×累进费率
	竣（交）工验收试验检测费	按规定计算
	研究试验费	
	建设项目前期工作费	（十一）×累进费率
	专项评价（估）费	按规定计算
	联合试运转费	（十一）×费率
	生产准备费	
	工具器购置费	按规定计算
	办公和生活用家具购置费	按规定计算
	生产人员培训费	按规定计算
	应急保通设备购置费	
	工程保通管理费	按规定计算
	工程保险费	［（十二）-（四）］×费率
	其他相关费用	
（十五）	预备费	
	基本预备费	［（十二）+（十三）+（十四）］×费率
	价差预备费	（十二）×费率
（十六）	建设期贷款利息	按实际贷款额度及利率计算
（十七）	公路基本造价	（十二）+（十三）+（十四）+（十五）+（十六）

【例 5-1】 某施工单位单独承包公路工程中的土方工程,整个土方工程边施工边维持通车,计算得其定额直接工程费为 416 842.56 元,其中定额人工费为 177 786.48 元,定额机械费为 238 746.46 元(其中包含人工费 7 499.65 元),直接费为 477 968.56 元,其中人工费为 187 654.22 元,机械费为 265 478.36 元(其中包含人工费 7 688.78),已知:冬期施工增加费费率为 0.19%,雨期施工增加费费率为 0.08%,行车干扰工程施工增加费费率为 1.499%,施工辅助费的费率为 0.521%,工地转移费的费率为 0.224%,规费费率为 34.40%,基本费用的费率为 2.747%,主副食运费补贴 0.122%,职工探亲路费费率为 0.192%,职工取暖补贴费费率 0.06%,财务费用费率 0.271%,利润的费率为 7.42%,税金的费率为 9%,安全生产费率为 1.5%,试计算该工程的定额建筑安装工程费和建筑安装工程费。

解:具体计算见表 5-25。

表 5-25 定额建筑安装工程费和建筑安装工程费计算程序表

序号	项目	说明及计算式
(一)	定额直接费	416 842.56
(二)	定额设备购置费	0
(三)	直接费	477 968.56
(四)	设备购置费	0
(五)	措施费	416 842.56 × 0.521% + (177 786.48 + 238 746.46) × (0.19% + 0.08% + 1.499% + 0.224%) = 10 473.25
(六)	企业管理费	416 842.56 × (2.747% + 0.122% + 0.192% + 0.06% + 0.271%) = 14 139.30
(七)	规费	(187 654.22 + 7 688.78) × 34.40% = 67 197.99
(八)	利润	(416 842.56 + 10 473.25 + 14 139.30) × 7.42% = 32 755.97
(九)	税金	(477 968.56 + 0 + 10 473.25 + 14 139.30 + 67 197.99 + 32 755.97) × 9% = 54 228.16
(十)	专项费用	42 125.50
	施工场地建设费	(416 842.56 + 0 + 10 473.25 + 14 139.30 + 67 197.99 + 32 755.97 + 54 228.16) × 5.338% = 31 795.12
	安全生产费	(477 968.56 + 0 + 10 473.25 + 14 139.30 + 67 197.99 + 32 755.97 + 54 288.16 + 31 795.12) × 1.5% = 10 328.38
(十一)	定额建筑安装工程费	416 842.56 + 0 + 10 473.25 + 14 139.30 + 67 197.99 + 32 755.97 + 54 228.16 + 42 123.50 = 637 760.73
(十二)	建筑安装工程费	477 968.56 + 0 + 10 473.25 + 14 139.30 + 67 197.99 + 32 755.97 + 54 228.16 + 42 123.50 = 698 886.73

答:定额建筑安装工程费为 637 760.73 元,建筑安装工程费为 698 886.73 元。

5.8 概预算文件内容及组成

5.8.1 概预算文件组成

概算、预算文件应由封面、扉页、目录、编制说明及全部计算表格组成。

（1）封面和扉页应按现行编制办法中的规定制作。

（2）编制说明应包括下列内容：

1）建设项目设计文件的依据。

2）编制范围、工程概况等。

3）采用的定额、费用标准、人工、材料与设备、施工机械台班预算单价的依据或来源，新增工艺的单价分析等。

4）有关的协议书、会议纪要的主要内容。

5）概算、预算总金额，人工、钢材、水泥、沥青等的总量。

6）各设计方案的经济比较。

7）项目综合经济技术指标统计，对比分析本阶段与上阶段工程数量、造价的变化情况。

8）其他有关费用计算项及计价依据的说明。

9）采用的公路工程造价软件名称及版本号。

10）其他需要说明的问题。

（3）概算、预算的材料与设备、施工机械台班单价及各项费用的计算均应通过规定的统一表格表述，表格样式应符合5.8.5节的规定。

（4）概算、预算文件可按不同的需要分为甲、乙组文件，并应符合下列规定：

1）甲组文件为各项费用计算表，乙组文件为建筑安装工程费各项基础数据计算表。甲、乙组文件应按《公路工程基本建设项目设计文件编制办法》（交公路发［2007］358号）中关于文件报送份数的要求，随设计文件一并报送，并同时提交可计算的造价电子数据文件和新工艺单价分析的详细资料。

2）乙组文件中的"分项工程概（预）算表"（21-2表）可只提交电子版，或按需要提交纸质版。

3）概算、预算应按一个建设项目［如一条线路或一座独立大（中）桥、隧道］进行编制。当一个建设项目需要分段或分部编制时，应根据需要分别编制，但必须汇总编制"总概（预）算汇总表"。

4）甲、乙组文件包括的内容如图5-2、图5-3所示。

甲组文件：
- 编制说明
- 项目前后阶段费用对比表
- 建设项目属性及技术经济信息表（00表）
- 总概（预）算汇总表（01-1表）
- 总概（预）算人工、主要材料、施工机械台班数量汇总表（02-1表）
- 总概（预）算表（01表）
- 人工、主要材料、施工机械台班数量汇总表（02表）
- 建筑安装工程费计算表（03表）
- 综合费率计算表（04表）
- 综合费计算表（04-1表）
- 设备费计算表（05表）
- 专项费用计算表（06表）
- 土地使用及拆迁补偿费计算表（07表）
- 工程建设其他费计算表（08表）
- 人工、材料、施工机械台班单价汇总表（09表）

图5-2 甲组文件包含的内容

乙组文件：
- 分项工程概（预）算计算数据表（21-1表）
- 分项工程概（预）算表（21-2表）
- 材料预算单价计算表（22表）
- 自采材料场价格计算表（23-1表）
- 材料自办运输单位运费计算表（23-2表）
- 施工机械台班单价计算表（24表）
- 辅助生产人工、材料、施工机械台班单位数量表（25表）

图5-3 乙组文件包含的内容

5.8.2 公路工程概预算文件的编制

编制设计概算或施工图预算，通常要求按如下先后次序进行有关的准备和编制工作：

(1) 熟悉设计图纸资料,了解设计意图。对设计说明书及各类工程的设计图纸资料,要深入熟悉和研究,掌握和了解设计意图。当一些工程的施工有特殊要求时,要事先研究妥善的解决办法。当有新结构、新材料、新设备、新工艺而又无定额可适用时,则可按编制定额的原则和方法,编制补充定额。

(2) 整理外业调查资料,根据现场条件,提出合理的施工组织方案。

在公路工程设计和建设中,施工方法的选择是非常重要的,必须依据工程条件和经济合理的原则进行多方面的比较,选择既经济又适用的施工方法。

在设计阶段,一般情况下,施工方法是设计人员在施工组织设计中提出的,但对具体机械设备的配备,仍然需要概预算编制人员根据经验选择。

1) 路基施工方法的选择。路基工程中,土石方工程量很大,采用何种施工方法,人工、机械消耗数量差异很大。目前,高等级公路为了满足施工质量和工期要求一般都是采用机械施工,而低等级公路多采用人工机械组合施工。在机械施工中,主要是根据作业种类和机械经济运距选择机械的问题。选择时可参考表5-26、表5-27进行。

表5-26 作业种类与筑路机械选择表

作业种类	供选择的机械种类	作业种类	供选择的机械种类
伐树、挖根	推土机	运输	推土机、自卸汽车、手扶拖拉机、翻斗车
挖掘	挖掘机、推土机、松土机	摊铺	推土机、平地机
装载	挖掘机、装载机	压实	轮胎式压路机、振动压路机、推土机、羊足碾
挖掘、运输	推土机、铲运机	洒水	洒水汽车

表5-27 根据运输距离选择机械

机械类型	经济运距/m	机械类型	经济运距/m
推土机	0~60	自行式铲运机	70~500
拖式铲运机	80~400	自行式平地机	500~3 000
装载机+自卸汽车	>500	手扶拖拉机、翻斗车	50~500
挖掘机+自卸汽车	>500		

2) 路面施工方法的选择。路面施工方法,基层主要采用路拌或厂拌,面层有热拌、冷拌、厂拌、层铺法等。当路面结构一定时,不同的施工方法工程成本消耗不同,选择路面施工方法时,应结合公路的技术等级、工程规模、质量和工期的要求以及造价进行综合分析后确定。

3) 构造物施工方法的选择。公路工程构造物是指路基土石方和路面工程以外的桥梁、涵洞、防护工程等。由于构筑物的种类多,结构各异,所以其施工方法也各不相同。

20世纪70年代以来,随着预应力混凝土的广泛应用,施工机械设备的不断发展,桥梁施工方法也多种多样,如现浇、预制安装、悬臂施工、顶推施工等。但就其施工工艺的全过程来看,可以归纳为两类:一是就地砌筑或浇筑;二是预制安装或悬拼。基础和墩台工程的施工,基本上都是采用前一种施工方法,而上部结构多采用后一种施工方法。为了使桥梁上部结构具有较好的整体性能,在安装或悬拼完成后,还有适量的现浇接缝混凝土。

桥梁的施工方法虽然很多,但都有其一定的使用范围和条件。表5-28是各种桥型常用的施工方法。

表 5-28 各种桥型常用的施工方法

施工方法 \ 桥型	简支梁桥	T形钢构	连续梁桥	桁架梁桥	组合体系梁桥	拱桥	斜拉桥	吊桥
现浇施工	√		√		√	√	√	
预制安装	√	√		√	√	√		√
悬臂施工		√	√				√	√
顶推施工			√					
转体施工		√		√		√		

涵洞的类型按照其洞身形状可分为圆管涵、盖板涵、拱式涵洞和箱涵四种。

①圆管涵的基础一般采用石砌混凝土，当地基承载力符合要求时，管身可直接搁置在天然基础上，管身一般采用预制安装施工方法。为避免破坏已建成的路基和影响交通时，圆管涵也可采用顶进法施工。

②盖板涵有石盖板和钢筋混凝土盖板两种，目前多采用钢筋混凝土盖板涵，其涵身和基础多采用石砌圬工，钢筋混凝土盖板则采用预制后运至现场安装，安装一般使用扒杆或汽车式起重机进行。

③拱式涵洞多为石拱涵，多采用半圆拱结构，施工工艺要求与石拱桥基本一致，施工方法一般是用拱盔、支架或土胎作支撑，现场砌筑拱圈。

④箱涵是一种刚架结构，采用钢筋混凝土建造，施工方法有现浇和预制两种。预制钢筋混凝土箱涵通常采用顶进法施工，多用作拟建公路与原有铁路、公路相交的情况。

隧道的施工方法主要有新奥法和矿山法。现行概预算定额是按照一般凿岩机钻爆法施工的开挖方法进行编制。

（3）划分工程子目。公路工程概预算的直接费是以分项工程直接费汇总而来，所以将一项工程划分为若干工程子目是概预算编制工作中一项重要的基础工作。一般划分时需要考虑以下要求：

1）按照概预算项目表的要求进行。概预算项目表是将一个复杂的建设项目分解成许多分项工程的一种科学划分方法，项目层次的划分应按照附录A进行。

2）符合定额项目表的要求。定额项目表是不同工程子目的定额消耗数量表，划分的工程子目必然能够在定额项目表中直接查到。因此，在概预算项目表划分的基础上，按照施工方法、材料类型进一步划分为定额项目表中的某一子目。

（4）核对主要工程量，按照定额的要求，正确计取计价工程量。从编制概预算的角度考虑，工程量可以划分为两类：主体工程工程量和辅助工程工程量。

1）主体工程是指公路构造物本身，即路基、路面、桥梁、涵洞以及隧道工程。这部分工程数量通常是设计人员在完成设计图纸的同时就已进行计算，在编制概预算时，基本上不需要根据设计图纸再重新计算工程量，但是设计图纸所提供的工程数量与定额表中给出的工程量不完全一致，需要编制人员按照定额的要求从设计图表中摘取计价工程量。所以，确定主体工程量，实际上是根据定额规定的工程量计算规则，将设计图表中提供的工程量进行分类、统计，汇总后，得出符合定额表要求的计价工程量。这是一项十分细致和烦琐的工作，为了确保正确摘取工程量，做到不重不漏，编制人员必须十分熟悉定额，明确定额规定的工程内容，适用范围，对各章、节说明及定额附注都十分清楚，才能正确确定工程数量。

2）辅助工程是指为了保证主体工程的形成和质量，施工中必须采取的措施或修建的一些临时工程。这部分工程一般在施工完成后，也随之拆除或消失。辅助工程的工程数量，主要依靠概预算编制人员的工作经验、施工组织设计及工程实际情况来确定。

在编制概预算时，需要考虑辅助工程的工程量主要包括：

1）构造物的挖基、排水。

2）清除表土或零填地段的基底压实、耕地填前碾压的回填数量。

3）因路基沉陷增加的数量。

4）为保证路基边缘压实而加宽填筑的数量。

5）临时工程（汽车便道、便桥、轨道铺设、临时电力、电信设施等）。

6）桥梁工程中的围堰、护筒、工作平台、吊装设备、混凝土构件运输、预制厂及设施（底座、张拉台座等）、拌合站、蒸汽养护设施等。

（5）按编制工程造价的有关规定及工程的实际情况，计算和填写人工、材料、施工机械台班预算价格的各种计算表和汇总表以及措施费、企业管理费、规费综合费率计算表。

（6）根据计取的工程量套用定额，编制分项工程概预算表及建筑安装工程费计算表。

（7）编制工程建设其他费用计算表。

（8）编制汇总工程概预算表和分段汇总表，以及人工、主要材料、机械台班数量汇总表。

（9）写出编制说明，经复核、审核后输出结果。

公路工程概预算文件的编制程序如图 5-4 所示。

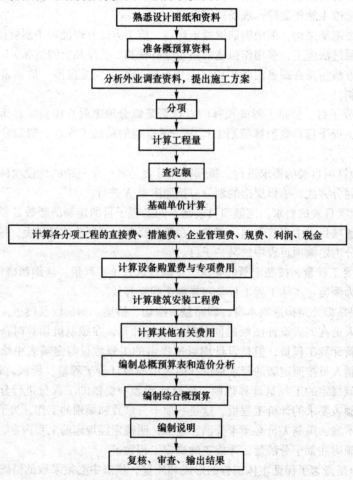

图 5-4 公路工程概预算文件的编制程序

5.8.3 公路工程概预算文件表格填写顺序

1. 初编 21-1 表和 21-2 表

21-1 表是"分项工程概(预)算计算数据表"、21-2 表是"分项工程概(预)算表"。首先要根据工程项目的内容和有关要求，填好 21-1 表。"项""目""节""细目""定额"等的代号，应根据实际需要按《编制办法》、概预算定额的序列及内容填写。

在 21-2 表中按具体分项工程项目数量、对应概预算定额子目填写，单价由 09 表转来。由于人工、材料、机械的单价及各种费率尚未知，故只能初编 21-1 表和 21-2 表。

2. 编制 23-1 表

23-1 表是"自采材料料场价格计算表"。根据初编 21-2 表所发生的自采材料规格、名称，按照外业料场调查资料编制自采材料料场价格表，并将计算结果汇入 22 表的材料原价栏中。

本表主要用于分析计算自采材料料场价格，应将选用的定额人工、材料、施工机械台班数量全部列出，包括相应的人工、材料、机械单价。

材料规格用途相同而生产方式（如人工捶碎石、机械轧碎石）不同时，应分别计算单价，再以各种生产方式所占比重根据合计价格加权平均计算料场价格。

定额中施工机械台班有调整系数时，应在本表内计算。

3. 编制 23-2 表

23-2 表是"材料自办运输单位运费计算表"。根据初编 21-2 表所发生的材料规格、名称编制自办运输单位运费计算表，并将计算结果汇入 22 表的材料单位运费栏中。

本表主要用于分析计算自办运输单位运费，应将选用的定额人工、材料、施工机械台班数量全部列出，包括相应的人工、材料、机械单价。

材料运输地点或运输方式不同时，应分别计算单价，再按所占比重加权平均计算材料运输价格。

定额中施工机械台班有调整系数时，应在本表内计算。

4. 编制 22 表

22 表是"材料预算单价计算表"。根据初编 21-2 表所出现的各种材料名称及其来源，先在 23 表上按调拨、外购、自采加工顺序并考虑其材料代号次序进行记录、填表计算，然后随着 21-2 表编制的需要不断记录、计算，最后在前面工作的基础上正式编制材料预算单价表（22 表）。该表要与 21-2 表的编制交叉进行。

5. 编制 24 表

24 表是"施工机械台班单价计算表"。编制时应根据 21-2 表中出现的机械名称，按《机械台班费用定额》的内容及 22 表中的人工、动力燃料单价填入相应栏内，并按代号的顺序依次登记、计算机械台班单价，并将其值转入 08 表、23 表相应的机械台班单价栏中。不变费用如有调整系数，应填入调整值。

6. 编制 09 表

09 表是"人工、材料、施工机械台班单价汇总表"。将人工单价及 22 表材料预算单价、24 表机械台班单价，按人工、材料、机械的代号顺序依次汇总于 09 表中。

7. 编制 04 表

04 表是"综合费率计算表"。编制时，应根据工程的自然条件、施工条件、工程分类等具体情况，将措施费、企业管理费、规费所包含的分项内容，按各自相应的费率，填入此表中，计算其综合费率。除了施工辅助费之外的费用计算基数是定额人工费和定额机械费之和，施工辅助费的计算基数是定额直接费，所以综合费率有Ⅰ、Ⅱ之分。

8. 编制05表和06表

05表是"设备费计算表"。编制时，根据工程的实际需要，按《编制办法》的规定及设备购置清单进行计算，设备规格、单位、数量、设备基价、定额设备购置费、设备预算单价、税金以及定额设备费和设备费都应在表中反映。设备购置费不计取措施费及企业管理费。

计算设备购置费，需要进行设备安装的工程应通过21-1表另计安装工程费。凡养路、营运计划另有安排的工程项目，在编制概预算时，该费用可不再考虑。

06表是"专项费用计算表"，在该表中计算出专项工程费。

9. 详细编制21表

按照出现的工程项目详细编制"分项工程概预算表"。分别计算各项工程的直接费、措施费、企业管理费、规费、利润、税金，其中人工、材料、机械台班单价由09表过入，措施费、规费、企业管理费由04表过入。在编制过程中若新出现了材料单价、机械台班单价可随时通过22表、23-1表、23-2表、24表分别计算，汇总于09表后，再过入21-2表使用，做到相互补充，交叉进行。

10. 编制03表

03表是"建筑安装工程费计算表"。根据21-2表、05表、06表将相关费用过入03表。各项工程利润和税金在21-2表内按规定费率计算。

11. 编制07表、08表

根据施工组织设计和调查资料，编制07表"土地使用及拆迁补偿费计算表"和08表"工程建设其他费计算表"。此外，预备费、建设期贷款利息的计算在工程建设其他费计算表中进行。

12. 编制01表及01-1表

01表是"总概（预）算表"。根据经过复核的03表（建筑安装工程费计算表）、06表（专项费用计算表）、07表（土地使用及拆迁补偿费计算表）、08表（工程建设其他费计算表）即可汇编此表。该表反映一个单项工程或单位工程的各项费用组成、概预算金额、技术经济指标、各项费用比例等。

01-1表是"总概（预）算汇总表"。此表是根据建设项目的要求，当一个建设项目分段或分部分编制01表时，应将各分段（或分部）01表汇总到01-1表中。

13. 编制25表

25表是"辅助生产人工、材料、施工机械台班单位数量表"。本表各栏数据由23-1表（自采材料料场价格计算表）和23-2表（材料自办运输单位运费计算表）统计而来。

14. 编制02表及02-1表

02表是"人工、主要材料、施工机械台班数量汇总表"。本表有关数据由09表（人工、材料、施工机械台班单价汇总表）、21-2表［分项工程概（预）算表］、25表（辅助生产人工、材料、施工机械台班单位数量表）经分析计算后统计而来。

02-1表是"总概预算人工、主要材料、施工机械台班数量汇总表"。一个建设项目分若干个单项工程编制概预算时，应通过本表汇总全部建设项目的人工、主要材料与设备、施工机械台班数量。本表各栏数据均由02表转来，编制范围指单项或单位工程。

15. 编写"编制说明"

在编完概预算全部计算表格后，应根据编制的全过程，阐述概预算的编制内容、编制依据和编制成果，即工程总造价、各实物量消耗指标等。对编制中存在的问题以及与概预算有关，但又不能在表格中反映的事项均应在"编制说明"中以文字的形式加以表述。在编写编制说明时，力求文字简明扼要，表达清楚准确。

16. 复核、打印、装订、报批

当概预算各表及编制说明全部完成并打印后，应再进行一次全面的复核，当确认无误并签字后，即可按规定对甲、乙组文件印制规定份数，并对甲、乙组文件分别装订成册，上报待批。

上述步骤并非一成不变。有些表可以按规定不编，各表的编制次序也可以变换。最根本的是要掌握编制办法的各项规定，明确各表的作用和相互关系，精通表中各栏的填写方法。

5.8.4 概预算项目及编码规则

1. 公路工程概预算项目表的内容

一个复杂的工程项目一般是由许多分项工程组成的庞大综合体，为了准确计算和确定建筑安装工程费，必须对工程项目进行科学的划分，从而有利于公路工程造价的编制与审核。

为了使公路工程概预算的编制规范化，防止列项时出现混乱、漏列、重列、错列现象，必须对概预算项目的划分、排列顺序及内容作出统一的规定，由此形成了概预算项目表，见附录 A。

概算、预算项目主要内容如图 5-5 所示。

```
第一部分    建筑安装工程费
    第一项    临时工程
    第二项    路基工程
    第三项    路面工程
    第四项    桥梁涵洞工程
    第五项    隧道工程
    第六项    交叉工程
    第七项    交通工程及沿线设施
    第八项    绿化及环境保护工程
    第九项    其他工程
    第十项    专项工程
              1. 施工现场建设费
              2. 安全生产费
第二部分    土地使用及拆迁补偿费
第三部分    工程建设其他费
第四部分    预备费
第五部分    建设期贷款利息
```

图 5-5 概算、预算项目主要内容

2. 公路工程概预算项目划分的原则

概算、预算项目应按项目表的序列及内容编制。当实际出现的工程和费用项目与项目表的内容不完全相符时，应按照下列原则确定项目的序列：

(1) 分项编号采用部（1 位数）、项（2 位数）、目（2 位数）、节（2 位数）、细目（2 位数）组成，以部、项、目、节、细目等依次逐层展开，概预算分项编号详见附录 A。

(2) 第一、二、三、四部分和"项"的序号、内容应保留不变。例如，第二部分的土地使用及拆迁补偿费在该项工程中不发生时，第三部分的工程建设其他费用仍为第三部分。同理，第一部分的第五项为隧道工程，若该项工程无隧道工程，则其序号仍保留，原第六项的交叉工程仍为第六项。

(3) 项目表中的"项"以下的分项在引用时应保持序号、内容不变，缺少的分项内容可随需要就近增加，并按项目表的顺序以实际出现的级别依次排列，不保留缺少的"项"以下的项目序号。也就是说,可依次递补改变"目""节""细目"的序号。

(4)建设项目中的互通式立体交叉、辅道、支线工程,如规模较大时,也可按概、预算项目表单独编制建筑安装工程费,然后将其建筑安装工程费总金额列入工程的总概、预算表中相应的项目内。

5.8.5 封面、目录及概(预)算表格样式

(1)扉页的次页格式见表5-29。

表5-29 扉页的次页格式

××公路初步设计概算 (K××+×××~K××+×××) 第　册　共　册   编制:　　　　　　　　(签字并盖章) 复核:　　　　　　　　(签字并盖章) 编制单位:　　　　　(盖章) 编制时间:　年　月　日

(2)甲组文件目录格式及内容格式见表5-30~表5-44。

表5-30 甲组文件目录

目录 (甲组文件) 1. 编制说明。 2. 项目前后阶段费用对比表见表5-31。 3. 建设项目属性及技术经济信息表(00表)见表5-32。 4. 总概(预)算汇总表(01-1表)见表5-33。 5. 总概(预)算人工、主要材料、施工机械台班数量汇总表(02-1表)见表5-34。 6. 总概(预)算表(01表)见表5-35。 7. 人工、主要材料、施工机械台班数量汇总表(02表)见表5-36。 8. 建筑安装工程费计算表(03表)见表5-37。 9. 综合费率计算表(04表)见表5-38。 10. 综合费计算表(04-1表)见表5-39。 11. 设备费计算表(05表)见表5-40。 12. 专项费用计算表(06表)见表5-41。 13. 土地使用及拆迁补偿费计算表(07表)见表5-42。 14. 工程建设其他费计算表(08表)见表5-43。 15. 人工、材料、施工机械台班单价汇总表(09表)见表5-44。

表 5-31 项目前后阶段费用对比表

建设项目名称：　　　　　　　　　　　　　　　　　　　　　　　　　　　　　　　　　　　　　　第　　页　共　　页

分项编号	工程或费用名称	单位	本阶段设计概算（施工图预算）			上阶段工可估算（设计概算）			费用变化		备注
			数量	单价	金额	数量	单价	金额	金额	比例/%	
1	2	3	4	5=6÷4	6	7	8=9÷7	9	10=6−9	11=10÷9	12

填表说明：
1. 本表反映一个建设项目的前后阶段各项费用组成。
2. 本阶段和上阶段费用均从各阶段的 01-1 表转入。

编制：　　　复核：

表 5-32 建设项目属性及技术经济信息表

建设项目　　　　　　　　　　编制日期　　　　　　　　　　00 表

一			项目基本属性	
编号	名称	单位	信息	备注
001	工程所在地			
002	地形类别			平原或微丘
003	新建/改扩建			
004	公路技术等级			
005	设计速度	km/h		
006	路面结构			
007	路基宽度	m		
008	路线长度	公路公里		不含连接线
009	桥梁长度	km		
010	隧道长度	km		双洞长度
011	桥隧比例	%		[（9）+（10）]／（8）
012	互通式立体交叉数量	km/处		
013	支线、联络线长度	km		
014	辅道、连接线长度	km		
二			项目工程数量信息	
编号	内容	单位	数量	数量指标	备注
10202	路基挖方	1 000 m³			
10203	路基填方	1 000 m³			
10206	排水圬工	1 000 m³			包括防护、排水
10207	防护圬工	1 000 m³			
10205	特殊路基	km			
10301	混凝土沥青路面	1 000 m²			
10302	水泥混凝土路面	1 000 m²			
10401	涵洞	m			
10402	小桥	m			
10403	中桥	m			
10404	大桥	m			
10405	特大桥	m			
10501	连拱隧道	m			
10502	小净距隧道	m			
10503	分离式隧道	m			
10602	通道	m			
10605	分离式立体交叉	处			
10606	互通式立体交叉	处			

续表

10703	管理养护服务房屋	m²			
10901	联络线、支线工程	km			
10902	连接线工程	km			
10903	辅道工程	km			
20101	永久征地	亩			不含取（弃）土场征地
20102	临时征地	亩			
三			项目造价指标信息表		
编号	工程造价	总金额/万元	造价指标 /（万元·km^{-1})	占总造价 百分比/%	备注
1	建筑安装工程费		（必填）		
101	临时工程				
102	路基工程				
103	路面工程				
104	桥梁工程				
105	隧道工程				
106	交叉工程				
107	交通工程				
108	绿化及环境保护工程				
109	其他工程				
110	专项费用		（必填）		
2	土地使用及拆迁补偿费		（必填）		
3	工程建设其他费		（必填）		
4	预备费		（必填）		
5	建设期贷款利息		（必填）		
6	公路基本造价		（必填）		
四			分项造价指标信息表		
序号	名称	单位	造价指标/元		备注
10202	路基挖方	m³			
10203	路基填方	m³			
10206	排水圬工	m³			
10207	防护圬工	m³			
10205	特殊路基	km			
10301	沥青混凝土路面	m²			
10302	水泥混凝土路面	m²			
10401	涵洞	m			
10402	预制空心板桥	m²			
10403	预制小箱梁桥	m²			

续表

10404	预制T梁桥	m²		
10405	现浇箱梁桥	m²		
10406	特大桥	m²		
10501	连拱隧道	m		
10502	小净距隧道	m		
10503	分离式隧道	m		
10602	通道	m		
10605	分离式立体交叉	处		
10606	互通式立体交叉	处		
10701	交通安全设施	km		
10702	机电及设备安装工程	km		
10707	管理养护服务房屋	m³		含土建和安装，不含外场
10901	联络线、支线工程	km		
10902	连接线工程	km		
10903	辅道工程	km		
20101	永久征地	亩		
20102	临时征地	亩		
20201	拆迁补偿	km		
30101	建设单位管理费	km		
30103	工程监理费	km		
30301	建设项目前期工作费	km		
五			主要材料单价信息表	
编号	名称	单位	单价/元	备注
1001001	人工	工日		
2001002	HRB400钢筋	t		
3001001	石油沥青	t		
5503005	中（粗）砂	m³		
5505016	碎石（4 cm）	m³		
5509002	42.5级水泥	t		

编制： 复核：

表 5-33 总概（预）算汇总表

表 01-1

建设项目名称：

分项编号	工程或费用名称	单位	总数量	数量	金额/元	技术经济指标	数量	金额/元	技术经济指标	数量	金额/元	技术经济指标	总金额/元	全路段技术经济指标	各项费用比例/%

填表说明：
1. 一个建设项目分若干单项工程编制概（预）算时，应通过本表汇总全部建设项目（概）预算金额。
2. 本表反映一个建设项目的各项费用组成、概（预）算总值和技术经济指标。
3. 本表分项编号、工程或费用名称、单位、总数量、概（预）算金额应由各单项或单位工程总概（预）算表（01表）转来，部分、项、子项应保留，其他可视需要增减。
4. "全路段技术经济指标"以各项金额汇总合计除以相应总数量计算；"各项费用比例"以汇总的各项目公路工程造价除以公路基本造价合计计算。

编制：　　　　　　　　　　　　　　　　　　　　　　　　　　　　复核：

表 5-34 总概(预)算人工、主要材料、施工机械台班数量汇总表

表 02-1

建设项目名称：

第　页　共　页

代号	规格名称	单位	总数量	编制范围								

填表说明：
1. 一个建设项目分若干个单项工程编制概(预)算时，应通过本表汇总全部建设项目的人工、主要材料与设备、施工机械台班数量。
2. 本表各栏数据均由各单项或单位工程概(预)算中的人工、主要材料、施工机械台班数量汇总表(02表)转来，编制范围指单项或单位工程。

编制：　　　　　　　　　　　　　　　　　　　　　　　复核：

表 5-35 总概(预)算表

建设项目名称：
编制范围：   第 页 共 页 01 表

分项编号	工程或费用名称	单位	数量	金额/元	技术经济指标	各项费用比例/%	备注

填表说明：
1. 本表反映一个单项或单位工程的各项费用组成、概(预)算金额、技术经济指标、各项费用比例(%)等。
2. 本表"分项编号""工程或费用名称""单位"等应按概预算项目表的编号及内容填写。
3. "数量""金额"由分项费用计算表(06表)、建筑安装工程费计算表(03表)、土地使用及拆迁补偿费计算表(07表)、工程建设其他费计算表(08表)转来。
4. "技术经济指标"以各项金额除以相应数量计算；"各项费用比例"以各项金额除以公路基本造价计算。

编制：   复核：

表 5-36 人工、主要材料、施工机械台班数量汇总表

建设项目名称：
编制范围：

第 页 共 页 02 表

代号	规格名称	单位	单价/元	总数量	分项统计							场外运输损耗	
												%	数量

填表说明：
本表各栏数据由人工、材料、施工机械台班单价汇总表(09表)及分项工程概(预)算表(21-2表)、辅助生产人工、材料、施工机械台班单位数量表(25表)经分析计算后统计而来。

编制：　　　　　　　　　　　　　　　　　　　　　　　　　　　　　　　　　　复核：

第5章 公路工程概预算编制原理

表5-37 建筑安装工程费计算表

建设项目名称：
编制范围：   第 页 共 页 03表

序号	分项编号	工程名称	单位	工程量	定额直接费/元	定额设备购置费/元	直接费/元				设备购置费	措施费	企业管理费	规费	利润/元		税金/元		金额合计/元	
							人工费	材料费	施工机械使用费	合计					费率/%	利润	税率/%	税金	合计	单价
1	2	3	4	5	6	7	8	9	10	11	12	13	14	15	16		17		18	19
	110	专项费用	元																	
	11001	施工场地建设费	元																	
	11002	安全生产费	元																	
		合计																		

填表说明：
1. 本表各栏数据由05表、06表、21-2表经计算转来。
2. 本表中除列出具体分项外，还应列出子项（如临时工程、路基工程、路面工程……），并将子项下的具体分项的费用进行汇总。

编制：   复核：

表5-38 综合费率计算表

建设项目名称：
编制范围：

第 页 共 页 04表

序号	工程类别	措施费/%								综合费率		企业管理费/%						规费/%					综合费率
		冬期施工增加费	雨期施工增加费	夜间施工增加费	高原地区施工增加费	风沙地区施工增加费	沿海地区施工增加费	行车干扰施工增加费	施工辅助费	工地转移费	Ⅰ	Ⅱ	基本费用	主副食运费补贴	职工探亲路费	职工取暖补贴	财务费用	综合费率	养老保险费	失业保险费	医疗保险费	工伤保险费	住房公积金	
1	2	3	4	5	6	7	8	9	10	11	12	13	14	15	16	17	18	19	20	21	22	23	24	25

填表说明：
本表应根据建设项目具体情况，按概（预）算编制办法有关规定填入数据计算。
其中：12＝3＋4＋5＋6＋7＋8＋9＋11，13＝10；19＝14＋15＋16＋17＋18；25＝20＋21＋22＋23＋24。

编制： 复核：

第5章 公路工程概预算编制原理

表 5-39 综合费计算表

建设项目名称：
编制范围：   第 页 共 页   表 04-1

序号	工程类别	措施费										综合费率		企业管理费						规费				综合费率
		冬期施工增加费	雨期施工增加费	夜间施工增加费	高原地区施工增加费	风沙地区施工增加费	沿海地区施工增加费	行车干扰施工增加费	施工辅助费	工地转移费		I	II	基本费用	主副食运费补贴	职工探亲路费	职工取暖补贴	财务费用	综合费用	养老保险费	失业保险费	医疗保险费	工伤保险费	住房公积金	
1	2	3	4	5	6	7	8	9	10	11		12	13	14	15	16	17	18	19	20	21	22	23	24	25

填表说明：
本表应根据建设项目具体分项工程，按投资估算编制办法规定的计算方法分别计算各费项费用。
其中：12=3+4+5+6+7+8+9+11;13=10;19=14+15+16+17+18;25=20+21+22+23+24。

编制：   复核：

表 5-40 设备费计算表

建设项目名称:
编制范围: 第   页 共   页 05 表

代号	设备名称	规格型号	单位	数量	基价	定额设备购置费/元	单价/元	设备购置费/元	税金/元	定额设备费/元	设备费/元
	合计										

填表说明:本表应根据具体的设备购置清单进行计算,包括设备规格、单位、数量、设备基价、定额设备购置费、设备预算单价、税金以及定额设备费和设备费。设备购置费不计取措施费及企业管理费。

编制: 复核:

表5-41 专项费用计算表

建设项目名称:
编制范围: 第 页 共 页 06表

序号	工程或费用名称	说明及计算式	金额/元	备注
		填表说明: 本表应依据项目按《编制办法》规定的专项费用项目填写,在说明及计算式栏内填写需要说明的内容及计算式。		

编制: 复核:

表 5-42 土地使用及拆迁补偿费计算表

建设项目名称：
编制范围：
第 页 共 页 07 表

序号	费用名称	单位	数量	单价/元	金额/元	说明及计算式	备注

填表说明：

本表按规定填写单位、数量、单价和金额；说明及计算式中应注明标准及计算式；子项下边有分项的，可以按顺序依次往下编号。

编制：   复核：

表 5-43 工程建设其他费计算表

建设项目名称：
编制范围：   第 页 共 页   页 08 表

序号	费用名称及项目	说明及计算式	金额/元	备注

填表说明：

本表应按具体发生的其他费用项目填写，需要说明和具体计算的费用项目依次相应在说明及计算式内填写或具体计算，各项费用具体填写如下：

1. 建设项目管理费包括建设单位（业主）管理费、建设项目信息化费、工程监理费、设计文件审查费、竣（交）工验收试验检测费，按编办规定的计算基数、费率、方法或有关规定列式计算。
2. 研究试验费应根据设计需要进行研究试验的项目分别填写项目名称及金额或列式计算。
3. 建设项目前期工作费按编办规定的计算基数、费率、方法计算。
4. 专项评价（估）费，联合试运转费，生产准备费，工程保通管理费，工程保险费，预备费，建设期贷款利息等其他费用根据本编办规定或国家有关规定依次类推计算。

编制：   复核：

表 5-44 人工、材料、施工机械台班单价汇总表

建设项目名称：
编制范围： 第 页 共 页 09 表

序号	名称	单位	代号	预算单价/元	备注	序号	名称	单位	代号	预算单价/元	备注

填表说明：本表预算单价主要由材料预算单价计算表（22表）和施工机械台班单价计算表（24表）转来。

编制： 复核：

(3) 乙组文件目录格式及内容格式见表 5-45~表 5-52。

表 5-45　乙组文件目录

目录
（乙组文件）

1. 分项工程概（预）算计算数据表（21-1 表）见表 5-46。
2. 分项工程概（预）算表（21-2 表）见表 5-47。
3. 材料预算单价计算表（22 表）见表 5-48。
4. 自采材料料场价格计算表（23-1 表）见表 5-49。
5. 材料自办运输单位运费计算表（23-2 表）见表 5-50。
6. 施工机械台班单价计算表（24 表）见表 5-51。
7. 辅助生产人工、材料、施工机械台班单位数量表（25 表）见表 5-52。

表5-46 分项工程概(预)算计算数据表

建设项目名称：
建设项目范围：
编制范围：　　标准定额库版本号：　　校验码：　　第　页　共　页　21-1表

分项编号/定额代号/工料机代号	项目、定额或工料机的名称	单位	数量	输入单价	输入金额	分项组价类型或定额子目取费类别	定额调整情况或成分项算式

填表说明：
1. 本表应逐行从左到右横向逐栏填写。
2. "分项编号""定额""工料机"等的代号应根据实际需要按《编制办法》附录B概预算项目表及现行《公路工程概算定额》(JTG/T 3831—2018)、《公路工程预算定额》(JTG/T 3832—2018)的相关内容填写。
3. 本表主要是为利用计算机软件编制概算、预算提供分项组价基础数据，列用工程项目全部计算分项组价的组价参数；分项组价类型包括：输入金额、输入单价、非标准定额列出其工料机及其消耗量、费用列表和定额组价五类；定额调整规则由软件用户手册详细制定，具体填表规则由软件用户手册详细制定。
4. 标准定额库版本号由公路工程造价依据信息平台和最新的标准定额库一起发布，造价软件接收后直接输出。
5. 校验码由定额库版本号加密生成，由公路工程造价依据信息平台与定额库本号同时发布，造价软件直接输出，为便于校验，造价软件可按条形码形式输出。

编制：　　　　　　　　　　　　　　　　　　　　　　　　　　　　　　　　　　　　复核：

表5-47 分项工程概(预)算表

编制范围：
分项编号：　　　　工程名称：　　　　单位：　　　　数量：　　　　单价：　　　第 页 共 页　21-2表

代号	工、料、机名称	单位	单价/元	定额	数量	金额/元	定额	数量	金额/元	定额	数量	金额/元	合计 数量	金额/元
	工程项目													
	工程细目													
	定额单位													
	工程数量													
	定额表号													
1	人工	工日												
2	……													
	直接费	元												
措施费	Ⅰ	元												
	Ⅱ	元												
	企业管理费	元												
	规费			%			%			%			%		
	利润			%			%			%			%		
	税金			%			%			%			%		
	金额合计													

填表说明：
1. 本表按具体分项工程项目数量，对应概(预)算定额子目填写，单价由 09 表转来，金额 = ∑ 工、料、机各项的单价 × 定额 × 数量。
2. 措施费、企业管理费按相应项目的定额人工费与定额施工机械使用费之和或定额直接费 × 规定费率计算。
3. 规费按相应项目的(定额直接费 + 措施费 + 企业管理费) × 规定费率计算。
4. 利润按相应项目的(直接费 + 措施费 + 企业管理费) × 利润率计算。
5. 税金按相应项目的(直接费 + 措施费 + 企业管理费 + 规费 + 利润) × 税率计算。
6. 措施费、企业管理费、规费、利润、税金对应定额列填入相应的计算基数，数量列填入相应的费率。

编制：　　　　　　　　　　　　　　　　　　　　　　　　　　　　　　　　　　　　复核：

表 5-48 材料预算单价计算表

建设项目名称：
编制范围：   第　页 共　页 22 表

序号	规格名称	单位	原价/元	供应地点	运杂费				原价运费合计/元	场外运输损耗		采购及保管费		预算单价/元
					运输方式比重及运距	毛质量系数或单位毛质量	运杂费构成说明或计算式	单位运费/元		费率/%	金额/元	费率/%	金额/元	

填表说明：
1. 本表计算各种材料自供应地点或材料场至工地的全部运杂费与材料原价及其他费用组成预算单价。
2. 运输方式按火车、汽车、船舶等所占运输比重填写。
3. 毛质量系数、场外运输损耗、采购及保管费按规定填写。
4. 根据材料供应地点、运输方式、运输单价、毛质量系数等，通过运杂费构成说明或计算式，计算得出材料单位运费。
5. 材料原价与单位运费、场外运输损耗、采购及保管费组成材料预算单价。

编制：   复核：

第5章 公路工程概预算编制原理

表5-49 自采材料料场价格计算表

编制范围：　　　　　　　　　　　　　　　　　　　　　　　　　　　　　　　　第　页　共　页　　23-1 表

自采材料名称：　　　　单位：　　　　数量：　　　　料场价格：　　　　金额/元

代号	工程项目	工程细目	定额单位	工程数量	定额表号	工、料、机名称	单位	单价/元	定额	数量	金额/元	定额	数量	金额/元	定额	数量	金额/元

			合计	
直接费	元			
辅助生产间接费	元	%		
高原取费	元	%		
金额合计	元			

填表说明：
1. 本表主要用于分析计算自采材料料场价格，应将选用的定额人工、材料、施工机械台班数量全部列出，包括相应的工、料、机单价。
2. 材料规格用途相同而生产方式（如人工捶碎石、机械轧碎石）不同时，应分别计算单价，再以各种生产方式所占比重加权平均合价作为计算料场价格。
3. 定额中施工机械台班单价有调整系数时，应在本表内计算。
4. 辅助生产间接费、高原取费对应定额填入相应的计算基数，数量列填入相应的费率。

编制：　　　　　　　　　　　　　　　　　　　　　　　　　　　　　　　　　　　复核：

表5-50 材料自办运输单位运费计算表

编制范围：　　　　　　单位：　　　　数量：　　　　单位运费：　　　　第　页　共　页　23-2表

自采材料名称：

代号	工程项目	工程细目	定额单位	工程数量	定额表号	工、料、机名称	单位	单价/元	定额 数量	金额/元	定额 数量	金额/元	定额 数量	金额/元	合计 数量	金额/元
直接费							元									
辅助生产间接费							元		%		%		%		%	
高原取暖费							元		%		%		%		%	
金额合计							元									

填表说明：
1. 本表主要用于分析计算材料自办运输单位运费，应将选用的定额人工、材料、施工机械台班数量全部列出，包括相应的工、料、机单价。
2. 材料运输地点或运输方式不同时，应分别计算单价，再按所占比重加权平均计算材料运输价格。
3. 定额中施工机械台班调整系数时，应在本表内计算。
4. 辅助生产间接费、高原取暖费对应定额列填入相应的费率。

编制：　　　　　　　　　　　　　　　　　　　　　　　　　　复核：

表5-51 施工机械台班单价计算表

建设项目名称：
编制范围：
第 页 共 页 24表

序号	代号	规格名称	台班单价/元	不变费用/元		可变费用/元								车船税	合计
				调整系数：		人工：元/工日		汽油：元/kg		柴油：元/kg					
				定额	调整值	定额	金额	定额	金额	定额	金额	定额	金额		

填表说明：
1. 本表应根据公路工程机械台班费用定额进行计算。不变费用如有调整系数应填入调整值；可变费用各栏填入定额数量。
2. 人工、动力燃料的单价由材料预算单价计算表(22表)中转来。

编制： 复核：

表5-52 辅助生产人工、材料、施工机械台班单位数量表

建设项目名称：
编制范围：

第 页 共 页 页 25 表

序号	规格名称	单位	人工/工日						

填表说明：

本表各栏数据由自采材料料场价格计算表（23-1表）和材料自办运输单位运费计算表（23-2表）统计而来。

编制： 复核：

第5章 公路工程概预算编制原理

习 题

一、单项选择题

1. 水泥和其他易飞扬细颗粒建筑材料密闭存放或采取覆盖措施等费用包含在（　　）。
   A. 措施费中　　　　　　　　　　B. 企业管理费中
   C. 规费中　　　　　　　　　　　D. 专项费用中
2. 承包人驻地生活居住房屋的费用包含在（　　）。
   A. 措施费中　　　　　　　　　　B. 企业管理费中
   C. 规费中　　　　　　　　　　　D. 专项费用中
3. 属于规费的是（　　）。
   A. 工伤保险费　　　　　　　　　B. 劳动保险费
   C. 财产保险费　　　　　　　　　D. 车辆保险费
4. 夜间施工增加费是指因夜间施工所发生的夜间补助费、夜间施工照明设备摊销、照明用电和（　　）。
   A. 夜间施工奖金　　　　　　　　B. 夜间施工降效费用
   C. 夜间劳保费　　　　　　　　　D. 安全措施费

二、简答题

1. 简述直接费和定额直接费的概念。
2. 只有在冬期施工的工程才可以计取冬期施工增加费的说法正确吗？说明理由。
3. 何时计取行车干扰施工增加费？如何计算？

三、分析题

1. 某施工队提出，由于机械费中只计算了施工机械的费用，对于一些不属于固定资产的生产工具、检验用具等的费用未能计算，要求现场签证给予补偿，问：能否签证？说明理由。
2. 某施工单位工程竣工时施工现场较脏，甲要求施工方对其进行清理，施工方要求签证，问：施工方的要求是否合理？说明理由。

四、计算题

1. 某公路桥桩基础工程，卷扬机带冲抓锥冲孔施工，已知桩径1.5 m，水深30 m，全桥共40根桩。经预算分析其人工费20万元，材料费46万元，机械费75万元。该桥位于东部沿海地区，地理位置为冬一Ⅱ区，施工雨量区为Ⅱ区，雨季期2个月。由于工期紧张，工程需昼夜连续施工，施工期间有行车干扰，昼夜双向行车800辆。施工企业为本地企业，距离工地40 km，试按《编制办法》的规定计算其应计的措施费。
2. 某省公路工程公司，承包沥青混凝土路面施工（东三区），公司驻地距工地75 kW，其中粮食运距80 km，燃料运距65 km，蔬菜运距50 km，水运距15 km。经预算分析其人工费25万元、材料费130万元、机械费90万元，措施费1 500万元。试按《编制办法》的规定计算其企业管理费。
3. 某公路工程中的土方工程，整个土方工程边施工边维持通车，计算得其定额直接工程费为2 615 512.00元，其中定额人工费742 145.00元，定额机械费508 406.00元（其中包含人工费14 586.88元），直接费为3 923 268.00元，其中人工费1 113 217.22元，机械费762 609.67元（其中包含人工费21 880.32元），已知：税金的费率为9%，其余费率按《编制办法》确定，试计算该工程的定额建筑安装工程费和建筑安装工程费。

第6章

公路工程定额工程量计量与计价

根据前文介绍，分项直接费等于分项工程工程量乘以基价，而分项工程直接费又是获得工程造价的基础。

计算分项工程工程量和计算分项工程基价都与定额是分不开的，定额中有关于工程量的计算规则和说明，这些计算规则和说明直接决定了如何使用定额（定额是编写的人编的，但有大量的人在用，用的人需要根据说明和计算规则来使用，所以说定额说明就如同购买产品所附的使用说明是一样的作用）。因此，要使用定额首先要正确理解工程量计算规则和说明。

6.1 路基工程

6.1.1 路基工程定额内容组成及说明

1. 组成

路基工程包括路基土、石方，特殊路基处理工程，排水工程和防护工程等项目。

2. 说明

（1）路基工程定额按开挖的难易程度将土壤、岩石分为六类。土壤分为三类：松土、普通土、硬土；岩石分为三类：松石、次坚石、坚石。

（2）路基工程土、石分类与六级土、石分类和十六级土、石分类对照表见表6-1。

表6-1 土、石分类与六级土、石分类和十六级土、石分类对照表

本章定额分类	松土	普通土	硬土	软石	次坚石	坚石
六级分类	Ⅰ	Ⅱ	Ⅲ	Ⅳ	Ⅴ	Ⅵ
十六级分类	Ⅰ~Ⅱ	Ⅲ	Ⅳ	Ⅴ~Ⅵ	Ⅶ~Ⅸ	Ⅹ~ⅩⅥ

6.1.2 路基土、石方工程

路基土、石方工程包括：伐树、挖根、除草、清除表土；挖淤泥、湿、流沙；人工挖及开炸多年冻土；人工挖土质台阶；填前夯（压）实及填前挖松；人工挖运土方；夯实填土；机动

翻斗车、手扶拖拉机配合人工运土、石方;挖掘机挖装土、石方;装载机装土、石方;自卸汽车运土、石方;推土机推土、石方;铲运机铲运土方;开炸石方;控制爆破石方;抛坍爆破石方;挖机带破碎锤破碎石方;机械碾压路基;渗水路堤及高路堤堆砌;整修路基;旧路刷坡、帮坡、改坡、检底;洒水车洒水。

6.1.2.1 路基土、石方的有关规定

1. 总说明

(1)"人工挖运土方""人工开炸石方""机械打眼开炸石方""控制爆破石方""抛坍爆破石方""挖掘机带破碎锤破碎石方"等定额中,已包括开挖边沟消耗的人工、材料和机械台班数量,因此,开挖边沟的数量应合并在路基土、石方数量内计算。

(2)各种开炸石方定额中,均已包括清理边坡工作。

(3)机械施工土、石方,挖方部分机械达不到需由人工完成的工程量由施工组织设计确定。其中,人工操作部分,按相应定额乘以系数1.15。

(4)抛坍爆破石方定额按地面横坡坡度划分,地面横坡变化复杂,为简化计算,凡变化长度在20 m以内,以及零星变化长度累计不超过设计长度的10%时,可并入附近路段计算。

(5)自卸汽车运输路基土、石方定额项目和洒水汽车洒水定额项目,仅适用于平均运距在15 km以内的土、石方或水的运输。当运距超过第一个定额运距单位时,其运距尾数不足一个增运定额单位的半数时不计,等于或超过半数时按一个增运定额运距单位计算。当平均运距超过15 km时,应按社会运输的有关规定计算其运输费用。

(6)路基加宽填筑部分如需清除时,按刷坡定额中普通土子目计算;清除的土方如需远运,按土方运输定额计算。

(7)下列数量应由施工组织设计提出,并入路基填方数量内计算:

1)清除表土或零填方地段的基底压实、耕地填前夯(压)实后,回填至原地面标高所需的土、石方数量。

填方数量:

$$Q = Fh$$
$$h = p/C$$

式中 F——碾压天然土地面的面积;

h——天然土因压实而产生的沉降量(cm);

p——有效作用力,一般按12~15 t压路机的有效作用力66 N/cm^{2}计算;

C——土的抗沉陷系数(N/cm^3),见表6-2。

表6-2 土的抗沉陷系数　　　　　　　　　　　　　　　N/cm^3

土类型	C	土类型	C	土类型	C
沼泽土	1.0~1.5	松湿黏土、耕土	2.5~3.5	坚石黏土	10.0~12.5
细粒砂	1.8~2.5	胶结砂、潮湿黏土	3.5~6.0	泥灰石	13.0~18.0

2)因路基沉陷需增加填筑的土、石方数量。

3)为保证路基边缘的压实度需加宽填筑时,所需的土、石方数量。

需要填宽的土方数量为:填宽土方量=填方区边缘长度×路基平均高度×填宽宽度。

根据《公路工程标准施工招标文件(2018年版)》中技术规范的规定,填方路基必须按路面平行线分层控制填土高程;填方作业应分层平行摊铺;保证路基压实度。每层填料铺设的宽

度，每侧应超出路堤设计宽度 300 mm，以保证修整路基边坡后的路堤边缘有足够的压实度。

【例6-1】 高速公路某标段路基土石方设计，无挖方，按断面计算的填方数量为215 000 m³，平均填土高度 4 m，边坡坡度 1∶1.5。本标段路线长 8 km，路基宽 26 m，路基占地及取土坑均为耕地，土质为普通土（土的抗沉陷系数 $C = 3.5$ N/cm³），为保证路基边缘的压实度需加宽填筑，宽填宽度为 0.3 m，填前以 12~15 t 压路机压实耕地。

问题：计算填前压实增加土方量和路基宽填增加土方量。

解：12~15 t 压路机的有效作用力 $p = 66$ N/cm²。

天然土因压实而产生的沉降量 $h = p/C = 66/3.5 = 18.86$（cm）

路基填前压实沉陷增加数量：$8\ 000 \times (26 + 4 \times 1.5 \times 2) \times 0.188\ 6 = 57\ 334.40$（m³）

路基宽填增加数量：$8\ 000 \times 0.3 \times 2 \times 4 = 19\ 200$（m³）

答：该工程的填前压实增加土方量为 57 334.40 m³，路基宽填增加土方量为 19 200 m³。

2. 分项说明

(1) 伐树、挖根、除草、清除表土。

1) 伐树及挖根分为人工伐树及挖根和人工伐树、挖掘机挖树根两个子目，工程量按棵计算，树木要求直径 10 cm 以上。

2) 砍挖灌木林（直径 10 cm 以下）分为稀、密两个子目，每 1 000 m² 灌木林 220 棵以下为稀，220 棵以上为密，工程量按面积以平方米计算。

3) 除草分为人工割草、人工挖草皮和推土机推除草皮三个子目，工程量按面积以平方米计算。

4) 挖竹根按挖坑体积以 m³ 计算，挖芦苇根按挖竹根乘以系数 0.73。

5) 清除表土定额中按推土机推挖表土、推出路基外考虑，该定额和除草定额不可同时套用，工程量按体积以 m³ 计算。清除的表土如需远运，按土方运输定额另行计算。

(2) 挖淤泥、湿土、流沙。

1) 包括人工挖运，挖掘机挖装淤泥、流沙和抽水机抽水三个子目，人工挖运中分为第一个 20 m 挖运淤泥、第一个 20 m 挖运砂性湿土、第一个 20 m 挖运黏性湿土，手推车运输每增运 10 m 四个子目。

2) 本定额不包括挖掘机的场内支垫费用，如发生，按实际计算。

3) 挖掘机挖装淤泥、流沙包括挖淤泥、流沙和装车或堆放一边的内容，如需远运，按土方运输定额乘以系数 1.1 另行计算。

4) 抽水机抽水包括抽水机就位、排水管安放和抽水的内容。

(3) 人工挖及开炸多年冻土分为第一个 20 m 人工挖运、第一个 20 m 人工开炸运、手推车运输每增运 10 m 三个子目，工程量按 m² 计算。

(4) 挖土质台阶分为人工挖土质台阶和挖掘机挖台阶两种情况，进一步分为松土、普通土和硬土三个子目，工程量按 m² 计算。

(5) 填前夯（压）实及填前挖松。

1) 包括填前夯（压实）和填前挖松，其中填前夯压实又分为人工分实履带式拖拉机（75 以内、120 以内）、12~15 t 光轮压路机，以 m² 计算。

2) 夯（压）实如需用水时，备水费用另行计算。

3) 填前挖松适用于地面横坡 1∶10~1∶5。

4) 二级及二级以上等级公路的填前压实应采用压路机压实。

(6) 人工挖运土方、装运石方。

1)定额中,已包括开挖边沟消耗的人工、材料和机械台班数量,因此,开挖边沟的数量应合并在路基土、石方数量内计算。

2)当采用人工挖、装土方,机动翻斗车运输时,其挖、装所需的人工按第一个 20 m 挖运定额减去 30.0 工日计算;当采用人工装石方,机动翻斗车运输时,其装石所需的人工按第一个 20 m 装运定额减去 52.0 工日计算。

3)当采用人工挖、装、卸土方,手扶拖拉机运输时,其挖、装、卸所需的人工按第一个 20 m 挖运定额减去 18.0 工日计算;当采用人工装、卸石方,手扶拖拉机运输时,其装、卸所需的人工按第一个 20 m 装运定额减去 32.0 工日计算。

4)石方开炸按相应定额计算,本定额只考虑爆破后的人工装运。

5)当遇升降坡时,除按水平距离计算运距外,并按表6-3 增加运距。

表 6-3 升降坡增加运距表

项目	升降坡度	高度差	
		每升高 1 m	每降低 1 m
手推车运输	0%~5%	不增加	不增加
	6%~10%	15 m	5 m
	10%以上	25 m	8 m

(7)夯实填土:分为人工夯实和夯土机夯实两个子目,工程量按压实方以 m^3 计算。如需洒水时,备水费用另行计算。

(8)机动翻斗车、手扶拖拉机配合人工运土、石方(工程内容:等待装、卸车、运送、空回),工程量按天然密实方以 m^3 计算。

1)分为机动翻斗车和手扶拖拉机两类情况,每一类中又分第一个 100 m 和每增运 50 m 两种情况。

2)本定额不包括人工挖土、开炸石方及装、卸车的工料消耗,需要时按"人工挖运土方装运石方"定额附注的有关规定计算。

3)本定额不适用运距超过 1 000 m 的情况。

(9)挖掘机挖装土、石方(工程内容:挖掘机就位,开辟工作面挖土或爆破后石方,装车,移位,清理工作面)。

1)分为挖装土方和装石方两类情况,每一类中根据土壤和石方坚硬情况及斗容量大小分成不同的子目。工程量按天然密实方以 m^3 计算。

2)土方不需装车时,应乘以系数 0.87。

(10)装载机装土、石方(工程内容:铲装土方或爆破后石方,装车,调位,清理工作面)。

1)分为土方、软石和次坚石、坚石三类情况,进一步按机械斗容量大小分成不同的子目。

2)装载机装土方如需推土机配合推松、集土时,其人工、推土机台班的数量按"推土机推运土方"第一个 20 m 定额乘以 0.8 的系数计算。

3)装载机与自卸汽车可按表6-4 配备。

表 6-4 装载机与自卸汽车配备表

装载机斗容量/m^3	1 以内		2 以内		3 以内	
汽车装载质量/t	6 以内	8 以内	10 以内	12 以内	15 以内	20 以内	30 以内

(11) 自卸汽车运土、石方（工程内容：等待装、运、卸，空回）。分为土方和石方两类情况，进一步根据自卸汽车装载质量和第一个 1 km、每增运 0.5 km 分设子目。工程量按天然密实方以 m^3 计算。

(12) 推土机推土、石方。

1) 按推土机功率和第一个 20 m（松土、普通土、硬土）、每增运 10 m 分设不同的子目。工程量按天然密实方以 m^2 计算。

2) 上坡推运的坡度大于 10% 时，按坡面的斜距乘以表 6-5 所列系数作为运距。

表 6-5 坡面的坡度系数表

坡度/%	$10 < i \leqslant 20$	$20 < i \leqslant 25$	$25 < i \leqslant 30$
系数	1.5	2.0	2.5

【例 6-2】 某 75 kW 履带式推土机推普通土，一次推土水平距离 5 m，重车上坡斜长 10 m，斜坡坡度为 21%，计算该推土机推土的基价。

解：换算后推距 = $5 + 2 \times 10 = 25$ (m)。

按 25 m 推距应套用计价定额 18-1-1-12-（2+4）子目，基价为 $2628 + 831 = 3459$（元/1 000 m^3）。

答：该推土机推土的基价为 3 459 元/1 000 m^3。

(13) 铲运机铲运土方（工程内容：铲运土、分层铺土、空回、整理卸土）。

1) 按铲运机斗容量和第一个 100 m（松土、普通土、硬土）、每增运 50 m 分设不同的子目。工程量按天然密实方以 m^3 计算。

2) 采用自行式铲运机铲运土方时，铲运机台班数量应乘以系数 0.7。

3) 上坡推运的坡度大于 10% 时，按坡面的斜距乘以表 6-5 所列系数作为运距。

(14) 开炸石方分为人工开炸和机械开炸两种情况，进一步根据软石、次坚石和坚石分成三个子目，工程量按天然密实方以 m^3 计算。该定额仅包括爆破石方，如需清运，可按相关运输定额计算。

(15) 控制爆破石方分为软石、次坚石和坚石三个子目，工程量按天然密实方以 m^3 计算。该定额仅包括爆破石方，如需清运，可按相关运输定额计算。

(16) 抛坍爆破石方（工程内容：小炮改造地形，开挖井室、出渣并支撑，装药堵塞及敷设导爆线路，设立安全警戒、引爆及检查结果，排险、撬松、解小）。

1) 分为地面横坡 30°以内、地面横坡 50°以内、地面横坡 50°以上三种情况，进一步又分为人工打眼和机械打眼分设子目。工程量按天然密实方以 m^3 计算。

2) 该定额仅包括爆破石方，如需清运，可按相关运输定额计算。

3) 采用推土机清运时，按推土机推软石定额乘以表 6-6 所列系数。

表 6-6 推土机推软石系数表

地面横坡	30°以下	30°~50°	50°以上
系数	0.65	0.55	0.35

(17) 挖掘机带破碎锤破碎石方（工程内容：准备工作，破碎石方，解小巨石，锤头保养及钢钎更换）。分为软石、次坚石和坚石三个子目，工程量按天然密实方以 m^3 计算。

(18) 机械碾压路基（分为填方路基和零填及挖方路基两种情况）。

1) 填方路基：工程内容有机械整平土方、机械解小并摊平石方，拖式羊足碾回转碾压，压路机前进、后退、往复碾压。分碾压土方和碾压石方,进一步分高速、一级公路,二级公路,三、四级公路,再根据机械类型(光轮压路机、振动压路机)和机械自身质量分设不同的子目。工程量按压实方以 m^3 计算。

2)零填及挖方路基:工程内容包括机械推松、整平土方,压路机前进、后退、往复碾压。进一步分高速、一级公路,二级公路,三、四级公路,再根据机械类型(光轮压路机、振动压路机)和机械自身质量分设不同的子目。工程量按 m^2 计算。

3)本定额按自行式平地机整平土方编制,当采用推土机整平土方时,可采用括号内数字并扣除定额中平地机的全部台班数量。

4)如需洒水,其费用另行计算。

(19)渗水路堤及高路堤堆砌。

1)渗水路堤工程内容:石料选择与修打,挂线、堆砌边坡及填心,铺碎石及草皮,铺黏土(包括洒水拌合),操作范围内的材料运输。工程量按 m^3 计算。

2)高路堤堆砌工程内容:堆砌边坡,填内心。工程量按 m^3 计算。

3)本定额不包括填石上部的填土工作。

4)在地基易被冲刷地段,需设反滤层时,工、料另行计算。

5)渗水路堤系按无压力式渗水路堤编制,压力式渗水路堤如需在填石上部土质路堤部分加铺护坡时,工、料另行计算。

6)渗水路堤定额中的片石是利用路堤开炸石方或邻近隧道弃渣,片石的价格按捡清片石计算。

(20)整修路基。

1)包括整修路拱、二级及二级以上等级公路整修边坡和三、四级公路整修边坡三种情况,进一步分为机械整修和人工整修两种情况。整修路拱按面积以 m^2 计算,整修边坡按长度以 km 计算。

2)整修路拱的工程内容为整平,按规定的坡度修整路拱。

3)整修边坡的工程内容为修整,铺平,拍实。

(21)旧路刷坡、改坡、帮坡、检底(刷坡检底和帮坡分为松土、普通土和硬土三种情况,改坡和检底分为软石、次坚石和坚石三种情况,工程量按体积以 m^3 计算)。

1)刷坡检底工程内容:挖土,装、卸、运土,挂线,整修边坡及底面。

2)帮坡工程内容:翻土、挖台阶、耙平打夯,挂线、修理边坡及路拱。

3)改坡、检底工程内容:选炮位、打眼、清眼,装药填塞、引爆及检查结果。

4)土质路基边坡厚 1 m 以内,检底厚 0.5 m 以内者,执行刷坡检底定额。

5)帮坡是指路基填筑宽度在 2 m 以内,以利用方填筑的土方工程,若以借方填筑时,则应增加挖运土方的工、料、机消耗。

6)石质改坡定额适用于改坡厚度在 1.5 m 以内,检底厚度在 1.0 m 以内的情况。

【例 6-3】 高速公路某标段路基土石方设计,无挖方,按断面计算的填方数量为 215 000 m^3,平均填土高度 4 m,边坡坡度 1∶1.5。本标段路线长 8 km,路基宽 26 m。为保证路基边缘的压实度需加宽填筑,宽填宽度为 0.3 m,完工后需刷坡,但不需远运。填前采用光轮压路机压实土方,采用人工整修边坡,机械整修路拱。

问题:计算刷坡、整修路拱和整修边坡的工程量。

解:路基宽填增加数量(刷坡工程量):$8\,000 \times 0.3 \times 2 \times 4 = 19\,200$($m^3$)。

整修路拱数量:$8\,000 \times 26 = 208\,000$($m^2$)。

整修边坡数量:8 km。

答:刷坡的工程量为 19 200 m³,整修路拱工程量为 208 000 m²,整修边坡工程量为 8 km。

(22) 洒水汽车洒水。

1) 根据洒水汽车容量(4 000 以内、6 000 以内、8 000 以内和 10 000 以内)分设四种情况,进一步根据运距细分第一个 1 km 和每增运 0.5 km 两类情况。

2) 若水需要计费时,水费另行计算。

3) 工程量按水的体积以 m³ 计算。

【例 6-4】 某二级公路建设项目路基土石方的工程量(断面方)见表 6-7。

表 6-7 例 6-4 表

挖方/m³		填方/m³		借方/m³	
普通土	次坚石	土方	石方	普通土	次坚石
470 700	1 045 000	582 400	1045 200	200 000	11 500

假设土的压实干密度为 1.35 t/m³,自然状态土的含水率约低于其最佳含水率 1.5%,请问为达到压实要求,应增加的用水量是多少?

分析:增加水量 = 填土量(压实方)× 土的压实干密度 × 增加的含水率 ÷ 水密度

解: 土方压实需增加的用水量 = 582 400 × 1.35 × 1.5% ÷ 1 = 11 794 (m³)。

答:该工程应增加的用水量为 11 794 m³。

6.1.2.2 路基土、石方工程量计算规则

(1) 土石方体积的计算。除定额中另有说明外,土方挖方按天然密实体积计算,填方按压(夯)实后的体积计算,石方爆破按天然密实体积计算。当以填方压实体积为工程量,采用以天然密实方为计量单位的定额时,所采用的定额应乘以表 6-8 所列系数,如路基填方为借方时,则应在表 6-8 所列系数基础上增加 0.03 的损耗。

表 6-8 土、石方换算系数表

公路等级	土方			石方
	松土	普通土	硬土	
二级及二级以上公路	1.23	1.16	1.09	0.92
三、四级公路	1.11	1.05	1.00	0.84

(2) 零填及挖方路段基底压实面积等于路槽底面宽度(m)和长度(m)的乘积。

(3) 抛坍爆破的工程量,按设计的抛坍爆破石方体积计算。

(4) 整修边坡的工程量,按公路路基长度计算。

【例 6-5】 已知某工程的路基横断面图如图 6-1 所示,道路总长 60 m,土壤全为普通土,请计算该工程的挖方与填方工程量。

分析:当各中桩的横断面面积求出来以后,路基土、石方的工程量通常按平均断面法来计算,如图 6-2 所示,即

$$V = \frac{A_1 + A_2}{2} \times L$$

式中 A_1、A_2——两相邻横断面面积;

L——两相邻横断面里程桩号之差。

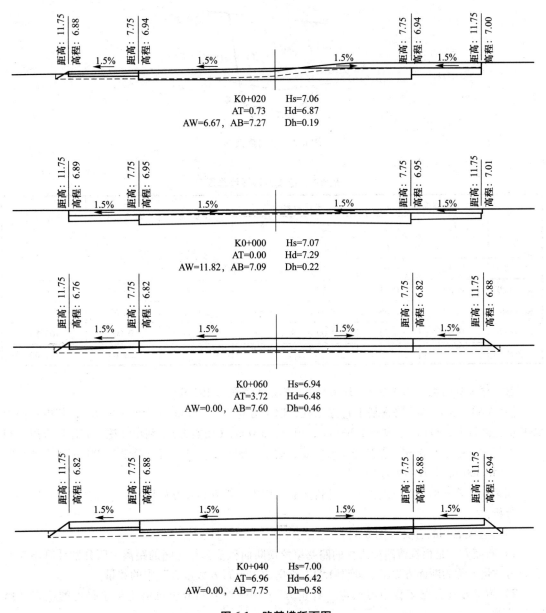

图 6-1 路基横断面图

该方法是假定相邻两横断面间为一棱柱体,其高是两桩号间的距离,其底为两横断面面积的平均值。这种方法是一种近似的计算方法,当按上式计算路基土、石方体积时,应注意:

(1) 当两相邻横断面形状有较大变化时,为了提高土、石方的计量精度,应在两断面之间补测一横断面,分段计算其土、石方数量。

(2) 填方面积与挖方面积应分开计算。

(3) 填方或挖方面积应按填或挖土、石方面积分开计算。

解: 路基挖方数量和填方数量计算见表6-9。

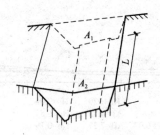

图6-2 平均断面法

表6-9 挖填方数量计算表

桩号	横断面积/m²		平均面积/m²		距离/m	挖方数量	填方数量
	挖	填	挖	填			
1	2	3	4	5	6	7	8
K0+000	11.82	0.00					
K0+020	6.67	0.73	9.25	0.37	20.00	184.90	7.30
K0+040	0.00	6.96	3.34	3.85	20.00	66.70	76.90
K0+060	0.00	3.72	0.00	5.34	20.00	0.00	106.80
合计						251.60	191.00

答：该工程的挖方工程量为251.60 m³，填方工程量为191.00 m³。

【例6-6】 某高速公路路基土石方工程，挖土方总量4 000 m³（天然密实方），其中：松土800 m³、普通土2 000 m³、硬土1 200 m³，填方5 000 m³（压实方）。利用开挖土方作填方用，利用天然密实方松土500 m³、普通土1 500 m³、硬土1 000 m³。开炸石方总量1 000 m³（天然密实方），利用300 m³开炸石方作填方用。

问题：计算本项目路基断面方、计价方、利用方、借方和弃方数量。

分析：

(1) 有关名词的含义（图6-3）：

1) 断面方，是根据线路标志桩的路基填挖横断面积及其相应间的距离，所分别计算出来的土石方数量，称为断面方数量。即设计图上给出的"土石方数量表"中的数量。

2) 施工方（公路工程中习惯称"计价方"）——挖方和取土坑借土填筑路堤的填方（借方）之和。

3) 利用方，是利用挖方回填的方量（编制预算时，对利用方只计填方，不计挖方）。

4) 弃方，是场地多余土方或无法用于回填的土方。

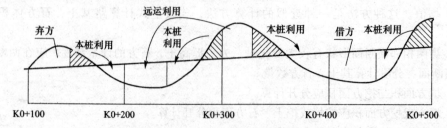

图6-3 利用方、借方、弃方的含义

(2) 有关公式：

设计断面方数量 = 挖方数量（天然密实方）+ 填方数量（压实方）

计价方 = 挖方数量（天然密实方）+ 借方数量（压实方）= 填方数量（压实方）+
弃方数量（天然密实方）
= 挖方（天然密实方）+ 填方（压实方）- 利用方（压实方）

借方数量（压实方）= 填方数量（压实方）- 利用方数量（压实方）

弃方数量（天然密实方）= 挖方数量（天然密实方）- 利用方数量（天然密实方）

解：(1) 路基设计断面方数量：(4 000 + 1 000)（天然密实方）+ 5 000（压实方）= 10 000（m³）

(2) 利用方数量：500 ÷ 1.23 + 1 500 ÷ 1.16 + 1 000 ÷ 1.09 + 300 ÷ 0.92 = 2 943.13（m³）（压实方）

(3) 借方数量：5 000 - 2 943.13 = 2 056.87（m³）（压实方）

(4) 弃方数量：4 000 + 1 000 - (500 + 1 500 + 1 000 + 300) = 1 700（m³）（天然密实方）

(5) 计价方数量：(4 000 + 1 000)（天然密实方）+ 2 056.87（压实方）= 7 056.87（m³）

答：本项目路基断面方 10 000 m³、计价方 7 056.87 m³、利用方 2 943.13 m³、借方 2 056.87 m³ 压实方、弃方 1 700 m³ 天然密实方。

【例 6-7】 某二级公路设计路基土石方数量见表 6-10。

表 6-10 路基土石方数量表

挖方/m³				填方/m³
松土	普通土	硬土	次坚石	
50 000	150 000	65 000	45 000	420 000

本项目路线长 30 km、路基宽 12 m，挖方、填方路段长度各占 50%，全部挖方均用作路基填方。其中土方平均运距为 1 500 m、石方平均运距为 60 m，如需借方，其平均运距为 2 000 m（按普通土考虑）。路基平均填土高度 2 m，边坡坡度 1:1.5，填前压实沉陷厚度为 0.1 m，土的压实干密度为 1.4 t/m³，自然状态土的含水率约低于其最佳含水率 2%，水的平均运距为 1 000 m。考虑 2 m³ 挖掘机挖装土方、12 t 自卸汽车运土，机械打眼开炸石方、135 kW 推土机推石方，填前采用 12 t 光轮压路机碾压，填土石采用 15 t 振动压路机碾压，采用 6 000 L 洒水车洒水，机械整修路拱，人工整修边坡。

问题：列出编制本项目土石方工程施工图预算所需的全部工程细目名称、单位、定额代号及数量等内容，并填入表格中，需要时应列式计算。

分析：(1) 各种土石方量套用的定额、计量单位及计价。

1) 挖方。按土质分类分别套用相应的挖土定额，定额单位为天然密实方。

2) 填方。套用相应的压实定额，定额单位为压实方。

3) 本桩利用。这一数量的"挖"已在"挖方"内计算，"填"已在"填方"内计算。

4) 远运利用。其"挖"已在其他断面"挖方"内计算，其"填"已在"填方"内计算。

5) 借方。计算其挖、装、运的费用，其"填"已在"填方"内计算。

6) 弃方。只计算其运输费用，其"挖"已在"挖方"内计算。

(2) 由施工组织设计提出，并计入填方数量内的几种土石方数量。下列各种土石方数量的发生，在定额中没有考虑，需要以工程量形式计入预算之中：

1) 清除表土数量，按施工组织设计数量计列。

2) 因基底不实和耕地填前压实所增加的土方数量。

3) 路基因加宽所应增加的填方数量。
4) 路基因沉降而增加的土方量。

随着高等级公路的修建，路堤高度一般较高，路基沉降而引起土方量增加的因素越加明显，对于软弱地基处的路基尤为如此。土方增加数量由设计者根据沉降理论或根据地区经验取定。

(3) 施工机械的选择与配合。在土石方工程中，应根据工程规模、工期、工地条件、其他现场调查资料以及施工组织设计选择恰当的施工方法，合理地选用定额。

1) 根据工程规模、工地条件等选定施工机械，参见表6-11。

表6-11 施工机械的选择与配合

工作种类		施工机械
新建道路	半填半挖	推土机
	半挖装载	挖掘机、装载机 + 自卸汽车
	明挖	推土机、铲运机 挖掘机、装载机 + 自卸汽车
现有道路加宽		推土机、挖掘机、装载机 + 自卸汽车
现有道路改建		挖掘机、装载机 + 自卸汽车

2) 对于挖掘装载机械，应根据土质条件及现场施工条件合理选用。对于松土、普通土，采用装载机挖装比较适宜。但当挖土高度大于3 m时，应有推土机辅助。对于稍微固结的土质可用挖掘机挖装，也可使用装载机挖装，但需推土机辅助。对于结构紧密的土质，应在推土机推松后采用装载机或挖掘机装载。

3) 每种施工机械都有其比较经济的运距，一般如下：

推土机50 m以内；拖式铲运机50～300 m；自行式铲运机300～2 000 m；自卸汽车2 000 m以上。

解：(1) 列项目：挖掘机挖装松土（利用方）（1-1-9-7）；挖掘机挖装普通土（利用方）（1-1-9-8）；挖掘机挖装硬土（利用方）（1-1-9-9）；机械打眼开炸石方（1-1-14-5）；推土机推石方（可利用方）[1-1-12-32 (35)]；自卸汽车运土1.5 km [1-1-11-7 (8)]；挖掘机挖装普通土（借方）（1-1-9-8）；自卸汽车运土2 km（借方）[1-1-11-7 (8)]；挖方路基碾压（1-1-18-24）；耕地填前碾压（1-1-5-4）；土方碾压（1-1-18-9）；石方碾压（1-1-18-16）；土方洒水（1-1-22-3）；整修路拱（1-1-20-1）；整修边坡（1-1-20-3）。

(2) 计算工程量。

利用方数量：$50\,000 \div 1.23 + 150\,000 \div 1.16 + 65\,000 \div 1.09 + 45\,000 \div 0.92 = 278\,507$（m³）。

路基填前压实沉陷增加数量：$30\,000 \times 50\% \times (12 + 2 \times 1.5 \times 2) \times 0.1 = 27\,000$（m³）。

实际填方数量：$420\,000 + 27\,000 = 447\,000$（m³）。

其中，填石方$45\,000 \div 0.92 = 48\,913$；填土方$447\,000 - 48\,913 = 398\,087$（m³）。

借方数量：$447\,000 - 278\,507 = 168\,493$（m³）。

挖方自卸汽车运土1.5 km：$50\,000 + 150\,000 + 65\,000 = 265\,000$（m³）。

挖方路基碾压：$30\,000 \times 12 \times 50\% = 180\,000$（m²）。

耕地填前碾压：$30\,000 \times (12 + 2 \times 1.5 \times 2) \times 50\% = 270\,000$（m²）。

土方洒水：$(420\,000 + 27\,000) \times 1.4 \times 2\% \div 1 = 12\,516$（m³）。

整修路拱：$30\,000 \times 12 = 360\,000$（m²）。

(3) 套定额，计算结果见表6-12。

第6章 公路工程定额工程量计量与计价

表6-12 计算结果

序号	工程细目		定额代号	单位	数量	定额调整或系数
1	2 m³ 挖掘机挖装土方	松土	1-1-9-7	1 000 m³ 天然密实方	50	
2		普通土	1-1-9-8	1 000 m³ 天然密实方	150	
3		硬土	1-1-9-9	1 000 m³ 天然密实方	65	
4	机械打眼开炸石方	次坚石	1-1-14-5	1 000 m³ 天然密实方	45	
5	135 kW 推土机推石方 60 m	第一个 20 m	1-1-12-32	1 000 m³ 天然密实方	45	
6		每增运 10 m	1-1-12-35	1 000 m³ 天然密实方	45	4
7	12 t 自卸汽车运土（1 500 m）	第一个 1 km	1-1-11-7	1 000 m³ 天然密实方	265	
8		每增运 0.5 km	1-1-11-8	1 000 m³ 天然密实方	265	
9	2 m³ 挖掘机挖装土（借方）		1-1-9-8 改	1 000 m³ 天然密实方	168.493	1.19
10	12 t 自卸汽车运土（2 000 m）	第一个 1 km	1-1-11-7 改	1 000 m³ 天然密实方	168.493	1.19
11		每增运 0.5 km	1-1-11-8 改	1 000 m³ 天然密实方	168.493	1.19×2
12	零填及挖方段压实		1-1-18-24	1 000 m²	180	
13	耕地填前压实		1-1-5-4	1 000 m²	270	
14	土方碾压		1-1-18-9	1 000 m³ 压实方	398.087	
15	石方碾压		1-1-18-16	1 000 m³ 压实方	48.913	
16	洒水车洒水		1-1-22-3	1 000 m³ 水	12.516	
17	整修路拱		1-1-20-1	1 000 m²	360	
18	整修边坡		1-1-20-3	1 km	30	

答：本项目土石方工程施工图预算所需的全部工程细目名称、单位、定额代号及数量等内容见表6-12。

【例6-8】 某三级公路路线长35 km，路基宽8.5 m，其路基土石方设计资料见表6-13（需要自己核算土方状态）。

表6-13 路基土、石方工程的设计资料

项目名称	单位	数量	附注
本桩利用土方	m³	24 000	普通土
远运利用土方	m³	56 000	普通土，运距1 500 m
借土方	m³	680 000	普通土，运距3 000 m
填土方	m³	760 000	
本桩利用石方	m³	8 000	软石
远运利用石方	m³	68 000	软石运距400 m
填石方	m³	90 476	

已知采用135 kW的推土机，斗容量2 m³的挖掘机，8 t自卸汽车，10 t振动压路机碾压。

问题：列出编制本项目土石方工程施工图预算所需的全部工程细目名称、单位、定额代号及数量等内容，并填入表格中，需要时应列式计算。

分析：本案例除考核前述案例关于土石方的概念及相互之间的关系外，还应注意：由于案例给定的已知条件中，均未对土石方数量是天然密实方还是压实方给予明确，因此，解题时需进行必要的分析判断。

根据给定的工程量，分析发现：

土方：填土方（760 000 m³）= 利用方（24 000 m³ + 56 000 m³）+ 借方（680 000 m³），说明土方是平衡的，也就是说已知条件给定的工程量均为压实方。

石方：填石方（90 476 m³）大于利用方（8 000 m³ + 68 000 m³），假如已知条件给定的工程量均为压实方，则说明需要借石填筑，显然是不合理的。假如已知条件给定的工程量利用方是天然密实方，判断是否平衡？

石方：填石方 90 476 × 0.84 = 76 000 m³ = 利用石方（8 000 + 68 000 = 76 000 m³），经计算发现利用石方为天然密实方时，是平衡的，即说明已知条件给定的土方部分是压实方，而石方部分利用方是天然密实方，填方是压实方。

解：（1）列项目：推土机推土（本桩利用土）（1-1-12-14）；挖掘机挖装普通土（远运利用方）（1-1-9-8）；自卸汽车运土 1.5 km（远运利用方）（1-1-11-17（18））；挖掘机挖土（借方）（1-1-9-8）；自卸汽车运土 3 km（借方）（1-1-11-17（18））；振动压路机碾压路基（1-1-18-11）；机械打眼开炸石方（1-1-14-4）；推土机推石方（本桩利用方第一个 20 m）（1-1-12-31）；装载机装石方（远运利用方）（1-1-10-4）；自卸汽车运石（远运利用方）（1-1-11-17）；机械碾压石方（1-1-18-17）。

（2）计算工程量。

1）设计断面方数量。

设计断面方数量 = 挖方数量 + 填方数量。

挖土方数量：（24 000 + 56 000）× 1.05 = 84 000（m³）（天然密实方）。

挖石方数量：8 000 + 68 000 = 76 000（m³）（天然密实方）。

填方数量：760 000 + 90 476 = 850 476（m³）（压实方）。

断面方数量：84 000 + 76 000 + 850 476 = 1 010 476（m³）

2）计价方数量。

计价方数量：挖方（天然密实方）+ 借方（压实方）= 断面方 − 利用方。

84 000 + 76 000 + 680 000 = 840 000（m³）；

或 1 010 476 − 24 000 − 56 000 −（8 000 + 68 000）÷ 0.84 = 840 000（m³）。

（3）套定额，计算结果见表6-14。

表6-14 计算结果

序号	工程细目	定额代号	单位	数量	定额调整或系数
1	135 kW 推土机推土（第一个 20 m）	1-1-12-14 改	1 000 m³ 天然密实方	24	1.05
2	2 m³ 挖掘机装土方（利用方）	1-1-9-8 改	1 000 m³ 天然密实方	56	1.05
3	12 t 自卸汽车运土（第一个 1 km）	1-1-11-17 改	1 000 m³ 天然密实方	56	1.05
4	12 t 自卸汽车运土（增运 0.5 km）	1-1-11-18 改	1 000 m³ 天然密实方	56	1.05
5	2 m³ 挖掘机装土（借土方）	1-1-9-8 改	1 000 m³ 天然密实方	680	1.08
6	12 t 自卸汽车运土（第一个 1 km）	1-1-11-17 改	1 000 m³ 天然密实方	680	1.08
7	12 t 自卸汽车运土（增运 0.5 km）	1-1-11-18 改	1 000 m³ 天然密实方	680	1.08 × 4

续表

序号	工程细目	定额代号	单位	数量	定额调整或系数
8	土方碾压	1-1-18-11	1 000 m³	760	
9	机械打眼开炸石方	1-1-14-4	1 000 m³	8	
10	135 LW 推土机推石（第一个 20 m）	1-1-12-31	1 000 m³	68	
11	2 m³ 装载机装石	1-1-10-4	1 000 m³	68	
12	12 t 自卸汽车运石（第一个 1 km）	1-1-11-17	1 000 m³	68	
13	石方碾压	1-1-18-17	1 000 m³	90.476	

答：本项目土石方工程施工图预算所需的全部工程细目名称、单位、定额代号及数量等内容见表 6-14。

6.1.3 特殊路基处理工程

特殊路基处理工程包括：袋装砂井处理软土地基；塑料排水板处理软土地基；石灰砂桩处理软土地基；振冲碎石桩处理软土地基；沉管法挤密桩处理软土地基；水泥、石灰搅拌桩处理软土地基；高压旋喷桩处理软土地基；CFG 桩处理软土地基；土工合成材料处理软土地基；强夯处理地基；抛石挤淤；地基垫层；真空预压；路基填土掺灰；采空区处治＊；刚性桩处理软土地基；路基注浆处理；冲击压实；泡沫轻质土浇筑＊。

1. 特殊路基处理工程的总说明

（1）袋装砂井及塑料排水板处理软土地基，工程量为设计深度，定额材料消耗中已包括砂袋或塑料排水板的预留长度。

（2）振冲碎石桩定额中不包括污泥排放处理的费用，需要时另行计算。

（3）挤密碎石桩、灰土桩、砂桩和石灰砂桩处理软土地基定额的工程量为设计桩断面积乘以设计桩长。

（4）水泥搅拌桩和高压旋喷桩处理软土地基定额的工程量为设计桩长。

（5）高压旋喷桩定额中的浆液是按普通水泥浆编制的；当设计采用添加剂或水泥用量与定额不同时，可按设计要求进行抽换。

（6）土工布的铺设面积为锚固沟外边缘所包围的面积，包括锚固沟的底面积和侧面积。定额中不包括排水内容，需要时另行计算。

（7）强夯定额适用于处理松、软的碎石土、砂土、低饱和度的粉土与黏性土、湿陷性黄土、杂填土和素填土等地基。定额中已综合考虑夯坑的排水费用，使用定额时不得另行增加费用。每 100 m² 夯击点数和击数按设计确定。

2. 特殊路基处理工程的分项说明和工程量计算规则

（1）袋装砂井处理软土地基按袋装砂井机分为门架式和不带门架两个子目，工程量按长度以 m 计算。

1）门架式工程内容：轨道铺、拆，装砂袋，定位，打钢管，下砂袋，拔钢管，门架、桩机移位。

2）不带门架工程内容：装砂袋，定位，打钢管，下砂袋，拔钢管，起重机、桩机移位。

3）本定额按砂井直径 7 cm 编制，如砂井直径不同时，可按砂井截面积的比例关系调整中（粗）砂的用量，其他消耗量不作调整。

【例 6-9】 某高速公路 K0+050～K0+550 路段泥沼厚度超过 6 m，且填土高度超过天然地面

3 m，对路基进行袋装砂井处理，砂井直径 7 cm，间距 2 m，道路横截面图如图 6-4 所示，图中袋装砂井长度 5 m，袋装砂井深入砂垫层 0.3 m，W 为 1 m，m 为 1.5，B 为 45 m，求袋装砂井的工程量。

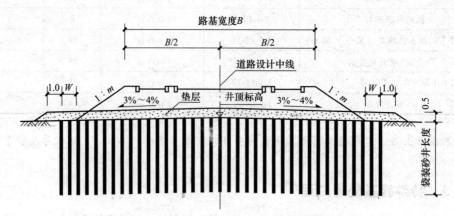

图 6-4 袋装砂井处理软基横断面图

解：
砂井处理宽度 $= 45 + 3 \times 1.5 \times 2 + 1 \times 2 = 56$（m）
宽度方向砂井数量 $= 56 \div 2 + 1 = 29$（个）
砂井处理长度 $= 550 - 50 = 500$（m）
长度方向砂井数量 $= 500 \div 2 + 1 = 251$（个）
袋装砂井工程量 $= 56 \times 251 \times 5 = 70\,280$（m）

答：袋装砂井的工程量为 70 280 m。

（2）塑料排水板处理软土地基按袋装砂井机分为带门架式和不带门架式两个子目，工程量按排水板长度以 m 计算。

1）门架工程式内容：轨道铺拆，定位，穿塑料排水板，安桩靴，打拔钢管，门架、桩机移位。

2）不带门架工程内容：定位，穿塑料排水板，安桩靴，打拔钢管，剪断排水板，起重机桩机移位。

（3）石灰砂桩处理软土地基分为人工成孔和机械成孔，其中人工打孔按石灰砂桩直径分为 10 cm 以内和 10 cm 以上两个子目，机械成孔对砂直径不做区分工程量按石灰砂桩体积以 m³ 计算。

1）人工成孔工程内容：整平路基；放样，人工挖孔，配、拌料，填料并捣实，耙土封顶整平，压路机碾压。

2）机械成孔工程内容：整平路基；放样，钻机就位、钻孔、钻机移位，配、拌料，填料并捣实，耙土封顶整平，压路机碾压。

（4）振冲碎石桩处理软土地基工程量按桩长计算。工作内容：安、拆振冲器，振冲、填碎石，疏导泥浆，场内临时道路维护。

（5）沉管法挤密桩处理软土地基分为挤密砂桩、挤密灰土桩和挤密碎石桩三种情况。工程量按桩体积以 m³ 计算。

1）挤密砂桩处理软土地基分为桩长 10 m 以内和 10 m 以上两个子目。工程内容：桩机就位，打拔钢管，管内填水加砂，起重机、桩机移位，清理工作面。

2) 挤密灰土桩处理软土地基石灰含量按30%计算。工程内容：桩机就位，打拔钢管，运送填料、填充、夯实，桩机移位，清理工作面。

3) 挤密碎石桩处理软土地基分为桩长10 m以内和10 m以上两个子目。工程内容：桩机就位，打拔钢管，运送填料、填充、夯实，桩机移位，清理工作面。

(6) 水泥、石灰搅拌桩处理软土地基分为粉体喷射搅拌桩和浆体喷射搅拌桩两种情况，工程量按长度以m计算。粉体喷射搅拌桩处理软土地基按固化材料为水泥、石灰分设子目，进一步根据桩长10m以内和20 m以内分设子目。工程内容：清理场地，放样定位，钻机安拆，钻进搅拌、提钻并喷粉搅拌、复拌，移位，机具清洗及操作范围内料具搬运。浆体喷射搅拌桩对应为水泥搅拌桩处理软土地基。工程内容：清理场地，放样定位，钻机安拆，钻进搅拌、提钻并喷浆搅拌、复拌，移位，机具清洗及操作范围内料具搬运，清除桩头。

1) 本定额是按桩径50 cm编制的，当设计桩径不同时，桩径每增加5 cm，定额人工和机械增加5%。

2) 本定额中粉体喷射的水泥掺量为15%、石灰掺量为25%，当掺入比不同或桩径不同时，可按下式调整固化材料的消耗：

$$Q = \frac{D^2 \times m}{D_0^2 \times m_0} \times Q_0$$

式中　Q——设计固化材料消耗；

　　　Q_0——定额固化材料消耗；

　　　D——设计桩径；

　　　D_0——定额桩径；

　　　m——设计固化材料掺入比；

　　　m_0——定额固化材料掺入比。

【例6-10】　某工程采用粉体喷射水泥搅拌桩加固地基，搅拌桩桩长8 m，搅拌桩直径为ϕ550 mm，采用42.5普通硅酸盐水泥，掺量为土质量的12%，搅拌桩施工速度不大于0.6 m/min，须进行全长复喷复搅，说明套定额时应对哪些内容进行换算，如何换算。

解：计算结果见表6-15。

表6-15　计算结果

序号	工程细目	定额代号	单位	定额调整或系数
1	水泥搅拌桩处理软土地基	1-2-6-1改	10 m	人工0.3×1.05 工日 水泥用量换为0.539 t 15 m以内深层喷射搅拌机0.09×1.05 台班 3 m³/min以内机动空压机0.09×1.05 台班

水泥用量：

$$Q = \frac{D^2 \times m}{D_0^2 \times m_0} \times Q_0 = \frac{0.55^2 \times 12\%}{0.5^2 \times 15\%} \times 0.557 = 0.539 \text{（t）}$$

答：具体换算见表6-15。

(7) 高压旋喷桩处理软土地基按施工方法分为单管法、二重管法和三重管法三个子目，工程量按桩长度以m计算。工程内容：清理场地，放样定位，钻机就位、钻孔、移位，配置浆液，喷射装置就位、喷射注浆、移位，泥浆池清理，机具清洗及操作范围内料具搬运。

本定额中水泥的消耗量应根据设计确定的有关参数计算，水泥浆按下列公式计算：

$$M_c = \frac{\rho_w \times d_c}{1 + a \times d_c} \times \frac{H}{v} \times q \times (1+\beta)$$

式中　M_c——水泥用量（kg）；

　　　ρ_w——水的密度（kg/m³）；

　　　d_c——水泥的相对密度，可取 3.0；

　　　H——喷射长度（m）；

　　　v——提升速度（m/min）；

　　　q——单位时间喷浆量；

　　　a——水胶比；

　　　β——损失系数，一般取 0.1~0.2。

（8）CFG 桩处理软土地基分为钻孔成桩和沉管成桩两个子目，工程量按桩实体体积以 m³ 计算。

1）钻孔成桩工程内容：清理场地、整平，测量放样、钻机就位，准备钻具、钻孔，混凝土配运料、拌和、灌注、拔管移位，凿桩头及操作范围内料具搬运。

2）沉管成桩工程内容：清理场地、整平，测量放样、机具就位，振动沉管，混凝土配运料、拌和、灌注、拔管移位，凿桩头及操作范围内料具搬运。

3）定额按 C20 水泥粉煤灰混凝土编制，若设计配合比与定额不同，可调整相应材料消耗，其余不得调整。

（9）土方合成材料处理地基分为土工布处理、土工格栅处理和土工格室处理三种情况，工程量按处理面积计算。

1）土工布处理进一步分为软土地基和淤泥两种情况。工程内容：清理整平路基，挖填锚固沟，铺设土工布，缝合及锚固土工布，场内取运料。

2）土工格栅处理适用于软土路基（或路面基层）。工程内容：清理整平路基（或路面基层），铺设土工格栅，固定土工格栅，场内取运料。

3）土工格室处理适用于软土路基（或路面基层）。工程内容：清理整平路基（或路面基层），铺设土工格室，固定土工格室，场内取运料。

（10）强夯处理地基分为强夯片石墩、满夯和点夯三种情况，工程量按处理面积计算。

1）强夯片石墩工程内容：清理并平整施工场地，开挖、填片石，夯击，平整及压实，操作范围内料具搬运。

2）满夯按 1 000 kN·m 以内夯击能设置一遍一击和每增减一击两个子目。工程内容：搭接 1/4 连接夯击，移位。

3）点夯每 100 m² 按 7 个夯点考虑，夯击能按 1 000 kN·m 以内和 2 000 kN·m 以内分设子目，进一步细分每 7 点 7 击、每增减 1 点、每增减 1 击三种情况。

【例 6-11】 某软土地基，采用土工布处理。设计处理平面长度 600 m，宽度 12 m，在平面范围以外的四周设置锚固沟，锚固沟截面形状为倒梯形，沟底宽 0.6 m，沟深 0.8 m，边坡 1∶0.5，求土工布的铺设工程量。

解：土工布的面积应为锚固沟外缘所包围的面积，包括锚固沟的底面积和侧面积。

$$\text{锚固沟展开面积} = 0.6 + 2 \times \sqrt{0.8^2 + (0.8 \times 0.5)^2} = 2.389 \text{（m）}$$

$$\text{锚固沟中心线长度} = 2 \times (600 + 0.6 + 12 + 0.6) = 1\,226.4 \text{（m）}$$

$$土工布铺设工程量 = 600 \times 12 + 2.389 \times 1\,226.4 = 10\,129.87\ (m^2)$$

答： 土工布铺设面积为 $10\,129.87\ m^2$。

(11) 抛石挤淤分为人工抛石和机械抛石两种情况，工程量按设计抛石量以体积计算。人工抛石工程内容：人工抛填片石，整平，碾压。机械抛石工程内容：推土机推填片石，整平，碾压。

【例6-12】 某一级公路 K0+050~K0+550 之间地势低洼，排水困难，常有积水，在路基底部人工抛投片石对其进行处理，抛填片石高度为 0.9 m，找平层厚度 0.1 m，道路横断面图如图 6-5 所示，路基宽度 15 m，$m = m_1 = 1.5$，路基填土平均高度 3 m，求抛石挤淤的工程量。

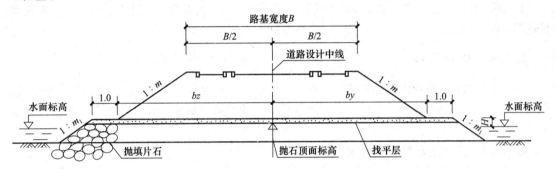

图 6-5 抛石挤淤处理软基横断面图

解：
$$抛石断面上口尺寸 = 15 + 3 \times 1.5 \times 2 + 1 \times 2 + 0.1 \times 1.5 \times 2 = 26.3\ (m)$$
$$抛石断面下口尺寸 = 26.3 + 0.9 \times 1.5 \times 2 = 29\ (m)$$
$$抛石挤淤工程量 = (26.3 + 29) \times 0.9 \div 2 \times 500 = 12\,442.5\ (m^3)$$

答： 该工程的抛石挤淤工程量为 $12\,442.5\ m^3$。

(12) 地基垫层分为砂垫层、砂砾垫层、石渣垫层和碎石垫层四种情况，工程量按体积以 m^3 计算。工程内容：铺筑，整平，分层碾压。

压实如需用水时，费用另行计算。

【例6-13】 求例6-9工程中的砂垫层工程量。

解：
$$上口宽度 = 56 + 1 \times 2 = 58\ (m)$$
$$下口宽度 = 58 + 0.5 \times 1.5 \times 2 = 59.5\ (m)$$
$$长度 = 550 - 50 = 500\ (m)$$
$$砂垫层工程量 = (58 + 59.5) \times 0.5 \div 2 \times 500 = 14\,687.5\ (m^3)$$

答： 砂垫层工程量为 $14\,687.5\ m^3$。

(13) 真空预压按预压期分为 3 个月和每增减 0.5 个月两个子目，工程量按处理面积计算工程量。工程内容：测量放线，制、安、拆滤排水管，铺设砂垫层及薄膜，施工密封沟，安、拆真空设备，抽真空，观测。

(14) 路基填土掺灰分为掺石灰（稳定土拌合机、拖拉机带铧犁、挖掘机拌和）和掺水泥（稳定土拌合机、拖拉机带铧犁）两种情况，进一步按掺灰材料含量分设子目，工程量按体积以 m^3 计算。工程内容：掺灰，翻拌，闷料。

(15) 采空区处治包括钻孔、采空区灌浆、浇注孔口管、封口套管的内容。注浆采用水泥、粉煤灰浆液，水固比为 1∶1.2，水泥占固相的 15%，粉煤灰占固相的 85%；配合比与定额不相同，可调整材料消耗，其余不得调整。

(16) 刚性桩处理软土地基包括打压桩、接桩和填心的内容。打压桩工程量按长度计算，接桩工程量按接头个数计算，填心按体积计算工程量。

(17) 路基注浆处理包括钻孔和注浆两个子目，前者按长度计算工程量，后者按体积计算工程量。

(18) 冲击压实设置了冲压20遍和每增减5遍两个子目，工程量按面积计算。工程内容：推土机平整，放线、布点、冲压、平整、碾压。

(19) 泡沫轻质土浇筑包括混凝土挡板制安和泡沫轻质土两种情况。

1) 混凝土挡板制安分为预制、安装和角钢立柱三个子目。前两个子目按体积计算工程量，第三个子目按重量计算工程量。

2) 泡沫轻质土分为浇筑泡沫轻质土和钢筋网两个子目。前者按体积计算工程量，后者按质量计算工程量。

6.1.4 排水工程

排水工程包括：开挖沟槽；路基、中央分隔带盲沟；石砌边沟、排水沟、截水沟、急流槽；混凝土边沟、排（截）水沟、急流槽；排水管铺设；雨水井、检查井；轻型井点降水；机械铺筑拦水带。

6.1.4.1 排水工程的有关规定

1. 总说明

(1) 边沟、排水沟、截水沟、盲沟的挖基费用按开挖沟槽定额计算，其他排水工程的挖基费用按土、石方工程的相关定额计算。

(2) 边沟、排水沟、截水沟、急流槽定额均未包括垫层的费用，需要时按有关定额另行计算。

(3) 雨水箅子的规格与定额不同时，可按设计用量抽换定额中铸铁箅子的消耗。

2. 分项说明

(1) 开挖沟槽分为人工开挖和机械开挖两种情况，进一步分为开挖土方和石方。

(2) 路基、中央分隔带盲沟分为土工布铺设、PVC管安装、回填碎石和超高段混凝土过水槽干拌砂四个子目。该定额中不包括开挖土石方费用，需要时另行计算。排水管的型号、规格及消耗量与定额不一致时，可进行抽换。

(3) 石砌边沟、排水沟、截水沟、急流槽按实体体积以 m^3 计算工程量，工程内容包括：拌、运砂浆，选修石料，砌筑、勾缝、养护。

(4) 混凝土边沟、排水沟（分预制混凝土制块和现浇混凝土）、截水沟（分预制混凝土制块和现浇混凝土）、水沟盖板（分预制和安装）、急流槽（分预制混凝土制块和现浇混凝土），预制混凝土制块分预制和铺砌，现浇混凝土包括制作和安装一起。混凝土按 m^3 计算工程量，钢筋按 t 计算。

1) 现浇混凝土工程内容：模板安装、拆除、修理、涂脱模剂、堆放，混凝土配运料、拌和、运输、浇筑、养护。

2) 混凝土预制块预制工程内容：模板安装、拆除、修理、涂脱模剂、堆放，混凝土配运料、拌和、运输、浇筑、养护，预制块堆放。

3) 预制块铺砌工程内容：拌、运砂浆，预制块就位、铺砌、勾缝、填缝、养护。

(5) 混凝土排水管铺设分为现浇排水管基础混凝土、安装混凝土排水管和安装双壁波纹管三个定额，进一步区分不同管径分设内容，工程量按长度以 m 计算。

(6) 雨水井、检查井：

1) 井身和井盖分开计算，井身分为混凝土和砖砌两种，井盖为钢筋混凝土井盖制作安装，箅子为铸铁箅子。

2) 钢筋混凝土井身工程内容：模板制作、安装、拆除、修理、涂脱模剂、堆放，混凝土配运料、拌和、运输、浇筑、养护，钢筋制作、绑扎、安放、定位、校正，安装梯蹬。

3) 钢筋混凝土井盖工程内容：模板制作、安装、拆除、修理、涂脱模剂、堆放，混凝土配运料、拌和、运输、浇筑、养护，钢筋制作、绑扎、安放、定位、校正，拉手制安，井盖安装。

4) 雨水箅安放工程内容：清理井口，箅子安放。

5) 砖砌井身工程内容：混凝土搅拌、浇筑、养护，砌砖、勾缝、安装铸铁爬梯。

(7) 轻型井点降水分为井点管及总管和大口径井降水两种情况，进一步分为安装、拆除和使用两类，前者按井点管根数计算工程量，后者按套天计算工程量。

1) 安装拆除工程内容：挖排水沟及管槽，井管装配及地面试管，铺总管、装水泵、水箱、冲孔、沉管，灌砂封口，连接试抽，拔井管、拆管、清洗、整理、堆放。

2) 使用工程内容：抽水，井管堵漏。

3) 遇有天然水源可利用时，不计水费。

4) 本定额适用于地下水水位较高的轻粉质黏土、砂性土或淤泥质土层地带。

(8) 机械铺筑拦水带分为混凝土拦水带和沥青混凝土拦水带两种情况。工程内容：放样、挖槽、修整；混凝土配运料、拌和、运输、铺筑及养护。

6.1.4.2 排水工程的工程量计算规则

(1) 本章定额砌筑工程的工程量为砌体的实际体积，包括构成砌体的砂浆体积。

(2) 本章定额预制混凝土构件的工程量为预制构件的实际体积，不包括预制构件中空心部分的体积。

(3) 挖截水沟、排水沟的工程量为设计水沟断面积乘以水沟长度与水沟圬工体积之和。

【例 6-14】 某道路浆砌片石矩形截水沟，沟长 12 km，其断面尺寸如图 6-6 所示（图中尺寸单位 cm），采用人工开挖土方，M7.5 水泥砂浆浆砌片石。问题：列出编制本项目截水沟工程施工图预算所需的全部工程细目名称、单位、定额代号及数量等内容，并填入表格中，需要时应列式计算。

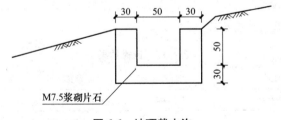

图 6-6 坡顶截水沟

解：(1) 列项目：人工开挖沟槽（1-3-1-1）；浆砌片石截水沟（1-3-3-5）。

(2) 计算工程量。

人工开挖沟槽：$(0.3+0.5+0.3) \times (0.3+0.5) \times 12\,000 = 10\,560$（m³）

浆砌片石截水沟：$10\,560 - 0.5 \times 0.5 \times 12\,000 = 7\,560$（m³）

(3) 套定额，计算结果见表 6-16。

表 6-16 计算结果

序号	工程细目	定额代号	单位	数量	定额调整或系数
1	人工开挖沟槽	1-3-1-1	1 000 m³	10.56	
2	浆砌片石截水沟	1-3-3-5	10 m³ 实体	756	

答：本项目截水沟工程施工图预算所需的全部工程细目名称、单位、定额代号及数量等内容见表 6-16。

（4）路基盲沟、中央分隔带盲沟（纵向、横向）的工程量按设计的工程内容计算。

（5）轻型井点降水定额按 50 根井管为一套，不足 50 根的按一套计算。井点使用天数按日历天数计算，使用时间按施工组织设计确定。

【例 6-15】 某大城市附近一级公路，路基宽 24.5 m，软基处理路段长 500 m，软基有三种处理方式：浅层换填、基底盲沟和抛石挤淤。主要工程量：软基浅层换填砂砾 7 800 m³，60 cm × 80 cm 碎石盲沟 950 m，设计碎石用量 456 m³，土工布 2 710 m²；机械抛石挤淤平均厚度 3 m，设计抛片石量 4 800 m³，抛填片石石渣反滤层 276 m³，软基处理后铺 20 cm 厚碎石垫层 2 500 m³。盲沟采用人工开挖，路基填筑为采用机械打眼开炸石方，借软石填方 60 000 m³（压实方），弃土场至工点距离 3 km，取土场至工点距离 9.7 km，取、弃土场处理费用不计。设备配备有：1 m³ 挖掘机、3 m³ 装载机、135 kW 推土机、12 t 自卸汽车、20 t 振动压路机。

问题：列出编制该软基处理及路基填筑工程的施工图预算涉及的工程细目名称、定额代号、单位及工程数量，并填入表格中，需要时应列式计算。

解：（1）列项目：挖掘机挖装松土（1-1-9-4）；人工开挖盲沟土方（1-3-1-1）；自卸汽车运土 [1-1-11-7（8）]；机械打眼开炸石方（1-1-14-4）；装载机装石方（1-1-10-6）；石方运输 [1-1-11-21（22）]；软基砂砾垫层（1-2-12-2）；回填碎石盲沟（1-3-2-3）；铺设土工布（1-3-2-1）；机械抛石挤淤（1-2-11-2）；软土地基石渣垫层（1-2-12-3）；软土地基碎石垫层（1-2-12-4）；石方碾压（1-1-18-13）；机械整修路拱（1-1-20-1）；人工整修边坡（1-1-20-3）。

（2）计算工程量：

弃土工程量：7 800 + 456 = 8 256（m³）。

整修路拱工程量：24.5 × 500 = 12 250（m²）。

整修边坡工程量：500 m。

（3）套定额，计算结果见表 6-17。

表 6-17 计算结果

序号	工程细目		定额代号	单位	数量	定额调整或系数
1	1 m³ 挖掘机挖装松土		1-1-9-4	1 000 m³ 天然密实方	7.8	
2	人工开挖盲沟土方		1-3-1-1	1 000 m³ 天然密实方	0.456	
3	12 t 自卸汽车运土（3 km）	第一个 1 km	1-1-11-7	1 000 m³ 天然密实方	8.256	
4		每增运 0.5 km	1-1-11-8 改	1 000 m³ 天然密实方	8.256	4
5	机械打眼开炸石方		1-1-14-4	1 000 m³ 天然密实方	60	0.92
6	装载机装石方		1-1-10-6 改	1 000 m³ 天然密实方	60	0.92
7	12 t 自卸汽车运石（9.7 km）	第一个 1 km	1-1-11-21 改	1 000 m³ 天然密实方	60	0.92
8		每增运 0.5 km	1-1-11-22 改	1 000 m³ 天然密实方	60	0.92 × 17

续表

序号	工程细目	定额代号	单位	数量	定额调整或系数
9	软基砂砾垫层	1-2-12-2	1 000 m³	7.8	
10	回填碎石盲沟	1-3-2-3	1 000 m³	0.456	
11	铺设土工布	1-3-2-1	1 000 m²	2.71	
12	机械抛石挤淤	1-2-11-2	1 000 m³ 设计抛石量	4.8	
13	软土地基石渣垫层	1-2-12-3	1 000 m³	0.276	
14	软土地基碎石垫层	1-2-12-4	1 000 m³	2.5	
15	石方碾压	1-1-18-13	1 000 m³ 压实方	60	
16	整修路拱	1-1-20-1	1 000 m²	12.25	
17	整修边坡	1-1-20-3	1 km	0.5	

答：本项目软基处理及路基填筑工程施工图预算所需的全部工程细目名称、单位、定额代号及数量等内容见表6-17。

6.1.5 防护工程

防护工程包括：人工铺草皮；植草护坡；编篱填石护坡；木笼、竹笼、铁丝笼填石护坡；现浇混凝土护坡；预制混凝土护坡；灰浆抹面护坡；喷射混凝土护坡；预应力锚索护坡；边坡柔性防护；石砌护坡；木桩填石护岸；抛石防护；防风固沙；防雪、防沙设施；石砌挡土墙；石砌护脚；石砌护面墙；现浇混凝土挡土墙；加筋土挡土墙；预制、安装钢筋混凝土锚定板式挡土墙；现浇钢筋混凝土锚定板式挡土墙；钢筋混凝土桩板式挡土墙；锚杆挡土墙；钢筋混凝土扶壁式、悬臂式挡土墙；挡土墙防渗层、泄水层及填内心；抗滑桩。

6.1.5.1 防护工程的有关规定

1. 总说明

（1）本章定额中未列出的其他结构形式的砌石防护工程，需要时按"桥涵工程"项目的有关定额计算。

（2）本章定额中除注明者外，均不包括挖基、基础垫层的工程内容，需要时按"桥涵工程"项目的有关定额计算。

（3）本章定额中除注明者外，均已包括按设计要求需要设置的伸缩缝、沉降缝的费用。

（4）本章定额中除注明者外，均已包括水泥混凝土的拌和费用。

（5）植草护坡定额中均已综合考虑胶粘剂、保水剂、营养土、肥料、覆盖薄膜等的费用，使用定额时不得另行计算。

（6）预应力锚索护坡定额中的脚手架是按钢管脚手架编制的，脚手架宽度按2.5 m考虑。

2. 分项说明

（1）人工铺草皮分为满铺和花格式两种情况，进一步根据边坡高度分为不同的情况。工程内容：铺筑、拍紧、木橛钉固草皮，铺花格草皮挖槽。

采用叠铺草皮时，定额中人工工日和草皮数量加倍计算，其他材料费不变。

（2）植草护坡分为挂网和植草两种情况。

1）挂网进一步分为土工格栅、三维植被网、铁丝网和钢筋四个细目。前三个按面积以 m² 计算工程量，钢筋按质量以 t 计算工程量。挂铁丝网细目未包括锚固筋（或锚杆）的消耗，应按相应定额另行计算。此处的钢筋细目仅适用于挂铁丝网的钢筋框条。

2) 植草进一步分为人工植草、机械液压喷播植草、喷混植草、客土喷播植草、CS混合纤维喷灌护坡和码砌植生袋。植草项目中可根据设计用量调整定额中的草籽或种子的数量。

①植草工程内容：边坡覆土；人工撒草籽、植草或机械喷播植草；初期养护。

②机械液压喷播植草工程内容：边坡整理；喷播植草；加覆盖物、固定；初期养护。

③喷混、客土喷播植草工程内容：边坡整理、覆土，植生混合料拌和；喷植生混合料；加覆盖物、固定；初期养护。

④CS混合纤维喷灌护坡工程内容：坡面清理；锚固件制作安装；挂铁丝网固定；架设基盘平台；喷射基材混合料、加覆盖物、固定；初期养护。

⑤码砌植生袋工程内容：边坡整理；基质配料、拌和，基质装袋，植生袋码砌、固定；覆盖无纺布；初期养护。

(3) 编篱填石护坡分单层和双层两种情况。工程内容为整修边坡；制打小树桩；编篱，填石。本定额不包括垫层，需要时根据设计按有关定额另行计算。工程量按面积以 m^2 计算。

(4) 木笼、竹笼、铁丝笼填石护坡工程内容：平整地基；木笼制作，桩木制作打桩，钉横木；编竹笼；编铁丝笼；安设，填石。

(5) 现浇混凝土护坡分为满铺式混凝土、框格（架）式混凝土和钢筋三种情况。前两者又根据坡高不同进一步分为10 m以内和10 m以外两种情况。

(6) 预制混凝土护坡分为预制混凝土（混凝土块、席块护坡，骨架格，菱形格，钢筋），铺砌混凝土席块，铺砌混凝土块，骨架格，码砌菱形格四种情况。码砌菱形格护坡定额未包括框格间缝隙的填塞费用，需要时应另行计算。

(7) 灰浆抹面护坡根据不同材料分设不同细目。工程内容：清理坡面；洒水湿润坡面；搭、拆简单脚手架；人工配、拌、运混合灰浆；抹平、养护。

(8) 喷射混凝土护坡分为挂网（钢筋网、铁丝网）、喷混凝土和锚杆埋设三种情况。锚杆埋设仅适用于锚喷联合施工时的锚杆。

1) 挂钢筋网或铁丝网工程内容：钢筋网制作；挂网、绑扎；混凝土块支垫、点焊锚杆。

2) 喷混凝土工程内容：坡面清理及润湿；脚手架的搭设、移动、拆除；排水孔的设置；混凝土配运料、拌和、运输、喷射、养护。

3) 锚杆工程内容：放样布孔；钻孔、清孔、移动钻具；锚杆制作、安设；砂浆拌和、灌浆。

(9) 预应力锚索护坡分为脚手架及地梁、锚座，预应力锚索成孔，预应力锚索和锚孔注浆四种情况。脚手架及地梁、锚索进一步分为脚手架、地梁（混凝土、钢筋）、锚座（混凝土、钢筋）三种情况；预应力锚索成孔进一步根据孔径、孔深和土、石情况分设细目；预应力锚索进一步根据锚具和钢绞线束的长度、质量情况分设细目；锚孔注浆进一步分为水泥浆（一次注浆、二次注浆）和水泥砂浆两种情况。注浆定额中未包括外加剂的费用，需要时另行计算。

(10) 边坡柔性防护分为主动防护（锚杆、主动防护网）和被动防护（锚杆、钢立柱、被动防护网）两种情况。

(11) 石砌护坡分为干砌片石和浆砌护坡两种情况。其中，浆砌护坡根据坡高和材料进一步分设细目。当采用骨架护坡时，人工工日乘以系数1.3。

(12) 木桩填石护岸工程内容：制桩；打桩；钉横木；填石。

(13) 抛石防护分为陆上抛填（人工抛填、机械抛填）和水上抛填（运距1 km以内、每增运1 km）两种情况。

(14) 防风固沙分为压盖及沙障、清除流沙、沙路基加固、草方格固沙、固沙和土工物固沙。草方格沙障定额中的其他材料费包括麦草 600 kg 的费用；柳条笆防沙栏定额中的其他材料费包括柳条 12 500 kg 的费用；备水费用另计；清除流沙不包括挖掘机的场内支垫费用，如发生，按实际计算；挖掘机挖装流沙如需远运，按土方运输定额另行计算。

（15）防雪、防沙设施分为高立式阻沙栅栏，土工堤，下导风板，防雪、防沙墙。

（16）石砌挡土墙分为干砌片、块石（基础、墙身），浆砌片、块石（基础、墙身）两种情况。

（17）石砌护脚分为干砌和浆砌两种情况。工程内容：挖基础台阶；拌、运砂浆；砌筑、勾缝、养护；踏步安、拆。

（18）石砌护面墙分为实体式护面墙和窗口式护面墙两种情况。进一步根据材料和墙高分设细目。

（19）现浇混凝土挡土墙分为片石混凝土、混凝土和钢筋三种情况。工程内容：模板组拼拆、安装、拆除、修理、涂脱模剂、堆放；混凝土配运料、拌和、运输、浇筑（掺片石）、捣固、养护；安、泄水管；钢筋制作、绑扎、入模定位；搭、拆脚手架。

（20）加筋土挡土墙分为预制和安装两种情况。预制进一步分为混凝土（基础垫板、十字面板、内凹面板、檐板）和钢筋，安装进一步分为基础垫板、面板、檐板、塑料及聚丙烯编织拉筋带和钢及钢塑复合拉筋带。

（21）预制、安装钢筋混凝土锚定板式挡土墙分为预制和安装两种情况。预制进一步分为混凝土（挡土板有内模，挡土板、锚定板无内模，立柱）和钢筋，安装进一步分为挡土板、锚定板、立柱和拉杆。

（22）现浇钢筋混凝土锚定板式挡土墙分为现浇钢筋混凝土墙身（混凝土、钢筋），预制钢筋混凝土锚定板（混凝土、钢筋）和拉杆制作及拉杆、锚定板安装三种情况。锚定板预制按使用木模计算，如采用钢模，按"预制、安装钢筋混凝土锚定板式挡土墙"定额计算。

（23）钢筋混凝土桩板式挡土墙分为现浇钢筋混凝土桩（柱）（地下部分混凝土、地上部分混凝土、钢筋），预制、安装钢筋混凝土挡土板（混凝土、钢筋）两种情况。该定额未包括地下部分桩（柱）的开挖，可参照抗滑桩开挖定额计算。

（24）锚杆挡土墙分为现浇基础混凝土，预制、安装肋柱、墙面板（混凝土、钢筋），钻孔及压浆，锚杆制作、安装四种情况。

（25）钢筋混凝土扶壁式、悬臂式挡土墙分为现浇墙身混凝土和钢筋两种情况。

（26）挡土墙防渗层、泄水层及填内心分为沥青防渗层、砂砾泄水层、填内心三种情况。

（27）抗滑桩分为挖孔（土、石）、护壁混凝土、桩身混凝土、钢筋和钢轨几种情况。采用钢轨作骨架时，应尽可能利用废旧钢轨。

6.1.5.2 防护工程的工程量计算规则

（1）铺草皮工程量按所铺边坡的坡面面积计算。

（2）护坡定额中以 100 m² 或 1 000 m² 为计量单位的子目的工程量，按设计需要防护的边坡坡面面积计算。

（3）木笼、竹笼、铁丝笼填石护坡的工程量按填石体积计算。

（4）本章定额砌筑工程的工程量为砌体的实际体积，包括构成砌体的砂浆体积。

（5）本章定额预制混凝土构件的工程量为预制构件的实际体积，不包括预制构件中空心部分的体积。

（6）预应力锚索的工程量为锚索（钢绞线）长度与工作长度的质量之和。

（7）抗滑桩挖孔工程量按护壁外缘所包围的面积乘以设计孔深计算。

【例6-16】 某19 m长边坡工程采用锚喷支护,其边坡剖面图如图6-7所示。根据岩土工程勘察报告中土层的情况以及工程经验,采用4排锚杆加固,锚杆水平间距0.9 m,第一列和最后一列锚杆中心距离边坡边缘0.5 m,锚杆长12 m,锚杆与水平面夹角为5°,直径22 mm(HRB400,堆积密度为2.984 kg/m),孔径100 mm,杆筋送入钻孔后,采用二次注浆,边坡面采用C20喷射混凝土,厚度为120 mm。问题:列出编制该防护工程的施工图预算涉及的工程细目名称、定额代号、单位及工程数量,并填入表格中,需要时应列式计算。

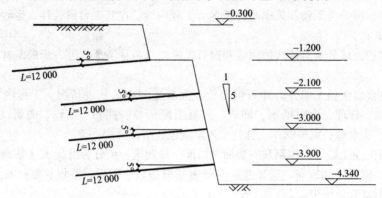

图6-7 锚喷支护边坡剖面图

解:(1) 列项目:锚杆埋设(1-4-8-10)、喷射混凝土(1-4-8-7)。

(2) 计算工程量。

1) 锚杆:边坡长度方向一排土钉数量 = (19 - 1) ÷ 0.9 + 1 = 21(个)

工程量 = 21 × 4 × 12 × 2.984 ÷ 1 000 = 3.008(t)

2) 喷射混凝土面积 = $19 \times (4.34 - 0.3) \times \frac{\sqrt{5^2 + 1^2}}{5} + 19 \times 1 = 97.280$ (m²)

工程量 = 97.280 × 0.12 = 11.67(m³)

(3) 套定额,计算结果见表6-18。

表6-18 计算结果

序号	工程细目	定额代号	单位	数量	定额调整或系数
1	锚杆埋设	1-4-8-10	1 t	3.008	
2	喷射混凝土	1-4-8-7	10 m³	1.167	

答:本项目防护工程施工图预算所需的全部工程细目名称、单位、定额代号及数量等内容见表6-18。

6.2 路面工程

6.2.1 路面工程定额内容组成及说明

1. 组成

路面工程定额包括路面基层及垫层、路面面层、路面附属工程三部分内容。

2. 总说明

(1) 本章定额包括各种类型路面以及路槽、路肩、垫层、基层等，除沥青混合料路面、厂拌基层稳定土混合料运输、自卸车运输碾压水泥混凝土以 1 000 m³ 路面实体为计量单位外，其他均以 1 000 m² 为计算单位。

(2) 路面项目中的厚度均为压实厚度，培路肩厚度为净培路肩的夯实厚度。

(3) 本定额中混合料是按最佳含水量编制，定额中已包括养护用水并适当扣除材料天然含水量，当山西、青海、甘肃、宁夏、新疆、西藏等省、自治区，由于湿度偏低，用水量可根据实际情况增加。

(4) 本章定额中凡列有洒水汽车的子目，均按 5 km 范围内洒水汽车在水源处自吸水编制，不计水费。如工地附近无天然水源可利用，必须采用供水部门供水（如自来水）时，可根据定额子目中洒水汽车的台班数量，按每台班 35 m³ 计算定额用水量，乘以供水部门规定的水价增列水费。洒水汽车取水的平均运距超过 5 km 时，可按路基工程的洒水汽车洒水定额中的增列定额增加洒水汽车的台班消耗，但增加的洒水汽车台班消耗量不得再计水费。

【例 6-17】 某稳定土拌合机路拌石灰砂砾（厚 20 cm，石灰剂量 5%）底基层工作，共 80 000 m²，采用 10 000 L 洒水汽车洒水，需在距工地 7 km 处吸取自来水，自来水单价为 3.1 元/m³。问题：列出编制该路基工程涉及的工程细目名称、定额代号、单位及工程数量，并填入表格中，需要时应列式计算。

解：(1) 列项目：路拌法石灰砂砾底基层 (2-1-3-7)。

(2) 计算工程量：80 000 m²。

(3) 套定额，计算结果见表 6-19。

表 6-19 计算结果

序号	工程细目	定额代号	单位	数量	定额调整或系数
1	路拌法石灰砂砾底基层	2-1-3-7 改	1 000 m²	80	增加水费：$0.37 \times 35 \times 3.1 \times 80 = 3\ 211.60$（元） 洒水汽车台班：$0.37 + 0.26\ (1\text{-}1\text{-}22\text{-}8) \times (2 \div 0.5) \times 0.37 \times 35 \div 1\ 000 = 0.383$（台班/1 000 m²）

答：本项目路基工程施工图预算所需的全部工程细目名称、单位、定额代号及数量等内容见表 6-19。

(5) 本章定额中的水泥混凝土除摊铺机铺筑水泥混凝土路面及碾压混凝土路面外，均已包括其拌和的费用，使用定额时不得再另行计算。

(6) 压路机台班按行驶速度：两轮光轮压路机为 2.0 km/h、三轮光轮压路机为 2.5 km/h、轮胎式压路机为 5.0 km/h、振动压路机为 3.0 km/h 进行编制。如设计为单车道路面宽度时，两轮光轮压路机乘以系数 1.14、三轮光轮压路机乘以系数 1.33、轮胎式压路机和振动压路机乘以系数 1.29。

(7) 自卸汽车运输稳定土混合料、沥青混合料和水泥混凝土定额项目，仅适用于平均运距在 15 km 以内的混合料运输，当平均运距超过 15 km 时，应按社会运输的有关规定计算其运输费用。当运距超过第一个定额运距单位时，其运距尾数不足一个增运定额单位的半数时不计，等于或超过半数时按一个增运定额运距单位计算。当平均运距超过 15 km 时，应按市场运价计算其运输费用。

6.2.2 路面基层及垫层

路面基层及垫层包括：路面垫层；路拌法水泥稳定土基层；路拌法石灰稳定土基层；路拌法石灰、粉煤灰稳定土基层；路拌法石灰、煤渣稳定土基层；路拌法水泥、石灰稳定土基层；厂拌基层稳定土混合料；厂拌基层稳定土混合料运输；机械铺筑厂拌基层稳定土混合料；基层稳定土厂拌设备安装、拆除；泥灰结碎石基层；填隙碎石基层；沥青路面冷再生基层；泡沫沥青就地冷再生基层；泡沫沥青厂拌冷再生基层。

1. 路面基层及垫层的有关规定

（1）各类垫层、级配碎石、级配砾石基层的压实厚度在 15 cm 以内，填隙碎石一层的压实厚度在 12 cm 以内，各类稳定土基层、其他种类的基层和底基层压实厚度在 20 cm 以内，拖拉机、平地机和压路机的台班消耗按定额数量计算。如超过上述压实厚度进行分层拌和、碾压时，拖拉机、平地机、摊铺机和压路机的台班消耗按定额数量加倍计算，每 1 000 m² 增加 1.5 个工日。

（2）各类稳定土基层定额中的材料消耗是按一定配合比编制的，当设计配合比与定额标明的配合比不同时，有关材料可按下式进行换算：

$$C_i = [C_d + B_d \times (H - H_0)] \times L_i / L_d$$

式中 C_i——按设计配合比换算后的材料数量；

C_d——定额中基本压实厚度的材料数量；

B_d——定额中压实厚度每增减 1 cm 的材料数量；

H_0——定额的基础压实厚度；

H——设计的压实厚度；

L_d——定额中标明的材料百分率；

L_i——设计配合比的材料百分率。

【例 6-18】 石灰粉煤灰稳定碎石基层，定额标明的配合比为：石灰∶粉煤灰∶碎石 = 5∶15∶80，基本压实厚度为 20 cm，设计配合比为：石灰∶粉煤灰∶碎石 = 4∶11∶85，设计压实厚度为 21 cm。求各种材料调整后的数量。

解：查定额 2-1-4-35、2-1-4-36 可知，基本压实厚度 20 cm 石灰的用量为 22.77 t、粉煤灰 63.963 m³、碎石 222.11 m³。

生石灰：$[22.77 + 1.139 \times (21 - 20)] \times 4/5 = 19.127$ (t)

粉煤灰：$[63.963 + 3.198 \times (21 - 20)] \times 11/15 = 49.25$ (m³)

碎石：$[222.11 + 11.1 \times (21 - 20)] \times 85/80 = 247.79$ (m³)

答：生石灰 19.127 t，粉煤灰 49.25 m³，碎石 247.79 m³。

（3）人工沿路翻拌和筛拌稳定土混合料定额中均已包括土的过筛工消耗，因此，土的预算价格中不应再计算过筛费用。

（4）本节定额中土的预算价格，按材料采集及加工和材料运输定额中的有关项目计算。

（5）各类稳定土基层定额中的碎石土、砂砾土是指天然碎石土和天然砂砾土。

（6）各类稳定土底基层采用稳定土基层定额时，每 1 000 m² 路面减少 12 ~ 15 t 光轮压路机 0.18 台班。

2. 分项工程有关规定及工程量计算规则

（1）路面垫层分为人工铺料和机械铺料，包括粗砂、砂砾、煤渣、矿渣和碎石，按照压实厚度 15 cm 和每增减 1 cm 设置子目。工程内容包括：铺筑、整平、洒水、碾压。工程量按面积以 m² 计算。

（2）路拌法水泥稳定土基层包括拖拉机带铧梨拌和、稳定土拌合机拌和、拖拉机带铧梨原槽拌和三种情况，进一步根据不同的材料和压实厚度划分子目。工程内容包括：清扫整理下承层，铺料、铺水泥、洒水、拌和、整形、碾压、找补，初期养护。工程量按面积以 m^2 计算。

（3）路拌法石灰稳定土基层分为人工沿路拌和、拖拉机带铧梨拌和、稳定土拌合机拌和、拖拉机带铧梨原槽拌和四种情况，进一步根据不同的材料和压实厚度划分子目。工程内容包括：清扫整理下承层，铺料、铺灰、洒水、拌和、整形、碾压、找补，初期养护。工程量按面积以 m^2 计算。

（4）路拌法石灰、粉煤灰稳定土基层，路拌法石灰、煤渣稳定土基层，路拌法水泥、石灰稳定土基层分为人工沿路拌和、拖拉机带铧梨拌和、稳定土拌合机拌和三种情况。进一步根据不同的材料和压实厚度划分子目。工程内容包括：清扫整理下承层，铺料、铺灰、洒水、拌和，整形、碾压、找补，初期养护。工程量按面积以 m^2 计算。

（5）厂拌基层稳定土混合料分为水泥稳定类、石灰稳定类、石灰粉煤灰稳定类、石灰煤渣稳定类、水泥石灰稳定类五种情况，进一步根据不同材料和压实厚度划分子目。工程内容包括：装载机铲运料、上料、配运料、拌和、出料。工程量按面积以 m^2 计算。

（6）厂拌基层稳定土混合料运输按自卸汽车装载质量（8 以内、10 以内、12 以内、15 以内、20 以内、30 以内）分设子目，进一步根据第一个 1 km 每增运 0.5 km 划分子目。工程内容包括：等待装、运、卸、空回。工程量按体积以 m^3 计算。

（7）机械铺筑厂拌基层稳定土混合料分为平地机铺筑和摊铺机铺筑两种情况。工程内容包括：机械摊铺混合料，整形，碾压，初期养护。工程量按体积以 m^3 计算。

（8）基层稳定土厂拌设备安装、拆除按设备生产能力分设子目，工程量按座计算。工程内容包括：修建拌合设备基座的全部工作，砌筑上料台，拌合设备的安装、调试，竣工后拆除、清理。

（9）泥灰结碎石基层分为人工摊铺和机械摊铺两种情况，进一步分为压实厚度和每增加 1 cm 子目。工程量按面积以 m^2 计算。工程内容包括：清扫整理下承层，铺料、整平、调浆、灌浆、撒铺嵌缝料、整形、洒水、碾压、找补。

（10）填隙碎石基层分为人工铺料和机械铺料两种情况，进一步根据压实厚度分为基层和底基层。工程量按面积以 m^2 计算。工程内容包括：清扫整理下承层，铺料、整平、撒铺填隙料，整形、洒水、碾压、找补。

（11）沥青路面就地冷再生基层、泡沫沥青就地冷再生基层和泡沫沥青厂拌冷再生基层按再生基层厚度分为压实厚度 15 cm 和每增减 1 cm 分设子目。

【例 6-19】 某公路工程采用沥青混凝土路面，路面结构形式如图 6-8 所示。施工图设计的路面基层为 20 cm 厚的（5%）水泥稳定碎石，底基层为 20 cm 厚的（5∶15∶80）石灰粉煤灰砂砾。其中某标段路线长 30 km，基层为 771 780 m^2，底基层数量均为 780 780 m^2，要求采用集中拌和施工，根据施工组织设计资料，在距路线两端 1/3 处各有一块比较平坦的场地，且与路线紧邻。路面基层和底基层施工期为 6 个月。拌合站场地处理不考虑。采用 15 t 自卸汽车运输，拌合设备型号为 300 t/h，每天施工 10 h，设备利用率 0.85，设备安拆 1 个月，采用 12.5 m 以内摊铺机。

问题：请按不同的结构分别列出本标段路面工程造价所涉及的相关定额的名称、单位、定额代号、数量等内容，并填入表格中。需要时应列式计算。

解：（1）列项目：石灰粉煤灰砂砾基层（2-1-7-29）；摊铺机铺筑底基层（2-1-9-12）；水泥

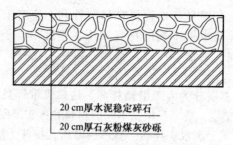

图 6-8　路面基层结构形式

稳定碎石基层（2-1-7-5）；摊铺机铺筑基层（2-1-9-11）；自卸汽车运输（2-1-8-7、8）；厂拌设备安装、拆除（2-1-10-4）。

（2）计算工程量。

1）基层（底基层）混合料拌合设备设置数量的计算。

混合料数量：水泥稳定碎石干密度 2.300 t/m³，石灰粉煤灰砂砾干密度 2.000 t/m³ ［参见《公路工程预算定额》（JTG/T 3832—2018）附录一路面材料计算基础数据表］。

$$771\ 780 \times 0.2 + 780\ 780 \times 0.2 = 310\ 512\ (m^3)$$
$$771\ 780 \times 0.2 \times 2.3 + 780\ 780 \times 0.2 \times 2.0 = 667\ 331\ (t)$$

2）根据施工工期安排，要求在 6 个月内完成路面基层和底基层的施工，假定设置的拌合设备型号为 300 t/h，每天施工 10 h，设备利用率为 0.85，拌合设备安拆需 1 个月，则需要的拌合设备数量为：667 331 ÷ [300 × 10 × 0.85 × 30 × (6 − 1)] = 1.74（台）

应设置 2 台拌合设备。

3）基层（底基层）混合料综合平均运距（图 6-9）。

沿线应设基层（底基层）稳定土拌合场两处，每处安装 300 t/h 稳定土拌合设备 1 台。其混合料综合平均运距为：(5 × 1/3 + 2.5 × 1/6) × 2 = 4.17（km），按 4.5 km 考虑。

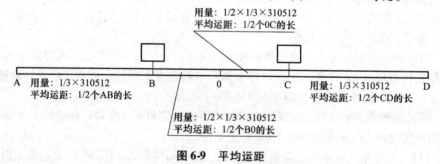

图 6-9　平均运距

（3）套定额，计算结果见表 6-20。

表 6-20　计算结果

序号	工程细目	定额代号	单位	数量	定额调整或系数
1	石灰粉煤灰砂砾基层 20 cm	2-1-7-29	1 000 m²	780.78	
2	摊铺机铺筑底基层	2-1-9-12	1 000 m²	780.78	
3	水泥稳定碎石基层 20 cm	2-1-7-5	1 000 m²	771.78	
4	摊铺机铺筑基层	2-1-9-11	1 000 m²	771.78	

续表

序号	工程细目		定额代号	单位	数量	定额调整或系数
5	15 t 自卸汽车	第一个 1 km	2-1-8-7	1 000 m³	310.512	
		每增 0.5 km	2-1-8-8 改	1 000 m³	310.512	7
6	厂拌设备安拆		2-1-10-4	1 座	2	

答：本项目路面工程施工图预算所需的全部工程细目名称、单位、定额代号及数量等内容见表 6-20。

6.2.3 路面面层

路面面层包括：泥结碎石路面；级配碎石路面；级配砾石路面；天然砂砾路面；粒料改善土壤路面；磨耗层及保护层；沥青表面处治路面；沥青贯入式路面；沥青上拌下贯式路面；沥青碎石混合料拌和；沥青混凝土混合料拌和；沥青玛琋脂碎石混合料拌和；沥青混合料运输；沥青混合料路面铺筑；沥青混合料拌合设备安装、拆除；透层、黏层、封层；水泥混凝土路面；碾压混凝土路面＊；自卸汽车运输水泥混凝土；片石混凝土路面；预制混凝土整齐块路面；煤渣、矿渣、石渣路面。

1. 路面面层的有关规定

（1）泥结碎石、级配碎石、级配砾石、天然砾石、粒料改善土壤路面面层的压实厚度在 15 cm 以内，拖拉机、平地机和压路机的台班消耗按定额数量计算。如超过上述压实厚度且需进行分层拌和、碾压时，拖拉机、平地机和压路机的台班消耗按定额数量加倍计算，每 1 000 m² 增加 1.5 个工日。

（2）泥结碎石及级配碎石、级配砾石面层定额中，均未包括磨耗层和保护层，需要时应按磨耗层和保护层定额另行计算。

（3）沥青表面处治路面、沥青贯入式路面和沥青上拌下贯式路面的下贯层以及透层、黏层、封层定额中已计入热化、熬制沥青用的锅、灶等设备的费用，使用定额时，不得另行计算。

（4）沥青碎石混合料、沥青混凝土和沥青碎石玛琋脂混合料路面定额中，均已包括混合料拌和、运输、摊铺作业时的损耗因素，路面实体按路面设计面积乘以压实厚度计算。

（5）沥青路面定额中均未包括透层、黏层和封层，需要时可按有关定额另行计算。

1）透层的作用：为使沥青面层与非沥青材料基层结合良好，在基层上浇洒乳化沥青、煤沥青或液体沥青而形成透入基层表面的薄层。

2）黏层的作用：使上下层沥青结构层或沥青结构层与结构物（或水泥混凝土路面）完全粘结成一个整体。

3）封层的作用：

①封闭某一层起着保水、防水的作用；

②起基层与沥青表面层之间的过渡或有效连接作用；

③路的某一层表面破坏离析松散处的加固补强；

④基层在沥青面层填筑前，要临时开放交通，防止基层因天气或车辆作用出现水毁。封层可分为上封层和下封层。铺筑在面层表面的称为上封层；铺筑在面层下面的称为下封层。

（6）沥青路面定额中的乳化沥青和改性沥青，均按外购成品料进行编制。当在现场自行配制时，其配制费用计入材料预算价格中。

（7）当沥青玛蹄脂碎石混合料设计采用的纤维稳定剂的掺加比例与定额不同时，可按设计用量调整定额中纤维稳定剂的消耗。

（8）沥青路面定额中，均未考虑为保证石料与沥青的黏附性而采用的抗剥离措施的费用，需要时，应根据石料的性质，按设计提出的抗剥离措施，计算其费用。

（9）在冬五区、冬六区采用层铺法施工沥青路面时，其沥青用量可按定额用量乘以下列系数：

沥青表面处治：1.05；沥青贯入式基层：1.02，面层：1.028；沥青下贯式下贯部分：1.043。

【例6-20】 某冬六区石油沥青贯入式面层工程，路面面积80 000 m^2，设计厚度6 cm，需铺黏层。问题：列出编制该路面工程涉及的工程细目名称、定额代号、单位及工程数量，并填入表格中，需要时应列式计算。

解：（1）列项目：石油沥青贯入式面层（2-2-8-3）、石油沥青黏层（2-2-16-5）。

（2）计算工程量：80 000 m^2。

（3）套定额，计算结果见表6-21。

表6-21 计算结果

序号	工程细目	定额代号	单位	数量	定额调整或系数
1	石油沥青贯入式面层	2-2-8-3 改	1 000 m^2	80	石油沥青量调整为：$6.283 \times 1.028 = 6.459$ t
2	石油沥青黏层	2-2-16-5	1 000 m^2	80	（黏层定额用油量没有系数）

答：本项目路基工程施工图预算所需的全部工程细目名称、单位、定额代号及数量等内容见表6-21。

（10）本定额是按一定的油石比编制的。当设计采用的油石比与定额不同时，可按设计油石比调整定额中的沥青用量。换算公式如下：

$$S_i = S_d \times L_i / L_d$$

式中 S_i——按设计油石比换算后的沥青数量；

S_d——定额中的沥青数量；

L_d——定额中标明的油石比；

L_i——设计采用的油石比。

2. 分项工程有关规定及工程量计算规则

（1）泥结碎石路面分为人工摊铺和机械摊铺两种情况，工程量按面积以 m^2 计算，定额分压实厚度8 cm和每增加1 cm细目。

（2）级配碎石路面、级配砾石路面分为人工摊铺集料（拖拉机带铧犁拌和）和机械摊铺集料（拖拉机带铧犁拌和、平地机拌和）两种情况，工程量按面积以 m^2 计算，定额根据压实厚度8 cm及每增加1 cm分为面层、基层和底基层。

（3）天然砂砾路面分为人工摊铺和机械摊铺两种以 m^2 情况，工程量按面积计算，定额分压实厚度10 cm及每增减1 cm细目。

（4）粒料改善土壤路面工程内容为挖松路基，粉碎土块、掺料、洒水、拌和、整形、碾压。定额分为黏土路基（掺砂、掺砾石）和砂路基（掺黏土）。工程量按面积以 m^2 计算，黏土路基分压实厚度10 cm及每增减1 cm细目，砂路基只有压实厚度5 cm。

第6章 公路工程定额工程量计量与计价

（5）磨耗层分级配砂砾、砂土、风化石和煤渣按面积以 m^2 计算工程量，保护层分砂土稳定和砂松散按面积以 m^2 计算工程量。

（6）沥青表面处治路面分为人工铺料和机械铺料两种情况，又根据石油沥青和乳化沥青按照单层、双层和三层的处治厚度分设细目，工程量按面积以 m^2 计算。

（7）沥青贯入式路面分为面层和基层或联结层两种情况，又根据石油沥青和乳化沥青的压实厚度划分细目，工程量按面积以 m^2 计算。

（8）沥青上拌下贯式路面根据下贯部分是石油沥青还是乳化沥青的压实厚度分设细目，工程量按面积以 m^2 计算。

这里的压实厚度是指上拌下贯式路面的贯入层的压实厚度。

本细目仅包括沥青上拌下贯式路面的下贯部分消耗量，其上拌部分实际用量可按压实厚度范围 $2\sim 4$ cm 计算工程量，按有关定额另行计算。

当拌和层与贯入部分不能连续施工，且要在短期内通行施工车辆时，每 1 000 m^2 路面增加人工 1.5 工日，路面石屑 2.5 m^3、15 t 以内振动压路机（双钢轮）0.14 台班。

（9）沥青碎石混合料拌和根据拌合设备生产能力分为特粗式、粗粒式、中粒式和细粒式四种情况，工程量按路面实体体积以 m^3 计算。

（10）沥青混凝土混合料拌和根据拌合设备生产能力分为粗粒式、中粒式、细粒式、砂粒式、改性沥青混凝土（中粒式、细粒式）和橡胶沥青混凝土（粗粒式、中粒式、细粒式）六种情况，工程量按路面实体体积以 m^3 计算。

（11）沥青玛琋脂碎石混合料拌和根据改性沥青玛琋脂碎石混合料和橡胶沥青玛琋脂碎石混合料按照分设细目，工程量按路面实体体积以 m^3 计算。按照拌合设备生产能力。

（12）沥青混合料运输根据自卸汽车装载质量分设细目，工程量按体积以 m^3 计算。

（13）沥青混合料路面铺筑分人工摊铺沥青混凝土及沥青碎石混合料和机械摊铺沥青碎石混合料两种情况，人工进一步区分特粗式、粗粒式、中粒式、细粒式和砂粒式分设细目，机械进一步根据拌合设备生产能力区分特粗式、粗粒式、中粒式和细粒式分设细目。

（14）沥青混合料拌合设备安装、拆除根据生产能力分设细目，工程量按座计算。

（15）透层根据粒料基层和半刚性基层的透层材料分设细目，黏层根据沥青层和水泥混凝土的材料分设细目，封层根据不同材料和封层方法分设细目。工程量按面积以 m^2 计算。

粒料基层浇洒透层沥青后，不能及时铺筑面层并需开放施工车辆通行时，每 1 000 m^2 增加粗砂 0.83 m^3，12~15 t 光轮压路机 0.13 台班，沥青用量乘以 1.1。

（16）水泥混凝土路面分成普通混凝土、钢纤维混凝土和拉杆、传力杆和钢筋三种情况。普通混凝土、钢纤维混凝土按面积以 m^2 计算，拉杆传力杆和钢筋按 t 计算。

本定额包括混凝土拌合站的安、拆费用，需要时按有关定额另行计算。

人工铺筑定额包含混凝土拌和，仅适用于一般数量不大的水泥混凝土路面，定额已含混凝土拌和；二级及二级以上公路的水泥混凝土路面应套用摊铺机铺筑定额。

摊铺机铺筑定额中不包括水泥混凝土的拌和、运输，需要时按有关定额另行计算。

（17）碾压混凝土路面按路面厚度分设细目，工程量按面积以 m^2 计算。本定额中未包括混凝土拌和、运输费用，需要时按有关规定另行计算。

（18）自卸汽车运输水泥混凝土按汽车装载质量分设细目，工程量按路面实体体积以 m^3 计算。本定额适用于碾压混凝土路面的混凝土运输，其他混凝土应按要求套用混凝土搅拌车运输。

（19）片石混凝土路面按厚度分 20 cm 和每增减 1 cm 两个细目，工程量按面积以 m^2 计算。

（20）预制混凝土整齐块路面分预制混凝土整齐块、砂垫层（厚3 cm）和人工铺砌预制混凝土整齐块三个细目。

预制混凝土整齐块工程内容为底模安、拆、清理；混凝土配运料、拌和、块体成型、养护。工程量按体积以 m^3 计算。

砂垫层（3 cm 厚度）和人工铺砌预制混凝土整齐块工程量按面积以 m^2 计算。

（21）煤渣、矿渣、石渣路面根据路面厚度为 10 cm 和每增减 1 cm 两个细目，工程量按面积以 m^2 计算。

【例 6-21】 某一级公路，路面结构形式如图 6-10 所示，底基层、基层和面层面积均为 129 770 m^2，混凝土采用商品混凝土。其中某标段路线长 10 km，要求底基层和基层采用集中拌和施工，采用 10 t 自卸汽车运输，拌合设备型号为 300 t/h，每天施工 10 h，设备利用率 0.85，设备安拆 1 个月，采用 9.5 m 以内摊铺机。根据施工组织设计资料，在路线中间有一块比较平坦的场地，且与路线紧邻。路面基层和底基层施工期为 3 个月。

问题：请按不同的结构分别列出本标段路面工程造价所涉及的相关定额的名称、单位、定额代号、数量等内容，并填入表格中。需要时应列式计算。

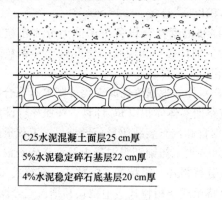

图 6-10 路面结构形式

解：（1）列项目：水泥稳定碎石底基层（2-1-7-5）；摊铺机铺筑底基层（2-1-9-10）；水泥稳定碎石基层（2-1-7-5）；摊铺机铺筑基层（2-1-9-9）；自卸汽车运输（2-1-8-7、8）；轨道式摊铺机铺筑混凝土（2-2-17-3）。

（2）计算工程量。

1）基层（底基层）混合料拌合设备设置数量的计算。

混合料数量：水泥稳定碎石干密度 2.300 t/m^3 [参见《公路工程预算定额》（JTG/T 3832—2018）附录一路面材料计算基础数据表]。

$$129\ 770 \times (0.2 + 0.22) = 54\ 503.4\ (m^3)$$
$$54\ 503.4 \times 2.300 = 125\ 357.82\ (t)$$

2）根据施工工期安排，要求在 6 个月内完成路面基层和底基层的施工，假定设置的拌合设备型号为 300 t/h，每天施工 10 h，设备利用率为 0.85，拌合设备安拆需 1 个月，则需要的拌合设备数量为：125 357.82 ÷ [300 × 10 × 0.85 × 30 × (3-1)] = 0.82（台）。

应设置 1 台拌合设备。

3）基层（底基层）混合料综合平均运距。沿线应设基层（底基层）稳定土拌合场一处，安装 300 t/h 稳定土拌合设备 1 台。其混合料综合平均运距为：2.5 × 1/2 + 2.5 × 1/2 = 2.5（km），按2.5 km考虑。

(3) 套定额，计算结果见表6-22。

表6-22 计算结果

序号	工程细目		定额代号	单位	数量	定额调整或系数
1	水泥稳定碎石4：96 底基层20 cm		2-1-7-5 改	1 000 m²	129.77	水泥18.053 t，碎石299.853 m³
2	摊铺机铺筑底基层		2-1-9-10	1 000 m²	129.77	
3	水泥稳定碎石基层22 cm	20 cm	2-1-7-5	1 000 m²	129.77	
		每增1 cm	2-1-7-6 改	1 000 m²	129.77	2
4	摊铺机铺筑基层		2-1-9-9 改	1 000 m²	129.77	摊压×2，人工+1.5
5	10 t自卸汽车	第一个1 km	2-1-8-3	1 000 m²	54.503	
		每增0.5 km	2-1-8-4	1 000 m²	54.503	3
6	厂拌设备安拆		2-1-10-4	1 座	1	
7	轨道式摊铺机铺筑混凝土25 cm	20 cm	2-2-17-3 改	1 000 m²	129.77	扣除中粗砂、碎石、搅拌站、运输车，增加混凝土
		每增1 cm	2-2-17-4 改	1 000 m²	129.77	×5

注：2-1-7-5 改：查定额2-1-7-5 可知基本压实厚度20 cm³32.5 级水泥的用量为22.566 t，碎石的用量为296.73（m³）。
水泥：22.566×4/5=18.053（t）。
碎石：296.73×96/95=299.853（m³）。

答：本项目路面工程施工图预算所需的全部工程细目名称、单位、定额代号及数量等内容见表6-22。

【例6-22】 某高速公路沥青混凝土路面，其设计面层分别为上面层：5 cm厚细粒式；中面层：6 cm厚中粒式；下面层：7 cm厚粗粒式，水泥稳定基层上采用石油沥青做透层和黏层。该路段长28 km，路面宽26 m，其中进口段里程0~160 m路面平均宽度为100 m，拌合站设在该路段中间，距高速公路1 km处，有土质机耕道相连（平丘区），施工工期为6个月，采用集中拌合自卸汽车运输、机械摊铺。拌合站拟用320 t/h沥青混合料拌合设备，拌合场地建设不考虑。每天施工10 h，设备利用率0.85，设备安拆1个月。拌合场地建设不考虑。采用15 t自卸汽车运输。

问题：请列出本路段路面工程所涉及的相关施工图预算定额名称、单位、定额代号、数量等内容填入表中，并列式计算工程量。

解：(1) 列项目：石油沥青透层（2-2-16-3）；石油沥青黏层（2-2-16-5）；粗粒式沥青混凝土拌和（2-2-11-6）；中粒式沥青混凝土拌和（2-2-11-13）；细粒式沥青混凝土拌和（2-2-11-20）；自卸汽车15 t运沥青混合料（2-2-13-7、8）；粗粒式沥青混凝土铺筑（2-2-14-50）；中粒式沥青混凝土铺筑（2-2-14-51）；细粒式沥青混凝土铺筑（2-2-14-52）；沥青混合料拌和设备安装、拆除（2-2-15-6）。

(2) 工程数量的计算。

1) 路面面积：(28 000-160)×26+160×100=739 840（m²）

2) 各面层体积：

下层（粗粒式）：739 840×0.07=51 789（m³）。

中层（中粒式）：$739\ 840 \times 0.06 = 44\ 390$（$m^3$）。

下层（细粒式）：$739\ 840 \times 0.05 = 36\ 992$（$m^3$）。

合计：$51\ 789 + 44\ 390 + 36\ 992 = 133\ 171$（$m^3$）。

3）混合料拌合设备设置数量的计算。沥青混凝土粗粒式干密度 2.377 t/m^3，中粒式干密度 2.370 t/m^3，细粒式干密度 2.363 t/m^3，[参见《公路工程预算定额》（JTG/T 3832—2018）附录一路面材料计算基础数据表]。

沥青混合料质量：$51\ 789 \times 2.377 + 44\ 390 \times 2.370 + 36\ 992 \times 2.363 = 315\ 718.85$（t）。

根据施工工期安排，要求在6个月内完成路面面层的施工，假定设置的拌合设备型号为320 t/h，每天施工10 h，设备利用率为0.85，拌合设备安拆需1个月，则需要的拌合设备数量为：

$315\ 718.85 \div [320 \times 10 \times 0.85 \times 30 \times (6-1)] = 0.77$（台），应设置1台拌合设备。

4）综合平均运距。

①各段混合料数量：

$$14\ 000 \times 26 \times 0.18 = 65\ 520\ (m^3)$$
$$(14\ 000 - 160) \times 26 \times 0.18 = 64\ 771\ (m^3)$$
$$160 \times 100 \times 0.18 = 2\ 880\ (m^3)$$

②各段中心运距。对应于上述三段的中心运距分别为

$$14 \div 2 = 7\ (km)$$
$$(14 - 0.16) \div 2 = 6.92\ (km)$$
$$0.16 \div 2 + (14 - 0.16) = 13.92\ (km)$$

③总运量：$65\ 520 \times 7 + 64\ 771 \times 6.92 + 2\ 880 \times 13.92 = 946\ 945$（$m^3 \cdot km$）。

④综合平均运距：$946\ 945 \div 133\ 171 = 7.11$（km）。

根据题目中给定的条件，拌合站距高速公路有1 km的便道，因此，路面沥青混合料的实际综合平均运距为：$7.11 + 1 = 8.11$（km），根据定额中关于运距的规定，本项目应按8 km计算。

（3）套定额，计算结果见表6-23。

表6-23　计算结果

序号	工程细目		定额代号	单位	数量	定额调整或系数
1	石油沥青透层		2-2-16-3	1 000 m^2	739.84	
2	石油沥青黏层		2-2-16-5	1 000 m^2	739.84	
3	沥青混凝土拌和	粗粒式	2-2-11-6	1 000 m^3	51.789	
		中粒式	2-2-11-12	1 000 m^3	44.390	
		细粒式	2-2-11-18	1 000 m^3	36.992	
4	15 t以内自卸汽车运混合料	第一个1 km	2-2-13-21	1 000 m^3	133.171	
		每增运0.5 km	2-2-13-23 改	1 000 m^3	133.171	×14
5	沥青混凝土铺筑	粗粒式	2-2-14-50	1 000 m^3	51.789	
		中粒式	2-2-14-51	1 000 m^3	44.390	
		细粒式	2-2-14-52	1 000 m^3	36.992	
6	沥青混凝土拌合设备安拆		2-2-15-6	座	1	

答：本项目路面工程施工图预算所需的全部工程细目名称、单位、定额代号及数量等内容见表6-23。

6.2.4 路面附属工程

路面附属工程内容包括：全部挖除旧路面；挖路槽、培路肩、修筑泄水槽；人行道及路牙（缘石）；沥青路面镶边；土路肩加固。

1. 路面附属工程的有关规定
（1）挖除旧路面按设计提出的需要挖除的旧路面体积计算。
（2）硬路肩工程项目，根据其不同设计层次结构，分别采用不同的路面定额项目进行计算。
（3）铺砌水泥混凝土预制块人行道、路缘石、沥青路面镶边和土硬路肩加固定额中，均已包括水泥混凝土预制块的预制，使用定额时不得另行计算。

2. 分项工程有关规定
（1）全部挖除旧路面分为人工挖清、机械挖清和沥青混凝土路面铣刨三种情况。

人工挖清和机械挖清分挖整体面层和挖面层两种情况，工程量按体积以 m^3 计算。整体挖除旧路面定额适用于自上而下整体挖除沥青混合料路面面层、稳定土（粒料类）基层、垫层或挖除沥青混合料路面面层、稳定土（粒料类）基层。挖除水泥混凝土路面的基层和垫层或仅挖除基层时按本定额乘以 0.85 的系数进行计算；挖除砂石路面时按本定额乘以 0.75 的系数进行计算。

沥青混凝土路面铣刨根据基本厚度 5 cm 及每增减 1 cm 分设细目，工程量按面积以 m^2 计算。挖除（铣刨）的废渣如需远运，另按路基土方运输定额计算，混凝土废渣按路基石方运输定额计算。废渣清除后，底层如需碾压，每 1 000 m^2 可增加 15 t 以内振动压路机 0.18 台班。

（2）挖路槽、培路肩、修筑泄水槽。
1）挖路槽根据路槽深度 20 cm 和每增减 1 cm 的土壤类别（土质、石质）分设细目，工程量按面积以 m^2 计算。本细目是按全挖路槽编制，当设计为半填半挖路槽时，人工工日乘以系数 0.8，挖除的土、石方如需远运，另按路基土、石方运输定额计算。
2）培路肩的填方。此处的培路肩工程内容为挂线，培肩压实，修整路槽。工程量按体积以 m^3 计算。土真方数量已计入路基填方内，使用定额时，不得再计填料的开挖远运费用。
3）修筑泄水槽工程内容为放样挖槽，填料、铺草皮，填土压实。工程量按长度以 m 计算。
（3）人行道及路牙（缘石）分为人行道和路缘石两种情况，进一步根据材料分设细目。人行道按面积以 m^2 计算工程量，路缘石按体积以 m^3 计算工程量。
（4）沥青路面镶边根据镶边材料的不同分设细目。采用混凝土预制块预制、铺砌，干砌片石和浆砌片石的工程量按体积以 m^3 计算，采用青（红）砖的工程量按长度以 m 计算。
（5）土路肩加固根据材料分设子目，工程量按体积以 m^3 计算。

6.3 隧道工程

6.3.1 隧道工程定额内容组成及说明

1. 组成
隧道工程包括洞身工程、洞门工程、辅助坑道和瓦斯隧道等项目。
2. 总说明
本章定额包括按钻爆法施工的开挖、支护、防排水、衬砌、装饰、洞门、辅助坑道以及瓦斯隧道等项目。隧道开挖定额按照一般凿岩机钻爆法施工的开挖方法进行编制。

（1）本章定额按现行隧道设计、施工技术规范将围岩分为六级，即Ⅰ～Ⅵ级。

（2）本章定额混凝土工程均未考虑拌和的费用，应按桥涵工程相关定额另行计算。

（3）本章开挖定额中已综合考虑超挖及预留变形因素。

（4）洞内出渣运输定额已综合洞门外500 mm运距，当洞门外运距超过此运距时，可按照路基工程自卸汽车运输土石方的增运定额加计增运部分的费用。

（5）本章定额中均未包括混凝土及预制块的运输，需要时应按有关定额另行计算。

（6）本章定额未考虑地震、坍塌、溶洞及大量地下水处理，以及其他特殊情况所需的费用，需要时可根据实际另行计算。

（7）隧道工程项目采用其他章节定额的规定：

1）洞门挖基、仰坡及天沟开挖、明洞明挖土石方等，应使用其他章节有关定额计算。

2）洞内工程项目如需采用其他章节定额，所采用定额的人工工日、机械台班数量及小型机具使用费应乘以系数1.26。

【例6-23】某隧道工程，洞内需做路面砂砾垫层，厚度15 cm，路面宽8.0 m，路段长3 km。问题：列出编制该隧道工程路面面层涉及的工程细目名称、定额代号、单位及工程数量，并填入表格中，需要时应列式计算。

解：（1）列项目：路面砂砾垫层（2-1-1-2）。

（2）计算工程量：$8 \times 3\,000 = 24\,000$（m³）

（3）套定额，计算结果见表6-24。

表6-24 计算结果

序号	工程细目	定额代号	单位	数量	定额调整或系数
1	隧道路面砂砾垫层	2-1-1-2 改	1 000 m²	24	人工×1.26，12～15 t光轮压路机×1.26，18～21 t光轮压路机×1.26

答：本项目隧道工程施工图预算所需的全部工程细目名称、单位、定额代号及数量等内容见表6-24。

6.3.2 洞身工程

洞身工程包括：人工开挖；机械开挖轻轨斗车运输；正洞机械开挖自卸汽车运输；铣挖机配合破碎锤开挖*；钢支撑；锚杆及金属网；管棚、小导管；喷射混凝土；现浇混凝土衬砌；石料、混凝土预制块衬砌；防水板与止水带（条）；塑料排水管沟；混凝土沟槽；拱顶压浆；正洞通风；正洞高压风水管、照明、电线路；洞内施工排水；明洞修筑；明洞回填；明洞防水层；洞内装饰。

1. 洞身工程的有关规定

（1）本章定额人工开挖、机械开挖轻轨斗车运输项目是按上导洞、扩大、马口开挖编制的，也综合了下导洞扇形扩大开挖方法，并综合了木支撑和出渣、通风及临时管线的工料机消耗。

（2）本章定额正洞机械开挖自卸汽车运输定额是按开挖、出渣运输分别编制，不分工程部位（即拱部、边墙、仰拱、底板、沟槽、洞室）均使用本定额。施工通风及高压风水管和照明电线路单独编制定额项目。

（3）本章定额连拱隧道中导洞、侧导洞开挖和中隔墙衬砌是按连拱隧道施工方法编制的，除此以外其他部位的开挖、衬砌、支护可套用本节其他定额。连拱隧道中（侧）导洞出渣套用正洞相应定额。

（4）铣挖机配合破碎锤隧道开挖土质围岩适用于Ⅵ级围堰，出渣按正洞出渣定额计算。

（5）临时钢支撑应根据表6-25规定的周转次数编制预算，当由于工程规模或工期限制达不到规定的周转次数时，可按施工组织设计的工程量编制预算，并按表6-25规定的回收率计算回收金额，连拱隧道的中、侧导洞临时钢支撑可由设计单位按实际回收率计算回收金额。

表6-25 回收率

回收项目	周转次数					计算基数
	50	40	30	20	10	
型钢、钢板、钢筋		30%	50%	65%	80%	材料原价

（6）管棚、小导管定额中钢管型号按表6-26计算，若与设计不同时可按实际型号调整钢管质量。

表6-26 管棚、水导管定额中钢管型号

	孔口管	80管棚	108管棚	超前小导管
钢管型号	$\phi 127\ mm \times 4\ mm$	$\phi 80\ mm \times 4\ mm$	$\phi 108\ mm \times 6\ mm$	$\phi 42\ mm \times 3.5\ mm$

（7）格栅钢架和型钢钢架均按永久性支护编制，如作为临时支护使用，应按规定计取回收。

（8）喷射混凝土定额中已综合考虑混凝土的回弹量：钢纤维混凝土中钢纤维掺入量按喷射混凝土质量的3%掺入。当设计采用的钢纤维掺入量与本定额不同或采用其他材料时，可进行抽换。

（9）洞身衬砌项目按现浇混凝土衬砌，石料、混凝土预制块衬砌分别编制，定额已综合考虑超挖回填因素，当设计采用的混凝土强度等级与定额采用的不同或采用特殊混凝土时，可根据具体情况对混凝土配合比进行抽换。

（10）本章定额中凡是按不同隧道长度编制的项目，均只编制到隧道长度5 000 m以内。当隧道长度超过5 000 m时，应按以下规定计算：

1）洞身开挖：以隧道长度5 000 m以内定额为基础，与隧道长度5 000 m以上每增加1 000 m定额叠加使用。

2）正洞出渣运输：通过隧道进出口开挖正洞，以换算隧道长度套用相应的出渣定额计算。换算隧道长度的计算公式为

换算隧道长度 = 全隧长度 − 通过辅助坑道开挖正洞的长度

当换算隧道长度超过5 000 m时，以隧道长度5 000 m以内定额为基础，与隧道长度5 000 m以上每增加1 000 m定额叠加使用。

通过斜井开挖正洞，出渣运输按正洞和斜井两段分别计算，两者叠加使用。

3）通风、管线路定额，按正洞隧道长度综合编制。当隧道长度超过5 000 m时，以隧道长度5 000 m以内定额为基础，与隧道长度5 000 m以上每增加1 000 m定额叠加使用。

洞身部分三管两线布置如图6-11所示。

（11）混凝土运输应按桥涵工程有关定额计算。

【例6-24】 某山区高速公路隧道工程，全长1 500 m。洞身部分：钢支撑445 t；喷射C25混凝土10 050 m^3（采用生产能力为60 m^3/h混凝土搅拌站拌和，运输能力为10 m^3的混凝土搅拌运输车运输，搅拌站距离洞口1 km）；钢筋网138 t；$\phi 25$ mm锚杆12 600 m；$\phi 22$ mm锚杆

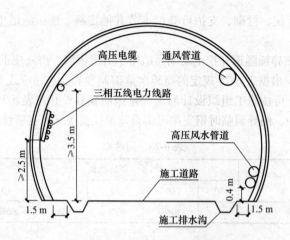

图 6-11 三管两线布置示意图

113 600 m，拱墙混凝土 25 259 m³，光圆钢筋 16 t；带肋钢筋 145 t。问题：列出编制该隧道工程洞身部分涉及的工程细目名称、定额代号、单位及工程数量，并填入表格中，需要时应列式计算。

解：（1）列项目：洞身支护钢支撑（3-1-5-1），洞身支护锚杆（3-1-6-1），洞身支护钢筋网（3-1-6-5），洞身支护喷射混凝土（3-1-8-1），洞身混凝土拌和（4-11-11-15），洞身混凝土运输 1 km（4-11-11-28），洞身混凝土增运输（4-11-11-29），衬砌拱墙混凝土（3-1-9-2），拱墙混凝土拌和（4-11-11-15），拱墙混凝土运输 1 km（4-11-11-28），拱墙混凝土增运输（4-11-11-29），衬砌光圆钢筋（3-1-9-6），衬砌带肋钢筋（3-1-9-6），混凝土拌和站安拆（4-11-11-10）。

（2）计算工程量：

洞身支护锚杆：$7.85 \times \pi \div 4 \times (0.025^2 \times 12\,600 + 0.022^2 \times 113\,600) = 387.539$（t）

洞身混凝土拌和、运输：$10\,050 \times 1.2 = 12\,060$（m³）

拱墙混凝土拌和、运输：$25\,259 \times 1.17 = 29\,553.03$（m³）

（3）套定额，计算结果见表 6-27。

表 6-27 计算结果

序号	工程细目	定额代号	单位	数量	定额调整或系数
1	洞身支护钢支撑	3-1-5-1	1 t	445	
2	洞身支护锚杆	3-1-6-1	1 t	387.539	
3	洞身支护钢筋网	3-1-6-5	1 t	138	
4	洞身支护喷射混凝土	3-1-8-1	10 m³	1 005	
5	洞身混凝土拌和	4-11-11-15	100 m³	120.6	
6	洞身混凝土运输 1 km	4-11-11-28	100 m³	120.6	
7	洞身混凝土增运输	4-11-11-29 改	100 m³	120.6	2
8	衬砌拱墙混凝土	3-1-9-2	10 m³	2 525.9	
9	拱墙混凝土拌和	4-11-11-15	100 m³	295.53	
10	拱墙混凝土运输 1 km	4-11-11-28	100 m³	295.53	
11	拱墙混凝土增运输	4-11-11-29	100 m³	295.53	2

续表

序号	工程细目	定额代号	单位	数量	定额调整或系数
12	衬砌光圆钢筋	3-1-9-6 改	1 t	16	HPB300 钢筋：1.025；HRB400 钢筋：0
13	衬砌带肋钢筋	3-1-9-6	1 t	145	
14	混凝土拌合站安拆	4-11-11-10	1 座	1	

答：本项目隧道工程施工图预算所需的全部工程细目名称、单位、定额代号及数量等内容见表 6-27。

(12) 洞内排水定额仅适用于反坡排水的情况，排水量按 10 m^3/h 以内编制，超过此排水量时，抽水机台班按表 6-28 调整。

表 6-28 抽水机台班调整系数

涌水量/$(m^3 \cdot h^{-1})$	10 以内	15 以内	20 以内	50 以内	100 以内	150 以内	200 以内
调整系数	1	1.2	1.35	1.7	2	2.18	2.3

注：当排水量超过 10 m^3/h 时，根据采取治水措施后的排水量采用表中系数调整。

正洞内排水是按全隧道长度综合编制，当隧道长度超过 5 000 m 时，以隧道长度 5 000 m 以内定额为基础，与隧道长度 5 000 m 以上每增加 1 000 m 定额叠加使用。

2. 洞身工程的工程量计算规则

(1) 本章定额所指隧道长度均指隧道进出口（不含与隧道相连的明洞）洞门端墙墙面之间的距离，即两端端墙面与路面的交线同路线中线交点间的距离。双线隧道按上、下行隧道长度的平均值计算。

(2) 洞身开挖、出渣工程量按设计断面数量（成洞断面加衬砌断面）计算，包含洞身及所有附属洞室的数量，定额中已考虑超挖因素，不得将超挖数量计入工程量。

【例 6-25】 某隧道工程（单洞），隧道断面面积 78 m^2，超挖断面面积 80 m^2，长度 6 000 m，围岩为Ⅱ级，采用机械开挖，自卸汽车运输施工。问题：列出编制该隧道工程涉及的工程细目名称、定额代号、单位及工程数量，并填入表格中，需要时应列式计算。

解：(1) 列项目：正洞机械开挖 5 000 m 以内 [3-1-3（Ⅰ）-26]、正洞机械开挖 5 000 m 以上，每增加 1 000 m [3-1-3（Ⅰ）-32]、隧道长度 5 000 m 以内正洞出渣 (3-1-3（Ⅱ）-55)、隧道长度 5 000 m 以上，每增加 1 000 m 正洞出渣 [3-1-3（Ⅱ）-58]

(2) 计算工程量：78 × 6 000 = 468 000（m^3）。

(3) 套定额，计算结果见表 6-29。

表 6-29 计算结果

序号	工程细目	定额代号	单位	数量	定额调整或系数
1	正洞机械开挖 5 000 m 以内	3-1-3（Ⅰ）-26	100 m^3	4 680	
2	正洞机械开挖增加 1 000 m	3-1-3（Ⅰ）-32	100 m^3	4 680	
3	隧道长度 5 000 m 以内出渣	3-1-3（Ⅱ）-55	100 m^3	4 680	
4	隧道长度增加 1 000 m 出渣	3-1-3（Ⅱ）-58	100 m^3	4 680	

答：本项目隧道工程施工图预算所需的全部工程细目名称、单位、定额代号及数量等内容见

表 6-29。

(3) 现浇混凝土衬砌中浇筑、运输的工程数量均按设计断面衬砌数量计算,包含洞身及所有附属洞室的衬砌数量。定额中已综合因超挖及预留变形需回填的混凝土数量,不得将上述因素的工程量计入工程量中。

(4) 防水板、明洞防水层的工程数量按设计敷设面积计算。

(5) 止水带(条)、盲沟、透水管的工程数量,均按设计数量计算。

(6) 拱顶压浆的工程数量按设计数量计算,无设计时可按每延长米 0.25 m^3 综合考虑。

(7) 喷射混凝土的工程量按设计厚度乘以喷射面积计算,喷射面积按设计外轮廓线计算。

(8) 砂浆锚杆工程量为锚杆、垫板及螺母等材料质量之和;中空注浆锚杆、自进式锚杆的工程量按锚杆设计长度计算。

(9) 格栅钢架、型钢钢架、连接钢筋工程数量按钢架的设计质量计算。

(10) 管棚、小导管的工程量按设计钢管长度计算,当管径与定额不同时,可调整定额中钢管的消耗量。

(11) 横向塑料排水管按每侧隧道设计的铺设长度计算;纵向弹簧管按隧道纵向每侧铺设长度之和计算;环向盲沟按隧道横断面敷设长度计算。

(12) 正洞高压风水管、照明、电线路的工程量按隧道设计长度计算。

【例 6-26】 某隧道工程长 6 800 m,其中进出口各接长 8 m 明洞,洞身设计开挖断面积为 160 m^2,通过斜井开挖正洞长 1 400 m,围岩为Ⅳ级,斜井纵坡 10°,施工中正洞进行通风、供水、供电以及照明,不计排水。问题:列出编制该隧道工程正洞开挖、出渣、通风、供水、供电、照明涉及的工程细目名称、定额代号、单位及工程数量,并填入表格中,需要时应列式计算。

解:(1) 列项目:正洞开挖 5 000 m(3-1-3-28),正洞开挖每增 1 000 m(3-1-3-34),进出口出渣 5 000 m(3-1-3-56),进出口出渣每增 1 000 m(3-1-3-59),斜井正洞出渣(3-1-3-47),斜井出渣(3-1-3-68),正洞通风 5 000 m(3-1-15-5),正洞通风每增 1 000 m(3-1-15-6),正洞高压风水管、照明、电线路 5 000 m(3-1-16-5),正洞高压风水管、照明、电线路每增 1 000 m(3-1-16-6)。

(2) 计算工程量:

正洞开挖 5 000 m,正洞开挖每增 1 000 m:$L = 6\,800 - 8 \times 2 = 6\,784$ m;$V = 6\,784 \times 160 = 1\,085\,440$($m^3$)。

进出口出渣 5 000 m,进出口出渣每增 1 000 m:$L_1 = 6\,784 - 1\,400 = 5\,384$(m);$V_1 = 5\,384 \times 160 = 861\,440$($m^3$)。

斜井正洞出渣,斜井出渣:$1\,400 \times 160 = 224\,000$($m^3$)。

正洞通风 5 000 m,正洞通风每增 1 000 m,正洞高压风水管、照明、电线路 5 000 m,正洞高压风水管、照明、电线路每增 1 000 m:$L = 6\,800 - 8 \times 2 = 6\,784$(m)。

(3) 套定额,计算结果见表 6-30。

表 6-30 计算结果

序号	工程细目	定额代号	单位	数量	定额调整或系数
1	正洞开挖 5 000 m	3-1-3-28	100 m^3	10 854.4	
2	正洞开挖每增 1 000 m	3-1-3-34 改	100 m^3	10 854.4	2
3	进出口出渣 5 000 m	3-1-3-56	100 m^3	8 614.4	
4	进出口出渣每增 1 000 m	3-1-3-59 改	100 m^3	8 614.4	1

续表

序号	工程细目	定额代号	单位	数量	定额调整或系数
5	斜井正洞出渣	3-1-3-47	100 m³	2 240	
6	斜井出渣	3-1-3-68	100 m³	2 240	
7	正洞通风 5 000 m	3-1-15-5	100 m	67.84	
8	正洞通风每增 1 000 m	3-1-15-6 改	100 m	67.84	2
9	正洞高压风水管、照明、电线路 5 000 m	3-1-16-5	100 m	67.84	
10	正洞高压风水管、照明、电线路每增 1 000 m	3-1-16-6 改	100 m	67.84	2

答：本项目隧道工程施工图预算所需的全部工程细目名称、单位、定额代号及数量等内容见表 6-30。

6.3.3 洞门工程

洞门工程包括：洞门墙砌筑；现浇混凝土洞门墙；洞门墙装修。

1. 洞门工程有关规定及工程量计算规则

(1) 隧道和明洞洞门，均采用本章定额。

(2) 洞门墙工程量为主墙和翼墙等圬工体积之和。仰坡、截水沟等应按有关定额另行计算。

(3) 本节定额的工程量均按设计工程数量计算。

2. 示例

【例 6-27】 某分离式山区高速公路隧道，全长 1 500 m，洞门部分浆砌片石墙体 1 050 m³，墙面采用水刷石饰面，面积 220 m²，浆砌片石截水沟 70.2 m³。问题：列出编制该隧道工程涉及的工程细目名称、定额代号、单位及工程数量，并填入表格中，需要时应列式计算。

解：(1) 列项目：浆砌片石墙体（3-2-1-4）、砌石墙面水刷石（3-2-3-1）、浆砌片石截水沟（1-3-3-1）。

(2) 套定额，计算结果见表 6-31。

表 6-31 计算结果

序号	工程细目	定额代号	单位	数量	定额调整或系数
1	洞门浆砌片石墙体	3-2-1-4	10 m³	105.0	
2	砌石墙面水刷石	3-2-3-1	100 m²	2.2	
3	洞门浆砌片石截水沟	1-3-3-1	10 m³	7.02	

答：本项目隧道工程施工图预算所需的全部工程细目名称、单位、定额代号及数量等内容见表 6-31。

6.3.4 辅助坑道

辅助坑道包括：斜井开挖；斜井出渣；斜井衬砌；斜井通风及管线路；竖井开挖*；竖井支护与衬砌；斜井洞内施工排水；人行、车行横洞开挖。

1. 辅助坑道有关规定

(1) 斜井项目按开挖、出渣、通风及管线路分别编制，竖井项目定额中已综合了出渣、通风及管线路。

(2) 斜井相关定额项目是按斜井长度 1 500 m 以内综合编制的,已含斜井建成后,通过斜井进行正洞作业时,斜井内通风及管线路的摊销部分。

(3) 斜井支护按正洞相关定额计算。

2. 辅助坑道工程量计算规则

(1) 开挖、出渣工程量按设计断面数量(成洞断面加衬砌断面)计算,定额中已考虑超挖因素,不得将超挖数量计入工程量。

(2) 现浇混凝土衬砌工程数量均按设计断面衬砌数量计算。

(3) 喷射混凝土工程量按设计厚度乘以喷射面积计算,喷射面积按设计外轮廓线计算。

(4) 锚杆工程量为锚杆、垫板及螺母等材料质量之和。

(5) 斜井洞内通风、风水管照明及管线路的工程量按斜井设计长度计算。

【例 6-28】 已知例 6-26 中的斜井长 1 000 m,斜井设计开挖断面积为 120 m^2,围岩为Ⅳ级,斜井纵坡 10°,施工中斜井进行通风、供水、供电以及照明,不计施工排水。问题:列出编制该隧道工程斜井开挖、出渣、通风、供水、供电、照明涉及的工程细目名称、定额代号、单位及工程数量,并填入表格中,需要时应列式计算。

解:(1) 列项目:斜井开挖 1 000 m (3-3-1-16),斜井出渣 (3-3-2-8),斜井通风 (3-3-4-3),斜井高压风水管、照明、电线路 (3-3-4-6)。

(2) 计算工程量。斜井开挖 1 000 m、出渣:V = 1 000 × 120 = 120 000(m^3)。

(3) 套定额,计算结果见表 6-32。

表 6-32 计算结果

序号	工程细目	定额代号	单位	数量	定额调整或系数
1	斜井开挖 5 000 m	3-3-1-16	100 m^3	1 200.00	
2	斜井出渣	3-3-2-8	100 m^3	1 200.00	
3	斜井通风	3-3-4-3	100 m	10.00	
4	斜井高压风水管、照明、电线路	3-3-4-6	100 m	10.00	

答:本项目隧道工程施工图预算所需的全部工程细目名称、单位、定额代号及数量等内容见表 6-32。

6.3.5 瓦斯隧道

1. 瓦斯隧道工程内容

瓦斯隧道工程内容包括:瓦斯隧道超前探测钻孔;瓦斯排放钻孔;瓦斯隧道正洞机械开挖自卸汽车运输;瓦斯隧道钢支撑;瓦斯隧道管棚、小导管;瓦斯隧道喷射混凝土;瓦斯隧道现浇混凝土衬砌;瓦斯隧道正洞通风;瓦斯隧道正洞高压风水管、照明、电线路;瓦斯隧道施工监测监控系统。

2. 瓦斯隧道有关规定

(1) 格栅钢架和型钢钢架均按永久性支护编制,如作为临时支护使用,应按规定计取回收。

(2) 喷射混凝土定额分为气密性混凝土和钢纤维混凝土,定额中已综合考虑混凝土的回弹量。气密性混凝土考虑了气密剂费用,气密剂掺量按水泥用量的 7% 掺入,钢纤维混凝土中钢纤维掺入量按喷射混凝土质量的 3% 掺入。当设计采用的气密剂、钢纤维掺入量与本章定额不同或采用其他材料时,可进行抽换。

(3) 洞身衬砌项目按现浇混凝土衬砌编制,定额中已综合考虑超挖回填因素,当设计采用的混凝土强度等级与定额采用的不符或采用特殊混凝土时,可根据具体情况对混凝土配合比进行抽换。

(4) 本章定额中凡是按不同隧道长度编制的项目,均只编制到隧道长度在 5 000 m 以内。当隧道长度超过 5 000 m 时,应按以下规定计算:

1) 洞身开挖:以隧道长度 5 000 m 以内定额为基础,与隧道长度 5 000 m 以上每增加 1 000 m 定额叠加使用。

2) 正洞出渣运输:通过隧道进出口开挖正洞,以换算隧道长度套用相应的出渣定额计算。换算隧道长度的计算公式为

$$换算隧道长度 = 全隧长度 - 通过辅助坑道开挖正洞的长度$$

当换算隧道长度超过 5 000 m 时,以隧道长度 5 000 m 以内定额为基础,与隧道长度 5 000 m 以上每增加 1 000 m 定额叠加使用。

3) 通风、管线路定额,按正洞隧道长度综合编制:当隧道长度超过 5 000 m 时,以隧道长度 5 000 m 以内为基础,与隧道长度 5 000 m 以上每增加 1 000 m 定额叠加使用。

(5) 瓦斯隧道采用对应平行施工时,套用本节定额,隧道长度按单向施工长度计;若仅有单向为瓦斯隧道,则瓦斯隧道一侧套用本节定额,另一侧套用本节相应定额。

(6) 本节未包括的其他内容,套用本章相应定额。

6.4 桥涵工程

6.4.1 桥涵工程定额内容组成及说明

1. 组成

桥涵工程包括开挖基坑,筑岛、围堰及沉井工程,打桩工程,灌注桩工程,砌筑工程,现浇混凝土及钢筋混凝土,预制、安装混凝土及钢筋混凝土构件,构件运输,拱盔、支架工程,钢结构工程和杂项工程等项目。

2. 总说明

(1) 混凝土工程。

1) 定额中混凝土强度等级均按一般图纸选用,其施工方法除小型构件采用人拌人捣外,其他均按机拌机捣计算。

2) 定额中混凝土工程除大型预制构件底座、混凝土搅拌站安、拆和钢桁架桥式码头项目中已考虑混凝土的拌和费用外,其他混凝土项目中均未考虑混凝土的拌和费用,应按有关定额另行计算。

3) 定额中混凝土均按露天养护考虑,如采用蒸汽养护时,应从各有关定额中按每 10 m^3 扣减人工 1.0 个工日及其他材料费 4 元,并按蒸汽养护有关定额计算。

4) 定额中采用泵送混凝土的项目已包括水平和向上垂直泵送所消耗的人工、机械,当水平泵送距离超过定额综合范围时,可按表 6-33 增列人工及机械消耗量,向上垂直泵送不得调整。

表 6-33 每 100 m^3 混凝土每增加水平距离 50 m 增列数量

项目		定额综合的水平泵送距离/m	每 100 m^3 混凝土每增加水平距离 50 m 增列数量	
			人工/工日	混凝土输送泵/台班
基础	灌注桩	100	1.08	0.24
	其他	100	0.89	0.16

续表

项目	定额综合的水平泵送距离/m	每100 m³ 混凝土每增加水平距离 50 m 增列数量	
		人工/工日	混凝土输送泵/台班
上、下部构造	50	1.97	0.32
桥面铺装	250	1.97	0.32

5）混凝土中的钢板、型钢、钢管等预埋件，均作为附属材料列入混凝土定额内。连接用的钢板、型钢等则包括在安装定额内。

6）大体积混凝土项目必须采用埋设冷却管来降低混凝土水化热时，可根据实际需要另行计算。

7）除另有说明外，混凝土定额中均已综合脚手架、上下架、爬梯及安全围护等搭、拆及摊销费用，使用定额时不得另行计算。

(2) 钢筋工程。

1）定额中凡钢筋直径在10 mm以上的接头，除注明为钢套管连接外，均采用电弧搭接焊或电阻对接焊。

2）定额中的钢筋按选用图纸分为HPB300、HRB400；设计中采用HRB500时，可将定额中的HRB400抽换为HRB500。当设计图纸的钢筋比例与定额有出入时，可调整钢筋品种的比例。

3）定额中的钢筋是按一般定尺长度计算的，当设计提供的钢筋连接用钢套筒数量与定额有出入时，可按设计数量调整定额中的钢套筒消耗，其他消耗不调整。

(3) 模板工程。

1）模板不单列项目。混凝土工程中所需的模板包括钢模板、组合钢模板、木模板，均按其周转摊销量计入混凝土定额中。

2）定额中的模板均为常规模板；当设计或施工对混凝土结构的外观有特殊要求需要对模板进行特殊处理时，可根据定额中所列的混凝土模板接触面积增列相应的特殊模板材料的费用。

3）定额中所列的钢模板材料是指工厂加工的适用于某种构件的定型钢模板，其质量包括立模所需的钢支撑及有关配件；组合钢模板材料是指市场供应的各种型号的组合钢模板，其质量仅为组合钢模板的质量，不包括立模所需的支撑、拉杆等配件，定额中已计入所需配件数量的摊销量；木模板按工地制作编制，定额中将制作所需工、料、机械台班消耗按周转摊销量计算。

4）定额中均已包括各种模板的维修、保养所需的工、料及费用。

(4) 设备摊销费。定额中设备摊销费的设备是指属于固定资产的金属设备，包括万能杆件、装配式钢桁架及有关配件拼装的金属架桥设备。挂篮、移动模架、导梁设备摊销费按设备质量每吨每月180元计算，其他设备摊销费按设备质量每吨每月140元（除设备本身折旧费用，还包括设备的维修、保养等费用）。各项目中凡注明允许调整的，可按计划使用时间调整。

(5) 工程量计算一般规则。

1）现浇混凝土、预制混凝土、构件安装的工程量为构筑物或预制构件的实际体积，不包括其中空心部分的体积，钢筋混凝土项目的工程量不扣除钢筋（钢丝、钢绞线）、预埋件和预留孔道所占的体积。

2）构件安装定额中在括号内所列的构件体积数量，表示安装时需要备制的构件数量。

3）钢筋工程量为钢筋的设计质量，定额中已计入施工操作损耗，一般钢筋因接长所需增加的钢筋质量已包括在定额中，不得将这部分质量计入钢筋数量内，但对于某些特殊的工程，必须在施工现场分段施工采用搭接接长时，其搭接长度的钢筋质量未包括在定额中，应在钢筋的设计质量内计算。

6.4.2 开挖基坑

开挖基坑包括：人工挖基坑土、石方；人工挖卷扬机吊运基坑土、石方；机械挖基坑土、石方；基坑挡土板。

1. 开挖基坑有关规定

（1）干处挖基是指开挖无地面水及地下水水位以上部分的土壤，湿处挖基是指开挖在施工水位以下部分的土壤。定额中开挖深度为 6 m 以内，基坑挖深超过 6 m 时，每加深 1 m，按挖基 6 m 以内人工消耗量干处递增 5%，湿处递增 10%。

（2）挖基坑石方、淤泥、流砂部分干处、湿处均采用同一定额。

（3）开挖基坑土、石方运输按弃土于坑外 10 m 范围内考虑，当坑上水平运距超过 10 m 时，另按路基土、石方增运定额计算。

（4）人工挖卷扬机吊运基坑土、石方按土方（干处、湿处）、淤泥、流砂、石方分设细目，定额对不同的土质和不同的基坑深度进行了综合，综合考虑了开挖、清运土、石渣出坑外，简单脚手架，挖排水沟及集水井，基底的清理、铺平、夯实以及基坑回填、夯实、便道等工程内容，未包括扒杆本身的费用。应根据施工组织设计确定扒杆的配制数量，按有关定额另行计算，但扒杆的移动用工数量已综合在本定额中，不应再另行计算。

（5）锚碇基坑开挖土石方的坑外运输应按自卸汽车运路基土石方定额另行计算，除放坡方式开挖石方需另计装车费用外，其他均不得再计装车的费用。

（6）基坑深度为坑的顶面中心高程至底面的数值。在同一基坑内，无论开挖哪一深度均执行该基坑的全深度定额。

（7）开挖基坑定额中已综合了基底夯实、基坑回填及检平石质基底用工，湿处挖基还包括挖边沟、挖集水井及排水作业用工，使用定额时，不得另行计算。

（8）开挖基坑定额中不包括挡土板，需要时应按实有关定额另行计算。

（9）机械挖基定额中已综合了基底高程以上 20 cm 范围内采用人工开挖和基底修正用工。

（10）本节基坑开挖定额均按原土回填考虑；当采用取土回填时，应按路基工程有关定额另计取土费用。

（11）挖基定额中未包括水泵台班，挖基及基础、墩台修筑需要排水时按基坑排水定额计算。

2. 开挖基坑工程量计算规则

（1）基坑开挖工程量按基坑容积计算，如图 6-12 所示，其计算公式如下：

$$V = \frac{h}{6} \times [ab + (a+a_1)(b+b_1) + a_1 b_1] \quad \text{（基坑为平截方锥时）}$$

$$V = \frac{\pi h}{3} \times (R^2 + Rr + r^2) \quad \text{（基坑为截头圆锥时）}$$

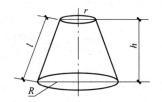 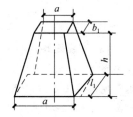

图 6-12 基坑开挖工程量

(2) 基坑挡土板的支挡面积,按坑内需支挡的实际侧面积计算。

(3) 基坑水泵台班消耗,可根据覆盖层土壤类别和施工水位高度采用表 6-34 所列数值计算:

1) 墩(台)基坑水泵台班消耗 = 湿处挖基工程量 × 挖基水泵台班 + 墩(台)座数 × 修筑水泵台班。

2) 基坑水泵台班消耗表中水位高度栏中"地面水"适用于围堰内挖基,水位高度是指施工水位至坑顶的高度,其水泵消耗台班已包括排除地下水所需台班数量,不得再按"地下水"加计水泵台班;"地下水"适用于岸滩湿处的挖基,水位高度是指施工水位至坑底的高度,其工程量应为施工水位以下的湿处挖基工程数量,施工水位至坑顶部分的挖基,应按干处挖基对待,不计水泵台班。

3) 表列水泵台班均为 $\phi150$ mm 水泵。

(4) 基坑排水,可根据覆盖层土壤类别和施工水位高度采用相应定额计算:

定额中水位高度栏中"地面水"适用于围堰内挖基,水位高度是指施工水位至坑顶的高度,消耗中已包括排除地下水所需台班数量,不得再套用"地下水"定额;"地下水"适用于岸滩处的挖基,水位高度是指施工水位至坑底的高度,其工程量应为施工水位以下的湿处挖基工程数量,施工水位至坑顶部分的挖基,应按干处挖基对待,不再套用"地面水"定额。

(5) 基坑土土壤分类:

Ⅰ类:粉质黏土、粉砂土、较密实的细砂土(0.10 ~ 0.25 mm 颗粒含量占多数)、松软的黄土、有透水孔道的黏土。

Ⅱ类:中类砂土(0.25 ~ 0.50 mm 颗粒含量占多数)、紧密的颗粒较细的砂砾石层、有裂缝透水的岩层。

Ⅲ类:粗粒砂(0.50 ~ 1.00 mm 颗粒含量占多数)、砂砾石层(砾石含量大于 50%)、透水岩石并有泉眼。

Ⅳ类:砂卵石层(平均颗粒大于 50 mm),漂石层有较大的透水孔道,有溶洞、溶槽的岩石并有泉眼、涌水现象。

【例 6-29】 某小桥两个靠岸桥台基坑开挖工程,土质为砂砾石(砾石含量大于 50%),由于工期紧张,采取两个基坑平行施工,用电动卷扬机配抓斗开挖。已知施工期无常水,基坑顶面中心高程 99.5 m,地下水水位 99.0 m,基底高程 96.0 m,一个基坑挖基总量 300 m³,其中干处开挖 50 m³,基底以上 20 cm 人工开挖 15 m³,挖土方采用手推车运出 50 m 堆放,按施工组织设计湿处需设挡土板 50 m²,1 台扒杆质量为 0.8 t,施工工期 4 个月。列出编制该基坑开挖涉及的工程细目名称、定额代号、单位及工程数量,并填入表格中,需要时应列式计算。

分析:机械挖基定额已综合了基底以上 20 cm 的人工开挖和基底修理用工,故人工挖方不必单列;挖基土方定额中包含 10 m 以内运输,超过 10 m,应按路基土石方增运定额计算;挖基定额中未含抽水费用,抽水应计水泵台班;挖基定额中未包括扒杆的设备费,应另行计算。

解:(1) 列项目:卷扬机配抓斗挖基坑土石方(4-1-3-1),土石方增运(1-1-6-5),基坑挡土板(4-1-4-1),扒杆吊装设备(4-7-28-11)。

(2) 计算工程量。

卷扬机配抓斗挖基坑土石方、土石方增运:$2 \times 300 = 600$ (m³)。

扒杆吊装设备:$0.8 \times 2 = 1.6$ (t)

(3) 套定额,计算结果见表 6-35。

第6章 公路工程定额工程量计量与计价

表6-34 基坑水泵台班消耗

覆盖层土壤类别		水位高度/m		河中桥墩			靠岸墩台		
				挖基/10 m³	每座墩(台)修筑水泵台班		挖基/10 m³	每座墩(台)修筑水泵台班	
					基坑深3 m以内	基坑深6 m以内		基坑深3 m以内	基坑深6 m以内
I	1. 粉质黏土 2. 粉砂土 3. 较密实的细砂土(0.10~0.25 mm颗粒含量占多数) 4. 松软的黄土 5. 有透水孔道的黏土	地面水	4以内	0.17	6.82	9.75	0.11	4.39	6.34
			3以内	0.14	5.36	7.80	0.09	3.41	4.88
			2以内	0.11	4.88	6.82	0.07	3.17	4.39
			1以内	0.1	4.39	6.34	0.06	2.93	3.90
		地下水	6以内	0.07	—	4.88	0.05	—	3.41
			3以内	0.06	3.41	3.41	0.04	2.44	2.44
II	1. 中类砂土(0.25~0.50 mm)颗粒含量占多数 2. 紧密的颗粒较细的砂砾石层 3. 有裂缝透水的岩层	地面水	4以内	0.49	14.51	22.46	0.32	9.29	14.51
			3以内	0.40	10.76	16.85	0.26	6.97	10.76
			2以内	0.32	7.49	12.64	0.21	4.64	8.42
			1以内	0.28	5.62	9.83	0.17	3.72	6.55
		地下水	6以内	0.21	—	6.55	0.14	—	4.21
			3以内	0.17	3.74	4.21	0.11	2.32	2.81
III	1. 粗卵石砂(0.50~1.00 mm)颗粒含量占多数 2. 砂砾石层(砂石含量大于50%) 3. 透水岩石并有泉眼	地面水	4以内	0.94	27.68	42.43	0.61	17.87	27.68
			3以内	0.76	20.10	32.16	0.50	12.95	20.99
			2以内	0.62	14.73	24.11	0.41	9.38	15.63
			1以内	0.53	10.72	19.21	0.35	7.15	12.50
		地下水	6以内	0.40	—	9.83	0.26	—	6.26
			3以内	0.32	4.46	4.91	0.21	3.12	3.12
IV	1. 砂卵石层(平均颗粒大于50 mm) 2. 漂石层有较大的透水孔道 3. 有溶洞、溶槽并有泉眼、涌水现象	地面水	4以内	1.37	40.73	61.52	0.89	26.43	40.01
			3以内	1.11	29.47	46.46	0.71	19.07	30.11
			2以内	0.91	21.23	35.28	0.59	13.87	22.80
			1以内	0.78	15.60	27.53	0.5	9.96	18.06
		地下水	6以内	0.58	—	14.19	0.37	—	9.04
			3以内	0.47	6.50	6.89	0.31	4.33	4.30

注：如钢板桩围堰打进覆盖层，则表列台班数量乘以系数0.7。

表 6-35 计算结果

序号	工程细目	定额代号	单位	数量	定额调整或系数
1	卷扬机配抓斗挖基坑土石方	4-1-3-1 改	1 000 m³	0.6	增 ϕ150 mm 水泵台班 27.9
2	土石方每增运 10 m	1-1-6-5 改	100 m³	0.6	4
3	基坑挡土板	4-1-4-1	100 m²	0.5	
4	扒杆吊装设备	4-7-28-11	10 t	0.16	

墩（台）基坑水泵台班消耗 = 湿处挖基工程量×挖基水泵台班 + 墩（台）座数×修筑水泵台班水位高度 99.0 - 96.0 = 3（m），基坑深度 99.5 - 96.0 = 3.5（m）；土类别为Ⅲ类土；根据基坑水泵台班消耗表 6-34 得

水泵台班消耗：$0.21 \times 25 \times 2 + 3.12 \times 2 = 16.74$（台班）

定额增水泵消耗：$16.74 \div 600 \times 1\,000 = 27.9$（台班/1 000 m³）

答：本项目隧道工程施工图预算所需的全部工程细目名称、单位、定额代号及数量等内容见表 6-35。

6.4.3 筑岛、围堰及沉井工程

筑岛、围堰及沉井工程包括：草土围堰；编织袋围堰；竹笼围堰；木笼铁丝围堰；筑岛填心；套箱围堰；沉井制作及拼装；沉井浮运、定位落床；沉井下沉；沉井填塞；地下连续墙。

1. 筑岛、围堰及沉井工程有关规定

（1）围堰定额适用于挖基围堰和筑岛围堰。

（2）草土、塑料编织袋、竹笼、木笼铁丝围堰高度与定额不同时，可内插计算。

（3）草土、塑料编织袋、竹笼、木笼铁丝围堰定额中已包括 50 m 以内人工挖运土方的工日数量，定额括号内所列"土"的数量不计价，仅限于取土运距超过 50 m 时，按人工挖运土方的增运定额，增加运输用工。

（4）套箱围堰仅适用于水深在 10 m 以内的单壁钢套箱围堰。

（5）沉井制作及拼装：

1）沉井制作分钢筋混凝土重力式沉井、钢丝网水泥薄壁浮运沉井、钢壳浮运沉井三种。沉井浮运、落床、下沉、填塞定额，均适用于以上三种沉井。

2）钢丝网水泥薄壁浮运沉井中包括平、刃脚混凝土及砂浆抹面。

3）船坞拼装钢壳沉井的船坞开挖及排水工程应按相应定额另行计算。

4）钢壳沉井作双壁钢围堰使用时，应按施工组织设计计算回收，但回收部分的拆除所需的工、料、机消耗本章定额未计入，需要时应根据实际情况按有关定额另行计算。

（6）沉井浮运、定位落床包括了浮运、定位落床、锚碇系统和井壁混凝土四个内容。

1）沉井下水轨道的钢轨、枕木、铁件按周转摊销量计入定额中，定额还综合了轨道的基础及围堰等的工、料，使用定额时，不得另行计算；但轨道基础的开挖工作本章定额中未计入，需要时按有关定额另行计算。

2）导向船、定位船舶本身加固所需的工、料、机消耗及沉井定位落床所需的锚绳均已综合在定额中，使用定额时，不得另行计算。导向船联结梁设备摊销费是按施工期 4 个月编制的，当实际施工期与定额不同时，可按实际工期进行调整。

3）无导向船定位落床定额已将所需地笼、锚碇等的工、料、机消耗综合在定额中，使用定额时，不得另行计算；有导向船定位落床定额未综合锚碇系统，应根据施工组织设计的需要按有

关定额另行计算。

4) 沉井浮运定额仅适用于只有一节的沉井或多节沉井的底节,分节施工的沉井除底节外的其余各节的浮运、接高均应执行沉井接高定额。

5) 钢壳沉井接高所需的吊装设备本章定额中未计入,需要时应按金属设备吊装定额另行计算。

6) 锚碇系统定额均已将锚链的消耗计入定额中,并已将抛锚、起锚所需的工、料、机消耗综合在定额中,使用定额时,不得随意进行抽换。

7) 钢筋混凝土锚碇自重与定额不同时,按相近锚体体积比例抽换定额中的水泥、中(粗)砂、碎石的数量,但其他数量均不得调整。

8) 铁锚定额是按锚体质量为50 t的锚碇并按每基础次使用12个月编制的;当锚碇的实际质量与使用期与定额不同时,可按实际数量予以调整定额中的设备摊销量。

(7) 沉井下沉。

1) 沉井下沉用的工作台、三脚架、运土坡道、卷扬机工作台均已包括在定额中,井下爆破材料除硝铵炸药外,其他列入"其他材料费"中。

2) 沉井下沉应按土、石所在的不同深度分别采用不同的下沉深度定额;如沉井下沉在5 m以内的土、石应采用下沉深度0~5 m的定额;当沉井机械下沉到10 m以内时,对于超过5 m的土、石应执行下沉深度5~10 m的定额。

3) 当下沉深度超过40 m时,按每增加10 m为一档,每增加一档按下沉深度30~40 m定额的人工、机械分不同地质乘以表6-36所列系数进行计算。

表6-36 沉井下沉深度系数

地质分类	砂土、黏土	砂砾	砾(卵)石	软质岩石	硬质岩石
系数	1.5	1.5	1.5	1.3	1.2

4) 沉井下沉定额中的软质岩石是指饱和单轴极限抗压强度在40 MPa以下的各类松软的岩石,硬质岩石是指饱和单轴极限抗压强度在40 MPa以上的各类较坚硬和坚硬的岩石。

(8) 地下连续墙定额中未包括施工便道、挡水帷幕、注浆加固等,需要时应根据施工组织设计另行计算,挖出的土石方或凿铣的泥渣如需外运,应按路基工程中相关定额进行计算。

2. 筑岛、围堰及沉井工程工程量计算规则

(1) 草土、塑料编织袋、竹笼围堰长度按围堰中心线长度计算。高度按施工水深加0.5 m计算。木笼铁丝围堰实体为木笼所包围的体积。

(2) 套箱围堰的工程量为套箱金属结构的质量。套箱整体下沉时悬吊平台的钢结构及套箱内支撑的钢结构均已综合在定额中,不得作为套箱工程量进行计算。

(3) 沉井制作的工程量:重力式沉井为设计图纸井壁及隔墙混凝土数量;钢丝网水泥薄壁浮运沉井为刃脚及骨架钢材的质量,但不包括铁丝网的质量;钢壳沉井的工程量为钢材的总质量。

(4) 沉井下沉定额的工程量按沉井刃脚外缘所包围的面积乘以沉井刃脚下沉入土深度计算。沉井下沉按土、石所在的不同深度分别采用不同下沉深度的定额。定额中的下沉深度是指沉井顶面到作业面的高度,定额中已综合了溢流(翻砂)的数量,不得另加工程量。

(5) 沉井浮运、接高、定位落床定额的工程量为沉井刃脚外缘所包围的面积,分节施工的沉井接高的工程量应按各节沉井接高工程量之和计算。

(6) 锚碇系统定额的工程量是指锚碇的数量,按施工组织设计的需要量计算。

(7) 地下连续墙导墙的工程量按设计需要设置的导墙的混凝土体积计算;成槽和墙体混凝土

的工程量按地下连续墙设计长度、厚度和深度的乘积计算;锁口管吊拔和清底置换的工程量按地下连续墙的设计槽段数(是指槽壁单元槽段)计算;内衬的工程量按设计需要的内衬混凝土体积计算。

【例6-30】 某桩基工程施工,需要采用编织袋围堰和机械填土筑岛,具体设计方案如图6-13所示,采用人工挖运土方,运距200 m,筑岛高2 m。问题:列出编制该围堰、筑岛工程涉及的工程细目名称、定额代号、单位及工程数量,并填入表格中,需要时应列式计算。

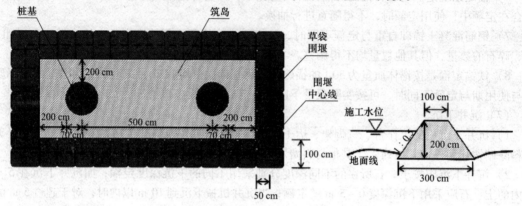

图6-13 围堰筑岛平面图及围堰断面图

解:(1)列项目:编织袋围堰(4-2-2-5)、筑岛填心(4-2-5-3)、超运距运土方(1-1-6-4)。
(2)计算工程量。
筑岛上口长:$a_1 = 5 + 0.7 + 0.7 + 2 + 2 = 10.4$(m)。
筑岛上口宽:$b_1 = 1.4 + 2 + 2 = 5.4$(m)。
筑岛下口长:$a = 10.4 - 1 - 1 = 8.4$(m)。
筑岛下口宽:$b = 5.4 - 1 - 1 = 3.4$(m)。
围堰工程量:$(10.4 + 0.5 \times 2 + 5.4 + 0.5 \times 2) \times 2 = 35.6$(m)。
筑岛工程量:$\frac{2}{6} \times [10.4 \times 5.4 + (10.4 + 8.4) \times (5.4 + 3.4) + 8.4 \times 3.4] = 83.39$(m³)。
超运距运土方:$57.2 \times 3.56 + 105 \times 0.834 = 291.20$(m³)。
(3)套定额,计算结果见表6-37。

表6-37 计算结果

序号	工程细目	定额代号	单位	数量	定额调整或系数
1	编织袋围堰	4-2-2-5	10 m	3.56	
2	筑岛填心	4-2-5-3	100 m³	0.834	
3	超运距运土方150 m	1-1-6-4	1 000 m³	0.291	定额×15

答: 本项目围堰、筑岛工程施工图预算所需的全部工程细目名称、单位、定额代号及数量等内容见表6-37。

6.4.4 打桩工程

打桩工程包括:打钢筋混凝土方桩及接头;打钢筋混凝土管桩、接头及填心;打钢管桩、接头;钢管桩填心;打钢板桩;拔钢板桩;打桩工作平台。

1. 打桩工程有关规定

(1) 本章定额适用于陆地上、打桩工作平台上、船上打桥涵墩台基础桩，以及其他基础工程和临时工程中的打桩工作。

(2) 土质划分：打桩工程土壤分为Ⅰ、Ⅱ两组。

Ⅰ组土——较易穿过的土壤，如轻粉质黏土、粉质黏土、砂性土、腐殖土、湿的及松散的黄土等。

Ⅱ组土——较难穿过的土壤，如黏土、干的固结黄土、砂砾、砾石、卵石等。

当穿过两组土层时，如打入Ⅱ组土各层厚度之和大于或等于土层总厚度的50%或打入Ⅱ组土连续厚度大于1.5 mm，按Ⅱ组土计；不足上述厚度时，则按Ⅰ组土计。

(3) 打桩定额中，均按在已搭好的工作平台上操作，但未包括打桩用的工作平台的搭设和拆除等的工、料消耗，需要时应按打桩工作平台定额另行计算。

(4) 打桩定额中已包括打导桩、打送桩及打桩架的安、拆工作，并将打桩架、送桩、导桩及导桩夹木等的工、料按摊销方式计入定额中，编制预算时，不得另行计算。但定额中均未包括拔桩。破桩头工作，已计入承台定额中。

(5) 打桩定额均为打直桩，如打斜桩时，机械乘以系数1.20，人工乘以系数1.08。

(6) 利用打桩时所搭设的工作平台拔桩时，不得另计搭设工作平台的工、料消耗。如需搭设工作平台，可根据施工组织设计规定的面积，按打桩工作平台人工消耗的50%计算人工消耗，但各种材料一律不计。

(7) 本章定额为不射水打桩，如为射水打桩，按相应定额人工及机械台班消耗乘以系数0.98，并按打桩机台班数量增加多级水泵台班，其余不变。

(8) 接头定额指考虑在打桩时接桩，如在场地预先接桩，应扣除打桩机台班，人工乘以系数0.5，其余不变；接头分不同方式编制，只能根据具体情况选用其中一种；接桩法兰盘包括在预制钢筋混凝土管桩中。

(9) 打每组钢板桩时，所用的夹板材料及钢板桩的截头、连接（接头）、整形等的材料已按摊销方式，将其工、料计入定额中，使用定额时，不得另行计算。

(10) 钢板桩木支撑的制作、试拼、安装的工、料消耗，均已计入打桩定额中，拆除的工、料消耗已计入拔桩定额中。

(11) 打钢板桩、钢管桩定额中未包括钢板桩、钢管桩的防锈工作，如需进行防锈处理，另按相应定额计算。

(12) 打钢管桩工程如设计钢管桩数量与本章定额不相同时，可按设计数量抽换定额中的钢管桩消耗，但定额中的其他消耗量不变。

(13) 船上打桩工作平台所需驳船艘班，包括在打桩或拔桩的定额中。

2. 打桩工程工程量计算规则

(1) 打预制钢筋混凝土方桩和管桩的工程量，应根据设计尺寸及长度以体积计算（管桩的空心部分应予扣除）。设计中规定凿去的桩头部分的数量，应计入设计工程量内。

(2) 钢筋混凝土方桩的预制工程量，应为打桩定额中括号内的备制数量。

(3) 拔桩工程量按实际需要数量计算。

(4) 打钢板桩的工程量按设计需要的钢板桩质量计算。

(5) 打桩用的工作平台的工程量，按施工组织设计所需的面积计算。

(6) 船上打桩工作平台的工程量，根据施工组织设计，按一座桥梁实际需要打桩的台数和每台打桩机需要的船上工作平台面积的总和计算。

【例6-31】 某桥在陆地卷扬机打桩工作平台上打钢筋混凝土预制方桩,桩截面500 mm×500 mm,地基土层从上到下依次为轻粉质黏土4 m,粉质黏土3 m,干的固结黄土3 m,砂砾8 m,设计垂直桩入土深度16 m,设计规定凿去桩头1 m,共90根桩;桩顶面标高7.7 m,地面标高10.1 m,柴油打桩机施工,每根桩胶泥接桩1次;根据施工组织设计,打桩工作平台200 m²,不计桩的制作费。问题:列出打钢筋混凝土方桩工程涉及的工程细目名称、定额代号、单位及工程数量,并填入表格中,需要时应列式计算。

分析:干的固结黄土和砂砾属于Ⅱ组土,厚度共计11 m,该打桩工程土壤按Ⅱ组土计;桩顶标高在地面以下,存在送桩,送桩的工作包含在打桩之内,不需要另外计算;凿桩头的工程量应计入打桩工程量中。

解:(1)列项目:柴油打桩机打桩(4-3-1-2),胶泥接桩(4-3-1-14),卷扬机打桩工作平台(4-3-7-1)。

(2)计算工程量。

柴油打桩机打桩:$0.5 \times 0.5 \times [16 - (10.1 - 7.7) + 1] \times 90 = 328.5 \text{ m}^3$

胶泥接桩:$1 \times 90 = 90$(个)。

(3)套定额,计算结果见表6-38。

表6-38 计算结果

序号	工程细目	定额代号	单位	数量	定额调整或系数
1	柴油打桩机打桩	4-3-1-2	10 m³	32.85	
2	胶泥接桩	4-3-1-14	10个	9	
3	卷扬机打桩工作平台	4-3-7-1	100 m²	2	

答:本项目隧道工程施工图预算所需的全部工程细目名称、单位、定额代号及数量等内容见表6-38。

6.4.5 灌注桩工程

灌注桩工程包括:人工挖孔;卷扬机带冲击锥冲孔;冲击钻机冲孔;回旋钻机钻孔;潜水钻机钻孔;旋挖钻机钻孔;全套管钻机钻孔;灌注桩混凝土;护筒制作、埋设、拆除;灌注桩工作平台。

1. 灌注桩工程有关规定

(1)灌注桩造孔根据造孔的难易程度,将土质分为八种:

1)砂土:粒径不大于2 mm的砂类土,包括淤泥、轻粉质黏土。

2)黏土:粉质黏土、黏土、黄土,包括土状风化。

3)砂砾:粒径2~20 mm的角砾、圆砾含量(指质量比,下同)小于或等于50%,包括礓石及粒状风化。

4)砾石:粒径2~20 mm的角砾、圆砾含量大于50%,有时还包括粒径20~200 mm的碎石、卵石,其含量在10%以内,包括块状风化。

5)卵石:粒径20~200 mm的碎石、卵石含量大于10%,有时还包括块石、漂石,其含量在10%以内,包括块状风化。

6)软石:饱和单轴极限抗压强度在40 MPa以下的各类松软的岩石,如盐岩,胶结不紧的砾岩、泥质页岩、砂岩,较坚实的泥灰岩、块石土及漂石土,软而节理较多的石灰岩等。

7)次坚石:饱和单轴极限抗压强度在40~100 MPa的各类较坚硬的岩石,如硅质页岩、硅质砂岩、白云岩、石灰岩,坚石的泥灰岩,软玄武岩、片麻岩、正长岩、花岗岩等。

8）坚石：饱和单轴极限抗压强度在100 MPa以上的各类坚硬的岩石，如硬玄武岩，坚实的石灰岩、白云岩、大理岩、石英岩、闪长岩、粗粒花岗岩、正长岩等。

（2）灌注桩成孔定额分为人工挖孔、卷扬机带冲击锥冲孔、冲击钻机钻孔、回旋钻机钻孔、潜水钻机钻孔、旋挖钻机钻孔六种。定额中已按摊销方式计入钻架的制作、拼装、移位、拆除及钻头维修所耗用的工、料、机械台班数量，钻头的费用已计入设备摊销费中，使用本节定额时，不得另行计算。

（3）灌注桩混凝土定额按机械拌和、工作平台上导管倾注水下混凝土编制，定额中已包括混凝土灌注设备（如导管等）摊销的工、料费用及扩孔增加的混凝土数量，使用定额时，不得另行计算。

（4）钢护筒定额中，干处埋设按护筒设计质量的周转摊销量计入定额中，使用定额时，不得另行计算。水中埋设按护筒全部设计质量计入定额中，可根据设计确定的回收量按规定计算回收金额。

（5）护筒定额中，已包括陆地上埋设护筒用的黏土或水中埋设护筒定位用的导向架及钢质或钢筋混凝土护筒接头用的铁件、硫黄胶泥等埋设时用的材料、设备消耗，使用定额时，不得另行计算。

（6）浮箱工作平台定额中，每只浮箱的工作面积为 $3 \times 6 = 18$（m^2）。浮箱工作平台中的浮箱质量为5.321 t/只，其设备摊销费是按使用一个月编制的，当浮箱质量和实际施工期与定额不同时，可予以调整。

桩基工作平台及双壁钢围堰上工作平台中的设备摊销费是按使用4个月编制的，如实际施工工期与定额不同时，可予以调整。

（7）使用成孔定额时，应根据施工组织设计的需要合理选用定额子目，当不采用泥浆船的方式进行水中灌注桩施工时，除按90 kW以内内燃拖轮数量的一半保留拖轮和驳船的数量外，其余拖轮和驳船的消耗应扣除。

（8）在河滩、水中采用围堰筑岛方法施工或搭设的便桥与工作平台相连时，应采用陆地上成孔定额计算。

（9）本章定额是按一般黏土造浆进行编制的，当实际采用膨润土造浆时，其膨润土的用量可按定额中黏土用量乘以系数进行计算，即

$$Q = 0.095 \times V$$

式中　Q——膨润土的用量（t）；
　　　V——黏土的用量（m^3）。

（10）当设计桩径与定额采用桩径不同时，可按表6-39系数调整。

表6-39　调整系数

计算基数		桩径150 cm以内			桩径200 cm以内				桩径250 cm以内			
桩径/cm		120	130	140	160	170	180	190	210	220	230	240
调整系数	冲击锥、冲击钻	0.85	0.9	0.95	0.8	0.85	0.9	0.95	0.88	0.91	0.94	0.97
	回旋钻		0.94	0.97	0.75	0.82	0.87	0.92	0.88	0.91	0.94	0.96
计算基数		桩径300 cm以内				桩径350 cm以内						
桩径/cm		260	270	280	190	310	320	330	340			
调整系数	回旋钻	0.72	0.78	0.85	0.92	0.7	0.78	0.85	0.93			

2. 灌注桩工程工程量计算规则

（1）灌注桩成孔工程量按设计入土深度计算。定额中的孔深是指护筒顶至桩底（设计高程）的深度。造孔定额中同一孔内的不同土质，无论其所在的深度如何，均采用总孔深定额。

（2）人工挖孔的工程量按护筒（护壁）外缘包围的面积乘以设计孔深计算。

（3）浇筑水下混凝土的工程量按设计桩径断面积乘以设计桩长计算，不得将扩孔因素计入工程量。

（4）灌注桩工作平台的工程量按施工组织设计需要的面积计算。

（5）钢护筒的工程量按护筒的设计质量计算。设计质量为加工后的成品质量，包括加劲肋及连接用法兰盘等全部钢材的质量。当设计提供不出钢护筒的质量时，可参考表 6-40 的质量进行计算，桩径不同时可内插计算。

表 6-40　钢护筒质量

桩径/cm	100	120	150	200	250	300	350
护筒单位质量/（kg·m^{-1}）	267.0	390.0	568.0	919.0	1 504.0	1 961.0	2 576.0

【例 6-32】　某桥 1#、3# 桩基（各 1 根）采用冲击钻机冲孔，钢护筒，桩径 180 cm，桩顶为砾石层顶面；采用 250 L 混凝土搅拌机搅拌 C25 混凝土，搅拌机距离桩基 100 m，用起重机配吊斗灌注桩混凝土，桩内钢筋采用焊接连接，总钢筋质量为 1 999.7 kg，其中光圆钢筋 175.8 kg，带肋钢筋 1 823.9 kg；超声波检测管总质量 0.5 t，不考虑灌注桩工作平台，具体设计如图 6-14 所示。问题：列出编制该桩基工程涉及的工程细目名称、定额代号、单位及工程数量，并填入表格中，需要时应列式计算。

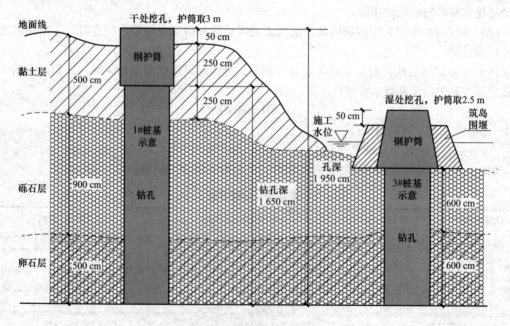

图 6-14　桩基及土层分布图

解：（1）列项目：黏土层冲击钻机冲孔（4-4-3-58）、砾石层冲击钻机冲孔（4-4-3-60）、卵石层冲击钻机冲孔（4-4-3-61）、灌注桩混凝土（4-4-8-5）、桩钢筋（4-4-8-24）、桩检测管（4-4-8-28）、钢护筒制作、埋设、拆除（4-4-9-7）、混凝土拌合机拌和（4-11-11-1）、混凝土运输（4-11-11-20）。

（2）计算工程量。

黏土层冲击钻机冲孔：2.5 m。

砾石层冲击钻机冲孔：$9+6=15$（m）。

卵石层冲击钻机冲孔：$5+6=11$（m）

灌注桩混凝土：$3.14 \times 0.9^2 \times (14+12) = 66.128$（m³）。

桩钢筋：1 999.7 kg（其中光圆钢筋消耗量 $=175.8 \div 1\ 999.7 \times 1.025 = 0.090$，带肋钢筋消耗量 $=1\ 823.9 \div 1\ 999.7 \times 1.025 = 0.935$）

桩检测管：0.5 t。

钢护筒：$[568+(919-568) \div 50 \times 30] \times (3+2.5) = 4\ 282.3$（kg）。

混凝土拌合机拌和、运输：$12.7 \div 10 \times 66.128 = 83.983$（m³）。

（3）套定额，计算结果见表6-41。

表6-41 计算结果

序号	工程细目	定额代号	单位	数量	定额调整或系数
1	黏土层冲击钻机冲孔	4-4-3-58 改	10 m	0.25	定额×0.9
2	砾石层冲击钻机冲孔	4-4-3-60 改	10 m	1.5	定额×0.9
3	卵石层冲击钻机冲孔	4-4-3-61 改	10 m	1.1	定额×0.9
4	灌注桩混凝土	4-4-8-5	10 m³ 实体	6.613	
5	桩钢筋	4-4-8-24 改	1 t	2.0	HPB300 钢筋含量调整为 0.09，HRB400 钢筋含量调整为 0.935
6	桩检测管	4-4-8-28	1 t	0.5	
7	钢护筒制作、埋设、拆除	4-4-9-7	1 t	4.282	
8	混凝土拌合机拌和	4-11-11-1	10 m³	8.398	
9	混凝土运输100 m	4-11-11-20	100 m³	0.840	

答：本项目桩基工程施工图预算所需的全部工程细目名称、单位、定额代号及数量等内容见表6-41。

6.4.6 砌筑工程

砌筑工程包括：干砌片石、块石；浆砌片石；浆砌块石；浆砌料石；浆砌混凝土预制块；干、浆砌盖板石；浆砌青（红）砖。

1. 砌筑工程有关规定

（1）定额中的 M7.5 水泥砂浆为砌筑用砂浆，M10 砂浆为勾缝用砂浆。

（2）定额中已按砌体的总高度配置了脚手架、踏步、井字架，并计入搭、拆用工，其材料用量均以摊销方式计入定额中。

（3）浆砌混凝土预制块定额中，未包括预制块的预制，应按定额中括号内所列预制块数量，另按预制混凝土构件的有关定额计算。

（4）浆砌料石或混凝土预制块作镶面时，其内部应按填腹石定额计算。

（5）桥涵拱圈定额中，未包括拱盔和支架，需要时应按 6.4.10 节拱盔、支架工程中有关定额另行计算。

（6）定额中均未包括垫层及拱背、台背填料和砂浆抹面，需要时应按 6.4.12 节杂项工程中有关定额另行计算。

2. 砌筑工程工程量计算规则

砌筑工程的工程量为砌体的实际体积，包括构成砌体的砂浆体积。

【例 6-33】 某高速公路有一直径为 $\phi150$ mm 的钢筋混凝土圆管涵，涵管构造如图 6-15 所示，其施工图设计的洞口砌筑工程量见表 6-42。

表 6-42 洞口砌筑工程量表

洞口			
浆砌片石端墙与基础	浆砌片石锥坡与基础	浆砌片石隔水墙与铺砌	M10 砂浆勾缝
m³			m²
29	27	13	45

已知采用 M7.5 水泥砂浆为砌筑用砂浆。问题：列出涵洞口砌筑工程涉及的工程细目名称、定额代号、单位及工程数量，并填入表格中，需要时应列式计算。

图 6-15 圆管涵构造图

解：（1）列项目：浆砌片石端墙与基础（4-5-2-4），浆砌片石锥坡及基础（4-5-2-7），浆砌片石隔水墙与铺砌（4-5-2-1）。

（2）套定额，计算结果见表 6-43。

表 6-43 计算结果

序号	工程细目	定额代号	单位	数量	定额调整或系数
1	浆砌片石端墙与基础	4-5-2-4	10 m³	2.9	
2	浆砌片石锥坡及基础	4-5-2-7	10 m³	2.7	
3	浆砌片石隔水墙与铺砌	4-5-2-1	10 m³	1.3	

答：本项目涵洞口砌筑工程施工图预算所需的全部工程细目名称、单位、定额代号及数量等内容见表 6-43。

6.4.7 现浇混凝土及钢筋混凝土

现浇混凝土及钢筋混凝土包括：基础、承台及支撑梁；墩、台身；墩、台帽及拱座；盖梁、系梁、耳背墙及墩顶固结；索塔；现浇锚块；现浇箱涵、拱涵；现浇板上部构造；现浇T形梁上部构造；现浇混凝土预应力箱梁；悬浇预应力箱梁上部构造；现浇拱桥上部构造；桥面铺装；现浇混凝土桥头搭板；转体磨心、磨盖混凝土、钢筋；转体施工。

1. 现浇混凝土及钢筋混凝土有关规定

(1) 定额中未包括现浇混凝土及钢筋混凝土上部构造所需的拱盔、支架，需要时按有关定额另行计算。

(2) 定额中片石混凝土中片石含量均按15%计算。

(3) 有底模承台适用于高桩承台施工。

(4) 使用套箱围堰浇筑承台混凝土时，应采用无底模承台的定额。

(5) 定额中均未包括提升模架、拐脚门架、悬浇挂篮、移动模架等金属设备，需要时，应按有关定额另行计算。

(6) 墩台高度为基础顶、承台顶或系梁底到盖梁顶，墩台帽顶或0号块件底的高度。

(7) 索塔高度为基础顶、承台顶或系梁底到索塔顶的高度。当塔墩固结时，工程量为基础顶面或承台顶面以上至塔顶的全部数量；当塔墩分离时，工程量应为桥面顶部以上至塔顶的数量，桥面顶部以下部分的数量应按墩台定额计算。

(8) 本章定额中的索鞍安装仅适用于山区钢索吊桥。

(9) 现浇混凝土桥头搭板定额中未包括搭板垫层的费用，需要时可按有关定额另行计算。

2. 现浇混凝土及钢筋混凝土工程量计算规则

(1) 斜拉索锚固套筒定额中已综合加劲钢板和钢筋的数量，其工程量以混凝土箱梁中锚固套筒钢管的质量计算。

(2) 斜拉索钢锚箱的工程量为钢锚箱钢板、剪力钉、定位件的质量之和，不包括钢管和型钢的质量。

(3) 各种结构的模板接触面积见表6-44。

表6-44 各种结构的模板接触面积

项目		基础				承台		轻型墩台身		
		轻型墩台		实体式墩台		支撑梁		钢筋混凝土墩台	混凝土墩台	
		跨径/m		上部构造形式					跨径/m	
		4以内	8以内	梁板式	拱式	有底模	无底模		4以内	8以内
模板接触面积(m²/10 m³混凝土)	内模	—	—	—	—	—	—	—	—	—
	外模	25.23	19.63	8.65	6.18	57.10	11.69	7.34	45.28	35.06	25.93
	合计	25.23	19.63	8.65	6.18	57.10	11.69	7.34	45.28	35.06	25.93

项目		实体式墩台身		圆柱式墩台身		方柱式墩台身			框架式桥台
		梁板桥	拱桥			高度/m			
		高度/m		墩	台	10以内	20以内	10以内	20以内	40以内	
		10以内	20以内								
模板接触面积(m²/10 m³混凝土)	内模	—	—	—	—	—	—	—	—	—
	外模	20.57	12.9	9.72	13.99	29.68	25.55	30.95	25.95	22.54	29.69
	合计	20.57	12.9	9.72	13.99	29.68	25.55	30.95	25.95	22.54	29.69

续表

项目		肋形埋置式桥台		空心墩				异型墩		薄壁墩		
		高度/m										
		8以内	14以内	40以内	70以内	100以内	150以内	10以内	20以内	10以内	20以内	40以内
模板接触面积（m²/10 m³混凝土）	内模	—	—	13.54	12.96	11.75	8.81	—	—	—	—	—
	外模	27.6	24.73	18.33	17.18	16.22	11.84	25.26	21.50	31.42	30.75	23.2
	合计	27.6	24.73	31.87	30.14	27.97	20.65	25.26	21.50	31.42	30.75	23.2

项目		薄壁墩		支座垫石		墩台帽	拱座	盖梁	系梁		耳背墙
		高度/m		盆式支座	板式支座				地面以下	地面以上	
		20以内	40以内								
模板接触面积（m²/10 m³混凝土）	内模	—	—	—	—	—	—	—	—	—	—
	外模	53.17	84.34	24.32	14.15	22.02	17.58	21.05	43.24		
	合计	53.17	84.34	24.32	14.15	22.02	17.58	21.05	43.24		

项目		墩梁固结现浇段	索塔立柱					索塔横梁		现浇T形梁	现浇箱梁
			高度/m					下横梁	中、上横梁		
			50以内	100以内	150以内	200以内	250以内				
模板接触面积（m²/10 m³混凝土）	内模	10.25	7.11	6.74	6.48	5.71	5.70	11.88	15.21	—	18.33
	外模	44.58	16.58	15.72	15.13	13.33	13.29	10.18	16.68	106.98	22.41
	合计	54.83	23.69	22.46	21.61	19.04	18.99	22.06	31.89	106.98	40.74

项目		现浇箱涵			现浇板上部结构			悬浇箱梁			
		跨径/m			矩形板	实体连续板	空心连续板	T型刚构等		连续刚构	
		3以内	5以内	8以内				0号块	悬浇段	0号块	悬浇段
模板接触面积（m²/10 m³混凝土）	内模	20.07	15.02	12.26	—	—	9.24	10.15	18.70	10.80	13.47
	外模	24.52	18.35	14.99	43.18	29.04	34.42	8.30	22.85	8.84	16.46
	合计	44.59	33.37	27.25	43.18	29.04	43.66	18.45	41.55	19.64	29.93

项目		钢管混凝土叠合柱					薄壁台		现浇拱涵涵台		
		高度/m					壁式	箱式	跨径/m		
		70以内	100以内	150以内	200以内	200以上			3以内	5以内	8以内
模板接触面积（m²/10 m³混凝土）	内模	—	—	—	—	—	—	—	—	—	—
	外模	38.41	36.49	34.57	32.65	28.81	26.40	37.89	20.98	14.15	11.38
	合计	38.41	36.49	34.57	32.65	28.81	26.40	37.89	20.98	14.15	11.38

项目		现浇拱涵拱圈		
		跨径/m		
		3以内	5以内	8以内
模板接触面积（m²/10 m³混凝土）	内模	—	—	—
	外模	67.17	44.32	30.44
	合计	67.17	44.32	30.44

【例6-34】 某钢筋混凝土拱涵，构造如图6-16所示，标准跨径4 m，涵台高3 m，洞口为八

字墙，涵洞长度为54 m，拱部的断面为半圆形，不计沉降缝和防水层。其施工图设计图纸工程量见表6-45。

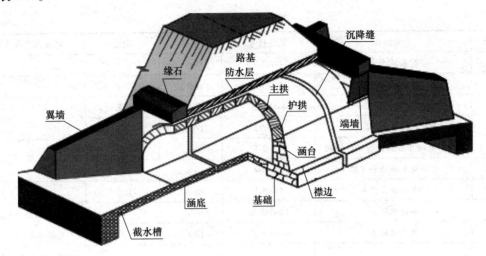

图6-16 拱涵构造图

表6-45 混凝土拱涵工程量

项目	单位	工程量
挖基坑土方（干处）	m³	2 500
挖基坑石方（干处）	m³	2 000
砂砾垫层	m³	450
M7.5浆砌片石基础	m³	600
M7.5浆砌片石涵底、截水墙与洞口铺砌	m³	80
M7.5浆砌块石端墙与翼墙	m³	800
C30混凝土缘石	m³	3
2 cm水泥砂浆抹面	m²	60
涵台C25混凝土	m³	80
拱圈C25混凝土	m³	40
拱涵钢筋	t	HPB300钢筋1.8 t，HRB400钢筋3.0 t

已知土方采用斗容量0.6 m³的挖掘机开挖，石方采用爆破施工，250 L混凝土搅拌机拌和混凝土，混凝土运距100 m，浇筑采用组合钢模板，钢筋现场加工，问题：列出拱涵工程涉及的工程细目名称、定额代号、单位及工程数量，并填入表格中，需要时应列式计算。

解：（1）列项目：挖基坑土方（4-1-3-2），挖基坑石方（4-1-3-5），砂砾垫层（4-11-5-1），M7.5浆砌片石基础（4-5-2-1），M7.5浆砌片石涵底和洞口辅助（4-5-2-1），浆砌块石端墙和翼墙（4-5-3-4），C30混凝土缘石（4-6-3-1），涵台混凝土（4-6-7-5），拱圈混凝土（4-6-7-8），拱涵钢筋（4-6-7-16），混凝土拌合机拌和（4-11-11-1），混凝土运输100 m（4-11-11-20），2 cm水泥砂浆抹面（4-11-6-17），现浇拱盔及支架（4-9-1-2）。

（2）计算工程量。

混凝土拌合机拌和、运输：$8 \times 10.2 + 4 \times 10.4 + 0.3 \times 10.2 = 126.26$（m³）。

现浇拱盔及支架：$54 \times 4 = 216$ （m^2）。

（3）套定额，计算结果见表6-46。

表6-46　计算结果

序号	工程细目	定额代号	单位	数量	定额调整或系数
1	挖基坑土方	4-1-3-2	1 000 m³	2.5	
2	挖基坑石方	4-1-3-5	1 000 m³	2.0	
3	砂砾垫层	4-11-5-1	10 m³	45	
4	M7.5浆砌片石基础	4-5-2-1	10 m³	60	
5	M7.5浆砌片石涵底和洞口辅助	4-5-2-1	10 m³	8	
6	浆砌块石端墙和翼墙	4-5-3-4	10 m³	80	
7	C30混凝土缘石	4-6-3-1	10 m³	0.3	
8	涵台混凝土	4-6-7-5改	10 m³	8	C30调整为C25
9	拱圈混凝土	4-6-7-8改	10 m³	4	C30调整为C25
10	拱涵钢筋	4-6-7-16改	1 t	4.8	HPB300含量0.384；HRB400含量0.641
11	混凝土拌合机拌和	4-11-11-1	10 m³	12.626	
12	混凝土运输100 m	4-11-11-20	100 m³	1.263	
13	2 cm水泥砂浆抹面	4-11-6-17	100 m²	0.6	
14	现浇拱盔及支架	4-9-1-2	100 m²	21.6	

注：HPB300钢筋含量：$\dfrac{1.8}{4.8} \times 1.025 = 0.384$；

　　HRB400钢筋含量：$\dfrac{3}{4.8} \times 1.025 = 0.641$。

答：本项目拱涵工程施工图预算所需的全部工程细目名称、单位、定额代号及数量等内容见表6-46。

6.4.8　预制、安装混凝土及钢筋混凝土构件

预制、安装混凝土及钢筋混凝土构件包括：预制桩；预制排架立柱；预制、安装柱式墩台管节；预制圆管涵；安装圆管涵；顶进圆管涵；预制立交箱涵；顶进立交箱涵；预制矩形板、空心板；安装矩形板、空心板；预制、安装连续板；预制、安装T形梁、I形梁；预制、安装预应力空心板；预制、安装预应力T形梁、I形梁；预制、安装预应力箱梁；预制、悬拼预应力节段箱梁；预制、悬拼预应力桁架梁；预制、顶推预应力连续梁；预应力钢筋及钢绞线；先张法预应力钢筋、钢丝及钢绞线；预制、安装桁架拱桥构件；预制、安装刚架拱桥构件；预制、安装箱形拱桥构件；预制、安装人行道构件；预制小型构件；安装小型构件；安装支座；金属结构吊装设备；移动模架安装、拆除；缆索吊装设备；顶进设备；短线匹配法预制、安装节段箱梁；平板拖车运输钢筋笼。

1. 预制、安装混凝土及钢筋混凝土构件有关规定

（1）预制钢筋混凝土上部构造中，矩形板、空心板、连续板、少筋微弯板、预应力桁架梁、顶推预应力连续梁、桁架拱、刚架拱均已包括底模板，其余的是按配合底座（或台座）施工

考虑。

(2) 顶进立交箱涵、圆管涵的顶进靠背由于形式很多，宜根据不同的地形、地质情况设计，定额中未单独编制子目，需要时可根据施工图纸采用有关定额另行计算。

(3) 顶进立交箱涵、圆管涵定额是根据全部顶进的施工方法编制的。顶进设备未包括在顶进定额中，应按顶进设备定额另行计算。"铁路线加固"定额除了铁路线路的加固外，还包括临时信号灯、行车期间的线路维修和行车指挥等全部工作。顶进涵身质量包括钢筋混凝土涵身和钢刃脚的质量。

(4) 预制立交箱涵、箱涵的内模、翼板的门式支架等工、料已包括在定额中。

(5) 顶推预应力连续梁是按多点顶推的施工工艺编制的，顶推使用的滑道单独编制子目，其他滑块、拉杆、拉锚器及顶推用的机具、预制箱梁的工作平台均摊入顶推定额中。顶推用的导梁及工作平台底模顶升千斤顶以下的工程，本章定额中未计入，应按有关定额另行计算。

(6) 构件安装是指从架设孔起吊起至安装就位，整体化完成的全部施工工序。本节定额中除安装矩形板、空心板及连续板等项目的现浇混凝土可套用桥面铺装定额计算外，其他安装上部构造定额中均单独编制有现浇混凝土子目。

I形梁现浇横隔板及桥面板的钢筋计入预制的钢筋数量内。0号块混凝土、钢筋以及箱梁内斜拉索锚固套筒采用悬浇预应力箱梁上部构造有关定额计算。

(7) 本节定额中凡采用金属结构吊装设备和缆索吊装设备安装的项目，均未包括吊装设备的费用，应按有关定额另行计算。

(8) 制作、张拉预应力钢筋、钢绞线，是按不同的锚头形式分别编制的；当每吨钢筋的根数或每吨钢绞线的束数有变化时，可根据定额进行抽换。

预应力钢筋的锚具消耗量已包括在制作、张拉定额内。

锚具的单价中包括螺旋筋和锚垫板。

本章定额按现场卷制波纹管考虑；当采用外购波纹管时，可根据需要对波纹管消耗进行抽换，并将波纹管卷制台班消耗量调整为0，其他不变。

预应力钢绞线定额中的钢束长度是指钢束的一次张拉长度。使用本章定额若有连接器时，可将连接器作为锚具进行计算，这时锚具的单价应进行综合计算。

例如，锚具X个，连接器Y个，其单价分别为A、B，则锚具的综合单价为：$(A \times X + B \times Y) \div (X + 2 \times Y)$。

(9) 预应力钢筋及钢绞线定额中均已计入预应力管道及压浆的消耗量，使用定额时不得另行计算。定额中不含波纹管的定位钢筋，需要时应另行计算。定额中的束长为一次张拉的长度。

(10) 对于钢绞线不同型号的锚具，使用定额时可按表6-47规定计算。

表6-47 锚具型号

设计采用锚具型号/孔	1	4	5	6	7	9	10	14	15	16	17	24
套用定额的锚具型号/孔		3			7			12		19		22

(11) 金属结构吊装设备定额是根据不同的安装方法划分子目的，如"单导梁"指安装用的拐脚门架、蝴蝶架、导梁等全套设备。设备质量不包括列入材料部分的铁件、钢丝绳、鱼尾板、道钉及列入"小型机具使用费"内的滑车等。

金属结构吊装设备的摊销期按4个月计算，当施工工期不同时，可以调整。

(12) 预制场用龙门架、悬浇箱梁用的墩顶拐脚门架，可套用高度9 m以内的跨墩门架定额，但质量应根据实际计算。

(13) 安装金属支座的工程量是指半成品钢板的质量（包括底板、齿板、垫板、辊轴等）。至于锚栓、梁上的钢筋网、铁件等均以材料数量综合在定额内。

(14) 安装支座定额中的钢板是按一般规定计算的；当设计数量与定额有出入时，可按设计数量调整。STU 支座是指桥梁的限位支座。

(15) 本章定额钢塔架设备摊销费按每 t 每月 140 元，并按使用 4 个月编制；当施工工期不同时，可以调整。

金属塔架设备全套参考质量见表 6-48。

表 6-48 金属塔架设备全套参考质量

塔高/m	12	20	30	40	50	60	70	80
设备质量/t	59.03	98.38	119.34	134.52	157.72	178.32	204.92	223.38

【例 6-35】 某悬索桥采用钢塔架进行缆索吊装，塔架高 20 m，使用期 6 个月。问题：列出编制 1 台塔架设备涉及的工程细目名称、定额代号、单位及工程数量，并填入表格中，需要时应列式计算。

解：(1) 列项目：钢塔架设备 (4-7-30-4)。

(2) 计算工程量。

钢塔架设备：参照《公路工程预算定额》为 98.38 t。

(3) 套定额，计算结果见表 6-49。

表 6-49 计算结果

序号	工程细目	定额代号	单位	数量	定额调整或系数
1	钢塔架设备	4-7-30-4 改	10 t	9.838	设备摊销费 5 600 改为 8 400

注：设备摊销费为 140×6×10 = 8 400 元/10 t。

答：本项目塔架设备工程施工图预算所需的全部工程细目名称、单位、定额代号及数量等内容见表 6-49。

(16) 顶进设备的设备摊销费按每 t 每月 140 元，并分别按使用 1、3 个月编制；当施工期限不同时，可以调整。

全套顶进设备包括钢顶柱、钢横梁和钢顶块，不包括顶镐、拉镐等机具。

(17) 导梁吊装未包含导梁设备费用，使用时按有关定额另行计算。

2. 预制、安装混凝土及钢筋混凝土构件工程量计算规则

(1) 预制构件的工程量为构件的实际体积（不包括空心部分的体积），但预应力构件的工程量为构件预制体积与构件端头封锚混凝土的数量之和。预制空心板的空心堵头混凝土已综合在预制定额内，计算工程量时不再计列这部分混凝土的数量。

【例 6-36】 某桥梁工程的一块预制空心板，采用 C40 自拌混凝土蒸汽养护施工（不考虑蒸汽养护室建筑，碎石粒径 20 mm，水泥强度 32.5），实体体积 9.72 m³，内配 HPB300 钢筋 1.033 t，HRB400 钢筋 0.44 t，钢绞线 0.356 t，空心板堵头采用 M20 水泥砂浆施工。问题：列出制作该预制空心板涉及的工程细目名称、定额代号、单位及工程数量，并填入表格中，需要时应列式计算。

解：(1) 列项目：预制空心板混凝土 (4-7-9-5)，预制空心板钢筋 (4-7-9-6)，先张法预应力钢绞线 (4-7-20-5)，蒸汽养护 (4-11-8-2)。

(2) 计算工程量。

预制空心板混凝土、蒸汽养护：9.72 m³。
预制空心板钢筋：1.033 + 0.44 = 1.473（t）。
先张法预应力钢绞线：0.356 t。

（3）套定额，计算结果见表6-50。

表6-50 计算结果

序号	工程细目	定额代号	单位	数量	定额调整或系数
1	预制空心板混凝土	4-7-9-5改	10 m³	0.972	扣除1.5工日，扣除其他材料费4元，换算32.5水泥为5.158 t、中砂4.39 m³、碎石7.97 m³
2	预制空心板钢筋	4-7-9-6改	1 t	1.473	HPB300钢筋0.719 t；HRB400钢筋0.306 t
3	先张法预应力钢绞线	4-7-20-5	1 t	7.02	
4	蒸汽养护	4-11-8-2	10 m³	0.972	

注：4-7-9-5改换算说明：由《公路工程预算定额》(JTG/T 3832—2018)附录二中基本定额表砂浆及混凝土材料消耗部分查得：

M20水泥砂浆中包含32.5级水泥448 kg/m³；C40混凝土中包含32.5水泥488 kg/m³，中砂0.43 m³/m³，碎石0.78 m³/m³。

则换算后的定额含量：32.5水泥 = 448 × 0.38 + 488 × 10.22 = 5 157.6（kg）= 5.158 t

$$中砂 = 0.43 × 10.22 = 4.39（m^3/m^3）$$
$$碎石 = 0.78 × 10.22 = 7.97（m^3/m^3）$$

4-7-9-6改换算说明：由《公路工程预算定额》(JTG/T 3832—2018)附录四可知光圆钢筋、带肋钢筋的场内运输及操作损耗为2.5%。

则换算后的定额含量：$HPB300 = \frac{1.033}{1.473} × 1.025 = 0.719（t）$

$$HRB400 = \frac{0.44}{1.473} × 1.025 = 0.306（t）$$

（2）使用定额时，构件的预制数量应为安装定额中括号内所列的构件备制数量。

（3）安装的工程量为安装构件的体积。

【例6-37】 某高速公路有一直径为ϕ150的钢筋混凝土圆管涵，涵管壁厚为15 cm，涵长为32.5 m（13 × 2.5 = 32.5），其施工图设计的工程量见表6-51。

表6-51 圆管涵工程量表

涵身		涵身基础	
HPB300钢筋	混凝土	C15混凝土	砂砾石
kg	m³	m³	m³
2 751	25	109	66

已知涵管接头采用沥青麻絮填塞，填缝深度10 cm，涵管涂防水沥青，现浇混凝土采用250 L混凝土搅拌机拌和，运距按100 m计算，预制混凝土构件运距按1 km考虑，不考虑预制场设施，采用轮胎式起重机安装圆管涵。

问题：列出编制管涵涉及的工程细目名称、定额代号、单位及工程数量，并填入表格中，需要时应列式计算。

解：(1) 列项目：涵管砂砾垫层 (4-11-5-1)，现浇管座混凝土 (4-7-5-5)，现浇管座混凝土拌和 (4-11-11-1)，混凝土运输 100 m (4-11-11-20)，预制圆管管节 (4-7-4-2)，预制管节混凝土拌和 (4-11-11-1)，混凝土运输 100 m (4-11-11-20)，预制管节钢筋 (4-7-4-3)，安装圆管涵 (4-7-5-4)，载货汽车运输管节 (4-8-3-8)，涵管接头沥青麻絮填塞 (4-11-1-1)，涵管防水层沥青 (4-11-4-5)。

(2) 计算工程量。

现浇底座混凝土拌和、运输：$10.9 \times 10.2 = 111.18$（$m^3$）

预制管节混凝土拌和、运输：$2.5 \times 10.1 = 25.25$（m^3）

载重汽车运输：每节管涵质量 $25 \times 2.4 \div 13 = 4.62$（t），选择 6 t 载货汽车。

涵管接头沥青麻絮填塞：$3.14 \times (1.5 + 0.15 \times 2) \times 0.01 \times 12 = 0.68$（$m^2$）

涵管防水层沥青：$3.14 \times 1.8 \times 32.5 = 183.69$（$m^2$）

(3) 套定额，计算结果见表 6-52。

表 6-52 计算结果

序号	工程细目	定额代号	单位	数量	定额调整或系数
1	涵管砂砾垫层	4-11-5-1	10 m^3	6.6	
2	现浇管座混凝土	4-7-5-5	10 m^3	10.9	
3	现浇管座混凝土拌和	4-11-11-1	10 m^3	11.118	
4	混凝土运输 100 m	4-11-11-20	100 m^3	11.118	
5	预制圆管管节	4-7-4-2	10 m^3	2.5	
6	预制管节混凝土拌和	4-11-11-1	10 m^3	2.525	
7	混凝土运输 100 m	4-11-11-20	100 m^3	2.525	
8	预制管节钢筋	4-7-4-3	1 t	2.751	
9	安装圆管涵	4-7-5-4	10 m^3	2.5	
10	载货汽车运输管节	4-8-3-8	100 m^3	0.25	
11	涵管接头沥青麻絮填塞	4-11-1-1	10 m^2	0.068	
12	涵管防水层沥青	4-11-4-5	10 m^2	18.69	

答：本项目管涵工程施工图预算所需的全部工程细目名称、单位、定额代号及数量等内容见表 6-52。

(4) 构件安装时的现浇混凝土的工程量为现浇混凝土和砂浆的数量之和。但如在安装定额中已计列砂浆消耗的项目，则在工程量中不应再计列砂浆的数量。

(5) 预制、悬拼预应力箱梁临时支座的工程量为临时支座中混凝土及硫黄砂浆的体积之和。

(6) 移动模架的质量包括托架（牛腿）、主梁、鼻梁、横梁、吊梁、工作平台及爬梯的质量，不包括液压构件和内外模板（含模板支撑系统）的质量。

(7) 预应力钢绞线、预应力精轧螺纹粗钢筋的工程量为锚固长度与工作长度的质量之和。

(8) 先张钢绞线质量为设计图纸质量，定额中已包括钢绞线损耗及预制场构件间的工作长度及张拉工作长度。

(9) 缆索吊装的索跨是指两塔架间的距离。

(10) 各种结构的模板接触面积见表 6-53。

表 6-53 各种结构的模板接触面积

项目		排架立柱	墩台管节	立交箱涵	钢筋混凝土板					钢筋混凝土T形梁	钢筋混凝土I形梁
					矩形板		空心板	少筋微弯板	连续板		
					4以内	8以内					
模板接触面积（m²/10 m³ 混凝土）	内模	—	76.47	11.97	—	—	67.14	—	62.85	—	—
	外模	94.34	96.86	4.02	38.85	30.95	25.61	34.57	42.24	88.33	82.68
	合计	94.34	173.33	15.99	38.85	30.95	92.75	34.57	105.09	88.33	82.68

项目		预应力空心板	预应力混凝土T形梁	预应力混凝土I形梁	预应力组合箱梁				预应力箱梁		
					先张法		后张法		预制安装	预制悬拼	预制顶推
					主梁	空心板	主梁	空心板			
模板接触面积（m²/10 m³ 混凝土）	内模	55.76	—	—	71.89	87.61	49.54	74.62	34.64	26.81	22.90
	外模	48.24	73.72	65.43	48.66	44.17	46.07	39.55	30.11	22.74	24.60
	合计	104.00	73.72	65.43	120.55	131.78	95.61	114.17	64.75	49.55	47.50

项目		预应力桁架梁	桁架拱				刚架拱			箱形拱	
		桁架	桥面板	桁拱片	横向联系	微弯板	刚拱片	横向联系	微弯板	拱圈	立柱盖梁
模板接触面积（m²/10 m³ 混凝土）	内模	—	—	—	—	—	—	—	—	64.76	—
	外模	78.86	117.89	81.58	170.41	61.36	60.12	110.99	68.07	97.14	48.95
	合计	78.86	117.89	81.58	170.41	61.36	60.12	110.99	68.07	161.9	48.95

6.4.9 构件运输

构件运输包括：手推车运及垫滚子绞运；轨道平车运输；载货汽车运输；平板拖车运输；驳船运输；缆索运输；运梁车运输。

1. 构件运输有关规定及工程量计算规则

（1）本节的各种运输距离以 10 m、50 m、1 km 为计量单位。不足第一个 10 m、50 m、1 km 者，均按 10 m、50 m、1 km 计；超过第一个定额运距时，其运距尾数不足一个增运定额单位的半数时不计，等于或超过半数时按一个定额运距单位计算。

（2）运输便道、轨道的铺设，栈桥码头、龙门架、缆索的架设等，均未包括在定额内，应按有关章节另行计算。

（3）本节定额未单列构件出坑堆放的定额，如需出坑堆放，可按相应构件运输第一个运距单位定额计列。

（4）凡以手摇卷扬机和电动卷扬机配合运输的构件重载升坡时，第一个定额运距单位不增加人工及机械，每增加定额单位运距按以下规定乘以换算系数。

1）手推车运输每增运 10 m 定额的人工，按表 6-54 乘以换算系数。

表 6-54 手推车运输换算系数

坡度/%	1以内	5以内	10以内
系数	1.0	1.5	2.5

2）垫滚子绞运每增运 10 m 定额的人工和小型机具使用费，按表 6-55 乘以换算系数。

表 6-55 垫滚子绞运换算系数

坡度/%	0.4 以内	0.7 以内	1.0 以内	1.5 以内	2.0 以内	2.5 以内
系数	1.0	1.1	1.3	1.9	2.5	3.0

3）轻轨平车运输配电动卷扬机每增运 50 m 定额的人工及电动卷扬机台班，按表 6-56 乘以换算系数。

表 6-56 轻轨平车运输换算系数

坡度/%	0.7 以内	1.0 以内	1.5 以内	2.0 以内	3.0 以内
系数	1.0	1.05	1.10	1.15	1.25

（5）本章定额未包括装船的龙门架设备，应按有关定额另行计算。本定额仅适用于运距在 1 km 以内的构件运输，当拖轮牵引运距在 5 km 以内时，每增运 500 m 乘以表 6-57 中规定系数计算；超过 5 km 时按社会运输计算。

表 6-57 拖轮牵引换算系数

运距/m	1 500 以内	2 000 以内	2 500 以内	3 000 以内	3 500 以内	4 000 以内	4 500 以内	5 000 以内
增运定额调整系数	0.982	0.961	0.94	0.925	0.909	0.892	0.874	0.856

2. 示例

【例 6-38】 桥梁工程以手推车运输预制构件，每件构件质量 1 t，构件总体积 80 m³，需出坑堆放，运输重载升坡 5%，运距 66 m。问题：列出该运输工程细目名称、定额代号、单位及工程数量，并填入表格中，需要时应列式计算。

解：（1）列项目：手推车运预制构件（4-8-1-1），手推车增运距（4-8-1-2）。

（2）套定额，计算结果见表 6-58。

表 6-58 计算结果

序号	工程细目	定额代号	单位	数量	定额调整或系数
1	手推车运预制构件	4-8-1-1	10 m³	8	
2	手推车增运距	4-8-1-2 改	10 m³	8	人工×1.5

答：本项目运输工程施工图预算所需的全部工程细目名称、单位、定额代号及数量等内容见表 6-58。

6.4.10 拱盔、支架工程

拱盔、支架工程包括：涵洞拱盔、支架；桥梁拱盔；桥梁支架；桥梁简单支架；钢管梁式支架；支架预压。

1. 拱盔、支架工程有关规定及工程量计算规则

（1）桥梁拱盔、木支架及简单支架均按有效宽度 8.5 m 计，钢支架按有效宽度 12.0 m 计；当实际宽度与定额不同时，可按比例换算。

（2）木结构制作按机械配合人工编制，配备的木工机械均已计入定额中。结构中的半圆木构件，用圆木对剖加工所需的工日及机械台班均已计入定额内。

（3）所有拱盔均包括底模板及工作台的材料，但不包括现浇混凝土的侧模板。

(4) 桁构式拱盔安装、拆除用的人字扒杆、地锚移动用工及拱盔揽风设备工料已计入定额,但不包括扒杆制作的工、料,扒杆数量根据施工组织设计另行计算。

(5) 桁构式支架定额中已包括了墩台两旁支撑排架及中间拼装、拆除用支撑架,支撑架已加计了拱矢高度并考虑了揽风设备。定额以孔为计量单位。

(6) 木支架及满堂式钢管支架的帽梁和地梁已计入定额中,地梁以下的基础工程未计入定额中;如需要,应按有关相应定额另行计算。

(7) 简单支架定额适用于安装钢筋混凝土双曲拱桥拱肋及其他桥梁需增设的临时支架。稳定支架的揽风设施已计入本章定额内。

(8) 涵洞拱盔支架、板涵支架定额单位的水平投影面积为涵洞长度乘以净跨径。

(9) 桥梁拱盔定额单位的立面积指是起拱线以上的弓形侧面积,其工程量按下式计算(K取值参见表6-59):$F = K \times (净跨)^2$。

表6-59 K 取值

拱矢度	1/2	1/2.5	1/3	1/3.5	1/4	1/4.5	1/5	1/5.5
K	0.393	0.298	0.241	0.203	0.172	0.154	0.138	0.125
拱矢度	1/6	1/6.5	1/7	1/7.5	1/8	1/9	1/10	
K	0.113	0.104	0.096	0.09	0.084	0.076	0.067	

(10) 桥梁支架定额单位的立面积为桥梁净跨径乘以高度,拱桥高度为起拱线以下至地面的高度,梁式桥高度为墩、台帽顶至地面的高度。这里的地面指支架地梁的底面。

(11) 钢拱架的工程量为钢拱架及支座金属构件的质量之和,其设备摊销费按每 t 每月 140 元,并按 4 个月编制;当实际使用期与定额不同时,可予以调整。

(12) 钢管支架定额中给出支架高度的,当支架高度与定额不同时,可内插计算。

(13) 钢管支架定额指采用直径大于 30 cm 的钢管作为立柱,在立柱上采用金属构件搭设水平支撑平台的支架,其中下部指立柱顶面以下部分,上部指立柱顶面以上部分。下部工程量按立柱质量计算,上部工程量按支架水平投影面积计算。

上部定额中每 100 m² 综合的金属设备质量为 13.3 t,设备摊销费按每 t 每月 140 元,并按使用 4 个月编制,当施工工期不同时,可以调整。

下部定额中钢管桩消耗量为陆地上搭设管桩支架的消耗;当为水中搭设钢管桩支架或用于索塔横梁的现浇支架时,应将定额中的钢管桩消耗量调整为 3.467 t,其余消耗量不变。

(14) 支架预压的工程量按支架上现浇混凝土的体积计算。

2. 示例

【例 6-39】 某特大桥工程,施工图设计桥跨布置为 (34.7 + 55 + 34.7) m 预应力钢筋混凝土连续刚构,桥宽 26 m (单幅桥宽 12.5 m)、左右幅桥跨布置相同,主墩高 52 m、过渡墩(边墩)高 12 m (主墩墩身施工时左右幅均配备了起吊质量 8 t 的塔式起重机及双笼施工电梯)。拟采用挂篮悬浇施工,计划工期 10 个月。悬浇主梁节段划分 0 号块、中跨 1~20 号及边跨 1'~20'号,其中 0 号块为托架现浇(0 号块墩顶宽 12.5 m,现浇工期按 2 个月计算,0 号块托架质量按 0 号块顶面梁宽 7 t/m 计算),边跨 21'~23'号三个节段采用满堂支架现浇(21'~23'号节段总长 9 m,现浇支架无需基础处理),其余节段均采用挂篮悬浇(包括中段合龙段、边跨合龙段,每个节段的工期按 10 天计算,挂篮拼装及拆除时间按 1 个月计算),中跨 1~20 号及边跨 1'~20'号中最大节段混凝土数量为 50 m³(配备 55.5 t/个的挂篮)。桥梁上部结构施工步骤如图 6-17

所示。问题:列出预应力混凝土连续刚构上部构造所需的辅助工程细目名称、定额代号、单位及工程数量,并填入表格中,需要时应列式计算。

分析:根据题意,该连续刚构上部构造施工计划工期为10个月。其中,0号块托架现浇时间为2个月;悬浇共20个节段,每个节段工期10天,则悬浇施工周期为200天;悬浇挂篮的拼装及拆除时间为1个月,因此,本项目左右幅必须平行施工才能满足计划工期的要求。

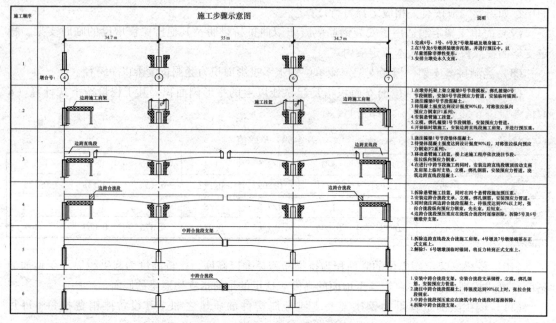

图6-17 桥梁上部结构施工步骤图

解:(1)列项目:0号块托架(4-7-28-1),悬浇挂篮(4-7-28-6),边跨现浇满堂支架(4-9-3-12),支架预压(4-9-6-1),塔式起重机安拆(4-11-16-1),施工电梯安拆(4-11-15-1),塔式起重机使用费(4-11-16-8),施工电梯使用费(4-11-15-9)。

(2)计算工程量。

0号块托架:按每个T构配1套,全桥共4套计算,其质量=12.5×7×4=350(t)。

悬浇挂篮:按每个T构配1对挂篮,全桥配4对挂篮,55.5×4×2=444 t(挂篮使用时间为200÷30+1=7.67,按8个月调整设备摊销费)。

边跨现浇满堂支架:每个边跨设置1套,全桥共4套,支架立面积=30×9×4=1 080(m^2)。

支架预压:等于边跨现浇混凝土数量。

塔式起重机安拆、施工电梯安拆:4部。

塔式起重机使用费、施工电梯使用费:4×[60(0号块施工)+20(挂篮拼装)+200(悬浇施工)]=1 120(台天)。

(3)套定额,计算结果见表6-60。

表6-60 计算结果

序号	工程细目	定额代号	单位	数量	定额调整或系数
1	0号块托架	4-7-28-1 改	10 t	35	设备摊销费调整为3 600元
2	悬浇挂篮	4-7-28-6 改	10 t	44.4	设备摊销费调整为14 400元

续表

序号	工程细目	定额代号	单位	数量	定额调整或系数
3	边跨现浇满堂支架	4-9-3-11 改	10 m²	108	1.04
4	支架预压	4-9-6-1	10 m³	边跨现浇混凝土数量	
5	塔式起重机安拆	4-11-16-1	1 部	4	
6	施工电梯安拆	4-11-15-1	1 部	4	
7	塔式起重机使用费	4-11-16-8	1 台天	1 120	
8	施工电梯使用费	4-11-15-9	1 台天	1 120	

注：设备摊销费为 180×2×10 = 3 600（元/10 t）。
4-9-3-11 改：桥跨为 12.5 m，需调整定额系数 12.5/12 = 1.04。

答：本项目预应力混凝土连续刚构上部构造工程施工图预算所需的全部工程细目名称、单位、定额代号及数量等内容见表 6-60。

6.4.11 钢结构工程

钢结构工程包括：钢桁梁；钢索吊桥上部结构；安装钢管金属栏杆；悬索桥锚碇锚固系统；悬索桥索鞍；牵引系统；悬索桥猫道系统；悬索桥主缆；悬索桥紧缆；悬索桥索夹及吊索；悬索桥主缆缠丝；悬索桥主缆附属工程；平行钢丝斜拉索；斜拉索（钢绞线）安装；钢箱梁；钢管拱。

1. 钢结构工程有关规定

（1）本节钢桁梁桥定额是按钢桁现场节段拼装、钢桁梁节段悬臂吊机吊装编制的，钢索吊桥的加劲桁拼装定额按高强螺栓栓接编制的，如采用其他方法施工，应另行计算。

（2）钢桁架桥中的钢桁梁，施工用的导梁钢桁和连接及加固杆件，钢索吊桥中的钢桁、钢纵横梁、悬吊系统构件、套筒及拉杆构件均为半成品，使用定额时应按半成品价格计算。

（3）主索锚碇除套筒及拉杆、承托板以外，其他项目如锚洞开挖、衬砌，护索罩的预制、安装，检查井的砌筑等，应按其他章节有关定额另计。

（4）钢索吊桥定额中已综合了缆索吊装设备及钢桁油漆项目，使用定额时不得另行计算。

（5）抗风缆结构安装定额中未包括锚碇部分，使用定额时应按有关相应定额另行计算。

（6）安装金属栏杆的工程量是指钢管的质量。至于栏杆座钢板、插销等，均以材料数量综合在定额内。

（7）定额中成品构件单价构成：工厂化生产，无需施工企业自行加工的产品为成品构件，以材料单价的形式进入定额。其材料单价为出厂价格加上运输至施工场地的费用。

1）平行钢丝拉索，吊杆、系杆、索股等以 t 为单位，以平行钢丝、钢丝绳或钢绞线质量计量，不包括锚头和 PE 或套管等防护料的质量，但锚头和 PE 或套管防护料的费用应含在成品单价中。

2）钢绞线斜拉索的工程量以钢绞线的质量计算，其单价包括厂家现场编索和锚具费用。悬索桥锚固系统预应力环氧钢绞线单价中包括两端锚具费用。

3）钢箱梁、索鞍、拱肋、钢纵横梁等以 t 为单位。钢箱梁和拱肋单价中包括工地现场焊接费用。

（8）施工电梯、施工塔式起重机和龙门架起重机没有计入定额中。需要时根据施工组织设计，另行计算其安、拆及使用费。

（9）钢管拱桥定额中未计入钢塔架、扣塔、地锚、索道的费用，应根据施工组织设计，套用6.4.8节相关定额另行计算。

（10）悬索桥的主缆、吊索、索夹、检修道定额未包括涂装防护，应另行计算。

（11）悬索桥索鞍子目中，高空作业人工单价乘以系数1.3；如果水中塔可利用施工便桥将主索鞍运至塔底时，应按岸上塔主索鞍定额计算；鞍罩定额未包括防腐和抽湿系统，需要时另行计算。

（12）牵引系统的长度为牵引系统所需的单侧长度，定额中未包括导索过江航道管制费用；本章定额为水上牵引，如在陆地牵引：调整船舶消耗为0，卷扬机消耗乘以系数2，如采用热气球等其他方式，另行计算费用；定额中设备摊销费是按4个月编制，当实际工期不同时，可按每 t 每月140元进行调整。

（13）悬索桥猫道系统的定额单位长度为猫道系统的单侧长度，猫道宽度为4.0 m；猫道承重索制作加工场地及槽座需另计；未含所有锚旋施工平台及爬梯，套用平台定额另计。

（14）斜拉索安装定额单位以斜拉索（钢绞线）的质量为单位（不含锚具质量），锚具的费用已包含在成品斜拉索的单价中；斜拉索（钢绞线）的锚具、索导管、外套管及其内渗、外渗防护等包含在斜拉索成品单价中；斜拉索（钢绞线）从场内转运，挂索平台、张拉平台搭、拆费用已计；高空作业人工单价乘以系数1.3。

（15）本节定额未含施工期间航道占用费，需要时另行计算。

2. 钢结构工程工程量计算规则

（1）定位钢支架质量为定位支架型钢、钢板、钢管质量之和，以 t 为单位计量。

（2）锚固拉杆质量包括拉杆、连接器、螺母（包括锁紧和球面）、垫圈（包括锁紧和球面）质量之和计算，以 t 为单位计算。

（3）锚固体系环氧钢绞线质量以 t 为单位计算。本章定额包括了钢绞线张拉的工作长度。

（4）塔顶门架质量按门架型钢质量，以 t 为单位计算。钢格栅按钢格栅和反力架质量之和，以 t 为单位计算。主索鞍质量包括承板、鞍体、安装板、挡块、槽盖、拉杆、隔板、锚梁、锌质填块的质量，以 t 为单位计量。散索鞍质量包括底板、底座、承板、鞍体、压紧梁、隔板、拉杆、锌质填块的质量，以 t 为单位计算。主索鞍定额按索鞍顶推按6次计算；如顶推次数不同，则按人工每10 t·次1.8工日进行增减。鞍罩为钢结构，以套为单位计算，1个主索鞍为1套。鞍罩的防腐和抽湿系统费用需另行计算。

（5）牵引系统长度为牵引系统所需的单侧长度，以 m 为单位计算。

（6）猫道系统长度为猫道系统的单侧长度，以 m 为单位计算。

（7）索夹质量包括索夹主体、螺母、螺杆、防水螺母、球面垫圈质量，以 t 为单位计算。

（8）缠丝以主缆长度扣除锚跨区、塔顶区、索夹处无须缠丝的主缆长度后的单侧长度，以 m 为单位计算。

（9）缆套包括套体、锚碇处连接件、标准镀锌紧固件质量，以 t 为单位计算。

（10）钢套箱质量为钢套箱（包括箱梁内横隔板）、桥面板（包括横肋）、横梁、钢锚箱质量之和。

（11）钢拱肋的工程量以设计质量计算，包括拱肋钢管、横撑、腹板、拱脚处外侧钢板、拱脚接头钢板及各种加劲块，不包括支座和钢拱肋内的混凝土的质量。

6.4.12 杂项工程

杂项工程包括：沥青麻絮沉降缝；锥坡填土、拱上填料、台背排水；土牛（拱）胎；防水层；涵管基础垫层；水泥砂浆勾缝及抹面；伸缩缝及泄水管；蒸汽养护室建筑及蒸汽养护；大型预制构件底座；先张法预应力钢筋张拉、冷拉台座；混凝土拌和及运输；冷却水管；钢桁架栈桥式码头；水上泥浆循环系统；施工电梯；施工塔式起重机；拆除旧建筑物。

1. 杂项工程有关规定及工程量计算规则

(1) 本节定额适用于桥涵及其他构造物工程。

(2) 沥青麻絮沉降缝定额单位每平方米是指伸缩缝的接触面积。

(3) 大型预制构件底座定额分为平面底座和曲面底座两项。

平面底座定额适用于 T 形梁、I 形梁、等截面箱梁，每根梁底座面积的工程量按下式计算：

$$底座面积 = （梁长 + 2.00 \text{ m}）\times （梁宽 + 1.00 \text{ m}）$$

曲面底座定额适用于梁底为曲面的箱型梁（如 T 型钢构等），每块梁底座的工程量按下式计算：

$$底座面积 = 构件下弧长 \times 底座实际修建宽度$$

平面底座的梁宽是指预制梁的顶面宽度。

(4) 模数式伸缩缝预留槽钢纤维混凝土中钢纤维的含量是按水泥用量的 1% 计算；当设计钢纤维含量与定额不同时，可按设计用量抽换定额中钢纤维的消耗。

(5) 伸缩缝及泄水管中定额单位每米伸缩缝是指桥面行车道的宽度，行车道以外的伸缩缝工、料、机消耗量已包括在定额中；定额包含 90°弯头的安装与材料消耗。

(6) 蒸汽养护室面积按有效面积计算，其工程量按每一养护室安置两片梁，其梁间距离为 0.8 m，并按长度每端增加 1.5 m，宽度每边增加 1.0 m 考虑。定额中已将其附属工程及设备，按摊销量计入定额中，编制预算时不得另行计算。本章定额未包括混凝土预制构件底座。

(7) 混凝土搅拌站的材料，均已按桥次摊销列入定额中。

(8) 钢桁架栈桥式码头定额适用于大型预制构件装船。码头上部为万能杆件及各类型钢加工的半成品和钢轨等，均已按摊销费计入定额中。设备摊销费是按 4 个月编制的，当实际工期不同时，可按 140 元/（月·t）进行调整。

(9) 施工塔式起重机和施工电梯所需安、拆数量和使用时间按施工组织设计的进度安排进行计算。当设计采用的塔式起重机的规格、型号与定额不同时，可以按实际情况对定额进行抽换。

2. 示例

【例 6-40】 某桥预制构件场预制 T 形梁的梁长 19.96 m、梁肋底宽 0.18 m、翼板宽 1.6 m，共 12 个底座。问题：列出该预制 T 形梁底座和所需蒸汽养护室工程的细目名称、定额代号、单位及工程数量，并填入表格中，需要时应列式计算。

解：(1) 列项目：T 形梁底座 (4-11-9-1)，蒸汽养护室建筑 (4-11-8-1)。

(2) 计算工程量。

T 形梁底座：$(19.96+2) \times (0.18+1) \times 12 = 310.95 \text{ (m}^2\text{)}$

蒸汽养护室建筑：$(19.96+2\times1.5) \times (2\times1.6+0.8+2\times1) \times (12\div2) = 826.56 \text{ (m}^2\text{)}$

(3) 套定额，计算结果见表 6-61。

表 6-61 计算结果

序号	工程细目	定额代号	单位	数量	定额调整或系数
1	T 形梁底座	4-11-9-1	10 m²	31.095	
2	蒸汽养护室建筑	4-11-8-1	10 m²	82.656	

答：本项目 T 形梁底座和所需蒸汽养护室工程施工图预算所需的全部工程细目名称、单位、定额代号及数量等内容见表 6-61。

6.5 交通工程及沿线设施

6.5.1 交通工程及沿线设施定额内容组成及说明

（1）本章定额包括安全设施，监控，收费系统，通信系统及通信管道，通风及消防设施，供电、照明系统，电缆敷设，配管及铁构件制作安装等项目。

（2）本章定额中均已包括混凝土的拌和费用。

6.5.2 安全设施

安全设施包括：混凝土、砌体护栏；钢护栏；隔离栅；标志牌；路面标线；里程碑、百米桩、界碑；轮廓标；防眩、防撞设施；中间带；安全设施拆除；客运汽车停靠站防雨棚。

1. 安全设施有关规定

（1）预制钢筋混凝土护栏上当不安装钢管栏杆或防眩板时，应在钢筋子目中扣除人工 4.0 工日，钢板 0.081 t，电焊条 7.7 kg，32 kV·A 以内交流电弧焊机 1.86 台班。

（2）钢护栏的混凝土基础可按"波形钢板护栏"的有关定额计算。

（3）轮廓标的栏式轮廓标如安装在波形钢板护栏上时，应扣减定额中镀锌铁件的数量。

（4）定额中波形钢板、型钢立柱、钢管立柱、镀锌钢管、护栏、钢板网、钢板标志、铝合金板标志、柱式轮廓标、钢管防撞立柱、镀锌钢管栏杆、预埋钢管等均为成品，编制预算时按成品价格计算。其中标志牌单价中不含反光膜的费用。

（5）防眩板材质为玻璃钢，当材质或规格不同时进行抽换，混凝土基础可按"波形钢板护栏"的有关定额计算。

（6）水泥混凝土构件的预制、安装定额中均包括了混凝土及构件运输的工作内容，使用定额时，不得另行计算。

（7）中间带的绿化，可按设计另行计算；填土如需远运时，可按"路基工程"项目的土方运输定额另行计算；隔离墩上不安装钢管栏杆或防眩板时，应在钢筋子目中扣除人工 4 工日，钢板 0.081 t，电焊条 7.7 kg，30 kV·A 以内交流电弧焊机 1.86 台班。

（8）本定额中分离块的连接是按钢筋连接编制的；当采用钢管连接时，每次 10 m³ 构件实体按钢管长度 546 m 计算，并扣减安装定额中的钢筋数量。

2. 安全设施工程量计算规则

（1）钢筋混凝土防撞护栏中铸铁柱与钢管栏杆按柱与栏杆的总质量计算，预埋螺栓、螺母及垫圈等附件已综合在定额内，使用定额时，不得另行计算。

（2）波形钢板护栏中钢管柱、型钢柱按柱的成品质量计算；波形钢板按波形钢板、端头板（包括端部稳定的锚定板、夹具、挡板）与撑架的总质量计算，柱帽、固定螺栓、连接螺栓、钢丝绳、螺母及垫圈等附件已综合在定额内，使用定额时，不得另行计算。

【例 6-41】某高速公路项目，其中一段设置 Cr-A-2 E 护栏 2 000 m，护栏材料见表 6-62。

表 6-62 每 100 m Cr-A-2 E 护栏材料数量表

序号	名称	规格	数量	质量/kg	
				单件	总计
1	立柱 G-F-A-A	$\phi140 \times 4.5 \times 2\ 150$	50	32.33	1 616.76

续表

序号	名称	规格	数量	质量/kg 单件	质量/kg 总计
2	柱帽	φ148×3	50	0.65	32.50
3	防阻块 F-1	196×178×200×4.5	50	4.37	218.50
4	DB02 板	310×85×4×4 320	25	65.55	1 638.75
5	拼接螺栓 JI-1	M16×45	200	0.104	20.8
6	拼接螺母 JI-2	M16	200	0.056	11.20
7	拼接垫圈 JI-3	φ35×4	200	0.024	4.80
8	连接螺栓 JⅡ-1	M16×45	50	0.106	5.30
9	六角头螺栓 JⅡ-2	M16×170	50	0.316	15.80
10	螺母 JⅡ-4	M16	100	0.056	5.60
11	垫圈 JⅡ-5	φ35×4	100	0.024	2.40
12	横梁垫片 JⅡ-6	76×44×4	50	0.093	4.66

问题：列出该护栏工程的细目名称、定额代号、单位及工程数量，并填入表格中，需要时应列式计算。

解：(1) 列项目：立柱钢管柱打入 (5-1-2-3)，单面波形钢板 (5-1-2-5)。

(2) 计算工程量。

立柱钢管柱打入：1 616.76 × 2 000 ÷ 100 = 32 335.20（kg）。

单面波形钢板：1 638.75 × 2 000 ÷ 100 = 32 775.00（kg）。

(3) 套定额，计算结果见表 6-63。

表 6-63 计算结果

序号	工程细目	定额代号	单位	数量	定额调整或系数
1	立柱钢管柱打入	5-1-2-3	1 t	32.335	
2	单面波形钢板	5-1-2-5	1 t	32.775	

答：本项目护栏工程预算所需的全部工程细目名称、单位、定额代号及数量等内容见表 6-63。

(3) 隔离栅中钢管柱按钢管与网框型钢的总质量计算，型钢立柱按柱与斜撑的总质量计算，钢管柱定额中已综合了螺栓、螺母、垫圈及柱帽钢板的数量，型钢立柱定额中已综合了各种连接件及地锚钢筋的数量，使用定额时，不得另行计算。

钢板网面积按各网框外边缘所包围的净面积之和计算。

刺铁丝网按刺铁丝的总质量计算；铁丝编织网面积按网高（幅宽）乘以网长计算。

(4) 中间带隔离墩上的钢管栏杆与防眩板分别按钢管与钢板的总质量计算。

(5) 金属标志牌中立柱质量按立柱、横梁、法兰盘等的总质量计算；面板质量按面板、加固槽钢、抱箍、螺栓、滑块等的总质量计算。

【**例 6-42**】某公路工程标志牌材料见表 6-64、表 6-65。

表6-64 标志牌基础材料数量表

序号	材料名称		规格/mm	单件质量/kg	件数	质量/kg
1	地脚螺栓		M36×2 200	20.99	8	251.88
2	螺母		M36	0.36	16	5.76
3	垫圈		φ36×4	0.072	24	2.3
4	钢筋	φ8	L=7 480	2.947	7	20.63
5		φ14	L=2 600	3.141	12	37.69
6	混凝土		C30		8.832 m³	

表6-65 标志牌材料数量表

序号	材料名称	规格/mm	数量	质量/kg
1	立柱钢管	12×S300/340	1	699.22
2	立柱钢管蒙盖	φ300×10	1	5.5
3	立柱法兰盘	φ700×20	1	60.42
4	立柱法兰盘加劲肋	δ=20	8	60.29
5	悬臂钢管	8×S140/280	1	629.30
6	壁座法兰盘	500×500×20	1	39.25
7	壁杆法兰盘	500×500×20	1	39.25
8	横杆加劲肋①	δ=20	2	14.37
9	横杆加劲肋②	δ=20	6	4.14
10	横杆加劲肋③	δ=20	8	18.65
11	悬臂钢管蒙盖	φ140×10	1	0.95
	钢材小计			1 571.37
12	150×190 铝板	3 mm 厚铝板	5	129.60
		肋条	32.5	49.24
		卡子	25	47.0

问题：列出1个标志牌工程的细目名称、定额代号、单位及工程数量，并填入表格中，需要时应列式计算。

解：(1) 列项目：标志牌基础混凝土 (5-1-4-1)，标志牌基础光圆钢筋 (5-1-4-2)，标志牌基础带肋钢筋 (5-1-4-2)，单悬臂铝合金标志立柱 (5-1-4-7)，单悬臂铝合金标志面板 (5-1-4-8)。

(2) 计算工程量。

单悬臂铝合金标志立柱：1 571.37 + 251.88 + 5.76 + 2.3 = 1 831.31 (kg)。

单悬臂铝合金标志面板：129.60 + 49.24 + 47.0 = 225.84 (kg)。

(3) 套定额，计算结果见表6-66。

表6-66 计算结果

序号	工程细目	定额代号	单位	数量	定额调整或系数
1	标志牌基础混凝土	5-1-4-1 改	10 m³	0.883	普C25换成普C30

续表

序号	工程细目	定额代号	单位	数量	定额调整或系数
2	标志牌基础光圆钢筋	5-1-4-2	1 t	0.021	
3	标志牌基础带肋钢筋	5-1-4-2	1 t	0.038	
4	单悬臂铝合金标志立柱	5-1-4-7	10 t	0.183	
5	单悬臂铝合金标志面板	5-1-4-8	10 t	0.023	

答：本项目标志牌工程预算所需的全部工程细目名称、单位、定额代号及数量等内容见表 6-66。

（6）路面标线按划线的净面积计算。

（7）客运汽车停靠站防雨棚中钢结构防雨棚的长度按顺路方向防雨棚两段立柱中心间的长度计算；钢筋混凝土防雨棚的水泥混凝土体积按水泥混凝土垫层、基础、立柱及顶棚的体积之和计算，定额中已综合了浇筑立柱及棚顶混凝土所需的支架等，使用定额时，不得另行计算。

站台地坪按地坪铺砌的净面积计算，路缘石及地坪垫层已综合在定额中，使用定额时，不得另行计算。

6.5.3 监控、收费系统

1. 监控、收费系统内容

监控、收费系统内容包括：计算机及网络设备安装；软件（包括系统、应用软件）安装；视频控制设备安装；信息显示设备安装、调试；视频监控与传输设备的安装、调试；隧道监控设备安装；收费系统设备安装；称重设备安装；信号灯及车辆检测器安装；附属配套设备安装；太阳能电池安装；系统互联、调试及试运行；收费岛。

2. 监控、收费系统有关规定及工程量计算规则

（1）本节不包括以下工程内容：

1）设备本身的功能性故障排除；

2）制作缺件、配件；

3）在特殊环境条件下的设备加固、防护；

4）与计算机系统以外的外系统联试、校验或统调；

5）设备基础和隐蔽管线施工；

6）外场主干通信电缆和信号控制电缆的敷设施工及试运行；

7）接地装置、避雷装置的制作与安装，安装调试设备必需的技术改造和修复施工。

（2）收费岛上涂刷反光标志漆和粘贴反光膜的数量，已综合在收费岛混凝土定额中，使用定额时，均不得另行计算。

（3）防撞栏杆的预埋钢套管的数量已综合在定额中，使用定额时，不得另行计算。

（4）防撞立柱的预埋钢套管及立柱填充水泥混凝土、立柱与预埋钢套管之间灌填水泥砂浆的数量，均已综合在定额中，使用定额时，不得另行计算。

（5）设备基础混凝土定额中综合了预埋钢筋、地脚螺母、底座法兰盘等的数量，使用定额时，不得另行计算。

（6）监视器列架按 2×2 单元计列，实际使用可按设计数量进行对应比例调整；地图板按 1 m×1 m 计列，实际使用可按设计数量进行对应比例调整。

（7）信息显示设备安装如需安装设备立柱、门架、基础、手井、接地可参照其他定额另计。

停车场信息显示板按 1 m² 计列，如显示尺寸超过 1 m²，参照视频控制设备 LED 显示屏定额套算。

（8）收费系统设备安装中的 ETC 路侧单元读写控制器（RSU）、路侧单元识别读写器（OBU）如需安装门架、门柱、天线杆时，可参照其他定额另计。

（9）附属配套设备安装中的不间断电源含 UPS、EPS 等电源设备。

6.5.4 通信系统及通信管道

1. 通信系统及通信管道内容

通信系统及通信管道包括：①光通信设备；②程控交换机；③通信电源设备；④广播、会议设备；⑤跳线架、配线架安装；⑥通信机房附属设施安装；⑦光缆工程；⑧人工敷设塑料子管；⑨穿放、布放电话线；⑩塑料波纹管管道敷设；⑪钢管管道敷设；⑫管道包封及填充、管箱安装；⑬人（手）孔；⑭拆除工程。

2. 通信系统及通信管道有关规定及工程量计算规则

（1）本节定额①~⑦为通信系统内容，⑧~⑭为通信管道工程内容。

（2）安装电缆走线架定额中，不包括通过沉降（伸缩）缝和要做特殊处理的内容，需要时按有关定额另行计算。

电缆走线架按成套供应考虑，适用于角钢、铝型材结构；本定额中测试 2.5 Gb/s 系统为 1+0 状态，当系统为 1+1 状态时，2.5 Gb/s 系统终端复用器（TM）每端增加 2 个工日；分插复用器每端增加 1 个工日；155 Mb/s 系统终端复用器高速侧接光口，当接电口时，使用 2/155 Mb/s 跳级复用子目；OLT、ONU 设备的各接口盘的安装测试：8 个端口以下的按人工定额乘以 3.0 系数；8 个以上按人工定额乘以 2.0 系数计算；数据接口包括 FE、GE、RS232 等接口。

（3）2.5 Gb/s 系统的 ADM 分插复用器，分插支路是按 8 个 155 Mb/s（或 140 Mb/s）光口或电口考虑的；当支路数超过 8 个时，每增加 1 个 155 Mb/s（或 140 Mb/s）支路增加 2 个工日。

（4）光缆工程凡大于 72 芯时，按照等数量的近档差值增加人工工日消耗；接头盒保护套的费用包含在接头盒的预算价格中。

（5）人工敷设塑料子管是指钢管或 HDPE 双壁波纹管一孔内同时布放塑料子管（1 孔或 3 孔）。

（6）敷设塑料管道子目中"n×m"：其中，n 为每层孔数，m 为层数。

（7）钢管管道敷设中的管道开挖、回填等参考路基土石方相关定额按实计算；管道支架按照 6.5.6 节中相关定额按实计算。

（8）钢管箱安装定额中未包括托架费用，需要时应按照 6.5.6 节中金属支架相关定额按实计算。

（9）双绞线缆的敷设及跳线架和配线架的安装、打接定额消耗量是按五类非屏蔽布线系统编制的，高于五类的布线工程按定额人工工日消耗量增加 10%、屏蔽系统增加 20% 计取。

（10）通信管道定额中不包括管道过桥时的托架和管箱等工作内容，应按相关定额另行计算。

（11）硅芯管敷设定额中已综合标石的制作及埋放、人孔处的包封等，使用定额时，不得另行计算。

（12）镀锌钢管敷设定额中已综合接口处套管的切割、焊接、防锈处理等内容，使用定额时，不得另行计算。

（13）敷设管道和管道包封的工程量均按管道长度计算。

（14）拆除旧人（手）孔，不含挖填土方工程量。

6.5.5 通风及消防设施

1. 通风及消防设施内容

通风及消防设施内容包括：射流风机安装；风机预埋件；控制柜安装；轴流风机安装；风机拉拔试验；隧道消防设施；消防管道安装；水泵安装。

2. 通风及消防设施有关规定及工程量计算规则

（1）本定额中不含通风机、控制柜、消火栓、消防水泵接合器、水流指示器、电气信号装置、气压水罐、泡沫比例混合器、防火门等的购置费用，应按编办规定单独计列。

（2）通风机预埋件按设计所示为完成通风机安装而需预埋的一切金属构件的质量计算工程数量，包括钢拱架、通风机拱部钢筋、通风机支座及各部分连接件等。

（3）洞内预埋件工程量按设计预埋件的敷设长度计算，定额中已综合了预留导线的数量。

（4）镀锌钢管法兰连接定额中，管件是按成品、弯头两端是按短管焊法兰考虑的，包括了直管、管件、法兰等全部安装工序内容。

（5）给水管道：室内外界线以建筑物外墙皮1.5 m为界，入口处设阀门者以阀门为界；与市政管道界线以水表井为界，无水表井者，以与市政管道碰头点为界。

（6）水位电气信号装置未包括水泵房电气控制设备，继电器安装及水泵房至水泵、水箱的管线敷设。

6.5.6 供电、照明系统

1. 供电、照明系统内容

供电、照明系统包括：变压器安装调试；供电设施安装调试；安装柴油发电机；母线、母线槽等安装；配电箱安装；接地、避雷设施安装；照明系统。

2. 供电、照明系统有关规定及工程量计算规则

（1）干式变压器带有保护外罩时，人工工日和机械台班乘以系数1.2。

（2）变压器油是按设备自带考虑的，但施工中变压器油的过滤损耗及操作损耗已包括在定额中。变压器安装过程中放注油、油过滤所使用的油罐，已摊入油过滤定额中。

（3）高压成套配电柜中断路器安装定额是综合考虑的，不分容量大小，也不包括母线配制及设备干燥。

（4）组合型成套箱式变电站主要指10 kV以下的箱式变电站，一般布置形式为变压器在箱的中间，箱的一端为高压开关位置，另一端为低压开关位置。

（5）控制设备安装未包括支架的制作和安装，需要时可按相关定额另行计算。

（6）送配电设备系统调试包括系统内的电缆试验、瓷瓶耐压等全套调试工作。供电桥回路中的断路器、母线分段断路器皆作为独立的供电系统计算，定额皆按一个系统一侧配一台断路器考虑，当两侧皆有断路器时，则按两个系统计算。如果分配电箱内只有刀开关、熔断器等不含调试元件的供电回路，则不再作为调试系统计算。

（7）3~10 kV母线系统调试含一组电压互感器，1 kV以下母线系统调试定额不含电压互感器，适用于低压配电装置的各种母线（包括软母线）的调试。

（8）灯具安装定额是按灯具类型分别编制的，对于灯具本身及异型光源，定额已综合了安装费，但未包括灯杆费用，应另行计算。

（9）各种灯架元器具件的配线，均已综合考虑在定额内，使用时不作调整。

（10）本节定额已包括利用仪表测量绝缘及一般灯具的试亮等工作内容，使用定额时，不得

另行计算,但不包括全负荷试运行。

（11）本节定额未包括电缆接头的制作及导线的焊压接线端子。

（12）各种灯柱穿线均套相应的配管配线定额。

（13）室内照明灯具的安装高度,应急灯、碘钨灯和混光灯定额是按 10 m 以下编制的,其他照明灯具安装高度均按 5 m 以下编制。

（14）普通吸顶灯、LED 灯、高压钠灯、标志灯等成套灯具安装是按灯具出厂时达到安装条件编制的,其他成套灯具安装所需配线,定额中均已包括。

（15）立灯杆定额中未包括防雷及接地装置。

（16）25 m 以上高杆灯安装,未包括杆内电缆敷设。

（17）接地装置是按变配电系统接地、车间接地和设备接地等工业设施接地编制的。定额中未包括接地电阻率高的土质换土和化学处理的土壤及由此发生的接地电阻测试等费用,需要时应另行计算。接地装置换填土执行电缆沟挖填土相应子目。

（18）定额中避雷针安装、避雷引下线的安装均已考虑了高空作业的因素。避雷针按产品件考虑。

（19）不带高压开关柜的箱式变电站的高压侧进线一般采用负荷开关。

（20）供电设备安装调试不包括避雷器、自动装置、特殊保护装置和接地装置的调试;当断路器为六氟化硫断路器时,定额乘以系数 1.3;双侧电源自动重合闸是按同期考虑的。

（21）安装柴油发电机未包括安装柴油发电机组所需的底座的费用,应根据设计图纸按有关定额另行计算;本定额未包括排配气系统所需排气管的费用,应根据设计数量按实计列;安装与柴油发电机组在一体的燃油箱、机油箱均不得使用本定额。

（22）母线、母线槽安装中的带形母线和引下线的规格为每相一片 800 mm^2 以下;母线槽每节之间的接地连线设计规格不同时可进行抽换。

（23）本定额成套配电箱安装未包括支架制作、安装。

（24）防雷接地装置测试不包括特殊保护装置的调试,避雷器每三相为一组。

（25）灯架安装中的灯架、灯杆、灯座箱作为设备列入设备购置费中;灯具挑臂及灯泡的费用应包含在照明灯具的预算价格中;点容器安装已包含在照明灯具安装定额内。

6.5.7 电缆敷设

电缆敷设包括:电缆沟工程;铜芯电缆敷设;同轴电缆布放;多芯电缆敷设;电缆终端头、中间头制作安装;桥架、支架安装;线槽安装。

1. 电缆敷设有关规定

（1）开槽是按预埋长度 1 m 的 ϕ25 mm 以下钢管取定的人工工日消耗。

（2）电缆敷设中的多芯电缆包括屏蔽电缆。

（3）电缆头制作安装时按 14 芯以内控制电缆编制的。

（4）线槽安装中的线槽配件应综合在线槽的预算价格中。

2. 电缆敷设工程量计算规则

（1）电缆敷设按单根延长米计算（如一个架上敷设 3 根各长 100 m 的电缆,工程量应按 300 m 计算,以此类推）。电缆附加及预留的长度是电缆敷设程度的组成部分,应计入电缆工程量内。电缆进入建筑物预留长度按 2 m 计算。电缆进入沟内或吊架预留长度按 1.5 m 计算。电缆中间接头盒预留长度两端各按 2 m 计算。

（2）电缆沟盖板揭、盖定额,按每揭、盖一次以延长米计算,如又揭又盖,则按两次计算。

(3) 用于扩改建工程时，所用定额的人工工日乘以系数 1.35；用于拆除工程时，所用定额的人工工日乘以系数 0.25。施工单位为配合认证单位验收测试而发生的费用，按本定额验证测试子目的工日、仪器仪表台班总用量乘以系数 0.30 计取。

6.5.8 配管及铁构件制作安装

配管及铁构件制作安装定额只包括一个子目。
(1) 本定额是按 14 芯以内控制电缆编制的。
(2) 本节定额包括各种配管，包括钢管埋地，钢管砖、混凝土结构明配，暗配，钢管钢结构支架配管，PVC 阻燃塑料管敷设，金属软管、可挠性金属管安装，顶管敷设及非标铁构件、箱盒制作 7 项定额。
(3) 工程量按表列单位计算。

6.6 绿化及环境保护工程

6.6.1 绿化及环境保护工程定额内容组成及说明

1. 组成
绿化及环境保护工程包括绿化工程和环境保护工程。
2. 总说明
(1) 绿化工程栽植子目中均已综合了挖树穴、底肥、1 次浇水费用。
(2) 环境保护工程隔声、吸音板材可依据设计进行调整。

6.6.2 绿化工程

1. 绿化工程内容
绿化工程内容包括：乔木栽植；灌木栽植；绿篱栽植；地被栽植（片植）；浇水；绿化成活期保养；苗木运输；多年生草本植物栽植；片植灌木、花卉；竹类（散生竹、丛生竹）栽植；攀援植物栽植。
2. 绿化工程有关规定及工程量计算规则
(1) 栽植子目中已包含死苗补植，使用定额时不得更改；盆栽植物均按脱盆的规格套用相应的定额子目。
(2) 苗木及地被植物的场内运输已在定额中综合考虑，使用定额时不得另行增加。
(3) 本定额的工程内容中清理场地，指工程完工后将树穴余泥杂物清除并归堆；当有余泥杂物需外运时，其费用另按土石方有关定额子目计算。
(4) 栽植子目中均已综合了挖树穴工程量，底肥费用计入其他材料费中，浇水按 1 次计算，其余内容按相应定额计算，但不得重复计算。栽植子目按土可用的情况进行编制；若需要换土，则按有关子目进行计算。
(5) 当编制中央分隔带部分的绿化工程预算时；若中央分隔带内的填土没有计入该项工程预算，其填土可按路基土方有关定额子目计算，但应扣减树穴所占的体积。
(6) 为了确保路基边坡的稳定而修建的各种形式的网格植草或播种草籽等护坡，应并入防护工程内计算。
(7) 测量放样均指在场地平整好，达到设计要求后进行的，场地平整费用另按场地平整定额子目计算。

（8）运苗木子目仅适用于自运苗木的运输。

（9）本定额适用于公路沿线及管理服务区的绿化和公路交叉处（互通立交、平交）的美化绿化工程。

（10）本定额中的胸径是指距地坪 1.30 m 高处的树干直径；株高是指树顶端距地坪的高度；篱高是指绿篱苗木顶端距地坪的高度。

（11）人工运水、浇水定额仅适用于取水运距在 200 m 以内。当水需计费时，其费用另行计算；当需水泵辅助时，台班消耗按路面洒水说明增计。草坪、花草、绿篱浇水按路面洒水计算。

（12）胸径超过 8 cm 的乔木运输，是以保留 1/3～1/2 树冠考虑；截干乔木的运输，按相应子目汽车运输台班的 70% 计算。

（13）设计图纸中，当灌木苗、花苗每平方米用量与定额不符时，应调整灌木苗、花苗数量。

6.6.3 环境保护工程

环境保护工程只包括声屏障。

（1）本节定额包括声屏障基础、声屏障立柱安装和声屏障板材安装等定额项目。

（2）立柱安装定额中预埋件、H 型钢立柱等均按成品镀锌构件编制。使用定额时，刷防腐油漆等工序不应另行计算。

（3）板材安装定额不包括板材的制作与运输。另外，本定额中板材是按定额表中所给出的结构形式及尺寸来编制的；若板材各单元的组合或尺寸有变，可根据设计按实进行调整。

（4）本定额未包括预埋螺栓的消耗量，其消耗量计入立柱安装定额。板材定额的计算高度为 4 m。当设计与定额规定不符时，可按下列公式进行调整：板材调整 = 98.44 m² × h_1（或 h_2 或 h_3）÷ H（m²）。式中：H 为面板设计高度，h_1、h_2、h_3 分别为弧形板、玻璃板、直立板的设计高度（m）。板材的计算工程量为各设计建筑段起点立柱和终点立柱的外缘间距离之和乘以板材设计高度。

6.7 临时工程

1. 组成

临时工程包括：汽车便道；临时便桥；临时码头；轨道铺设；架设输电线路；人工夯打小圆木桩。

2. 说明

（1）汽车便道按路基宽度为 7.0 m 和 4.5 m 分别编制，便道路面宽度按 6.0 m 和 3.5 m 分别编制，路基宽度 4.5 m 的定额中已包括错车道的设置；汽车便道项目中未包括便道使用期内养护所需的工、料、机数量。当便道使用期内需要养护，编制预算时，可根据施工期按相应定额计算。

（2）临时汽车便桥按桥面净宽 4 m、单孔跨径 21 m 编制；钢栈桥按上、下部编制。

（3）重力式砌石码头定额中不包括拆除的工程内容，需要时可按"桥涵工程"项目的"拆除旧建筑物"定额另行计算。

（4）轨道铺设定额中轻轨（11 kg/m，15 kg/m）部分未考虑道砟，轨距为 75 cm，枕距为 80 cm，枕长为 1.2 m；重轨（32 kg/m）部分轨距为 1.435 m，枕距为 80 cm，枕长为 2.5 m，岔枕长为 3.35 m，并考虑了道砟铺筑。

（5）人工夯打小圆木桩的土质划分及桩入土深度的计算方法与打桩工程相同。圆木桩的体积，根据设计桩长和梢径（小头直径），按木材材积表计算。

（6）本章定额中便桥，输电线路的木料、电线的材料消耗均按一次使用量计列，编制预算时应按规定计算回收；其他各项定额分不同情况，按其周转次数摊入材料数量。

（7）临时便桥中的设备摊销费可按使用 4 个月编制；当使用期不同，可予以调整。本定额中的钢管桩为使用 1 年的消耗量；若使用期不同，可予以调整。

（8）浮箱码头定额中每 100 m² 码头平面面积的浮箱质量为 25.365 t（包括浮箱连接件），其设备摊销费按 140 元/（t·月），并按使用 12 个月编制；若浮箱实际质量和施工期不同，可予以调整。钢筋混凝土锚定额中已包括了栓锚钢丝绳及锚链的数量，使用定额时不得另行计算。

（9）轨道铺设中，当需设置道岔时，每处道岔工、料按相应轨道铺设增加：轨重 11 kg/m、15 kg/m 的增加 16 m，轨重 32 kg/m 的增加 31 m；轨重 32 kg/m 的道渣已考虑了周转使用，本定额按实际使用量的 30% 计。

（10）架设输电线路的设备摊销费为变压器的费用，按施工期 2 年计算；如施工期不同，可按比例调整。

【例 6-43】 某汽车便道工程，位于山岭重丘地区，路基宽 4.5 m，天然砂砾路面压实厚度 15 cm，路面宽 3.5 m，使用期 40 个月，便道长 5 km，需要养护。问题：列出该便道工程及养护工程的细目名称、定额代号、单位及工程数量，并填入表格中，需要时应列式计算。

解：（1）列项目：汽车便道（7-1-1-4），天然砂砾路面（7-1-1-6），汽车便道养护（7-1-1-8）。

（2）计算工程量。

汽车便道、天然砂砾路面：5 km。

汽车便道养护：5×40＝200（公里·月）。

（3）套定额，计算结果见表 6-67。

表 6-67　计算结果

序号	工程细目	定额代号	单位	数量	定额调整或系数
1	汽车便道	7-1-1-4	1 km	5	
2	天然砂砾路面	7-1-1-6	1 km	5	
3	汽车便道养护	7-1-1-8	公里·月	200	

答：本项目便道工程及养护工程施工图预算所需的全部工程细目名称、单位、定额代号及数量等内容见表 6-67。

6.8　材料采集及加工

1. 组成

材料采集及加工包括：草皮人工种植及采集；土、黏土采筛；采筛洗砂及机制砂；采砂砾、碎（砾）石土、砾石、卵石；片石、块石开采；料石、盖板石开采；机械轧碎石；路面用石屑、煤渣、矿渣采筛；人工洗碎（砾、卵）石；堆、码方；碎石破碎设备安拆。

2. 说明

（1）本定额中机制砂、机轧碎石用到的片石均按捡清片石计算。

（2）本定额中材料采集及加工定额已包括采、筛、洗、堆及加工等操作损耗。

（3）如需备水洗石，每 1 m³ 石料用水量按 0.3 m³ 计算，运水工另行计算。资源费另计。

（4）如需爆破者，按开采块石所需材料计列。

6.9 材料运输

1. 组成

材料运输包括：人工挑抬运输；手推车运输；机动翻斗车运输（配合人工装车）；手扶拖拉机运输（配合人工装车）；载货汽车运输（配合人工装卸）；自卸汽车运输（配合装载机装车）；人工装机动翻斗车；人工装卸手扶拖拉机；人工装卸汽车；装载机装汽车；其他装卸汽车；洒水车运水。

2. 说明

（1）汽车运输定额中已综合考虑路基不平、土路松软、泥泞、急弯、陡坡等因素增加的消耗。

（2）载货汽车运输、自卸汽车运输和洒水汽车运水定额项目，仅适用于平均运距在 15 km 以内的运输；当运距超过第一个定额运距单位时，其运距尾数不足一个增运定额单位的半数时不计，等于或超过半数时按一个增运定额运距单位计算。当平均运距超过 15 km 时，应按市场运价计算其运输费用。

（3）人力装卸船舶可按手推车运输相应项目定额计算。

（4）所有材料的运输及装卸定额中，均未包括堆、码方工日。

（5）本章定额中未列名称的材料，可按下列规定执行，其中不是以质量计量的应按单位质量进行换算。

1）与碎石运输定额相同的材料有：天然级配、石渣、风化石。

2）定额中未列的其他材料，一律按水泥运输定额计算。

（6）人工挑抬运输，遇有升降坡时，除按水平距离计算运距外，并按表 6-68 增加运距。

表 6-68 人工挑抬运输遇升降坡增加运距

升降坡度	高度差	
	每升高 1 m	每降低 1 m
10% 以下	不增加	不增加
11% ~ 30%	7 m	4 m
30% 以上	10 m	7 m

（7）手推车运输，遇有升降坡时，除按水平距离计算运距外，并按表 6-69 增加运距。

表 6-69 手推车运输遇升降坡增加运距

升降坡度	高度差	
	每升高 1 m	每降低 1 m
5% 以下	15 m	不增加
6% ~ 10%		5 m
10% 以上	25 m	8 m

习 题

计算题

1. 某工程采用 2.0 m³ 挖掘机挖装土方，75 kW 推土机清理余土。土方工程量为 10 150 m³，其中机械施工达不到，需由人工完成的工程量为 150 m³，土质为普通土，计算其工、料、机用量。

2. 某桥栏杆扶手木模预制，C25 混凝土实体 30 m³，光圆钢筋 0.10 t，计算人工、32.5 水泥、机械的消耗量。

3. 某跨径 20 m 以内石拱桥，其浆砌块石拱圈工程量为 300 m³，设计采用 M7.5 水泥砂浆砌筑，计算人工、32.5 水泥、中粗砂消耗量。

4. 某二级公路水泥石灰砂砾基层，厚度为 18 cm，其设计配合比为水泥：石灰：砂砾 = 6：6：88，稳定土拌合机拌和，计算水泥、石灰、砂砾的定额数量。

5. 已知某中桥台桩基采用回旋钻潜水钻孔（土层为黏性土，桩径 1.2 m，钻孔总长 20 m/根 × 12 根 = 240 m；桩径 1.5 m，钻孔总长 21 m/根 × 6 根 = 126 m），起重机配吊斗 C30 混凝土，工程量 494.1 m³，光圆钢筋 2 902.4 kg、带肋钢筋 28 099 kg，试确定该项目的桩基础预算定额基价。

6. 已知某隧道长 905 m，洞身次坚石开挖 32 507.8 m³，采用机械开挖自卸汽车运输，超前支护采用钢支撑 95.71 t，C30 喷射混凝土衬砌 9 635.58 m³，试确定该洞身项目的预算定额基价。

7. 某路段共长 2.0 km，基层采用 35 cm 厚、6% 水泥碎石，基层宽度为 9 m，施工采用稳定土厂拌，拌和厂设在线路桩号 K1+200 外 3 km 处，12 t 自卸汽车运输，120 kW 平地机铺筑，试确定该项目的预算定额基价。

8. 某桥采用在水中工作平台上打桩基础。已知地基土层次为粉质黏土 8.0 m、黏土 2.0 m、干的固结黄土；设计垂直桩入土深为 11.0 m，斜桩入土深为 12 m，设计规定凿去桩头 1.00 m，打桩工作平台 160 m²，试确定打钢筋混凝土方桩及工作平台的预算定额。

第7章

公路工程工程量清单

7.1 公路工程工程量清单概述

工程量清单是按照招标要求和施工图要求,将拟建招标工程的全部项目和内容,由招标单位(业主)按统一的工程量计算规则、统一的项目名称、统一的项目编码、统一的工程量计量单位进行编制,计算拟建招标工程数量的表格。工程量清单是业主编制标底(或招标控制价)的依据,也是投标人编制投标报价的依据。公路工程工程量清单主要包括工程量清单说明、投标报价说明、计日工说明、其他说明及工程量清单各项表格五部分内容。

工程量清单体现招标人要求投标人完成的工程项目及其相应工程实体数量的列表,反映全部工程内容以及为实现这些内容而进行的其他工作。标价后的工程量清单还是合同中各工程细目的单价及合同价格表,因此是合同的重要组成部分,是计量支付的重要依据之一。运用工程量清单将投标报价、评标和中标后项目实施中的验工计价三位一体。

7.1.1 工程量清单的有关概念

1. 暂列金额

暂列金额是招标人在工程量清单中暂定并包括在合同价款中的一笔款项,用于施工合同签订时尚未确定或者不能确定的所需材料、设备、服务的采购,施工中可能发生的工程变更、合同约定调整因素出现的工程价款调整,以及发生的索赔、现场签证确认等费用。

2. 暂估价

暂估价是招标人在工程量清单中提供的用于支付必然发生但暂时不能确定的材料的单价以及专业工程的金额。

3. 计日工

在施工过程中,业主可能有一些临时性的或新增加的项目(即施工图以外的零星项目或工作),但这种项目的工程量清单在招标阶段很难估计,希望通过招标投标阶段事先确定综合单价,避免开工后可能出现的争端,因此需要以计日工明细表的方式在工程量清单中予以明确。

4. 投标价

投标价是投标人投标时依据招标工程量清单进行估算报出的工程造价。

5. 合同价

合同价是发、承包人在施工合同中共同约定的工程造价。

6. 竣工结算价

竣工结算价是发、承包双发依据国家有关法律、法规和标准的规定，按照合同约定内容进行计算的最终工程价格。

7. 索赔

索赔是在合同履行过程中，对于非己方的过错而应由对方承担责任的情况造成的损失，向对方提出补偿的要求。

8. 现场签证

现场签证是指发包人现场代表与承包人现场代表就施工过程中设计的责任时间所做的签证证明。

9. 发包人

发包人是指具有工程发包主体资格和支付工程价款能力的当事人以及取得该当事人资格的合法继承人。

10. 承包人

承包人是指被发包人接受的具有工程施工承包主体资格的当事人以及取得该当事人资格的合法继承人。

11. 造价工程师

造价工程师是指取得注册造价工程师职业资格，在一个单位注册从事建设工程造价活动的专业人员。

12. 招标控制价

招标控制价是指招标人根据国家或省级、行业建设主管部门颁发的有关计价的依据和办法，按设计施工图计算的，对招标工程限定的最高工程造价。

13. 投标价

投标价是指投标人投标时依据招标工程工程量清单进行估算报出的工程造价。

14. 合同价

合同价是指发、承包人在施工合同中共同约定的工程造价。

15. 技术规范

技术规范是指为本合同所约定的技术标准和要求，是合同文件的组成部分。通用合同条款中"技术标准和要求"一词具有相同含义。

16. 补遗书

补遗书是指发出招标文件之后由招标人向已取得招标文件的投标人发出的、编号的对招标文件所做的澄清、修改书。

17. 永久占地

永久占地是指为实施本合同工程而需要的一切永久占用的土地，包括公路两侧路权范围内的用地。

18. 临时占地

临时占地是指为实施本合同工程而需要的一切临时占用的土地，包括施工所用的临时支线、便道、便桥和现场的临时出入通道，以及生产（办公）、生活等临时设施用地等。

19. 转包

转包是指承包人违反法律和不履行合同规定的责任和义务，将中标工程全部委托或以专业分包的名义将中标工程肢解后全部委托给其他施工企业施工的行为。

20. 专业分包

专业分包是指承包人与具有相应资质的施工企业签订专业分包合同，由分包人承担承包人委托的分部工程、分项工程或适合专业化队伍施工的其他工程，整体结算，并能独立控制工程质量、施工进度、材料采购、生产安全的施工行为。

21. 劳务分包

劳务分包是指承包人与具有劳务分包资质的劳务企业签订劳务分包合同，由劳务企业提供劳务人员及机具，由承包人统一组织施工，统一控制工程质量、施工进度、材料采购、生产安全的行为。

22. 雇用农民工

雇用农民工是指承包人与具有相应劳动能力的自然人签订劳动合同，由承包人统一组织管理从事分项工程施工或配套工程施工的行为。

23. 工程图

工程图是指包含在合同中的工程设计施工图，以及由发包人按合同提供的任何补充和修改的设计施工图，包括配套的说明。

24. 施工工艺图

施工工艺图是指要求承包人提供并提交经监理人批准的施工工艺图表、施工工艺转化图、应力表图、装配图、安装图、结构骨架图或其他补充设计图或类似资料。

7.1.2 工程量清单的作用

工程量清单作为招标文件和合同文件的重要组成部分，对于规范招标人计价行为，在技术上避免招标中弄虚作假和暗箱操作以及保证工程款的支付结算都会起到重要作用。其具体作用表现如下：

（1）工程量清单为招标人标底的确定提供估计的依据。

（2）工程量清单为建设单位进行合同管理提供依据（单价调整和变更、中期支付等）。

（3）工程量清单为项目投资的控制提供依据。

（4）工程量清单为施工单位项目管理提供依据。

（5）工程量清单为工程结算提供依据。

（6）工程量清单为建设工程施工质量与高速优质建筑品的形成提供保证。

（7）工程量清单为施工单位合法分包的基本价格提供依据。

7.1.3 工程量清单编制的原则

（1）必须能满足建设工程项目招标和投标计价的需要。

（2）必须遵循《公路工程标准施工招标文件》中的各项规定（包括项目编码、项目名称、计量单位、计量规则、工程内容等）。

（3）必须能满足控制实物工程量、通过建立市场竞争形成价格的价格运行机制和合理确定与有效控制工程造价的要求。

（4）必须有利于规范建筑市场的计价行为，能够促进企业的经营管理、技术进步，提高企业的综合能力、社会信誉和在国内、国际建筑市场中的竞争能力。

（5）必须适度考虑我国目前工程造价管理工作的现状。因为我国虽然已经推行了工程量清单计价模式，但由于各地实际情况的差异，工程造价计价方式不可避免地会出现双规并行的局面——工程量清单计价与定额计价同时存在、交叉执行。

7.1.4 编制工程量清单的条件

工程量清单的编制依据，是交通运输部制定颁发的《公路工程标准施工招标文件》及工程量计算规则。此外，还需要明确和具有如下条件，才能完整而准确地编制工程量清单：

（1）工程承包合同、招标文件及其补充通知中有关工程计量的合同条款。
（2）国家或省级、行业建设主管部门颁发的计价依据和办法。
（3）与公路工程项目有关的标准、规范、技术资料、通用图集等。
（4）建设工程设计文件（施工设计图及设计说明书、相关图表、设计变更资料、图纸答疑纪要及评审记录）。
（5）认真掌握《公路工程标准施工招标文件》的要点。
（6）地质勘探资料。
（7）施工现场高差方格网测绘图。
（8）场地周边的道路、水、气、电信等资料。
（9）现场地区的气象资料。
（10）现场周边的河流、防洪、排污及环保资料。
（11）客户（业主）对公路工程实施的施工技术指导书。
（12）公路工程的特定工艺要求技术文件。
（13）材料和设备的采购意向书。
（14）工程量清单计价（定价）与所采取的招标投标方式。
（15）场地周边的民族习惯。
（16）计算编制工程量清单人员现场调查记录。
（17）属于招标方项目外的工程项目部分需要投标方给予配合的项目。
（18）地区省级政府所规定的法定上缴费用文件。
（19）依据设计图技术要求和业主施工技术指导书所编制的公路工程施工技术组织设计和施工工艺技术方案。

以上条件是计算编制公路工程工程量清单及其他项目清单所应具备的基本条件。只有具备了上述相对应的基本条件，才能全面、完整、贴近实际地计算编制工程量清单及核算出构成公路工程的"生产者成本"计价、报价和"购买者价格"投标控制价，进而保证公路工程招标投标、评标及投资的透明度，并有利于保证施工质量和确定合理的施工合同价款。

7.1.5 工程量清单的编制责任人

编制工程量清单的责任人为公路工程投资企业法人或法人代表。因工程量清单出现失误和漏项所造成的索赔，均由公路工程投资企业法人承担。但是，公路工程投资企业的法人很少有能够自己编制工程量清单的，因此需要聘请工程量计价核算师。

一些公路工程发包商，不具备编制工程量清单及工程量清单计价的基础资源，需委托专业的工程咨询企业进行工程量清单的编制。受委托编制工程量清单的企业，依照委托合同条款向委托企业一方承担合同责任，工程量清单编制完成后，由委托方按合同审核确定。公路工程投资方按《公路工程标准施工招标文件》要求发布公路工程项目工程量清单计价招标文件。招标投标的工程量清单只能编制一份，不得出现两个以上，但是可以有补充部分，经过招标投标，形成了合同及合同价款并进行公路工程施工后，若发现工程量清单的编制出现失误和漏项，并因此造成了施工损失,将由公路工程项目投资发包方,向施工承包方按施工承包合同条款承担责任。受委托编制工程量清单的企业,可作为公路工程项目投资发包方的人员,参加处理失误和漏项的工程量清单核对事宜,但不作为第三方参与。如果由此造成索赔,与受委托编制工程量清单的企业无关,而由公路工程项目投资方向承包商承担索赔。受委托编制工程量清单的企业,按与投资方所签订的合同条款另行处理,不直接介入施工过程中因工程量清单而造成的索赔事宜。

7.2 公路工程工程量清单的内容与编写要求

7.2.1 公路工程工程量清单的内容

按照交通运输部2018年3月1日施行的《公路工程标准施工招标文件》(2018年版)的规定,招标人编制的工程量清单包括工程量清单说明、投标报价说明、计日工说明、其他说明及工程量清单各项表格这五部分内容。

自施行之日起,依法必须进行招标的公路工程应当使用《公路工程标准施工招标文件》(2018年版),其他公路项目可参照执行。在具体项目招标过程中,招标人可根据项目实际情况,编制项目专用文件,与《公路工程标准施工招标文件》(2018年版)共同使用,但不得违反国家有关规定。

1. 工程量清单说明

(1)工程量清单是根据招标文件中包括的有合同约束力的工程量清单计量规则、图纸以及有关工程量清单的国家标准、行业标准、合同条款中约定的其他规则编制。约定计量规则中没有的子目,其工程量按照有合同约束力的图纸所标示尺寸的理论净量计算。计量采用中华人民共和国法定计量单位。

(2)工程量清单应与招标文件中的投标人须知、通用合同条款、专用合同条款、工程量清单计量规则、技术规范及图纸等一起阅读和理解。

(3)工程量清单中所列工程数量是估算的或设计的预计数量,仅作为投标报价的共同基础,不能作为最终结算与支付的依据。实际支付应按实际完成的工程量,由承包人按工程量清单计量规则规定的计量方法,以监理人认可的尺寸、断面计量,按本工程量清单的单价和总额价计算支付金额;或根据具体情况,按监理人确定的单价或总额价计算支付额。

(4)工程量清单各章是按《公路工程标准施工招标文件》(2018年版)第八章"工程量清单计量规则"、第七章"技术规范"的相应章次编号的,因此,工程量清单中各章的工程子目的范围与计量等应与"工程量清单计量规则""技术规范"相应章节的范围、计量与支付条款结合起来理解或解释。

(5)对作业和材料的一般说明或规定,未重复写入工程量清单内,在给工程量清单各子目标价前,应参阅《公路工程标准施工招标文件》(2018年版)第七章"技术规范"的有关内容。

(6)工程量清单中所列工程量的变动,丝毫不会降低或影响合同条款的效力,也不免除承包人按规定的标准进行施工和修复缺陷的责任。

(7)图纸中所列的工程数量表及数量汇总表仅是提供资料,不是工程量清单的外延。当图纸与工程量清单所列数量不一致时,以工程量清单所列数量作为报价的依据。

2. 投标报价说明

(1)工程量清单中的每一子目须填入单价或价格,且只允许有一个报价。

(2)除非合同另有规定,工程量清单中有标价的单价和总额均已包括了为实施和完成合同工程所需的劳务、材料、机械、质检（自检）、安装、缺陷修复、管理、保险、税费、利润等费用，以及合同明示或暗示的所有责任、义务和一般风险。

（3）工程量清单中投标人没有填入单价或价格的子目，其费用视为已分摊在工程量清单中其他相关子目的单价或价格之中。承包人必须按监理人指令完成工程量清单中未填入单价或价格的子目，但不能得到结算与支付。

（4）符合合同条款规定的全部费用应认为已被计入有标价的工程量清单所列各子目之中，未列子目不予计量的工作，其费用应视为已分摊在本合同工程的有关子目的单价或总额之中。

（5）承包人用于本合同工程的各类装备的提供、运输、维护、拆卸、拼装等支付的费用，已包括在工程量清单的单价与总额之中。

（6）工程量清单中各项金额均以人民币（元）结算。

（7）暂列金额（不含计日工总额）的数量及拟用子目的说明。

（8）暂估价的数量及拟用子目的说明。

3. 计日工说明

计日工明细表包括总则、计日工劳务、计日工材料、计日工施工机械等内容。

（1）总则。

1）未经监理人书面指令，任何工程不得按计日工施工；接到监理人按计日工施工的书面指令，承包人也不得拒绝。

2）投标人应在计日工单价表中填列计日工子目的基本单价或租价，该基本单价或租价适用于监理人指令的任何数量的计日工的结算与支付。计日工的劳务、材料和施工机械由招标人（或发包人）列出正常的估计数量，投标人报出单价，计算出计日工总额后列入工程量清单汇总表中并进入评标价。

3）计日工不调价。

（2）计日工劳务。

1）在计算应付给承包人的计日工工资时，工时应从工人到达施工现场，并开始从事指定的工作算起，到返回原出发地点为止，扣去用餐和休息的时间。只有直接从事指定的工作，且能胜任该工作的工人才能计工，随同工人一起做工的班长应计算在内，但不包括领工（工长）和其他质检管理人员。

2）承包人可以得到用于计日工劳务的全部工时的支付，此支付按承包人填报的"计日工劳务单价表"所列单价计算，该单价应包括基本单价及承包人的管理费、税费、利润等所有附加费，说明如下：

①劳务基本单价包括：承包人劳务的全部直接费用，如工资、加班费、津贴、福利费及劳动保护费等。

②承包人的利润、管理、质检、保险、税费；易耗品的使用，水电及照明费，工作台、脚手架、临时设施费，手动机具与工具的使用及维修，以及上述各项伴随而来的费用。

（3）计日工材料。承包人可以得到计日工使用的材料费用（上述计日工劳务中已计入劳务费内的材料费用除外）的支付，此费用按承包人"计日工材料单价表"中所填报的单价计算，该单价应包括基本单价及承包人的管理费、质检、利润等所有附加费，说明如下：

1）材料基本单价按供货价加运杂费（到达承包人现场仓库）、保险费、仓库管理费以及运输损耗等计算；

2）承包人的利润、管理、质检、保险、税费及其他附加费；

3）从现场运至使用地点的人工费和施工机械使用费不包括在上述基本单价内。

(4) 计日工施工机械。

1) 承包人可以得到用于计日工作业的施工机械费用的支付,该费用按承包人填报的"计日工施工机械单价表"中的租价计算。该租价应包括施工机械的折旧、利息、维修、保养、零配件、油燃料、保险和其他消耗品的费用以及全部有关使用这些机械的管理费、税费、利润和司机与助手的劳务费等费用。

2) 在计日工作业中,承包人计算所用的施工机械费用时,应按实际工作小时支付。除非经监理人的同意,计算的工作小时才能将施工机械从现场某处运到监理人指令的计日工作业的另一现场往返运送时间包括在内。

4. 其他说明

根据具体的工程项目特点进行填写。

5. 工程量清单

工程量清单包括工程量清单表、计日工表、暂估价表、投标报价汇总表和工程量清单单价分析表五种表格。

(1) 工程量清单表。工程量清单是按《公路工程标准施工招标文件》(2018年版)中"工程量清单计量规则"的章节顺序编写的,每一个工程子目包括子目编号、子目名称、单位、工程数量、单价及合价,其中单价及合价由投标人在投标时填写,其余各栏由招标人在编写工程量清单时确定。子目号的编写分别按项、目、节、子目表达,如图7-1所示。

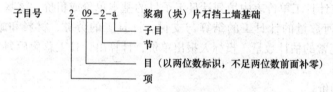

图 7-1 项目编号

工程量清单工程子目按章、目、节的形式设置,共分为100章~700章。第100章总则,第200章路基,第300章路面,第400章桥梁、涵洞,第500章隧道,第600章安全设施及预埋管线,第700章绿化及环境保护设施。这里的章对应子目号中的"项",2代表第200章路基工程中的子目的含义。

第100章总则分为5目,具体内容见表7-1,主要包括开办项目的工程量清单,其有关款项包干支付按总额结算。图7-1中的09代表第九目挡土墙工程的含义。

表 7-1 第 100 章总则清单示例

清单 第100章 总则					
子目号	子目名称	单位	数量	单价	合价
101	通则	总额			
101-1	保险费	总额			
-a	按合同条款规定,提供建筑工程一切险	总额			
-b	按合同条款规定,提供第三者责任险	总额			
102	工程管理				
102-1	竣工文件	总额			
102-2	施工环保费	总额			

续表

\multicolumn{6}{c}{清单　第100章　总则}
102-3	安全生产费	总额			
102-4	信息化系统（暂估价）	总额			
103	临时工程与设施				
103-1	临时道路修建、养护与拆除（包括原道路的养护）	总额			
103-2	临时占地	总额			
103-3	临时供电设施架设、维护与拆除	总额			
103-4	电信设施的提供、维修与拆除	总额			
103-5	设临时供水与排污设施	总额			
104	承包人驻地建设				
104-1	承包人驻地建设	总额			
105	施工标准化				
105-1	施工驻地	总额			
105-2	工地试验室	总额			
105-3	拌合站	总额			
105-4	钢筋加工场	总额			
105-5	预制场	总额			
105-6	仓储存放地	总额			
105-7	各场（厂）区、作业区连接道路及施工主便道	总额			
\multicolumn{6}{l}{清单第100章合计　人民币_____}

第100章后的各章为永久性工程项目，表7-2为第200章路基工程量清单前2目的内容。

表7-2　第200章路基清单示例

\multicolumn{6}{c}{清单　第200章　路基}
子目号	子目名称	单位	数量	单价	合价
202	场地清理				
202-1	清理与掘除				
-a	清理现场	m²			
-b	砍伐树木	棵			
-c	挖除树根	棵			
202-2	挖除旧路面				
-a	水泥混凝土路面	m³			
-b	沥青混凝土路面	m³			
-c	碎石路面	m³			
	……				
\multicolumn{6}{l}{清单第200章合计　人民币_____}

（2）计日工表。计日工表包括劳务计日工表、材料计日工表、施工机械计日工表和计日工

汇总表,其格式见表7-3~表7-6。

表7-3 劳务计日工表

编号	子目名称	单位	暂定数量	单价	合价
101	班长	h			
102	普通工	h			
103	焊工	h			
104	电工	h			
105	混凝土工	h			
106	木工	h			
107	钢筋工	h			
	……				
劳务小计金额:_____(计入"计日工汇总表")					

表7-4 材料计日工表

编号	子目名称	单位	暂定数量	单价	合价
201	水泥	t			
202	钢筋	t			
203	钢绞线	t			
204	沥青	t			
205	木材	m^3			
206	砂	m^3			
207	碎石	m^3			
208	片石	m^3			
	……				
材料小计金额:_____(计入"计日工汇总表")					

表7-5 施工机械计日工表

编号	子目名称	单位	暂定数量	单价	合价
301	装载机				
301-1	1.5 m^3 以下	h			
301-2	1.5~2.5 m^3	h			
301-3	2.5 m^3 以上	h			
302	推土机				
302-1	90 kW 以下	h			
302-2	90~180 kW	h			
302-3	180 kW 以上	h			
	……				
施工机械小计金额:_____(计入"计日工汇总表")					

第7章 公路工程工程量清单

表7-6 计日工汇总表

名称	金额	备注
劳务		
材料		
施工机械		
计日工总计： _____ （计入"计日工汇总表"）		

（3）暂估价表。暂估价表包括材料暂估价表（见表7-7）、工程设备暂估价表（见表7-8）和专业工程暂估价表（见表7-9）。

表7-7 材料暂估价表

序号	名称	单位	数量	单价	合价	备注

表7-8 工程设备暂估价表

序号	名称	单位	数量	单价	合价	备注

表7-9 专业工程暂估价表

序号	专业工程名称	工程内容	金额
小计：			

（4）投标报价汇总表。投标报价汇总表是将各章的工程子目表、计日工明细表及暂列金额进行汇总而得到的项目总报价表，见表7-10。

表7-10 投标报价汇总表

_____（项目名称） _____（标段）

序号	章次	科目名称	金额/元
1	100	总则	
2	200	路基	
3	300	路面	
4	400	桥梁、涵洞	
5	500	隧道	
6	600	安全设施及预埋管线	
7	700	绿化及环境保护设施	
8		第100章~700章清单合计	
9		已包含在清单合计中的材料、工程设备、专业工程暂估价合计	

续表

序号	章次	科目名称	金额/元
10		清单合计减去材料、工程设备、专业工程暂估价合计（即 8－9＝10）	
11		计日工合计	
12		暂列金额（不含计日工总额）	
13		投标报价（8＋11＋12＝13）	

注：①材料、工程设备、专业工程暂估价已包括在清单合计中，不应重复计入投标报价。
②暂列金额的设置不宜超过工程量清单第 100 章~700 章合计金额的 3%。

（5）工程量清单单价分析表。工程量清单单价分析表见表 7-11。

表 7-11 工程量清单单价分析表

序号	编码	子目名称	人工费			主材				辅材费	金额	机械使用费	其他	管理费	税费	利润	综合单价
			工日	单价	金额	主材耗量	单位	单价	主材费								

7.2.2 编写工程量清单的要求

1. 将开办项目作为独立的工程子目单列出来

第 100 章总则所列项目通常是开工前就要发生的内容，如工程保险、担保、临时工程、承包人的驻地建设等。如果将上述各种款项包含在其他项目的单价中，会造成承包人在开工时不能及时得到已支出的款项，从而影响承包人的资金周转。

2. 合理划分工程项目

应根据工程不同等级、性质、部位划分工程项目，使投标报价更加具体。

3. 合理划分工程子目

工程子目的划分既要简单明了、高度概括，又不能漏掉项目和应计价的内容，要结合工程实际，灵活掌握。工程子目划分过大，可减少计算工程量，但难以发挥单价合同的优势，不便于工程变更的管理。同时，也会使支付周期延长，影响承包人的资金周转和合同的正常履行。工程子目划分较小，有利于处理工程变更和合同管理，但会增加计算工程量。

4. 工程量计算要细致准确

应根据设计图纸和技术规范，准确计算工程量，做到不重、不漏，但不能发生计算错误。

7.3 公路工程工程量清单计量规则概述

7.3.1 计量规则的内容组成

（1）《公路工程工程量清单计量规则》主要依据建设部《建设工程工程量清单计价规范》

（GB 50500—2013）和交通运输部《公路工程标准施工招标文件》第七章"技术规范"，并结合公路建设项目特点及内容编制。

（2）计量规则分为100章~700章。第100章总则，第200章路基，第300章路面，第400章桥梁、涵洞，第500章隧道，第600章安全设施及预埋管线，第700章绿化及环境保护设施。

（3）计量规则由项目编号、项目名称、计量单位、工程量计算规则和工程内容构成。

1）项目编号。项目编号分别按项、目、节、子目表示，根据实际情况可按厚度、标号、规格等增列细目或子细目，如图7-1中的-2代表的是第200章路基工程中的第九"目"挡土墙工程中的第二"节"基础工程，-a代表的是子目为"浆砌片（块）石基础"。

2）项目名称。项目名称是以工程及费用名称命名，如有缺项，招标人可按计量规则进行补充，项目名称不允许重复。

3）计量单位。除各章另有特殊规定外，均按计量规则规定的基本单位计量。

4）工程量计算规则。清单项目工程量均按设计图示以工程实体的净值计算；材料及半成品采购和损耗、场内二次转运、常规检测、试验等工作内容均包括在相应的工程项目内容，不另行计量。

5）工程内容。工程内容是对拟完成项目主要工作的描述，凡工作内容中未列的其他工作，为该项目的附属工作，应参照招标文件范本中的技术规范或设计图纸综合考虑在报价中。

7.3.2 公路工程工程量清单计量总则

1. 总则包括的内容

总则主要包括保险、工程管理、临时工程与设施、承包人驻地建设、施工标准化等内容。

2. 总则有关问题的说明及提示

（1）保险费（工程一切险和第三者责任险）。工程一切险是为永久工程、临时工程和设备及已运至施工工地用于永久工程的材料和设备所投的保险。第三者责任险是对因实施本合同工程而造成的财产（本工程除外）的损失和损害或人员（业主和承包人雇员除外）的死亡或伤残所负责任进行的保险。保险费率按议定保险合同费率办理（保险期限应至竣工验收为止），根据保单实际额度予以计量，当保单中的工程一切险和第三者责任险二险合一而难以分开时，可根据实际总额合理分摊。

1）工程一切险。

①投保内容：为本合同工程的永久工程、临时工程和设备及已运至施工工地用于永久工程的材料和设备所投的保险。

②保险金额：工程量清单第100章（不含建筑工程一切险及第三者责任险的保险费）至第700章的合计金额。

③保险费率：在项目专用合同条款中约定。

④保险期限：开工日起直至本合同工程签发缺陷责任期终止证书止［即合同工期＋缺陷责任期（一般为自实际交工日期起计算1年，最长不超过2年）］。

承包人应以发包人和承包人的共同名义投保建筑工程一切险。建筑工程一切险的保险费由承包人报价时列入工程量清单第100章内。发包人在接到保险单后，将按照保险单的费用直接向承包人支付。

2）第三者责任险。

①投保内容：是指在保险期内，对因工程意外事故造成的、依法应由被保险人负责的工地上及毗邻地区的第三者人身伤亡、疾病或财产损失（本工程除外），以及被保险人因此而支付的诉

讼费用和事先经保险人书面同意支付的其他费用等赔偿责任。

在缺陷责任期终止证书颁发前，承包人应以承包人和发包人的共同名义，投保第三者责任险。

②保险费率、保险金额：在项目专用合同条款中约定。

第三者责任险的保险费由承包人报价时列入工程量清单第100章内。发包人在接到保险单后，将按照保险单的费用直接向承包人支付。

（2）竣工文件费。竣工文件费是在分项工程完工后承包人对承建工程，按交通运输部发布的《公路工程竣（交）工验收办法》及其他有关规定的要求，编制竣工图表、资料所需的费用。

（3）施工环保费。施工环保费是承包人在施工过程中采取预防和消除环境污染措施所需的费用。

（4）临时道路费。临时道路是承包人为实施与完成工程建设所必须修建的包括便道、便桥、便涵、码头及与此相关的安全设施。其费用包括临时道路修建、养护、拆除及原有道路的养护费、交通维护费。

（5）临时工程用地费。临时工程用地除原技术规范规定的外，明确拌合场、堆料场、机械设备停放场等用地都作为临时用地。临时工程用地费是承包人为完成工程建设，临时占用土地的租用费。临时工程用地费已包含临时占地恢复费，临时占地退还前，承包人应负责恢复到临时用地使用前的状况。未经审批的占地和超过批准的占地使用时间所发生的一切费用和后果由承包人自负。

（6）临时供电设施、电信设施费。临时供电设施、电信设施费是承包人为完成工程建设所需要的临时电力、电信设施的架设、维修与拆除的费用，不包括使用费，其使用费应包括在与其相关工程细目的单价或费率之中。

（7）承包人驻地建设费。承包人驻地建设费是指承包人施工与管理所需的办公室、住房、工地试验室、车间、工作场地、预制场地、仓库与储料场、拌合场、医疗卫生与消防设施等的建设、管理与维护所需费用，其中包括拆除与恢复到原来的自然状况的费用。

（8）安全生产费。安全生产费按投标价的1.5%（若招标人公布了投标控制价上限时，按投标控制价上限的1.5%计），以固定金额形式计入工程量清单支付子目中，安全生产费应用于施工安全防护用具及设施的更新、安全施工措施的落实、安全生产条件的改善，不得挪作他用。施工安全设施费及与此有关的一切作业经监理人对工程安全生产情况审查批准后，以总额计量。如承包人在此基础上增加安全生产费用以满足项目施工需要，则承包人应在本项目工程量清单其他相关子目的单价或总额中予以考虑，发包人不再另行支付。

（9）工程信息化系统费用。高速公路、一级公路及独立特大桥、特长隧道宜按下列规定配备工程信息化系统，其他工程根据工程需要并经发包人批准时也可配备工程信息化系统：

1）承包人应统一配备发包人指定的工程信息化系统，并建立网络系统。网络带宽不宜小于20 m。

2）承包人应根据工程信息化系统的要求配备专用计算机。计算机的硬件及软件配置应满足能够使工程信息化系统顺畅运行的要求。

3）工程信息化系统应由专人负责操作，并应保持系统的安全性和稳定性，定期更新杀毒软件和进行系统维护，备份相关管理数据。

工程信息化系统费用由发包人估计确定，以暂估价的形式按总额计入工程总价内，其费用包括系统操作人员的培训、劳务和计算机配置、维护、备份管理及网络购筑等一切与此相关的费用。

7.3.3 计量规则总说明

工程量计量规则是对清单项目工程量的计算规定。计量规则在技术规范的有关内容和工程量清单的前言中都明确给予了规定，在进行计量时必须遵守。有时，对同一工程内容，在不同的合同中计量规则会有所差别。所以，必须严格按照合同规定的计量规则进行计量，不能按习惯的方法计量，也不能按别的计量规则进行计量。

1. 一般要求

（1）计量规则各章节是按《公路工程标准施工招标文件》（2018年版）第七章"技术规范"的相应章节编号的，因此，各章节工程子目的工程量计量规则应与"技术规范"相应章节的施工规范结合起来理解、解释和应用。

（2）规则所有工程项目，除个别注明者外，均采用我国法定的计量单位，即国际单位及国际单位制导出的辅助单位进行计量。

（3）本规则的计量与支付，应与合同条款、工程量清单以及图纸同时阅读，工程量清单中的支付项目号和本规则的章节编号是一致的。

（4）任何工程项目的计量，均应按本规则规定或监理人书面指示进行。

（5）按合同提供的材料数量和完成的工程数量所采用的测量与计算方法，应符合本规则规定。所有这些方法，应经监理人批准或指示。承包人应提供一切计量设备和条件，并保证其设备精度符合要求。

（6）除非监理人另有准许，一切计量工作都应在监理人在场情况下，由承包人测量、记录。有承包人签名的计量记录原本，应提交给监理人审查和保存。

（7）工程量应由承包人计算，由监理人审核。工程量计算的副本应提交给监理人并由监理人保存。

（8）除合同特殊约定单独计量之外，全部必需的模板、脚手架、装备、机具、螺栓、垫圈和钢制件等其他材料，应包括在工程量清单中所列的有关支付项目中，均不得单独计量。

（9）除监理人另有批准外，凡超过图纸所示的面积或体积，都不予计量与支付。

（10）承包人应严格标准计量基础工作和材料采购检验工作。沥青混凝土、沥青碎石、水泥混凝土、高强度等级水泥砂浆的施工现场必须使用电子计量设备称重。因不符合计量规定引发质量问题，所发生的费用由承包人承担。

（11）第104节"承包人驻地建设"与第105节"施工标准化"属选择性工程子目，由发包人根据工程项目管理实际情况选择使用或同时使用。

2. 质量

（1）凡以质量计量或以质量作为配合比设计的材料，都应在精确与批准的磅秤上，由称职合格的人员在监理人指定或批准的地点进行称重。

（2）称重计量时应满足以下条件：监理人在场；称重记录；载明包装材料、支撑装置、垫块、捆束物等质量的说明书在称重前提交给监理人作为依据。

（3）钢筋、钢板或型钢计量时，应按图纸或其他资料标示的尺寸和净长计算。搭接、接头套筒、焊接材料、下脚料和固定、定位架立钢筋等，则不予另行计量。钢筋、钢板或型钢应以千克计量，四舍五入，不计小数。钢筋、钢板或型钢由于理论单位质量与实际单位质量的差异而引起材料质量与数量不相匹配的情况，计量时不予考虑。

（4）金属材料的质量不得包括施工需要加放或使用的灰浆、楔块、填缝料、垫衬物、油料、接缝料、焊条、涂敷料等质量。

(5) 承运按质量计量的材料的货车，应每天在监理人指定的时间和地点称出空车质量，每辆货车还应标示清晰易辨的标记。

(6) 对有规定标准的项目，例如钢筋、金属线、钢板、型钢、管材等，均有规定的规格、质量、截面尺寸等指标，这类指标应视为通常的质量或尺寸；除非引用规范中的允许偏差值加以控制，否则可用制造商的允许偏差。

3. 面积

除非另有规定，计算面积时，其长、宽应按图纸所示尺寸线或按监理人指示计量。对于面积在 1 m² 以下的固定物（如检查井等）不予扣除。

4. 结构物

(1) 结构物应按图纸所示净尺寸线，或根据监理人指示修改的尺寸线计量。

(2) 水泥混凝土的计量应按监理人认可的并已完工程的净尺寸计算，钢筋的体积不扣除，倒角不超过 0.15 m×0.15 m 时不扣除，体积不超过 0.03 m³ 的开孔及开口不扣除，面积不超过 0.15 m×0.15 m 的填角部分也不增加。

(3) 所有以米计量的结构物（如管涵等），除非图纸另有表示，应按平行于该结构物位置的基面或基础的中心方向计量。

5. 土方

(1) 土方体积可采用平均断面积法计算，但与似棱体公式计算结果比较，如果误差超过 ±5% 时，监理人可指示采用似棱体公式。

(2) 各种不同类别的挖方与填方计量，应以图纸所示界线为限，而且应在批准的横断面图上标明。

(3) 用于填方的土方量，应按压实后的纵断面高程和路床面为准来计量。承包人报价时，应考虑在挖方或运输过程中引起的体积差。

(4) 在现场钉桩后 56 d 内，承包人应将设计和进场复测的土方横断面图连同土方的面积与体积计算表一并提交监理人批准。所有横断面图都应标有图题框，其大小由监理人指定。一旦横断面图得到最后批准，承包人应交给监理人原版图及三份复制图。

6. 运输车辆体积

(1) 用体积计量的材料，应以经监理人批准的车辆装运，并在运到地点进行计量。

(2) 用于体积运输的车辆，其车厢的形状和尺寸应使其容量能够容易而准确地测定并应保证精确度。每辆车都应有明显标记。每辆车所运材料的体积应于事前由监理人与承包人相互达成书面协议。

(3) 所有车辆都应装载成水平容积高度，车辆到达送货点时，监理人可以要求将其装载物重新整平，对超过定量运送的材料将不支付。运量达不到定量的车辆，应被拒绝或按监理人确定减少的体积接收。根据监理人的指示，承包人应在货物交付点，随机将一辆车材料刮平，在刮平后如发现货车运送的材料少于定量时，从前一辆车起所有运到的材料的计量都按同样比率减为目前的车载量。

7. 质量与体积换算

(1) 如承包人提出要求并得到监理人的书面批准，已规定要用立方米计量的材料可以称重，并将此质量换算为立方米计量。

(2) 将质量计量换算为体积计量的换算系数应由监理人确定，并应在此种计量方法使用之前征得承包人的同意。

8. 沥青和水泥

(1) 沥青和水泥应以千克为单位计量。

(2) 如用货车或其他运输工具装运沥青材料，可以按经过检定的质量或体积计算沥青材料的数量，但要对漏失量或泡沫进行校正。

(3) 水泥可以袋作为计量的依据，但一袋的标准应为 50 kg。散装水泥应称重计量。

9. 成套的结构单元

如规定的计量单位是一成套的结构物或结构单元（实际上就是按"总额"或称"一次支付"计的工程子目），该单元应包括所有必需的设备、配件和附属物及相关作业。

10. 标准制品项目

(1) 如规定采用标准制品（如护栏、钢丝、钢板、轧制型材、管子等），而这类项目又是以标准规格（单位重、截面尺寸等）标识的，则这种标识可以作为计量的标准。

(2) 除非所采用标准制品的允许误差比规范的允许误差要求更严格，否则，生产厂确立的制造允许误差不予认可。

11. 设计图

(1) 发包人提供的设计图中的工程数量表内数值，仅供施工作业时参考，并不代表承包人实际完成的工程数量。

(2) 承包人施工时应核对图中标注的构筑物尺寸和高程。发现错误时，应立即和监理人联系，按照监理人批准的尺寸及高程实施。

(3) 合同授予后，监理人（发包人）可提供进一步的详细设计图或补充设计图，供完成施工工艺图参考。但这并不免除承包人完成施工工艺图和对施工质量负责的义务。承包人应向监理人提出设计图使用计划，以保证施工进度不被延误。

12. 工程变更

工程实施过程中的工程变更应按照"合同条款"第 15 条的相关规定执行。

13. 税金和保险

(1) 承包人应根据我国税法的规定和地方政府的规定缴纳有关税费。

(2) 在施工期及缺陷责任期内，承包人应按照合同条款要求办理保险，包括建筑工程一切险和第三者责任保险。

(3) 承包人应按照合同条款要求为其履行合同所雇用的全部人员缴纳工伤保险费，在整个施工期间为其现场机构雇用的全部人员投保人身意外伤害险并为其施工设备办理保险。

14. 各支付项的范围

(1) 承包人应得到并接受按合同条款规定的报酬，作为实施各工程项目（无论是临时的或永久性的）与缺陷修复中需提供的一切劳务（包括劳务的管理）、材料、施工机械及其他事务的充分支付。

(2) 除非另有规定，工程量清单中各支付子目所报的单价或总额，都应认为是该支付子目全部作业的全部报酬，包括所有劳务，材料和设备的提供、运输、安装和临时工程的修建、维护与拆除，责任和义务等费用，均应认为已计入工程量清单标价的各工程子目中。

(3) 工程量清单未列入的子目，其费用应认为已包括在相关工程子目的单价和费率中，不再另行支付。

习 题

一、单项选择题

1. （　　）还是合同中各工程细目的单价及合同价格表。

A. 工程量清单　　　　　　　　B. 招标工程量清单

C. 已标价工程量清单　　　　　　D. 未标价工程量清单
2. 对招标工程限定的最高工程造价为（　　）。
A. 合同价　　　B. 投标价　　　C. 招标控制价　　　D. 工程结算价
3. 投标人的投标报价高于招标控制价的，（　　）。
A. 应说明理由　　　　　　　　　B. 中标后应调整招标控制价
C. 应予废标　　　　　　　　　　D. 在10%范围内为有效标
4. 暂估价中列出的单价计入清单综合单价中的是（　　）。
A. 暂估材料费　　　　　　　　　B. 暂估专业工程费
C. 暂估人工费　　　　　　　　　D. 暂估机械费
5. 包括在工程造价中但不是必然属于施工方工程款的是（　　）。
A. 企业管理费　　　　　　　　　B. 检验试验费
C. 暂估价　　　　　　　　　　　D. 暂列金额

二、简答题
1. 简述暂列金额和暂估价的不同。
2. 简述暂估价包括的内容。
3. 简述工程量清单包括哪些表格。

第 8 章

公路工程工程量清单与计价编制

工程量清单与计价是指招标标底（或招标控制价）和投标报价的编制、合同价款的确定与调整、工程结算等以招标文件中的工程量清单为依据进行的工程造价的确定与控制的总称，由投标人按照招标人提供的工程量清单，逐一的填报单价并计算出工程项目所需的全部费用。公路工程工程量清单与计价应采用"全费用综合单价"计价。全费用综合单价包括为实施和完成合同工程所需的劳务、材料、机械、质检（自检）、安装、缺陷修复、管理、保险、税费、利润等费用，以及合同明示或暗示的所有责任、义务和一般风险。

8.1 路基工程

8.1.1 路基工程工程量清单编制

1. 路基工程工程量清单内容组成

路基工程包括 201 通则，202 场地清理，203 挖方路基，204 填方路基，205 特殊地区路基处理，206 路基整修，207 坡面排水，208 护坡、护面墙，209 挡土墙，210 锚杆、锚定板挡土墙，211 加筋土挡土墙，212 喷射混凝土和喷浆边坡防护，213 预应力锚索边坡加固，214 抗滑桩和 215 河道防护。

201 通则：本节包括材料标准、路基施工的一般要求。本节工作内容均不作计量，其所涉及的作业应包含在与其相关工程子目之中。

202 场地清理包括：-1 清理与掘除，-2 挖除旧路面，-3 拆除结构物，-4 植物移栽。

-1 清理与掘除包括：-a 清理现场，-b 砍伐树木，-c 挖除树根。

-3 拆除结构物包括：-a 钢筋混凝土结构，-b 混凝土结构，-c 砖、石及其他砌体结构，-d 金属结构。

-4 植物移栽包括：-a 移栽乔（灌）木，-b 移栽草皮。

203 挖方路基包括：-1 路基挖方，-2 改河、改渠、改路挖方。

-1 路基挖方包括：-a 挖土方，-b 挖石方，-c 挖除非适用材料（不含淤泥、岩盐、冻土），-d 挖淤泥，-e 挖岩盐，-f 挖冻土。

-2 改河、改渠、改路挖方包括：-a 挖土方，-b 挖石方，-c 挖除非适用材料（不含淤泥、岩盐、冻土），-d 挖淤泥，-e 挖岩盐，-f 挖冻土。

204 填方路基包括：-1 路基填筑（包括填前压实），-2 改河、改渠、改路填筑。

-1 路基填筑包括：-a 利用土方，-b 利用石方，-c 利用土石混填，-d 借土填方，-e 粉煤灰及矿渣路堤，-f 吹填砂路堤，-g EPS 路堤，-h 结构物台背回填，-i 锥坡及台前溜坡填土。

-2 改河、改渠、改路填筑包括：-a 利用土方，-b 利用石方，-c 利用土石混填，-d 借土填方。

205 特殊地区路基处理包括：-1 软土路基处理，-2 红黏土及膨胀土路基处理，-3 滑坡处理，-4 岩溶洞处理，-5 湿陷性黄土路基处理，-6 盐渍土路基处理，-7 风积沙路基处理，-8 冻土路基处理。

-1 软土路基处理包括：-a 抛石挤淤，-b 爆炸挤淤，-c 垫层（-c-1 砂垫层，-c-2 砂砾垫层，-c-3 碎石垫层，-c-4 碎石土垫层，-c-5 灰土垫层），-d 土工合成材料（-d-1 反滤土工布，-d-2 防渗土工膜，-d-3 土工格栅，-d-4 土工格室），-e 预压与超载预压（-e-1 真空预压，-e-2 超载预压），-f 袋装砂井，-g 塑料排水板，-h 粒料桩（-h-1 砂桩，-h-2 碎石桩），-i 加固土桩（-i-1 粉喷桩，-i-2 浆喷桩），-j CFG 桩，-k Y 形沉管灌注桩，-l 薄壁筒型沉管灌注桩，-m 静压管桩，-n 强夯及强夯置换（-n-1 强夯，-n-2 强夯置换）。

-2 红黏土及膨胀土路基处理包括：-a 石灰改良土，-b 水泥改良土。

-3 滑坡处理包括：-a 清除滑坡体。

-4 岩溶洞处理包括：-a 回填。

-5 湿陷性黄土路基处理包括：-a 陷穴处理（-a-1 灌砂，-a-2 灌水泥砂浆），-b 强夯及强夯置换（-b-1 强夯，-b-2 强夯置换），-c 石灰改良土，-d 灰土桩。

-6 盐渍土路基处理包括：-a 垫层（-a-1 砂垫层，-a-2 砂砾垫层），-b 土工合成材料（-b-1 防渗土工膜，-b-2 土工格栅）。

-7 风积沙路基处理包括：-a 土工合成材料（-a-1 土工格栅，-a-2 土工格室，-a-3 蜂窝式塑料网）。

-8 冻土路基处理包括：-a 隔热层（-a-1 XPS 保温板），-b 通风管，-c 热棒。

206 路基整修：本节包括路堤整修和路堑边坡的修整，达到符合图纸所示的线形、纵坡、边坡、边沟和路基断面的作业。本节工作内容不作计量。

207 坡面排水包括：-1 边沟，-2 排水沟，-3 截水沟，-4 跌水与急流槽，-5 渗沟，-6 蒸发池，-7 涵洞上下游改沟、改渠铺砌，-8 现浇混凝土坡面排水结构物，-9 预制混凝土坡面排水结构物，-10 仰斜式排水孔。

-1 边沟包括：-a 浆砌片石，-b 浆砌块石，-c 现浇混凝土，-d 预制安装混凝土，-e 预制安装混凝土盖板，-f 干砌片石。

-2 排水沟包括：-a 浆砌片石，-b 浆砌块石，-c 现浇混凝土，-d 预制安装混凝土，-e 预制安装混凝土盖板，-f 干砌片石。

-3 截水沟包括：-a 浆砌片石，-b 浆砌块石，-c 现浇混凝土，-d 预制安装混凝土，-e 干砌片石。

-4 跌水与急流槽包括：-a 浆砌片石，-b 浆砌块石，-c 现浇混凝土，-d 预制安装混凝土。

-6 蒸发池包括：-a 挖土（石）方，-b 圬工。

-7 涵洞上下游改沟、改渠铺砌包括：-a 浆砌片石铺砌，-b 现浇混凝土铺砌，-c 预制混凝土铺砌。

-10 仰斜式排水孔包括：-a 钻孔，-b 排水管，-c 软式透水管。

第8章 公路工程工程量清单与计价编制

208 护坡、护面墙包括：-1 护坡垫层，-2 干砌片石护坡，-3 浆砌片石护坡，-4 混凝土护坡，-5 护面墙，-6 封面，-7 捶面，-8 坡面柔性防护。

-3 浆砌片石护坡包括：-a 满铺浆砌片石护坡，-b 浆砌骨架护坡，-c 现浇混凝土。

-4 混凝土护坡包括：-a 现浇混凝土满铺护坡，-b 混凝土预制件满铺护坡，-c 现浇混凝土骨架护坡，-d 混凝土预制件骨架护坡，-e 浆砌片石。

-5 护面墙包括：-a 浆砌片（块）石护面墙，-b 现浇混凝土护面墙，-c 预制安装混凝土护面墙。

-6 封面包括：-a 封面。

-7 捶面包括：-a 捶面。

-8 坡面柔性防护包括：-a 主动防护系统，-b 被动防护系统。

209 挡土墙包括：-1 垫层，-2 基础，-3 砌体挡土墙，-4 干砌挡土墙，-5 混凝土挡土墙。

-2 基础包括：-a 浆砌片（块）石基础，-b 混凝土基础。

-3 砌体挡土墙包括：-a 浆砌片（块）石。

-5 混凝土挡土墙包括：-a 混凝土，-b 钢筋。

210 锚杆、锚定板挡土墙包括：-1 锚杆挡土墙，-2 锚定板挡土墙，-3 现浇墙身混凝土、附属部位混凝土，-4 现浇桩基混凝土，-5 锚杆及拉杆，-6 钢筋。

-1 锚杆挡土墙包括：-a 现浇混凝土立柱，-b 预制安装混凝土立柱，-c 预制安装混凝土挡板。

-2 锚定板挡土墙包括：-a 现浇混凝土肋柱，-b 预制安装混凝土肋柱，-c 预制安装混凝土锚定板。

-3 现浇墙身混凝土、附属部位混凝土包括：-a 现浇混凝土墙身，-b 现浇附属部位混凝土。

-5 锚杆及拉杆包括：-a 锚杆，-b 拉杆。

211 加筋土挡土墙包括：-1 基础，-2 混凝土帽石，-3 预制安装混凝土墙面板，-4 加筋带，-5 钢筋。

-1 基础包括：-a 浆砌片石基础，-b 混凝土基础。

-2 混凝土帽石包括：-a 现浇帽石混凝土。

-4 加筋带包括：-a 扁钢带，-b 钢筋混凝土带，-c 塑钢复合带，-d 塑料土工格栅，-e 聚丙烯土工带。

212 喷射混凝土和喷浆边坡防护包括：-1 挂网土工格栅喷浆防护边坡，-2 挂网锚喷混凝土防护边坡（全坡面），-3 坡面防护，4 土钉支护。

-1 挂网土工格栅喷浆防护边坡包括：-a 喷浆防护边坡，-b 铁丝网，-c 土工格栅，-d 锚杆。

-2 挂网锚喷混凝土防护边坡（全坡面）包括：-a 喷射混凝土防护边坡，-b 钢筋网，-c 铁丝网，-d 土工格栅，-e 锚杆。

-3 坡面防护包括：-a 喷浆边坡防护，-b 喷射混凝土边坡防护。

-4 土钉支护包括：-a 钻孔注浆钉，-b 击入钉，-c 喷射混凝土，-d 钢筋，-e 钢筋网，-f 网格梁、立柱、挡土板，-g 土工格栅。

213 预应力锚索边坡加固包括：-1 预应力钢绞线，-2 无黏结预应力钢绞线，-3 锚杆，-4 混凝土框格梁，-5 混凝土锚固板，-6 钢筋。

-3 锚杆包括：-a 钢筋锚杆，-b 预应力钢筋锚杆。

214 抗滑桩包括：-1 现浇混凝土桩，-2 桩板式抗滑挡墙，-3 钢筋。

-1 现浇混凝土桩包括：-a 混凝土。

-2 桩板式抗滑挡墙包括：-a 挡土板。

215 河道防护包括：-1 河床铺砌，-2 导流设施（护岸墙、顺坝、丁坝、调水坝、锥坡），-3 抛石防护。

-1 河床铺砌包括：-a 浆砌片石铺砌，-b 混凝土铺砌。

-2 导流设施包括：-a 浆砌片石，-b 混凝土，-c 石笼。

2. 路基工程工程量清单计量规则说明

（1）路基石方的界定。用不小于 112.5 kW 推土机单齿松土器无法勾动，须用爆破或用钢楔大锤或用气钻方法开挖的，以及体积大于或等于 1 m^3 的孤石为石方。其土石分类应以设计为依据，由监理人批准确定。

（2）土石方体积用平均断面面积法计算，但与似棱体公式计算结果比较，如果误差超过 5% 时，采用似棱体公式计算。

（3）路基挖方以批准的路基设计图所示界限为限，均以开挖天然密实体积计量。其中包括边沟、排水沟、截水沟、改河、改渠、改路的开挖。

（4）挖方作业应保持边坡稳定，应做到开挖与防护同步施工，如因施工方法不当，排水不良或开挖后未按设计及时进行防护而造成的塌方，则塌方的清除和回填由承包人负责。

（5）路基填料中石料含量等于或大于 70% 时，按填石路堤计量；石料含量小于 70% 且大于 30% 时，按土石混填路堤计量；石料含量小于 30% 时，按填土路堤计量。

（6）路基填方以批准的路基设计图所示界限为限，应按压实后的纵断面高程和路床顶面设计高程计算。

为保证压实度两侧加宽超填的增加体积，零填零挖的翻松压实，均不另行计量。填前压实、地面下沉增加的填方量按填料来源分别计量。

（7）桥涵台背回填只计按设计图或工程师指示进行的桥涵台背特殊处理数量。但在路基土石方填筑计量中应扣除涵洞、通道台背及桥梁桥长范围外台背特殊处理的数量。

（8）利用土、石填方及土石混合填料的填方，按压实的体积以"m^3"计量，包括挖台阶、摊平、密实、整形，其开挖作业在挖方中计量。

（9）借土填方，按压实的体积以"m^3"计量，包括借土场（取土坑）中非适用材料的挖除、弃运及借土场的资源使用费、场地清理、地貌恢复、施工便道、便桥的修建与养护、临时排水与防护等和填方材料的开挖、运输、挖台阶、摊平、压实、整形等作业。

（10）项目未明确指出的工程内容，如养护、场地清理、脚手架的搭拆、模板的安装和拆除，以及场地运输等均包含在相应的工程项目中，不另行计量。

（11）排水、防护、支挡工程的钢筋、锚杆、锚索除锈制作安装运输，以及锚具、锚垫板、注浆管、封锚、护套、支架等，包括在相应的工程项目中，不另行计量。

（12）取弃土场的防护、排水及绿化在相应工程项目中计量。

3. 路基工程工程量清单编制示例

【例 8-1】 根据例 6-7 编制路基土石方清单表格。

解：（1）列项目：路基挖土方（203-1-a），路基挖石方（203-1-b），路基利用土方填筑（204-1-a），路基利用石方填筑（204-1-b），路基借土填方（204-1-d）。

（2）计算工程量。

1）计量规则说明如下：

①挖土方：依据图纸所示地面线、路基设计横断面图、路基土石比例，采用平均断面面积法计算，包括边沟、排水沟、截水沟的土方，按照天然密实体积以立方米为单位计量；路床顶面以下挖松深 300 mm 再压实作为挖土方的附属工作，不另行计量；取弃土场的绿化、防护工程、排

水设施在相应章节内计量。

②挖石方：依据图纸所示地面线、路基设计横断面图、路基土石比例，按平均断面面积法计算，包括边沟、排水沟、截水沟的石方，按照天然体积以立方米为单位计量；弃土场的绿化、防护工程、排水设施在相应章节内计量。

③利用土方填筑：依据图纸所示地面线、路基设计横断面图，按平均断面面积法计算压实的体积，以立方米为单位计量；当填料中石料含量小于30%时，适用于本条；满足施工需要，预留路基宽度宽填的填方量作为路基填筑的附属工作，不另行计量；填前压实、地面下沉增加的填方量按填料来源参照本条计量。

④利用石方填筑：依据图纸所示地面线、路基设计横断面图，按平均断面面积法计算压实的体积，以立方米为单位计量；当填料中石料含量大于70%时，适用于本条；满足施工需要，预留路基宽度宽填的填方量作为路基填筑的附属工作，不另行计量；地面下沉增加的填方量按填料来源参照本条计量。

⑤借土填方：依据图纸所示地面线、路基设计横断面图，按平均断面面积法计算压实的体积，以立方米为单位计量；借土场绿化、防护工程、排水设施、临时用地在相应章节中计量；满足施工需要，预留路基宽度宽填的填方量作为路基填筑的附属工作，不另行计量；地面下沉增加的填方量按填料来源参照本条计量。

2）计算。

路基挖土方：$50\,000 + 150\,000 + 65\,000 = 265\,000$（m³）。

路基挖石方：$45\,000$（m³）。

路基利用土方填筑：$50\,000 \div 1.23 + 150\,000 \div 1.16 + 65\,000 \div 1.09 = 229\,594$（m³）。

路基利用石方填筑：$45\,000 \div 0.92 = 48\,913$（m³）。

路基借土填方：$447\,000 - 229\,594 - 48\,913 = 168\,493$（m³）。

其中：①路基填前压实沉陷增加数量：$30\,000 \times 50\% \times (12 + 2 \times 1.5 \times 2) \times 0.1 = 27\,000$（m³）。

②实际填方数量：$420\,000 + 27\,000 = 447\,000$（m³）。

(3) 路基土石方工程量清单见表8-1。

表8-1 路基土石方工程量清单

子目号	子目名称	单位	数量	单价	合价
203	挖方路基				
203-1	路基挖方				
-a	挖土方	m³	265 000		
-b	挖石方	m³	45 000		
204	填方路基				
204-1	路基填筑（包括填前压实）				
-a	利用土方	m³	229 594		
-b	利用石方	m³	48 913		
-d	借土填方	m³	168 493		

答：本工程的工程量清单见表8-1。

8.1.2 路基工程工程量清单计价的编制

依据《公路工程预算定额》(JTG/T 3832—2018)编制路基工程工程量清单各子目综合单价,编制步骤如下:

(1) 根据经济适用原则及现场实际情况确定该清单子目的施工方法。
(2) 熟悉该清单子目的工程内容,结合图纸和《公路工程标准施工招标文件》第七章技术规范,根据该清单子目的施工方法选定预算定额子目。
(3) 该清单子目工程内容与选定的预算定额子目工程内容比较,查缺补漏。
(4) 依据选定的预算定额项,计算该清单子目的综合单价。

【例 8-2】 根据例 8-1、例 6-7 和《公路工程预算定额》(JTG/T 3832—2018),对路基土石方清单编制清单预算数据表。

解:(1) 列项目。

203-1-a 路基挖土方:挖掘机挖装松土(利用方)(1-1-9-7);挖掘机挖装普通土(利用方)(1-1-9-8);挖掘机挖装硬土(利用方)(1-1-9-9);自卸汽车运土 1.5 km [1-1-11-7 (8)];挖方路基碾压(1-1-18-24);整修路拱(1-1-20-1);整修边坡(1-1-20-3)。

203-1-b 路基挖石方:机械打眼开炸石方(1-1-14-5);推土机推石方(可利用方)[1-1-12-32 (35)];挖方路基碾压(1-1-18-24);整修路拱(1-1-20-1);整修边坡(1-1-20-3)。

204-1-a 路基利用土方填筑:耕地填前碾压(1-1-5-4);土方碾压(1-1-18-9);洒水汽车洒水(1-1-22-3);整修路拱(1-1-20-1);整修边坡(1-1-20-3)。

204-1-b 路基利用石方填筑:耕地填前碾压(1-1-5-4);石方碾压(1-1-18-16);洒水汽车洒水(1-1-22-3);整修路拱(1-1-20-1);整修边坡(1-1-20-3)。

204-1-d 路基借土填方:挖掘机挖装普通土(借方)(1-1-9-8);自卸汽车运土 2 km(借方)[1-1-11-7 (8)];耕地填前碾压(1-1-5-4);土方碾压(1-1-18-9);洒水汽车洒水(1-1-22-3);整修路拱(1-1-20-1);整修边坡(1-1-20-3)。

(2) 计算工程量。

挖方总量:$265\,000 + 45\,000 = 310\,000$ (m³)

填方总量:$447\,000$ (m³)

1) 各细目分摊压实工程数量的计算。

挖土方:$180\,000 \times 265\,000 \div 310\,000 = 153\,871$ (m²)。
挖石方:$180\,000 \times 45\,000 \div 310\,000 = 26\,129$ (m²)。
利用土方:$270\,000 \times 229\,594 \div 447\,000 = 138\,681$ (m²)。
利用石方:$270\,000 \times 48\,913 \div 447\,000 = 29\,545$ (m²)。
借土填方:$270\,000 \times 168\,493 \div 447\,000 = 101\,774$ (m²)。

2) 各细目分摊整修路拱工程数量的计算。

挖土方:$30\,000 \times 12 \times 50\% \times 265\,000 \div 310\,000 = 153\,871$ (m²)。
挖石方:$30\,000 \times 12 \times 50\% \times 45\,000 \div 310\,000 = 26\,129$ (m²)。
利用土方填方:$30\,000 \times 12 \times 50\% \times 229\,594 \div 447\,000 = 92\,454$ (m²)。
利用石方填方:$30\,000 \times 12 \times 50\% \times 48\,913 \div 447\,000 = 19\,697$ (m²)。
借土填方:$30\,000 \times 12 \times 50\% \times 168\,493 \div 447\,000 = 67\,850$ (m²)。

3) 各细目分摊整修边坡工程数量的计算。

挖土方：15 000×265 000÷310 000＝12 823（m）。

挖石方：15 000×45 000÷310 000＝2 177（m）。

利用土方填方：15 000×229 594÷447 000＝7 704（m）。

利用石方填方：15 000×48 913÷447 000＝1 641（m）。

借土填方：15 000×168 493÷447 000＝5 654（m）。

4）各细目分摊洒水汽车洒水工程数量的计算。

利用土方填方：12 516×229 594÷447 000＝6 429（m³）。

利用石方填方：12 516×48 913÷447 000＝1 370（m³）。

借土填方：12 516×168 493÷447 000＝4 718 m³

（3）路基土石方工程量清单编制清单预算数据表见表8-2～表8-6。

表8-2 "203-1-a 挖土方" 清单预算数据表

序号	定额代号	工程细目		单位	数量	费率	定额调整或系数
1	1-1-9-7	2 m³ 挖掘机挖装土方	松土	1 000 m³ 天然密实方	50	土方	
2	1-1-9-8		普通土	1 000 m³ 天然密实方	150	土方	
3	1-1-9-9		硬土	1 000 m³ 天然密实方	65	土方	
4	1-1-11-7	12 t 自卸汽车运土（1 500 m）	第一个1 km	1 000 m³ 天然密实方	265	运输	
5	1-1-11-8		每增运0.5 km	1 000 m³ 天然密实方	265	运输	
6	1-1-18-24	零填及挖方段压实		1 000 m²	153.871	土方	
7	1-1-20-1	整修路拱		1 000 m²	153.871	土方	
8	1-1-20-3	整修边坡		1 km	12.823	土方	

表8-3 "203-1-b 挖石方" 清单预算数据表

序号	定额代号	工程细目		单位	数量	费率	定额调整或系数
1	1-1-14-5	机械打眼开炸石方	次坚石	1 000 m³ 天然密实方	45	土方	
2	1-1-12-32	135 kW 推土机推石方 60 m	第一个20 m	1 000 m³ 天然密实方	45	运输	
3	1-1-12-35 改		每增运10 m	1 000 m³ 天然密实方	45	运输	4
4	1-1-18-24	零填及挖方段压实		1 000 m²	26.129	土方	
5	1-1-20-1	整修路拱		1 000 m²	26.129	土方	
6	1-1-20-3	整修边坡		1 km	2.177	土方	

表8-4 "204-1-a 利用土方填筑" 清单预算数据表

序号	定额代号	工程细目	单位	数量	费率	定额调整或系数
1	1-1-5-4	耕地填前压实	1 000 m²	138.681	土方	
2	1-1-18-9	土方碾压	1 000 m³ 压实方	278.507	土方	
3	1-1-22-3	洒水车洒水	1 000 m³ 水	6.429	土方	
4	1-1-20-1	整修路拱	1 000 m²	92.454	土方	
5	1-1-20-3	整修边坡	1 km	7.704	土方	

表 8-5 "204-1-b 利用石方填筑"清单预算数据表

序号	定额代号	工程细目	单位	数量	费率	定额调整或系数
1	1-1-5-4	耕地填前压实	1 000 m²	29.545	土方	
2	1-1-18-16	石方碾压	1 000 m³ 压实方	48.913	土方	
3	1-1-22-3	洒水车洒水	1 000 m³ 水	1.370	土方	
4	1-1-20-1	整修路拱	1 000 m²	19.697	土方	
5	1-1-20-3	整修边坡	1 km	1.641	土方	

表 8-6 "204-1-d 借土填方"清单预算数据表

序号	定额代号	工程细目		单位	数量	费率	定额调整或系数
1	1-1-9-8 改	2 m³ 挖掘机挖装土（借方）		1 000 m³ 天然密实方	168.493	土方	1.19
2	1-1-11-7 改	12 t 自卸汽车运土 (2 000 m)	第一个 1 km	1 000 m³ 天然密实方	168.493	运输	1.19
3	1-1-11-8 改		每增运 0.5 km	1 000 m³ 天然密实方	168.493	运输	1.19×2
4	1-1-5-4	耕地填前压实		1 000 m²	101.774	土方	
5	1-1-18-9	土方碾压		1 000 m³ 压实方	168.493	土方	
6	1-1-22-3	洒水车洒水		1 000 m³ 水	4.718	土方	
7	1-1-20-1	整修路拱		1 000 m²	67.850	土方	
8	1-1-20-3	整修边坡		1 km	5.654	土方	

答：根据该路基土石方清单编制的清单预算数据表见表 8-2 ~ 表 8-6。

8.2 路面工程

8.2.1 路面工程工程量清单编制

1. 路面工程工程量清单内容组成

路面工程包括 301 通则，302 垫层，303 石灰稳定土底基层、基层，304 水泥稳定土底基层、基层，305 石灰粉煤灰稳定土底基层、基层，306 级配碎（砾）石底基层、基层，307 沥青稳定碎石基层（ATB），308 透层和黏层，309 热拌沥青混合料面层，310 沥青表面处置与封层，311 改性沥青及改性沥青混合料，312 水泥混凝土面板，313 路肩培土、中央分隔带回填土、土路肩加固及路缘石，314 路面及中央分隔带排水。

301 通则：本节包括材料标准、路面施工的一般要求、材料取样与试验、试验段、料场作业、拌合场场地硬化及遮雨棚、雨期施工。本节工作内容均不作计量，其所涉及的作业应包含在与其相关工程子目之中。

302 垫层包括：-1 碎石垫层，-2 砂砾垫层，-3 水泥稳定土垫层，-4 石灰稳定土垫层。

303 石灰稳定土底基层、基层包括：-1 石灰稳定土底基层，-2 搭板、埋板下石灰稳定土底基层，-3 石灰稳定土基层。

304 水泥稳定土底基层、基层包括：-1 水泥稳定土底基层，-2 搭板、埋板下水泥稳定土底基层，-3 水泥稳定土基层。

305 石灰粉煤灰稳定土底基层、基层包括：-1 石灰粉煤灰稳定土底基层，-2 搭板、埋板下石灰粉煤灰稳定土底基层，-3 石灰粉煤灰稳定土基层，-4 石灰煤渣稳定土基层。

306 级配碎（砾）石底基层、基层包括：-1 级配碎石底基层，-2 搭板、埋板下级配碎石底基层，-3 级配碎石基层，-4 级配砾石底基层，-5 搭板、埋板下级配砾石基层，-6 级配砾石基层。

307 沥青稳定碎石基层（ATB）包括：-1 沥青稳定碎石基层（ATB）。

308 透层和黏层包括：-1 透层，-2 黏层。

309 热拌沥青混合料面层包括：-1 细粒式沥青混凝土，-2 中粒式沥青混凝土，-3 粗粒式沥青混凝土。

310 沥青表面处置与封层包括：-1 沥青表面处置，-2 封层。

311 改性沥青及改性沥青混合料包括：-1 细粒式改性沥青混合料路面，-2 中粒式改性沥青混合料路面，-3 SMA 路面。

312 水泥混凝土面板包括：-1 水泥混凝土面板，-2 钢筋。

313 路肩培土、中央分隔带回填土、土路肩加固及路缘石包括：-1 路肩培土，-2 中央分隔带回填土，-3 现浇混凝土加固土路肩，-4 混凝土预制块加固土路肩，-5 混凝土预制块路缘石。

314 路面及中央分隔带排水包括：-1 排水管，-2 纵向雨水沟（管），-3 集水井，-4 中央分隔带渗沟，-5 沥青油毡防水层，-6 路肩排水沟，-7 拦水带。

2. 路面工程工程量清单计量规则说明

（1）水泥混凝土路面模板制作安装及缩缝、胀缝的填灌缝材料、高密度橡胶板，均包含在浇筑不同厚度水泥混凝土面层的工程项目中，不另行计量。

（2）水泥混凝土路面养护用的养护剂、覆盖的麻袋、养护器材等，均包含在浇筑不同厚度水泥混凝土面层的工程项目中，不另行计量。

（3）水泥混凝土路面的钢筋包括传力杆、拉杆、补强角隅钢筋及结构受力连续钢筋、支架钢筋，因搭接而增加的钢筋作为附属工作，不另行计量。

（4）沥青混凝土路面和水泥混凝土路面所需的外掺剂不另行计量。

（5）沥青混合料、水泥混凝土和（底）基层混合料拌合场站、储料场的建设、拆除、恢复若已在 104 节"承包人驻地建设"与 105 节"施工标准化"（属选择性工程项目）清单中列入单独计量，则在该章相应清单项目综合单价中不再计入此部分费用；若未列入 104 节"承包人驻地建设"与 105 节"施工标准化"清单中，则该部分费用均应包括在相应清单项目综合单价中，不另行计量。

（6）钢筋的除锈、制作安装、成品运输，均包含在相应工程的项目中，不另行计量。

3. 路面工程工程量清单编制示例

【例 8-3】 某项目土线为双向四车道高速公路，路基宽度 26 m，采用沥青混凝土路面结构形式，具体工程数量见表 8-7、表 8-8。

表 8-7 路面工程部分数量表

起止桩号	结构类型			
	4 cm 厚 SMA-13 上面层	8 cm 厚粗粒式沥青混凝土下面层	20 cm 厚 5% 水稳碎石基层	SBS 改性乳化沥青黏层
	面积/1 000 m²	面积/1 000 m²	面积/1 000 m²	面积/1 000 m²
第 1 合同段合计	98.9	98.9	106.902	98.9

表 8-8 纵向排水沟工程数量表

起止桩号	长度/m	现浇 C25 沟身/m³	预制 C30 盖板/m³	沥青麻絮伸缩缝/m²	盖板钢筋/kg	砂砾垫层/m³
第 1 合同段合计	4 612	553.43	221.37	84.55	51 192.2	507.31

施工组织拟采用集中拌和,摊铺机铺筑,混合料综合平均运距为 5 km,混合料均采用 15 t 自卸汽车运输,基层稳定土混合料采用 300 t/h 稳定土拌合站拌和,沥青混凝土采用 240 t/h 沥青混合料拌合站拌和。

问题:编制路面工程工程量清单表格。

解:(1)列项目:水泥稳定碎石基层(304-3-a),SBS 改性乳化沥青黏层(308-2-a),4 cm 厚 SMA-13 上面层(309-1-a),8 cm 厚粗粒式沥青混凝土下面层(309-3-a),纵向排水管(314-2-a)。

(2)计算工程量。

1)计量规则说明如下:

①水泥稳定碎石基层:依据图纸所示压实厚度,按照铺筑的顶面面积以平方米为单位计量。

②SBS 改性乳化沥青黏层:依据图纸所示沥青品种、规格、喷油量,按照洒布面积以平方米为单位计量。

③4 cm 厚 SMA-13 上面层、8 cm 厚粗粒式沥青混凝土下面层:依据图纸所示级配类型及铺筑压实厚度,按照铺筑的顶面面积以平方米为单位计量。

④纵向排水管:依据图纸所示位置,分不同类型及规格,按埋设长度以米为单位计量。

2)计算。见表 8-7、表 8-8 相关数据。

(3)路面工程工程量清单见表 8-9。

表 8-9 路面工程工程量清单

子目号	子目名称	单位	数量	单价	合价
304-3	水泥稳定土基层				
-a	20 cm 水泥稳定碎石基层	m²	106 902.00		
308-2	黏层				
-a	SBS 改性乳化沥青黏层	m²	98 900.00		
309-1	细粒式沥青混凝土上面层				
-a	厚 40 cmSMA-13	m²	98 900.00		
309-3	粗粒式沥青混凝土下面层				
-a	厚 80 cm	m²	98 900.00		
314-2	纵向雨水沟(管)				
-a	纵向排水沟	m	4 612.00		

答:本工程的工程量清单见表 8-9。

8.2.2 路面工程工程量清单计价的编制

依据《公路工程预算定额》(JTG/T 3832—2018)编制路面工程工程量清单各子目综合单价,编制步骤同路基工程工程量清单计价步骤。

【例 8-4】 根据例 8-3 和《公路工程预算定额》(JTG/T 3832—2018),对路面工程清单编制清单预算数据表。

第8章 公路工程工程量清单与计价编制

解：（1）列项目。

水泥稳定碎石基层（304-3-a）：厂拌水泥稳定碎石 20 cm（2-1-7-5），15 t 以内自卸汽车运稳定土 [2-1-8-7（8）]，12.5 m 以内摊铺机铺筑基层混合料（2-1-9-11），基层稳定土厂拌设备安拆（300 t/h）（2-1-10-4）。

SBS 改性乳化沥青黏层（308-2-a）：改性乳化沥青层黏层（2-2-16-7）。

4 cm 厚 SMA-13 上面层（309-1-a）：沥青玛琋脂碎石混合料拌和（240 t/h）（2-2-12-3），15 t 以内自卸汽车运沥青玛琋脂 [2-2-13-7（8）]，机械摊铺沥青玛琋脂碎石混合料（240 t/h）（2-2-14-60），沥青混合料拌合设备安拆（2-2-15-5）。

8 cm 厚粗粒式沥青混凝土下面层（309-3-a）：沥青混凝土混合料拌和（2-2-11-5），15 t 以内自卸汽车运沥青混凝土 [2-2-13-7（8）]，机械摊铺沥青混合料（2-2-14-23），沥青混合料拌和设备安拆（2-2-15-5）。

纵向排水沟（314-2-a）：现浇 C25 沟身混凝土（1-3-4-5），C30 盖板预制（1-3-4-9），盖板安装（1-3-4-12），盖板钢筋（1-3-4-11），沥青麻絮伸缩缝（4-11-1-1），砂砾垫层（4-11-5-1）。

（2）计算工程量。

15 t 以内自卸汽车运稳定土：$106\,902 \times 0.2 = 21\,380.4$（m³）。

15 t 以内自卸汽车运沥青玛琋脂：$98\,900 \times 0.4 = 39\,560.0$（m³）。

15 t 以内自卸汽车运沥青混凝土：$98\,900 \times 0.8 = 79\,120.0$（m³）。

各细目分摊沥青混合料拌合设备安拆数量的计算：

沥青玛琋脂上面层：$1 \times 39\,560 \div (39\,560 + 79\,120) = 0.333$（座）。

沥青混凝土下面层：$1 \times 79\,120 \div (39\,560 + 79\,120) = 0.667$（座）。

（3）根据路面工程工程量清单编制清单预算数据表见表 8-10～表 8-14。

表 8-10　"304-3-a 水泥稳定碎石基层"清单预算数据表

序号	定额代号	工程细目	单位	数量	费率	定额调整或系数
1	2-1-7-5	厂拌水泥稳定碎石 20 cm	1 000 m²	106.902	路面	
2	2-1-8-7	15 t 以内自卸汽车运稳定土 1 km	1 000 m³	21.38	运输	
3	2-1-8-8 改	15 t 以内自卸汽车增运稳定土 0.5 km	1 000 m³	21.38	运输	×8
4	2-1-9-11	12.5 m 以内摊铺机铺筑基层混合料	1 000 m²	106.902	路面	
5	2-1-10-4	基层稳定土厂拌设备安拆（300 t/h）	1 座	1	路面	

表 8-11　"308-2-a SBS 改性乳化沥青黏层"清单预算数据表

序号	定额代号	工程细目	单位	数量	费率	定额调整或系数
1	2-2-16-7	改性乳化沥青层黏层	1 000 m²	98.9	路面	

表 8-12　"309-1-a 4 cm 厚 SMA-13 上面层"清单预算数据表

序号	定额代号	工程细目	单位	数量	费率	定额调整或系数
1	2-2-12-3	沥青玛琋脂碎石混合料拌和（240 t/h）	1 000 m²	98.9	路面	
2	2-2-13-7	15 t 以内自卸汽车运沥青混合料 1 km	1 000 m³	39.56	运输	
3	2-2-13-8 改	15 t 以内自卸汽车增运沥青混合料 0.5 km	1 000 m³	39.56	运输	×8
4	2-2-14-60	机械摊铺沥青玛琋脂碎石混合料（240 t/h）	1 000 m²	98.9	路面	

续表

序号	定额代号	工程细目	单位	数量	费率	定额调整或系数
5	2-2-15-5	沥青混合料拌合设备安拆	1座	0.033	路面	

表8-13 "309-3-a 8 cm 厚粗粒式沥青混凝土下面层"清单预算数据表

序号	定额代号	工程细目	单位	数量	费率	定额调整或系数
1	2-2-11-5	沥青混凝土混合料拌和	1 000 m²	98.9	路面	
2	2-2-13-7	15 t 以内自卸汽车运沥青混合料 1 km	1 000 m³	79.12	运输	
3	2-2-13-8 改	15 t 以内自卸汽车增运沥青混合料 0.5 km	1 000 m³	79.12	运输	×8
4	2-2-14-60	机械摊铺沥青混凝土混合料（240 t/h）	1 000 m²	98.9	路面	
5	2-2-15-5	沥青混合料拌合设备安拆	1座	0.667	路面	

表8-14 "314-2-a 纵向排水沟"清单预算数据表

序号	定额代号	工程细目	单位	数量	费率	定额调整或系数
1	1-3-4-5 改	现浇 C25 沟身混凝土	10 m³	55.343	构造物Ⅰ	C20 调整为 C25
2	1-3-4-9 改	C30 盖板预制	10 m³	22.137	构造物Ⅰ	C20 调整为 C30
3	1-3-4-12	盖板安装	10 m³	22.137	构造物Ⅰ	
4	1-3-4-11	盖板钢筋	1 t	51.192	钢材及钢结构	
5	4-11-1-1	沥青麻絮伸缩缝	10 m²	8.455	构造物Ⅰ	
6	4-11-5-1	砂砾垫层	10 m³	50.731		

答：根据该路面清单编制的清单预算数据表见表 8-10～表 8-14。

8.3 桥梁、涵洞工程

8.3.1 桥梁、涵洞工程工程量清单编制

1. 桥梁、涵洞工程工程量清单内容组成

桥梁、涵洞工程包括 401 通则，402 模板、拱架和支架，403 钢筋，404 基坑开挖及回填，405 钻孔灌注桩，406 沉桩，407 挖孔灌注桩，408 桩的垂直静荷载试验，409 沉井，410 结构混凝土工程，411 预应力混凝土工程，412 预制构件的安装，413 砌石工程，414 小型钢构件，415 桥面铺装，416 桥梁支座，417 桥梁接缝和伸缩装置，418 防水处理，419 圆管涵及倒虹吸管涵，420 盖板涵、箱涵，421 拱涵。

401 通则包括：-1 桥梁荷载试验（暂估价），-2 桥梁施工监控（暂估价），-3 地质钻探及取样试验（暂定工程量）。

402 模板、拱架和支架：本节包括模板、拱架和支架的设计制作、安装、拆卸施工等有关作业。本节工作作为有关工程的附属工作，均不作计量。

403 钢筋包括：-1 基础钢筋（含灌注桩、承台、桩系梁、沉桩、沉井等），-2 下部结构钢筋，-3 上部结构钢筋，-4 附属结构钢筋。

404 基坑开挖及回填包括：-1 干处挖土方，-2 水下挖土方，-3 干处挖石方，-4 水下挖石方。

第8章 公路工程工程量清单与计价编制

405 钻孔灌注桩包括：-1 钻孔灌注桩，-2 钻取混凝土芯样检测（暂定工程量），-3 破坏荷载试验用桩（暂定工程量）。

-1 钻孔灌注桩包括：-a 陆上钻孔灌注桩，-b 水中钻孔灌注桩。

406 沉桩包括：-1 钢筋混凝土沉桩，-2 预应力混凝土沉桩，-3 试桩（暂定工程量）。

407 挖孔灌注桩包括：-1 挖孔灌注桩，-2 钻取混凝土芯样检测（暂定工程量），-3 破坏荷载试验用桩（暂定工程量）。

408 桩的垂直静荷载试验包括：-1 桩的检验荷载试验（暂定工程量），-2 桩的破坏荷载试验（暂定工程量）。

409 沉井包括：-1 钢筋混凝土沉井（-a 井壁混凝土，-b 封底混凝土，-c 填芯混凝土，-d 顶板混凝土）。

410 结构混凝土工程包括：-1 混凝土基础（包括支撑梁、桩基承台、桩系梁，但不包括桩基），-2 混凝土下部结构，-3 现浇混凝土上部结构，-4 预制混凝土上部结构，-5 桥梁上部结构现浇整体化混凝土，-6 现浇混凝土附属结构，-7 预制混凝土附属结构。

-2 混凝土下部结构包括：-a 桥台混凝土，-b 桥墩混凝土，-c 盖梁混凝土，-d 台帽混凝土。

411 预应力混凝土工程包括：-1 先张法预应力钢丝，-2 先张法预应力钢绞线，-3 先张法预应力钢筋，-4 后张法预应力钢丝，-5 后张法预应力钢绞线，-6 后张法预应力钢筋，-7 现浇预应力混凝土上部结构，-8 预制预应力混凝土上部结构。

412 预制构件的安装：本节包括预制构件的起吊、运输、装卸、储存和安装，其工作量在410 节及411 节计量，本节不另行计量。

413 砌石工程包括：-1 浆砌片石，-2 浆砌块石，-3 浆砌料石，-4 浆砌预制混凝土块。

414 小型钢构件：本节包括桥梁及其他公路构筑物，除钢筋及预应力钢筋以外的小型钢构件的供应、制造、保护和安装。除另有说明外，本节工作内容均不作计量。

415 桥面铺装包括：-1 沥青混凝土桥面铺装，-2 水泥混凝土桥面铺装，-3 防水层，-4 桥面排水。

-3 防水层包括：-a 桥面混凝土表面处理，-b 铺设防水层。

-4 桥面排水包括：-a 竖、横向集中排水管，-b 桥面边部碎石盲沟。

416 桥梁支座包括：-1 板式橡胶支座，-2 盆式支座，-3 隔震橡胶支座，-4 球形支座。

417 桥梁接缝和伸缩装置包括：-1 橡胶伸缩装置，-2 模数式伸缩装置，-3 梳齿板式伸缩装置，-4 填充式材料伸缩装置。

418 防水处理：本节包括混凝土和砌体表面的沥青或油毛毡防水层。本节工作内容均不作计量。

419 圆管涵及倒虹吸管涵包括：-1 单孔钢筋混凝土圆管涵，-2 双孔钢筋混凝土圆管涵，-3 钢筋混凝土圆管倒虹吸管涵。

420 盖板涵、箱涵包括：-1 钢筋混凝土盖板涵，-2 钢筋混凝土箱涵，-3 钢筋混凝土盖板通道涵，-4 钢筋混凝土箱型通道涵。

421 拱涵包括：-1 拱涵，-2 拱形通道涵。

-1 拱涵包括：-a 石拱涵，-b 混凝土拱涵。

-2 拱形通道涵包括：-a 石拱通道涵，-b 混凝土拱通道涵。

2. 桥梁、涵洞工程工程量清单计量规则说明

（1）桥梁、涵洞工程所列基础、下部结构、上部结构混凝土的钢筋，包括钢筋及钢筋骨架用的铁丝、钢板、套筒、焊接、钢筋垫块或其他固定钢筋的材料以及钢筋除锈、制作安装、成品运输，作为钢筋工程的附属工作，不另行计量。

(2) 附属结构、圆管涵、倒虹吸管涵、盖板涵、拱涵、通道的钢筋，均包含在各项目内，不另行计量。附属结构包括缘石、人行道、防撞墙、栏杆、护栏、桥头搭板、枕梁、抗震挡块、支座垫块等构筑物。

(3) 预应力钢材、斜拉索的除锈制作安装运输及锚具、锚垫板、定位筋、连接件、封锚、护套、支架、附属装置和所有预埋件，包括在相应的工程项目内，不另行计量。

(4) 本部分所列工程项目涉及的养护、场地清理、吊装设备、拱盔、支架、工作平台、脚手架的搭设及拆除、模板的安装及拆除，均包括在相应的工程项目内，不另行计量。

(5) 混凝土拌合场站、构件预制场、储料场的建设、拆除、恢复，安装架设设备摊销、预应力张拉台座的设置及拆除，均包括在相应的工程项目中，不另行计量。

(6) 设计图标明的及由于地基出现溶洞等情况而进行的桥涵基底处理计算规则见路基工程中特殊路基处理。

3. 桥梁、涵洞工程工程量清单编制示例

【例 8-5】 某大桥为 5 m×25 m 预应力混凝土分体小箱梁桥，桥梁全长 133 m，下部结构采用重力式桥台和圆柱式桥墩，桥台高 8.6 m，桥墩高 9.1 m。桥梁下部结构主要工程数量见表 8-15。

表 8-15 桥梁下部结构主要工程数量表

项目 材料		单位	桥台			桥墩	
			U形台身	台帽	耳背墙	立柱	盖梁
混凝土	C30	m^3	487.8				
	C40			190.9	28.7	197.7	371.7
普通钢筋	HPB300	kg					1 224.40
	HRB400	kg	30 137.60	20 332.50	3 283.60	30 554.40	48 447.80

已知施工要求采用集中拌合站拌和，6 m^3 的搅拌运输车运输，非泵送混凝土，混凝土拌合场设在距离桥位 500 m 的一片荒地，拌合站采用 40 m^3/h 的规格，拌合站安拆及场地费用不计，钢筋为现场加工。

问题：根据给定桥梁下部结构情况编制桥梁下部结构工程量清单表格。

解：(1) 列项目：下部结构钢筋光圆钢筋 (403-2-a)，下部结构钢筋带肋钢筋 (403-2-b)，桥台混凝土 (410-2-a)，柱式桥墩立柱混凝土 (410-2-b)，盖梁混凝土 (410-2-c)，台帽混凝土 (410-2-d)。

(2) 计算工程量。

1) 计量规则说明如下：

①下部结构钢筋：依据图纸所示及钢筋表所列钢筋质量以千克为单位计量；固定钢筋的材料、定位架立钢筋、钢筋接头、吊装钢筋、钢板、铁丝作为钢筋作业的附属工作，不另行计量。

②下部结构混凝土：依据图纸所示体积分不同强度等级以平方米为单位计量；直径小于 200 mm 的管子、钢筋、锚固件、管道、泄水孔或桩所占混凝土体积不予扣除；墩梁固结混凝土计入盖梁混凝土中，桥墩上的支座垫石、防震挡块混凝土计入附属结构混凝土；耳背墙混凝土计入台帽混凝土，桥台上的支座垫石、防震挡块混凝土计入附属结构混凝土。

2) 计算：

带肋钢筋：30 137.6 + 20 332.5 + 3 283.6 + 30 554.4 + 48 447.8 = 132 755.90（kg）。

台帽混凝土：190.9 + 28.7 = 219.60（m³）。

（3）桥梁下部结构工程量清单见表8-16。

表8-16 桥梁下部结构工程量清单

子目号	子目名称	单位	数量	单价	合价
403-2	下部结构钢筋				
-a	光圆钢筋	kg	1 224.40		
-b	带肋钢筋	kg	132 755.90		
410-2	混凝土下部结构				
-a	C30 桥台混凝土	m³	487.80		
-b	C40 柱式桥墩立柱混凝土	m³	197.70		
-c	C40 盖梁	m³	371.70		
-d	C40 台帽混凝土	m³	219.60		

答：本工程的工程量清单见表8-16。

8.3.2 桥梁、涵洞工程工程量清单计价的编制

依据《公路工程预算定额》（JTG/T 3832—2018）编制桥梁、涵洞工程工程量清单各子目综合单价，编制步骤同路基工程工程量清单计价步骤。

【例8-6】 根据例8-5和《公路工程预算定额》（JTG/T 3832—2018），对桥梁下部结构工程量清单编制清单预算数据表。

解：（1）列项目。

下部结构光圆钢筋（403-2-a）：盖梁钢筋（4-6-4-9）。

下部结构带肋钢筋（403-2-b）：台身钢筋（4-6-2-10），台帽钢筋（4-6-3-5），盖梁钢筋（4-6-4-9），耳背墙钢筋（4-6-4-11）。

桥台混凝土（410-2-a）：台身混凝土（4-6-2-8），混凝土拌合站拌和（40 m³/h）（4-11-11-14），搅拌运输车运第一个1 km（4-11-11-24）。

圆柱式桥墩立柱混凝土（410-2-b）：圆柱式桥墩非泵送混凝土（4-6-2-12），混凝土拌合站拌和（40 m³/h）（4-11-11-14），搅拌运输车运第一个1 km（4-11-11-24）。

盖梁混凝土（410-2-c）：盖梁混凝土（4-6-4-1），混凝土拌合站拌和（40 m³/h）（4-11-11-14），搅拌运输车运第一个1 km（4-11-11-24）。

台帽混凝土（410-2-d）：台帽混凝土（4-6-3-1），耳背墙混凝土（4-6-4-7），混凝土拌合站拌和（40 m³/h）（4-11-11-14），搅拌运输车运第一个1 km（4-11-11-24）。

（2）计算工程量。

桥台混凝土拌合站拌和、运输车运输：487.8 × 1.02 = 497.556（m³）。

圆柱式桥墩立柱混凝土拌合站拌和、运输车运输：197.7 × 1.02 = 201.654（m³）。

盖梁混凝土拌合站拌和、运输车运输：371.7 × 1.02 = 379.134（m³）。

台帽（耳背墙）混凝土拌合站拌和、运输车运输：190.9 × 1.02 + 28.7 × 1.02 = 223.992（m³）。

（3）根据桥梁下部结构工程量清单编制清单预算数据表见表8-17～表8-22。

表 8-17 "403-2-a 下部结构光圆钢筋"清单预算数据表

序号	定额代号	工程细目	单位	数量	费率	定额调整或系数
1	4-6-4-9 改	盖梁钢筋	1 t	1.224	构造物Ⅰ	HPB300 含量1，HRB400 含量0

表 8-18 "403-2-b 下部结构带肋钢筋"清单预算数据表

序号	定额代号	工程细目	单位	数量	费率	定额调整或系数
1	4-6-2-10 改	台身钢筋	1 t	30.138	构造物Ⅰ	HPB300 含量0，HRB400 含量1.025
2	4-6-3-5 改	台帽钢筋	1 t	20.333	构造物Ⅰ	HPB300 含量0，HRB400 含量1.025
3	4-6-4-9 改	盖梁钢筋	1 t	48.448	构造物Ⅰ	HPB300 含量0，HRB400 含量1
4	4-6-4-11 改	耳背墙钢筋	1 t	3.284	构造物Ⅰ	HPB300 含量0，HRB400 含量1.025

表 8-19 "410-2-a 桥台混凝土"清单预算数据表

序号	定额代号	工程细目	单位	数量	费率	定额调整或系数
1	4-6-2-8 改	C30 U 形桥台混凝土	10 m³	48.78	构造物Ⅰ	
2	4-11-11-14 改	混凝土拌合站拌和（40 m³/h）	100 m³	4.976	构造物Ⅰ	
3	4-11-11-24	搅拌运输车运第一个 1 km	100 m³	4.976	运输	

表 8-20 "410-2-b 柱式桥墩立柱混凝土"清单预算数据表

序号	定额代号	工程细目	单位	数量	费率	定额调整或系数
1	4-6-2-12 改	C40 圆柱式桥墩立柱	10 m³	19.77	构造物Ⅰ	普 C25 换普 C40
2	4-11-11-14	混凝土拌合站拌和（40 m³/h）	100 m³	2.017	构造物Ⅰ	
3	4-11-11-24	搅拌运输车运第一个 1 km	100 m³	2.017	运输	

表 8-21 "410-2-c 盖梁混凝土"清单预算数据表

序号	定额代号	工程细目	单位	数量	费率	定额调整或系数
1	4-6-4-1 改	C40 盖梁混凝土	10 m³	37.17	构造物Ⅰ	普 C30 换普 C40
2	4-11-11-14	混凝土拌合站拌和（40 m³/h）	100 m³	3.791	构造物Ⅰ	
3	4-11-11-24	搅拌运输车运第一个 1 km	100 m³	3.791	运输	

表 8-22 "410-2-d 台帽混凝土"清单预算数据表

序号	定额代号	工程细目	单位	数量	费率	定额调整或系数
1	4-6-4-1 改	C40 台帽混凝土	10 m³	19.09	构造物Ⅰ	普 C30 换普 C40
2	4-6-4-7 改	C40 耳背墙混凝土	10 m³	2.87	构造物Ⅰ	普 C25 换普 C40
3	4-11-11-14	混凝土拌合站拌和（40 m³/h）	100 m³	2.240	构造物Ⅰ	
4	4-11-11-24	搅拌运输车运第一个 1 km	100 m³	2.240	运输	

答：根据该桥梁下部结构清单编制的清单预算数据表见表 8-17～表 8-22。

8.4 隧道工程

8.4.1 隧道工程工程量清单编制

1. 隧道工程工程量清单内容组成

隧道工程包括 501 通则，502 洞口与明洞工程，503 洞身开挖，504 洞身衬砌，505 防水与排水，506 洞内防火涂料和装饰工程，507 风水电作业及通风防尘，508 监控量测，509 特殊地质地段的施工与地质预报，510 洞内机电设施预埋件和消防设施。

501 通则：本节为隧道施工的材料、施工准备及施工的一般规定。本节工作内容均不作计量，其所涉及的作业应包含在与其相关工程子目之中。

502 洞口与明洞工程包括：-1 洞口、明洞开挖，-2 防水与排水，-3 洞口及坡面防护，-4 洞门建筑，-5 明洞衬砌，-6 遮光棚（板），-7 洞顶回填。

-2 防水与排水包括：-a 石砌截水沟、排水沟，-b 现浇混凝土沟槽，-c 预制安装混凝土沟槽，-d 预制安装混凝土沟槽盖板，-e 土工合成材料，-f 渗沟，-g 钢筋。

-3 洞口及坡面防护包括：-a 浆砌片石护坡，-b 现浇混凝土护坡，-c 预制安装混凝土护坡，-d 喷射混凝土护坡，-e 浆砌护面墙，-f 现浇混凝土护面墙，-g 混凝土挡土墙，-h 地表注浆，-i 钢筋，-j 锚杆，-k 主动防护系统，-l 被动防护系统。

-4 洞门建筑包括：-a 现浇混凝土，-b 预制安装混凝土块，-c 浆砌片粗料石（块石），-d 洞门墙装修，-e 钢筋，-f 隧道铭牌。

-5 明洞衬砌包括：-a 现浇混凝土，-b 钢筋。

-7 洞顶回填包括：-a 防水层，-b 回填。

-a 包括：-a-1 黏土防水层，-a-2 土工合成材料。

503 洞身开挖包括：-1 洞身开挖，-2 洞身支护。

-1 洞身开挖包括：-a 洞身开挖（不含竖井、斜井），-b 竖井洞身开挖，-c 斜井洞身开挖。

-2 洞身支护包括：-a 管棚支护，-b 注浆小导管，-c 锚杆支护，-d 喷射混凝土支护，-e 钢支架支护。

-a 管棚支护包括：-a-1 基础钢管桩，-a-2 套拱混凝土，-a-3 孔口管，-a-4 套拱钢架，-a-5 钢筋，-a-6 管棚。

-c 锚杆支护包括：-c-1 砂浆锚杆，-c-2 药包锚杆，-c-3 中空注浆锚杆，-c-4 自进式锚杆，-c-5 预应力锚杆。

-d 喷射混凝土支护包括：-d-1 钢筋网，-d-2 喷射混凝土。

-e 钢支架支护包括：-e-1 型钢支架，-e-2 钢筋格栅。

504 洞身衬砌包括：-1 洞身衬砌，-2 仰拱、铺底混凝土，-3 边沟、电缆沟混凝土，-4 洞室门，-5 洞内路面。

-1 洞身衬砌包括：-a 钢筋，-b 现浇混凝土。

-2 仰拱、铺底混凝土包括：-a 现浇混凝土仰拱，-b 现浇混凝土仰拱回填。

-3 边沟、电缆沟混凝土包括：-a 现浇混凝土沟槽，-b 预制安装混凝土沟槽，-c 预制安装混凝土沟槽盖板，-d 钢筋，-e 铸铁盖板。

-5 洞内路面包括：-a 钢筋，-b 现浇混凝土。

505 防水与排水包括：-1 防水与排水，-2 保温。

-1 防水与排水包括：-a 金属材料，-b 排水管，-c 防水板，-d 止水带，-e 止水条，-f 涂料防水层，-g 注浆。

-b 排水管包括：-b-1 钢筋混凝土排水管，-b-2 PVC 排水管，-b-3 U 型排水管，-b-4 Ω 型排水管。

-g 注浆包括：-g-1 水泥，-g-2 水玻璃原液。

-2 保温包括：-a 保温层，-b 洞口排水保温。

-b 洞口排水保温包括：-b-1 洞口排水管保温层，-b-2 保温出水口暗管，-b-3 保温出水口。

506 洞内防火涂料和装饰工程包括：-1 洞内防火涂料，-2 洞内装饰工程。

-2 洞内装饰工程包括：-a 墙面装饰，-b 喷涂混凝土专用漆，-c 吊顶。

507 风水电作业及通风防尘：本节包括隧道施工中的供风、供水、供电、照明以及施工中的通风、防尘的作业。本节工作内容均不作计量。

508 监控量测包括：-1 监控量测。

-1 监控量测包括：-a 必测项目，-b 选测项目。

509 特殊地质地段的施工与地质预报包括：-1 地质预报。

510 洞内机电设施预埋件和消防设施包括：-1 预埋件，-2 消防设施。

-2 消防设施包括：-a 供水钢管（φ…mm），-b 消防洞室防火门，-c 集水池，-d 蓄水池，-e 泵房。

2. 隧道工程工程量清单计量规则说明

（1）场地布置，核对设计图、补充调查、编制施工组织设计、试验检测、施工测量、环境保护、安全措施、施工防排水、围岩类别划分及监控、通信、照明、通风、消防等设备、设施预埋构件设置与保护，所有准备工作和施工中应采取的措施均为各节、各细目工程的附属工作，不另行计量。

（2）风、水、电作业及通风、照明、防尘为不可缺少的附属设施和作业，均应包括在本部分各节相关工程细目中，不另行计量。

（3）隧道铭牌、模板装拆、钢筋除锈、拱盔、支架、脚手架搭拆、养护清场等工作均为各细目的附属工作，不另行计量。

（4）连接钢板、螺栓、螺母、拉杆、垫圈等作为钢支护的附属构件，不另行计量。

（5）混凝土拌合场站、储料场的建设、拆除、恢复均包括在相应工程项目中，不另行计量。

（6）洞身开挖包括主洞、竖井、斜井。洞外路面、洞外消防系统土石开挖、洞外弃渣防护等计量规则见有关章节。

（7）材料的计量尺寸为设计净尺寸。

3. 隧道工程工程量清单编制示例

【例 8-7】 根据例 6-26、例 6-28 编制隧道工程清单表格。

解：（1）列项目：洞身开挖（不含竖井、斜井）（503-1-a），斜井洞身开挖（503-1-c）。

（2）计算工程量。

1）计量规则说明如下：

①洞身开挖：依据图纸所示成洞断面（不计允许超挖值及预留变形量的设计净断面）计算开挖体积，部分围岩级别，只区分为土方和石方，以立方米为单位计量。

②洞身开挖（不含竖井、斜井）：含紧急停车带、车行横洞、人行横洞以及设备洞室的开挖。

2）计算。见例 6-26、例 6-28 中工程量。

（3）隧道工程工程量清单见表 8-23。

表8-23 隧道工程工程量清单

子目号	子目名称	单位	数量	单价	合价
503-1	洞身开挖				
-a	洞身开挖（不含竖井、斜井）石方	m³	1 085 440.00		
-c	斜井洞身开挖石方	m³	120 000.00		

答：本工程的工程量清单见表8-23。

8.4.2 隧道工程工程量清单计价的编制

依据《公路工程预算定额》（JTG/T 3832—2018）编制隧道工程工程量清单各子目综合单价，编制步骤同路基工程工程量清单计价步骤。

【例8-8】 根据例6-26、例6-28、表8-7和《公路工程预算定额》（JTG/T 3832—2018），对隧道工程工程量清单编制清单预算数据表。

解：（1）列项目。

洞身开挖（不含竖井、斜井）（503v1-a）：正洞开挖5 000 m（3-1-3-28），正洞开挖每增1 000 m（3-1-3-34），进出口出渣5 000 m（3-1-3-56），进出口出渣每增1 000 m（3-1-3-59），斜井正洞出渣（3-1-3-47），斜井出渣（3-1-3-68），正洞通风5 000 m（3-1-15-5），正洞通风每增1 000 m（3-1-15-6），正洞高压风水管、照明、电线路5 000 m（3-1-16-5），正洞高压风水管、照明、电线路每增1 000 m（3-1-16-6）。

斜井洞身开挖（503-1-c）：斜井开挖1 000 m（3-3-1-16），进出口出渣5 000 m（3-1-3-56），斜井出渣（3-3-2-8），斜井通风（3-3-4-3），斜井高压风水管、照明、电线路（3-3-4-6）。

（2）计算工程量。见例6-26、例6-28相关计算。

（3）根据隧道工程工程量清单编制清单预算数据表见表8-24和表8-25。

表8-24 "203-1-a 洞身开挖（不含竖井、斜井）"清单预算数据表

序号	定额代号	工程细目	单位	数量	费率	定额调整或系数
1	3-1-3-28	正洞开挖5 000 m	100 m³	10 854.4	隧道	
2	3-1-3-34 改	正洞开挖每增1 000 m	100 m³	10 854.4	隧道	2
3	3-1-3-56	进出口出渣5 000 m	100 m³	8 614.4	运输	
4	3-1-3-59	进出口出渣每增1 000 m	100 m³	8 614.4	运输	
5	3-1-3-47	斜井正洞出渣	100 m³	2 240	运输	
6	3-1-3-68	斜井出渣	100 m³	2 240	运输	
7	3-1-15-5	正洞通风5 000 m	100 m	67.84	隧道	
8	3-1-15-6 改	正洞通风每增1 000 m	100 m	67.84	隧道	2
9	3-1-16-5	正洞高压风水管、照明、电线路5 000 m	100 m	67.84	隧道	
10	3-1-16-6 改	正洞高压风水管、照明、电线路每增1 000 m	100 m	67.84	隧道	2

表8-25 "203-1-c 斜井洞身开挖"清单预算数据表

序号	定额代号	工程细目	单位	数量	费率	定额调整或系数
1	3-3-1-16	斜井开挖5 000 m	100 m³	1 200.00	隧道	
2	3-3-2-8	斜井出渣	100 m³	1 200.00	运输	
3	3-3-4-3	斜井通风	100 m	10.00	隧道	
4	3-3-4-6	斜井高压风水管、照明、电线路	100 m	10.00	隧道	

答:根据该隧道工程工程量清单编制的清单预算数据表见表8-24、表8-25。

8.5 安全设施及预埋管线工程

8.5.1 安全设施及预埋管线工程工程量清单编制

1. 安全设施及预埋管线工程工程量清单内容组成

安全设施及预埋管线工程包括601通则,602护栏,603隔离栅和防落物网,604道路交通标志,605道路交通标线,606防眩设施,607通信和电力管道与预埋(预留)基础,608收费设施及地下通道。

601通则:本节为安全设施与预埋管线施工的一般要求。本节工作内容均不作计量,其所涉及的作业应包含在与其相关工程子目之中。

602护栏包括:-1混凝土护栏(护墙、立柱),-2石砌护墙,-3波形梁钢护栏,-4缆索护栏,-5中央分隔带活动护栏。

-1混凝土护栏(护墙、立柱)包括:-a现浇混凝土护栏,-b预制安装混凝土护栏,-c现浇混凝土基础,-d钢筋。

-3波形梁钢护栏包括:-a路侧波形梁钢护栏,-b中央分隔带波形梁钢护栏,-c波形梁钢护栏端头。

-4缆索护栏包括:-a路侧缆索护栏,-b中央分隔带缆索护栏。

-5中央分隔带活动护栏包括:-a钢质插拔式,-b钢质伸缩式,-c钢管预应力索防撞活动护栏。

603隔离栅和防落物网包括:-1钢板网隔离栅,-2编织网隔离栅,-3焊接网隔离栅,-4刺钢丝网隔离栅,-5防落物网。

604道路交通标志包括:-1单柱式交通标志,-2双柱式交通标志,-3三柱式交通标志,-4门架式交通标志,-5单悬臂式交通标志,-6双悬臂式交通标志,-7附着式交通标志,-8里程碑,-7公路界碑,-10百米桩,-11防撞桶,-12锥形桶,-13道路反光镜。

605道路交通标线包括:-1热熔型涂料路面标线,-2溶剂型涂料路面标线,-3预成型标线带,-4突起路标,-5轮廓路标,-6立面标记,-7锥形路标,-8减速带,-9铲除原有路面标线。

606防眩设施包括:-1防眩板,-2防眩网。

607通信和电力管道与预埋(预留)基础包括:-1人(手)孔,-2紧急电话平台,-3管道工程。

608收费设施及地下通道包括:-1收费亭,-2收费天棚,-3收费岛,-4地下通道,-5预埋管线,-6架设管线。

2. 安全设施及预埋管线工程工程量清单计量规则说明

(1)混凝土护栏不扣除混凝土沉降缝、泄水孔所占体积,桥上混凝土护栏(护墙、立柱)

在《公路工程标准施工招标文件》第八章"工程量清单计量规则"的 410-6"现浇混凝土附属结构"中计量。固定钢筋的材料、定位架立钢筋、钢筋接头、吊装钢筋、钢板、铁丝作为钢筋作业的附属工作，不另行计量。

(2) 石砌护墙不扣除砌体沉降缝、泄水孔所占体积。

(3) 隔离栅不扣除混凝土立柱所占沿线路长度，三角形起讫端按相应沿线路长度的 1/2 计量。防落物网的立柱、安装网片的支架，预埋件及紧固件、防雷接地等不另行计量。

(4) 防眩网不扣除立柱所占长度。

(5) 管道工程不扣除人孔、手孔所占长度。

3. 安全设施及预埋管线工程工程量清单编制示例

【例 8-9】 根据例 6-41、例 6-42 编制安全设施及预埋管线工程工程量清单表格。

解：(1) 列项目：路侧波形梁钢防护栏 (602-3-a)，单悬臂式交通标志 (604-5-a)。

(2) 计算工程量。

1) 计量规则说明如下：

①路侧波形梁钢防护栏依据图纸所示位置、防撞等级、构造形式代号，按图示长度以米为单位计量。

②单悬臂式交通标志依据图纸所示位置和断面尺寸，分不同规格的标志面板，按安装就位的标志数量以个为单位计量。

2) 计算。见例 6-41、例 6-42 中工程量。

(3) 安全设施及预埋管线工程工程量清单见表 8-26。

表 8-26　安全设施及预埋管线工程工程量清单

子目号	子目名称	单位	数量	单价	合价
602-3	波形梁钢防护栏				
-a	路侧波形梁钢防护栏	m	2 000		
604-5	单悬臂式交通标志				
-a	150×190 铝板	个	5		

答：本工程的工程量清单见表 8-26。

8.5.2　安全设施及预埋管线工程工程量清单计价的编制

依据《公路工程预算定额》(JTG/T 3832—2018) 编制安全设施及预埋管线工程工程量清单各子目综合单价，编制步骤同路基工程工程量清单计价步骤。

【例 8-10】 根据例 6-41、例 6-42、例 8-9 和《公路工程预算定额》(JTG/T 3832—2018)，对安全设施及预埋管线工程工程量清单编制清单预算数据表。

解：(1) 列项目。

路侧波形梁钢防护栏 (602-3-a)：立柱钢管柱打入 (5-1-2-3)，单面波形钢板 (5-1-2-5)。

单悬臂式交通标志 (604-5-a)：标志牌基础混凝土 (5-1-4-1)，标志牌基础光圆钢筋 (5-1-4-2)，标志牌基础带肋钢筋 (5-1-4-2)，单悬臂铝合金标志立柱 (5-1-4-7)，单悬臂铝合金标志面板 (5-1-4-8)。

(2) 计算工程量。见例 6-41、例 6-42 相关计算。

(3) 根据安全设施及预埋管线工程工程量清单编制清单预算数据表见表 8-27、表 8-28。

表8-27 "602-3-a 路侧波形梁钢防护栏"清单预算数据表

序号	定额代号	工程细目	单位	数量	费率	定额调整或系数
1	5-1-2-3	立柱钢管柱打入	1 t	32.335	钢材及钢结构	
2	5-1-2-5	单面波形钢板	1 t	32.775	钢材及钢结构	

表8-28 "604-5-a 单悬臂式交通标志"清单预算数据表

序号	定额代号	工程细目	单位	数量	费率	定额调整或系数
1	5-1-4-1改	标志牌基础混凝土	10 m^3	0.883	钢材及钢结构	普C25换成普C30
2	5-1-4-2	标志牌基础光圆钢筋	1 t	0.021	钢材及钢结构	
3	5-1-4-2	标志牌基础带肋钢筋	1 t	0.038	钢材及钢结构	
4	5-1-4-7	单悬臂铝合金标志立柱	10 t	0.183	钢材及钢结构	
5	5-1-4-8	单悬臂铝合金标志面板	10 t	0.023	钢材及钢结构	

8.6 绿化及环境保护设施工程

8.6.1 绿化及环境保护设施工程工程量清单编制

1. 绿化及环境保护设施工程工程量清单内容组成

绿化及环境保护设施工程包括701通则，702铺设表土，703撒播草种和铺植草皮，704种植乔木、灌木和攀缘植物，705植物养护和管理，706声屏障。

701通则：本节包括材料标准、绿化施工的一般要求。本节工作内容均不作计量，其所涉及的作业应包含在与其相关工程子目之中。

702铺设表土包括：-1开挖并铺设表土，-2铺设利用的表土。

703撒播草种和铺植草皮包括：-1撒播草种（含喷播），-2撒播草种及花卉、灌木籽（含喷播），-3先点播灌木后喷播草种，-4铺植草皮，-5三维土工网植草，-6客土喷播，-7植生袋，-8绿地喷灌管道。

704种植乔木、灌木和攀缘植物包括：-1人工种植乔木，-2人工种植灌木，-3人工种植攀缘植物，-4人工种植竹类。

705植物养护和管理：本节包括从绿化植物开始种植到工程缺陷责任期结束的养护和管理。本节工作含入绿化植物种植的相关子目中均不另行计量。

706声屏障包括：-1吸、隔声板声屏障，-2吸声砖声屏障，-3砖墙声屏障。

2. 绿化及环境保护设施工程工程量清单计量规则说明

（1）撒播草种和铺植草皮扣除结构工程防护和密栽灌木所占面积，不扣除散栽苗木所占面积。

（2）吸声砖声屏障和砖墙声屏障的基础作为附属工作，不另行计量。

8.6.2 绿化及环境保护设施工程工程量清单计价的编制

依据《公路工程预算定额》（JTG/T 3832—2018）编制绿化及环境保护设施工程工程量清单各子目综合单价，编制步骤同路基工程工程量清单计价步骤。

第8章 公路工程工程量清单与计价编制

习 题

计算题

1. 某三级公路设计土石方数量见表8-29。

表8-29 土石方数量

挖方/m³				填方/m³
松土	普通土	硬土	次坚石	
33 300	105 000	45 000	29 400	300 000

本项目线路长度为30 km，路基宽度为8.5 m，挖方占路段长度40%，填方占路段长度60%，全部挖方均可用作路基填方，其中土方平均运距为200 m、石方平均运距为50 m。如需借方，其平均运距为1 200 m（按普通土考虑）。假设路基平均占地宽度为12 m，填前压实沉陷厚度为0.1 m，土的压实干密度为1.4 t/m³，自然状态土的含水量低于最佳含水量2%，水的平均运距为1 km。

问题：（1）列出该土石方工程的工程量清单。

（2）列出工程量清单对应施工图预算所需的全部工程细目名称、单位、定额代号及数量等内容，并填在表格中，需要时应列式计算。

2. 采用拌和能力为200 t/h的拌合设备拌和水泥剂量为5%，设计厚度为18 cm的水泥碎石基层1 000 m²，试编制工程量清单、报价原始数据表。

3. 某高速公路中有大桥一座，墩桩60根，共10排，其中有2排桩在水中，干处自然地面线至设计桩底高30.5 m，水中地面线至桩底高28.4 m，每根桩所处地层平均由上到下依次为轻粉质黏土干处9.5 m（水中7.4 m），砂砾层15 m，以下为松软岩石。承台顶至设计桩底高30 m，承台高1.5 m，桩径1.20 m，桩身C25混凝土。

采取施工方案如下：钢护筒按干处施工布置3 m/孔；其中在水中的两排桩水深2 m，筑岛填芯30×4×2.2×2=528（m³），草袋围堰（2.2 m高）工程量30×4+4×4=136（m）；起重机配吊斗浇筑水下混凝土，为保证桩混凝土的密实度，拌合站设备安拆及辅助设施费在本钻孔桩项目中摊销20%；6 m³混凝土搅拌土搅拌运输车平均运距3 km；根据设计桩孔内埋设检测钢管共2 t。

问题：（1）列出该工程的工程量清单。

（2）列出工程量清单对应施工图预算所需的全部工程细目名称、单位、定额代号及数量等内容，并填在表格中，需要时应列式计算。

4. 某隧道井挖止洞长8 000 m，辅助坑道为斜井长500 m，其中从进出口开挖6 000 m，从辅洞开挖2 000 m，围岩均为Ⅲ级，开挖方式采用机械开挖自卸汽车运土。

问题：（1）列出该工程的工程量清单。

（2）列出工程量清单对应施工图预算所需的全部工程细目名称、单位、定额代号及数量等内容，并填在表格中，需要时应列式计算。

附录 A　概预算项目表

概算预算项目表如下：
(1) 概算预算项目表见附表 A-1。
(2) 路基工程项目分表（LJ）见附表 A-2。
(3) 路面工程项目分表（LM）见附表 A-3。
(4) 涵洞工程项目分表（HD）见附表 A-4。
(5) 桥梁工程项目分表（QL）见附表 A-5。
(6) 隧道工程项目分表（SD）见附表 A-6。
(7) 交通安全设施工程项目分表（JA）见附表 A-7。
(8) 隧道机电工程项目分表（SJ）见附表 A-8。
(9) 绿化及环境保护工程项目分表（LH）见附表 A-9。

附表 A-1 概算预算项目表

分项编号	工程或费用名称	单位	主要工作内容	备注
1	第一部分建筑安装工程费	公路公里		建设项目线路总长度（主线长度）
101	临时工程	公路公里		
10101	临时道路	km		新建施工便道与利用原有道路的总长
1010101	临时便道（修建、拆除与维护）	km		新建施工便道长度
1010102	原有道路的维护与恢复	km		利用原有道路长度
1010103	保通便道	km		
101010301	保通便道（修建、拆除与维护）	km		修建、拆除与维护
101010302	保通临时安全设施	km		临时安全设施修建、拆除与维护
10102	临时便桥、便涵	m/座		
1010201	临时便桥	m/座	修建、拆除与维护	临时施工汽车便桥
1010202	临时涵洞	m/座		
10103	临时码头	座		按不同的形式分级
10104	临时供电设施	总额		包括临时电力线路、变压器摊销等，不包括场外高压供电线路
10105	临时电信设施	总额		不包括广播线
	……			
102	路基工程	km		扣除主线桥梁、隧道和互通立交的主线长度，独立桥梁或隧道为引道或接线长度。下挂路基工程项目分表
	……			
103	路面工程	km		扣除主线桥梁、隧道和互通立交的主线长度，独立桥梁或隧道为引道或接线长度，下挂路面工程项目分表
	……			
104	桥梁涵洞工程	km		指桥梁长度
10401	涵洞工程	m/道		下挂涵洞工程项目分表
	……			
10402	小桥工程	m/座		
1040201	拱桥	m²/m		下挂桥梁工程项目分表
1040202	矩形板桥	m²/m		下挂桥梁工程项目分表

续表

分项编号	工程或费用名称	单位	主要工作内容	备注
1040203	空心板桥	m²/m		下挂桥梁工程项目分表
1040204	小箱梁桥	m²/m		下挂桥梁工程项目分表
1040205	T梁桥	m²/m		下挂桥梁工程项目分表
	……			
10403	中桥工程	m/座		
1040301	拱桥	m²/m		下挂桥梁工程项目分表,不分基础、上（下）部
1040302	预制矩形板桥	m²/m		下挂桥梁工程项目分表,不分基础、上（下）部
1040303	预制空心板桥	m²/m		下挂桥梁工程项目分表,不分基础、上（下）部
1040304	预制小箱梁桥	m²/m		
1040305	预制T梁桥	m²/m		
1040306	现浇箱梁桥	m²/m		
	……			
10404	大桥工程	m/座		
1040401	×××桥（桥型、跨径）	m²/m		下挂桥梁工程项目分表
	……			
10405	特大桥工程	m/座		
1040501	××特大桥工程	m²/m		按桥名分级；技术复杂大桥先按主桥和引桥分级再按工程部位分级
104050101	引桥工程（桥型、跨径）	m²/m	不含桥面铺装及附属工程内容	标注跨径、桥型，下挂桥梁工程项目分表
104050102	主桥工程（桥型、跨径）	m²/m	不含桥面铺装及附属工程内容	标注跨径、桥型，下挂桥梁工程项目分表
104050103	桥面铺装	m³		下挂桥梁工程项目分表相应部分
104050104	附属工程	m		下挂桥梁工程项目分表相应部分
10406	桥梁维修加固工程	m²/m		下挂桥梁工程项目分表相应部分
	……			
105	隧道工程	km/座		按隧道名称分级，并注明其形式

续表

分项编号	工程或费用名称	单位	主要工作内容	备注
10501	连拱隧道	km/座		
1050101	××隧道	m		下挂隧道工程项目分表
	……			
10502	小净距隧道	km/座		
1050201	××隧道	m		下挂隧道工程项目分表
	……			
10503	分离式隧道	km/座		
1050301	××隧道	m		下挂隧道工程项目分表
	……			
10504	下沉式隧道	km/座		
1050401	××隧道	m		下挂隧道工程项目分表
	……			
105	沉管隧道	km/座		
10501	××隧道	m		下挂隧道工程项目分表
	……			
10506	盾构隧道	km/座		
1050601	××隧道	m		下挂隧道工程项目分表
	……			
10507	其他形式隧道	km/座		
1050701	××隧道	m		下挂隧道工程项目分表
	……			
106	交叉工程	处		按不同的交叉形式分目
10601	平面交叉	处		按不同的类型分级
1060101	公路与等级公路平面交叉	处		下挂路基和路面等工程项目分表
1060102	公路与等外公路平面交叉	处		下挂路基和路面等工程项目分表
	……			
10602	通道	m/处		按结构类型分级
1060201	箱式通道	m/处		
1060202	板式通道	m/处		
1060203	拱形通道	m/处		
	……			
10603	天桥	m/座		按不同的结构类型分级，若有连接线，下挂路基和路面等工程项目分表

续表

分项编号	工程或费用名称	单位	主要工作内容	备注
1060301	钢结构桥	m/处		
1060302	钢筋混凝土拱桥	m/处		
1060303	钢筋混凝土梁桥	m/处		
1060304	钢筋混凝土板桥	m/处		
	……			
10604	渡槽	m/处		按不同的结构类型分级
10605	分离式立体交叉	km/处		主线下穿时，上跨主线的才计入分离立交，按交叉名称分级
1060501	××分离式立体交叉	处		
106050101	××分离立交桥梁	m		下挂桥梁模块
106050102	××分离立交连接线	km		下挂路基、路面、涵洞工程项目分表
	……			
10606	互通式立体交叉	km/处		按互通名称分级
1060601	××互通式立体交叉	km		注明类型，如单喇叭，再按主线和匝道分级
106060101	主线工程	km		下挂路基、路面、涵洞、桥梁等工程项目分表
106060102	匝道工程	km		下挂路基、路面、涵洞、桥梁等工程项目分表
	……			
107	交通工程	公路公里		
10701	交通安全设施	公路公里		下挂交通安全设施工程项目分表
	……			
1072	收费系统	车道/处		收费车道数/收费站数
1070201	收费中心设备安装与土建	收费车道		按不同的设备分级
1070202	收费中心设备费	收费车道		按不同的设备分级
1070203	收费站设备安装与土建	收费车道		按不同的设备分级
1070204	收费站设备费	收费车道		按不同的设备分级
1070205	收费车道设备安装与土建	收费车道		按不同的设备分级
1070206	收费车道设备费	收费车道		按不同的设备分级
1070207	收费系统配电工程	收费车道		按不同的设备分级
	……			

续表

分项编号	工程或费用名称	单位	主要工作内容	备注
1070208	收费岛工程	收费车道	收费岛土建、收费亭	按不同的工程及设备分级
......				
10703	监控系统	公路公里		
1070301	监控中心、分中心	公路公里		
107030101	监控中心、分中心设备安装	公路公里	含中心、分中心和隧道管理站等	按不同的设备分级
107030102	监控中心、分中心设备费	公路公里	含中心、分中心和隧道管理站等	按不同的设备分级
1070302	外场监控	公路公里		
107030201	外场监控设备安装	公路公里		按不同的设备分级
107030202	外场监控设备费	公路公里		按不同的设备分级
1070303	监控系统配电工程	公路公里		按不同的设备分级
......				
10704	通信系统	公路公里		
1070401	通信系统设备安装	公路公里		按不同的设施分级
1070402	通信系统设备费	公路公里		按不同的设施分级
......				
1070403	缆线安装工程	公路公里		主材与安装费分列
107040301	缆线安装	公路公里		
107040302	缆线主材费用	公路公里		
......				
10705	隧道机电工程	km/座		指隧道双洞长度及座数。按单座隧道进行分级
1070501	×××隧道机电工程			下挂隧道机电工程项目分表
......				
10706	供电及照明系统	km		不含隧道内供配电
1070601	供电系统设备及安装	公路公里		按不同的部位分级
107060101	场区供电设备安装	公路公里		按不同的设施分级
107060102	场区供电设备费	公路公里		按不同的设施分级
1070602	照明系统设备与安装	公路公里		
107060201	场区照明安装	公路公里		
107060202	场区照明系统设备费	公路公里	不含灯杆、灯架、灯座箱	
107060203	大桥照明安装	公路公里		

续表

分项编号	工程或费用名称	单位	主要工作内容	备注
107060204	大桥照明设备费	公路公里	不含灯杆、灯架、灯座箱	
	……			
10707	管理、养护、服务房建工程	m²		
1070701	管理中心	m²/处		
107070101	房建工程	m²		
	……			
1070702	养护工区	m²/处		
107070201	房建工程	m²		注明砖混或框架等结构形式
107070202	附属设施	m²		围墙、大门、道路、场区硬化、照明、排水等，不含土石方工程
	……			
1070703	服务区	m²/处		
107070301	服务区房屋	m²		注明砖混或框架等结构形式
107070302	附属设施	m²	含围墙、大门、道路、场区硬化、照明、排水等，不含广场（场坪）土石方工程	广场（场坪）填挖土石方工程在主线土石方工程中
	……			
1070704	停车区	m²/处		
	……			
1070705	收费站（棚）	m²/处		
107070501	服务区房建工程	m²		注明砖混或框架等结构形式
107070502	收费大棚	m²		注明砖混或框架等结构形式
107070503	附属设施	m²	含围墙、大门、道路、场区硬化、照明、排水等，不含广场（场坪）土石方工程	广场（场坪）填挖土石方工程在主线土石方工程中
	……			

续表

分项编号	工程或费用名称	单位	主要工作内容	备注
1070706	公共交通车站	处		
107070601	港湾	处		
107070605	直接式	处		
	……			
108	绿化及环境保护工程	公路公里		
10801	主线绿化及环境保护工程	公路公里		下挂绿化及环境保护工程项目分表
	……			
10802	互通立交绿化及环境保护工程	处		
1080201	××互通立交绿化及环境保护	处		下挂绿化及环境保护工程项目分表
	……			
10803	管养设施绿化及环境保护工程	m²		按管养设施名称分级
1080301	××管理中心绿化及环境保护	m²		下挂绿化及环境保护工程项目分表
	……			
1080302	××服务区绿化及环境保护	m²		下挂绿化及环境保护工程项目分表
	……			
1080303	××停车区绿化及环境保护	m²		下挂绿化及环境保护工程项目分表
	……			
1080304	××养护工区绿化及环境保护	m²		下挂绿化及环境保护工程项目分表
	……			
1080305	××收费站绿化及环境保护	m²		下挂绿化及环境保护工程项目分表
	……			
10804	污水处理设施	处		按不同的内容分级
	……			
10805	取、弃土场绿化	处		下挂绿化及环境保护工程项目分表
	……			
109	其他工程	公路公里		
10901	联络线、支线工程	km/处		

续表

分项编号	工程或费用名称	单位	主要工作内容	备注
1090101	××联络线、支线工程	km/处		下挂路基、路面、涵洞、桥梁、隧道、交通安全设施等工程项目分表
……				
10902	连接线工程	km/处		
1090201	××连接线工程	km/处		下挂路基、路面、涵洞、桥梁、隧道、交通安全设施等工程项目分表
……				
10903	辅道工程	km/处		
1090301	××辅道工程	km/处		下挂路基、路面、涵洞、桥梁、隧道、交通安全设施等工程项目分表
……				
10904	改路工程	km/处		下挂路基工程项目分表
……				
10905	改河、改沟、改渠	m/处		下挂路基工程项目分表
……				
10906	悬出路台	m/处		
10907	渡口码头	处		
10908	取、弃土场排水防护	m³		下挂路基工程项目分表
……				
110	专项费用	元		
11001	施工场地建设费	元		
11002	安全生产费	元		
……				
2	第二部分 土地使用及拆迁补偿费	公路公里		
201	土地使用费	亩		
20101	永久征用土地	亩		按土地类别属性分类
20102	临时用地	亩		按使用性质分类
202	拆迁补偿费	公路公里		
203	其他补偿费	公路公里		
……				
3	第三部分 工程建设其他费	公路公里		
301	建设项目管理费	公路公里		

续表

分项编号	工程或费用名称	单位	主要工作内容	备注
30101	建设单位（业主）管理费	公路公里		
30102	建设项目信息化费	公路公里		
30103	工程监理费	公路公里		
30104	设计文件审查费	公路公里		
30105	竣（交）工验收试验检测费	公路公里		
302	研究试验费	公路公里		
303	建设项目前期工作费	公路公里		
304	专项评价（估）费	公路公里		
305	联合试运转费	公路公里		
306	生产准备费	公路公里		
30601	工器具购置费	公路公里		
30602	办公和生活用家具购置费	公路公里		
30603	生产人员培训费	公路公里		
30604	应急保通设备购置费	公路公里		
307	工程保通管理费	公路公里		
30701	保通便道管理费	km		
30702	施工期通航安全保障费	处		
30703	营运铁路保通管理费	处		
	……			
308	工程保险费	公路公里		
309	其他相关费用	公路公里		
4	第四部分预备费	公路公里		
401	基本预备费	公路公里		
402	价差预备费	公路公里		
5	第一至四部分合计	公路公里		
6	建设期贷款利息	公路公里		
7	公路基本造价	公路公里		

注：此项目表和分项编码文本及电子库由本办法主编单位统一管理。编制概算、预算时，应执行统一的分项编号。

附表 A-2 路基工程项目分表（LJ）

分项编号	工程或费用名称	单位	主要工程内容	备注
LJ01	场地清理	km		
LJ0101	清理与掘除	km		按清除内容分级
LJ010101	清除表土	m^3		
LJ010102	伐树、挖根	棵		
LJ0102	挖除旧路面	m^3		按挖除路面的类型分级

续表

分项编号	工程或费用名称	单位	主要工程内容	备注
LJ010201	挖除水泥混凝土路面	m³		
LJ010202	挖除沥青混凝土路面	m³		
LJ010203	挖除碎（砾）石路面	m³		
	……			
LJ0103	拆除旧建筑物、构筑物	m³		按拆除材料分级
LJ010301	拆除钢筋混凝土结构	m³		
LJ010302	拆除混凝土结构	m³		
LJ010303	拆除砖石及其他砌体	m³		
	……			
LJ02	路基挖方	m³		
LJ0201	挖土方	m³	挖、装、运、弃	
LJ0202	挖石方	m³	挖、装、运、弃	
	……			
LJ03	路基填方	m³		
LJ0301	利用土方填筑	m³	填筑	不含桥涵台背回填
LJ0302	借土方填筑	m³	挖、装、运、填筑	不含桥涵台背回填
LJ0303	利用石方填筑	m³	挖、装、运、填筑	
LJ0304	借石方填筑	m³	挖、装、运、解小、填筑	
LJ0305	填砂路基	m³		
LJ0306	粉煤灰路基	m³		
LJ0307	石灰土路基	m³		
LJ04	结构物台背回填	m³		按回填位置分级
LJ0401	锥坡填土	m³		按不同的填筑材料分级
LJ0402	挡墙墙背回填	m³		按不同的填筑材料分级
LJ0403	桥涵台背回填	m³		按不同的填筑材料分级
LJ05	特殊路基处理	km		指需要处理的路基长度
LJ0501	软土地区路基处理	km		按不同的处理方法分级
LJ050101	抛石挤淤	m³		
LJ050102	垫层	m³		按不同的填料分级
LJ050103	土工织物	m²		按不同的土工织物分级
LJ050104	预压与超载预压	m³		
LJ050105	真空预压与堆载预压	m³		
LJ050106	塑料排水板	m		
LJ050107	水泥搅拌桩	m		
LJ050108	碎石桩	m		

续表

分项编号	工程或费用名称	单位	主要工程内容	备注
LJ050109	混凝土管桩	m		
	……			
LJ0502	不良地质路段处治	km		
LJ050201	滑坡地段路基防治	km/处		按不同的处理方法分级
LJ050202	崩塌及岩堆路段路基防治	km/处		按不同的处理方法分级
LJ050203	泥石流路段路基防治	km/处		按不同的处理方法分级
LJ050204	岩溶地区防治	km/处		按不同的处理方法分级
LJ050205	采空区处理	km/处		按不同的处理方法分级
LJ050206	膨胀土处理	km		按不同的处理方法分级
LJ050207	黄土处理	m^3		按黄土的不同特性及处理方法分级
LJ05020701	陷穴	m^3		按不同的处理方法分级
LJ05020702	湿陷性黄土	m^3		按不同的处理方法分级
LJ050208	滨海路基防护与加固	km/处		按不同的处理方法分级
LJ050209	盐渍土处理	m^3		按不同的处理方法分级
	……			
LJ06	排水工程	km		路基工程长度，按不同的结构类型分级
LJ0601	边沟	m^3/m		按不同的材料分级
LJ060101	现浇混凝土边沟	m^3/m		
LJ060102	浆砌混凝土预制块边沟	m^3/m		
LJ060103	浆砌片块石边沟	m^3/m		
	……			
LJ0602	排水沟	m^3/m		按不同的材料分级
LJ060201	现浇混凝土排水沟	m^3/m		
LJ060202	浆砌混凝土预制块排水沟	m^3/m		
LJ060203	浆砌片（块）石排水沟	m^3/m		
	……			
LJ0603	截水沟	m^3/m		按不同的材料分级
LJ060301	浆砌混凝土预制块截水沟	m^3/m		
LJ060302	浆砌片（块）石截水沟	m^3/m		
	……			

续表

分项编号	工程或费用名称	单位	主要工程内容	备注
LJ0604	急流槽	m³/m		按不同的材料分级
LJ060401	现浇混凝土急流槽	m³/m		
LJ060402	浆砌片（块）石急流槽	m³/m		
	……			
LJ0605	暗沟	m³/m		按不同的材料分级
LJ060501	现浇混凝土暗沟	m³/m		
LJ060502	浆砌片石暗沟	m³/m		
	……			
LJ0606	渗（盲）沟	m³/m		按不同的材料分级
L0607	其他排水工程	km		
	……			
LJ07	路基防护与加固工程	km		按不同的结构类型分级
LJ0701	一般边坡防护与加固	km		坡底与路基顶面交界长度（按单边计），指非高边坡路段的防护及支挡建筑物
LJ0702	高边坡防护与加固	km/处	包括植物防护、坎工防护、导治结构物及支挡建筑物等	坡底与路基顶面交界长度（按单边计），指土质挖方边坡高度大于20 m、岩质挖方边坡高度大于30 m或填方边坡大于20 m的边坡防护与加固
LJ0703	冲刷防护	m	包括植物防护、铺石、抛石、石笼、导治结构物等	防护水流对路基冲刷和淘刷的防护工程；防护段长度
LJ0704	其他防护	km	除以上路基防护工程外的路基其他防护工程等	指路基长度
	……			
LJ08	路基其他工程	km	除以上工程外的路基工程，包括整修路基、整修边坡等	指路基长度
	……			

附表 A-3 路面工程项目分表（LM）

分项编号	工程或费用名称	单位	主要工作内容	备注
LM01	沥青混凝土路面			
LM0101	路面垫层	m²		按不同的材料分级
LM010101	碎石垫层	m²		按不同的厚度分级
LM010102	砂砾垫层	m²		按不同的厚度分级
	……			
LM0102	路面底基层	m²		按不同的材料分级
LM010201	石灰稳定类底基层	m²		按不同的厚度分级
LM010202	水泥稳定类底基层	m²		按不同的厚度分级
LM010203	石灰粉煤灰稳定类底基层	m²		按不同的厚度分级
LM010204	级配碎（砾）石底基层	m²		按不同的厚度分级
	……			
LM0103	路面基层	m²		按不同的材料分级
LM010301	石灰稳定类基层	m²		按不同的厚度分级
LM010302	水泥稳定类基层	m²		按不同的厚度分级
LM010303	石灰粉煤灰稳定类基层	m²		按不同的厚度分级
LM010304	级配碎（砾）石基层	m²		按不同的厚度分级
LM010305	水泥混凝土基层	m²		按不同的厚度分级
LM010306	沥青碎石混合料基层	m²		按不同的厚度分级
	……			
LM0104	透层、黏层、封层			按不同的形式分级
LM010401	透层	m²		按不同的材料分级
LM010402	黏层	m		按不同的材料分级
LM010403	封层	m²		按不同的材料分级
LM010404	沥青表处封层	m²		
LM010405	稀浆封层	m²		
LM010406	沥青同步碎石封层	m²		
LM010407	土工布	m²		
LM010408	玻璃纤维格栅	m²		
	……			
LM0105	沥青混凝土面层	m²		
LM010501	粗粒式沥青混凝土面层	m²		按不同的厚度分级
LM010502	中粒式沥青混凝土面层	m²		按不同的厚度分级
LM010503	细粒式沥青混凝土面层	m²		按不同的厚度分级
LM010504	改性沥青混凝土面层	m²		按不同的厚度分级
LM010505	沥青玛琋脂碎石混合料面层	m²		按不同的厚度分级
	……			

续表

分项编号	工程或费用名称	单位	主要工作内容	备注
LM02	水泥混凝土路面	m²		
LM0201	路面垫层	m²		按不同的材料分级
LM020101	碎石垫层	m²		按不同的厚度分级
LM020102	砂砾垫层	m²		按不同的厚度分级
	……			
LM0202	路面底基层	m²		按不同的材料分级
LM020201	石灰稳定类底基层	m²		按不同的厚度分级
LM020202	水泥稳定类底基层	m²		按不同的厚度分级
LM020203	石灰粉煤灰稳定类底基层	m²		按不同的厚度分级
LM020204	级配碎（砾）石底基层	m²		按不同的厚度分级
	……			
LM0203	路面基层	m²		按不同的材料分级
LM020301	石灰稳定类基层	m²		按不同的厚度分级
LM020302	水泥稳定类基层	m²		按不同的厚度分级
LM020303	石灰粉煤灰稳定类基层	m²		按不同的厚度分级
LM020304	级配碎（砾）石基层	m²		按不同的厚度分级
LM020305	水泥混凝土基层	m²		按不同的厚度分级
LM020306	沥青碎石混合料基层	m²		按不同的厚度分级
	……			
LM0204	透层、黏层、封层	m²		按不同的形式分级
LM020401	透层	m²		按不同的材料分级
LM020402	黏层	m²		按不同的材料分级
LM020403	封层	m²		按不同的材料分级
LM020404	沥青表处封层	m²		
LM020405	稀浆封层	m²		
LM020406	沥青同步碎石封层	m²		
LM020407	土工布	m²		
LM020408	玻璃纤维格栅	m²		
	……			
LM0205	水泥混凝土面层	m²		按不同的材料分级
LM020501	水泥混凝土	m²		按不同的厚度分级
LM020502	钢筋	t		
LM03	其他路面	m²		按不同的类型分级
	……			
LM04	路槽、路肩及中央分隔带	m²		
LM0401	挖路槽	m²		按不同的土质分级

续表

分项编号	工程或费用名称	单位	主要工作内容	备注
LM040101	土质路槽	m²		
LM040102	石质路槽	m²		
LM0402	路肩	km		
LM040201	培路肩	m³		
LM040202	土路肩加固	m³		按不同的加固方式分级
LM04020201	现浇混凝土	m³		
LM04020202	铺砌混凝土预制块（路边石）	m³		
LM04020203	浆砌片石	m³		
	……			
LM0403	中间带	km		
LM040301	回填土	m³		
LM040302	路缘石	m³		按现浇和预制安装分级
LM040303	混凝土过水槽	m³		
	……			
LM05	路面排水	km		按不同的类型分级
LM0501	拦水带	m		按不同的材料分级
LM050101	沥青混凝土	m²/m		
LM050102	水泥混凝土	m³/m		
LM0502	排水沟	m³/m		按不同的类型分级
LM050201	路肩排水沟	m³/m		
LM050202	中央分隔带排水沟	m³/m		
LM0503	混凝土过水槽	m³		
LM0504	排水管	m		按不同的类型分级
LM050401	纵向排水管	m		按不同的管径分级
LM050402	横向排水管	m/道		
LM0505	集水井	m³/个		按不同的规格分级
LM0506	检查井	m³/个		
	……			
LM06	旧路面处理	km/m²		按不同的类型分级
	……			

附表 A-4 涵洞工程项目分表（HD）

分项编号	工程或费用名称	单位	主要工作内容	备注
HD01	管涵	m/道		按管径和单、双孔分级
HD02	盖板涵	m/道		按不同的材料和涵径分级
HD03	箱涵	m/道		按不同的涵径分级
HD04	拱涵	m/道		按不同的材料和涵径分级
	……			

附表 A-5　桥梁工程项目分表（QL）

分项编号	工程或费用名称	单位	主要工作内容	备注
QL01	基础工程	m³		
QL0101	扩大基础	m³		
QL010101	轻型墩台	m³		
QL010102	实体式	m³		
QL0102	桩基础	m³/m		
QL010201	灌注桩基础	m³		
QL010202	预制桩基础	m³		
QL010203	钢管桩基础	t/m		
	……			
QL0103	沉井基础	m³		
QL0104	钢围堰	t		大桥或特大桥的钢围堰深水基础
QL0105	承台	m³		
QL0106	系梁	m³		指地面以下系梁
	……			
QL02	下部构造	m³		
QL0201	桥台	m³		
QL0202	桥墩	m³		
QL0203	索塔	m³		
	……			
QL03	上部构造	m²		按不同的形式划分细目，并注明其跨径
QL0301	钢筋混凝土矩形板	m³		
QL0302	钢筋混凝土空心板	m³		
QL0303	预应力混凝土空心板	m³		
QL0304	预应力混凝土小箱梁	m³		
QL0305	预应力混凝土 T 梁	m³		
QL0306	现浇混凝土连续梁	m³		
QL0307	现浇混凝土刚构	m³		
QL0308	钢管拱肋	t		含钢管拱、缆索安装、（含缆索吊装、扣索系统等）等
QL0309	钢管混凝土	m³		
QL0310	混凝土拱肋	m³		含拱肋混凝土、预应力钢材
QL0311	箱形拱	m³		

续表

分项编号	工程或费用名称	单位	主要工作内容	备注
QL0312	钢箱梁	t		
QL0313	主缆	t		包含主缆制作、安装
QL0314	猫道	m		包含牵引系统
QL0315	索鞍	t		
QL0316	吊索	t		
QL0317	吊杆	t		
	……			
QL04	桥面铺装	m²		
QL0401	沥青混凝土铺装	m³		包含桥面防水层
QL0402	水泥混凝土铺装	m³		包含桥面防水层
QL0403	钢桥面沥青混凝土铺装	m³		包含桥面防水层
	……			
QL05	桥梁附属结构	m²		
QL0501	桥梁支座	个		
QL050101	板式橡胶支座	dm³		
QL050102	盆式橡胶支座	个		
	……			
QL0502	伸缩缝	m		
QL050201	模数式伸缩缝	m		
	……			
QL0503	护栏与护网	m		
QL050301	人行道及栏杆	m		
QL050302	桥梁钢防撞护栏	m		
QL050303	桥梁波形梁护栏	m		
QL050304	桥梁混凝土防撞护栏	m		
QL050305	桥梁防护网	m		
QL06	其他工程	m		
	……			

附表 A-6 隧道工程项目分表（SD）

分项编号	工程或费用名称	单位	主要工程内容	备注
SD01	洞门及明洞开挖	m³		
SD0101	挖土方	m³		
SD0102	挖石方	m³		
	……			
SD02	洞口坡面排水、防护	m³		

续表

分项编号	工程或费用名称	单位	主要工程内容	备注
SD0201	浆砌截水沟	m³		
SD0202	浆砌片石护坡	m³		
SD0203	混凝土护坡	m³		
SD0204	喷射混凝土	m³		
SD0205	钢筋网	t		
SD0206	锚杆	t/m		
SD0207	种草（皮）	m²		
SD0208	保温出水口	个		
	……			
SD03	洞门建筑	m³/座		按不同材料分级
SD0301	浆砌洞门墙	m³		
SD0302	混凝土洞门墙	m³		
SD04	明洞修筑	m		
SD0401	明洞衬砌及洞顶回填	m³/m		
SD040101	混凝土衬砌	m³		
SD040102	钢筋	t		
SD040103	洞顶回填	m³		
SD04010301	浆砌片石	m³		
SD04010302	碎石土	m³		
SD040104	遮光棚（板）	m		
SD04010401	基础	m³		
SD04010402	型钢支架	t		
SD04010403	遮光棚（板）	m²		
	……			
SD05	洞身开挖	m³/m		
SD0501	开挖	m³/m		按围岩级别分级
SD0502	注浆小导管	m		
SD0503	管棚	m		
SD0504	锚杆	m		按锚杆类型分级
SD0505	钢拱架（支撑）	t		
SD0506	注浆工程	m³		
SD0507	套拱混凝土	m³		
SD0508	孔口管	t		
SD0509	喷混凝土	m³		
SD0510	钢筋网	t		
	……			

续表

分项编号	工程或费用名称	单位	主要工程内容	备注
SD06	洞身衬砌	m³		
SD0601	浆砌块（片）石	m³		
SD0602	现浇混凝土	m³		
SD0603	钢筋	t		
	……			
SD07	仰拱	m³		
SD0701	仰拱混凝土	m³		
SD0702	仰拱回填混凝土	m³		
SD0703	钢筋	t		
	……			
SD08	洞内管、沟	m³		洞内管沟按照不同类别单列
SD0801	电缆沟	m		
SD080101	现浇混凝土	m/m³		
SD080102	预制混凝土	m/m³		
SD080103	钢筋	t		
SD080104	碎石垫层	m³		
	……			
SD09	防水与排水	m³		
SD0901	防水板	m²		
SD0902	止水带、条	m		
SD0903	压浆	m³		
SD0904	排水管	m		
	……			
SD10	洞内路面	m²		按不同的路面结构和厚度分级
SD1001	水泥混凝土路面	m²		
SD1002	沥青混凝土路面	m²		
	……			
SD11	洞身及洞门装饰	m²		
SD1101	隧道铭牌	个		
SD1102	喷防火涂料	m²		
	……			

附表 A-7 交通安全设施工程项目分表（JA）

分项编号	工程或费用名称	单位	备注
JA01	护栏	m	
JA0101	混凝土、圬工砌体护栏	m³/m	
JA010101	预制混凝土护栏	m³/m	
	……		
JA0102	现浇钢筋混凝土防撞护栏	m³/m	
JA010201	现浇钢筋混凝土防撞护栏墙体混凝土	m³/m	
JA0103	柱式护栏	m³/m	
JA0104	石砌墙式护栏	m³/m	
JA0105	钢护栏	m	
JA010501	波形钢板护栏	m	
JA010502	缆索护栏	m	
JA010503	活动护栏	m	
JA02	隔离栅	m	
JA03	标志牌	块	
JA0301	铝合金标志牌	块	
JA030101	单柱式铝合金标志牌	块	
JA030102	双柱式铝合金标志牌	块	
JA030103	单悬臂铝合金标志牌	块	
JA030104	双悬臂铝合金标志牌	块	
JA030105	门架式铝合金标志牌	块	
JA030106	附着式铝合金标志牌	块	
JA0302	钢板标志牌	块	
JA030201	单柱式钢板标志牌	块	
JA030202	双柱式钢板标志牌	块	
JA030203	单悬臂钢板标志牌	块	
JA030204	双悬臂钢板标志牌	块	
JA030205	门架式钢板标志牌	块	
JA030206	附着式钢板标志牌	块	
	……		
JA04	标线	m²	指标线的总面积
JA0401	路面标线	m²	
JA040101	热熔标线	m²/m	
JA040102	普通标线	m²/m	
JA040103	振动标线	m²/m	
JA040104	彩色铺装标线	m²	
	……		

续表

分项编号	工程或费用名称	单位	备注
JA0402	路钮	个	
JA040201	路面反光路钮	个	
JA040202	自发光路面标识	个	
	……		
JA0403	减速带	m/处	
JA05	里程牌、百米桩、界碑	个	
JA0501	混凝土里程牌、百米桩、界碑	个	
JA050101	混凝土里程牌	个	
JA050102	混凝土百米桩	个	
JA050103	混凝土界碑	个	
JA0502	铝合金里程牌、百米桩、界碑	个	
JA050201	铝合金里程牌	个	
JA050202	铝合金百米桩	个	
JA050203	铝合金界碑	个	
JA06	轮廓标	个	
JA0601	钢板柱轮廓标	个	
JA0602	玻璃钢柱式轮廓标	个	
JA0603	栏式轮廓标	个	
JA07	防眩、防撞设施		
JA0701	防眩板	m	
JA0702	防眩网	m	
JA0703	防撞桶	个	
JA0704	防撞垫	个	
JA0705	水马	个	
JA08	中间带及车道分离块	公路公里	
JA0801	中间带	公路公里	
JA080101	预制混凝土中间带	m^3/m	
JA080102	现浇混凝土中间带	m^3/m	
JA080103	中间带填土	m^3	
JA0802	隔离墩	m	
JA080201	预制混凝土隔离墩	m^3/m	
JA0380202	现浇混凝土隔离墩	m^3/m	
JA0803	车道分离块	m^3/m	
JA09	安全设施拆除工程	公路公里	
JA0901	拆除铝合金标志	个	
JA0902	拆除混凝土护栏	m^3/m	

续表

分项编号	工程或费用名称	单位	备注
JA0903	拆除波形梁护栏	m	
JA0904	拆除隔离栅	m	
JA0905	拆除里程牌	个	
JA0906	拆除百米牌	个	
JA0907	拆除界碑	个	
JA0908	拆除防眩板	m	
JA0909	拆除突起路标	块	
JA0910	铲除标线	m^2/m	
JA10	客运汽车停靠站防雨棚	个	
JA1001	钢结构防雨棚	个	
JA1002	钢筋混凝土防雨棚	个	
JA1003	客运汽车停靠站地坪	m^2	
……			

附表 A-8 隧道机电工程项目分表（SJ）

分项编号	工程或费用名称	单位	主要工作内容	备注
SJ01	隧道监控			
SJ0101	隧道监控设备费			
SJ0102	隧道监控设备安装			
SJ0103	监控系统配电工程			
	……			
SJ02	隧道供电及照明系统			
SJ0201	隧道供电设备费			
SJ0202	隧道照明安装			
	……			
SJ03	隧道通风系统	km		按隧道单洞长度
SJ0301	隧道通风设备费	km		
SJ0302	隧道通风设备安装	km		
	……			
SJ04	隧道消防系统	km		按隧道单洞长度
SJ0401	隧道消防设备费	km		
SJ0402	隧道消防设备安装	km		
	……			
SJ05	防火涂料	m^2		按涂料种类计列
	……			

续表

分项编号	工程或费用名称	单位	主要工作内容	备注
SJ06	洞室门	个		按洞室类型分级
SJ0601	卷帘门	个		
SJ0602	检修门	个		
SJ0603	风机启动柜洞门	个		
SJ0604	消防室洞门	个		
SJ0605	防火闸门	个		
	……			

附表 A-9　绿化及环境保护工程项目分表（LH）

分项编号	工程或费用名称	单位	主要工作内容	备注
LH01	边坡绿化工程	m^2		按不同的材料分级、建议列入绿化工程
LH0101	播种草籽	m^2		
LH0102	铺（植）草皮	m^2		
LH0103	土工织物植草	m^2		
LH0104	植生袋植草	m^2		
LH0105	液压喷播植草	m^2		
LH0106	客土喷播植草	m^2		
LH0107	喷混植草	m^2		
LH0108	路堑边坡种植（插扦）灌木	m^2 或株		
LH0109	路堤边坡种植（插扦）灌木	m^2 或株		
	……			
LH02	场地绿化及环保	m^2		按不同的内容分级
LH0201	撒播草种	m^2		按不同的内容分级
LH0202	铺植草皮	m^2		按不同的内容分级
LH0203	绿地喷灌管道	m		按不同的内容分级
	……			
LH03	种植乔木	株		按不同的树种分级
LH0301	高山榕	株		
LH0302	美人蕉	株		
	……			
LH04	种植灌木	株		按不同的树种分级
LH0401	夹竹桃	株		
LH0402	月季	株		
	……			

续表

分项编号	工程或费用名称	单位	主要工作内容	备注
LH05	种植攀缘植物	株		按不同的树种分级
LH0501	爬山虎	株		
LH0502	葛藤	株		
	……			
LH06	种植竹类植物	株		按不同的内容分级
LH07	种植棕榈类植物	株		按不同的内容分级
LH08	栽植绿篱	m^2		
LH09	声屏障	m		按不同的材料及类型分级
LH0901	消声板声屏障	m		
LH0902	吸音砖声屏障	m^3		
LH0903	砖墙声屏障	m^3		
	……			

附录 B　工程量清单计量规则（节选）

第 100 章　总则

第 101 节　通则

本节工程量清单项目分项计量规则应按表 101 的规定执行。

表 101　通则

子目号	子目名称	单位	工程量计量	工程内容
101	通则			
101-1	保险费			
-a	按合同条款规定，提供建筑工程一切险	总额	1. 承包人按照合同条款约定的保险费率及保费计算方法办理建筑工程一切险，根据保险公司的保单金额以总额为单位计量； 2. 保险期为合同约定的施工期及缺陷责任期； 3. 承包人施工机械设备保险和雇用人员工伤事故保险费、人身意外伤害保险费由承包人承担	根据合同条款办理建筑工程一切险
-b	按合同条款规定，提供第三者责任险	总额	1. 承包人按照合同条款约定的保险费率及保费计算方法办理第三者责任险，根据保险公司的保单金额以总额为单位计量； 2. 保险期为合同约定的施工期及缺陷责任期	根据合同条款办理第三者责任险

第 102 节　工程管理

本节工程量清单项目分项计量规则应按表 102 的规定执行。

表 102　工程管理

子目号	子目名称	单位	工程量计量	工程内容
102	工程管理			
102-1	竣工文件	总额	以总额为单位计量	按《公路工程竣（交）工验收办法》、《公路工程竣（交）工验收办法实施细则》及合同条款规定进行编制
102-2	施工环保费	总额	以总额为单位计算	按招标文件技术规范 102.11 小节及合同条款规定落实环境保护
102-3	安全生产费	总额	按投标价的 1.5%（若招标人公布了最高投标限价时，按最高投标限价的 1.5%）以总额为单位计量	按招标文件技术规范 102.13 小节及合同条款规定落实安全生产

续表

子目号	子目名称	单位	工程量计量	工程内容
102-4	信息化系统（暂估价）	总额	以暂估价的形式按总额计量	1. 工程信息化系统的配置、维护、备份管理及网络构筑； 2. 系统操作人员培训、劳务

第 103 节 临时工程与设施

本节工程量清单项目分项计量规则应按表 103 的规定执行。

表 103 临时工程与设施

子目号	子目名称	单位	工程量计量	工程内容
103	临时工程与设施			
103-1	临时道路修建、养护与拆除（包括原道路的养护）	总额	以总额为单位计量	按招标文件技术规范 103.03 小节及合同条款规定完成临时道路的修建、养护与拆除
103-2	临时占地	总额	1. 以总额为单位计量； 2. 取、弃土（渣）场的绿化、结构防护及排水在相应章节计量	1. 按招标文件技术规范 103.04 小节及合同条款规定办理及使用临时占地，并进行复垦； 2. 临时占地范围包括承包人驻地的办公室、食堂、宿舍、道路和机械设备停放场、材料堆放场地、弃土（渣）场、预制场、拌合场、仓库、进场临时道路、临时便道、便桥等
103-3	临时供电设施架设、维护与拆除	总额	以总额为单位计量	按招标文件技术规范 103.02 小节及合同条款规定完成临时供电设施架设、维护与拆除
103-4	电信设施的提供、维修与拆除	总额	以总额为单位计量	按招标文件技术规范 103.02 小节及合同条款规定完成电信设施的提供、维修与拆除
103-5	临时供水与排污设施	总额	以总额为单位计量	按招标文件技术规范 103.02 小节及合同条款规定完成临时供水与排污设施的修建、维修与拆除

第 104 节 承包人驻地建设

本节工程量清单项目分项计量规则应按表 104 的规定执行。

表 104 承包人驻地建设

子目号	子目名称	单位	工程量计量	工程内容
104	承包人驻地建设			
104-1	承包人驻地建设	总额	以总额为单位计量	1. 承包人驻地建设包括：施工与管理所需的办公室、住房、工地试验室、车间、工作场地、预制场地、仓库与储料场、拌合场、医疗卫生与消防设施等； 2. 驻地的建设、管理与维护； 3. 工程交工时，按照合同或协议要求将驻地移走、清除、恢复原貌

第105节 施工标准化

本节工程量清单项目分项计量规则应按表105的规定执行。

表105 施工标准化

子目号	子目名称	单位	工程量计量	工程内容
105	施工标准化			
105-1	施工驻地	总额	以总额为单位计量	按招标文件技术规范第105节施工标准化的内容和要求执行
105-2	工地试验室	总额	以总额为单位计量	按招标文件技术规范第105节施工标准化的内容和要求执行
105-3	拌合站	总额	以总额为单位计量	按招标文件技术规范第105节施工标准化的内容和要求执行
105-4	钢筋加工场	总额	以总额为单位计量	按招标文件技术规范第105节施工标准化的内容和要求执行
105-5	预制场	总额	以总额为单位计量	按招标文件技术规范第105节施工标准化的内容和要求执行
105-6	仓储存放地	总额	以总额为单位计量	按招标文件技术规范第105节施工标准化的内容和要求执行
105-7	各场（厂）区、作业区连接道路及施工主便道	总额	以总额为单位计量	按招标文件技术规范第105节施工标准化的内容和要求执行

附录 C　设备与材料的划分标准

C.0.1 工程建设设备与材料的划分，直接关系到投资构成的合理划分、概（预）算的编制以及施工产值的计算等方面。为合理确定工程造价，加强对建设过程投资管理，统一概（预）算编制口径，对交通工程中设备与材料的划分提出如下划分原则和规定。本规定如与国家主管部门新颁布的规定相抵触，按国家规定执行。

C.0.2 适用范围：

本标准适用于公路建设机电设备和建筑材料的划分。

C.0.3 设备与材料的划分原则：

1　凡是经过加工制造，由多种材料和部件按各自用途成生产加工、动力、传送、储存、运输、科研等功能的机器、容器和其他机械、成套装置等均为设备。设备分为标准设备和非标准设备。

1）标准设备（包括通用设备和专用设备）：按国家规定的产品标准批量生产的、已进入设备系列的设备。

2）非标准设备：是指国家未定型、非批量生产的，由设计单位提供制造图纸，委托承制单位或施工企业在工厂或施工现场制作的设备。

2　设备一般包括以下各项：

1）各种设备的本体及随设备到货的配件、备件和附属于设备本体制作成型的梯子、平台、栏杆及管道等。

2）各种计量器、仪表及自动化控制装置、试验仪器及属于设备本体部分的仪器仪表等。

3）附属于设备本体的油类、化学药品等设备的组成部分。

4）用于生产或生活、附属于建筑物的水泵、锅炉及水处理设备、电气、通风设备等。

3　为完成建筑、安装工程所需的原料和经过工业加工在工艺生产过程中不起单元工艺生产用的设备本体以外的零配件、附件、成品、半成品等均为材料。材料一般包括以下各项：

1）设备本体以外的不属于设备配套供货，需由施工企业进行加工制作或委托加工的平台、梯子、栏杆及其他金属构件等，以及成品、半成品形式供货的管道、管件、阀门、法兰等。

2）设备本体以外的各种行车轨道、滑触线、电梯的滑轨等均为材料。

C.0.4 设备与材料的划分界限：

1　设备：

1）通信系统：市内、长途电话交换机、程控电话交换机，微波、载波通信设备，电报和传真设备，中、短波通信设备及中短波电视天馈线装置，移动通信设备、卫星地球站设备，通信电源设备，光纤通信数字设备，有线广播设备等各种生产及配套设备和随机附件等。

2）监控和收费系统：自动化控制装置、计算机及其终端、工业电视、检测控制装置、各种探测器、除尘设备、分析仪器、显示仪表、基地式仪表、单元组合仪表、变送器、传送器及调节阀、盘上安装器，压力、温度、流量、差压、物位仪表，成套供应的盘、箱、柜、屏（包括箱和已经安装就位的仪表、元件等）及随主机配套供应的仪表等。

3）电气系统：各种电力变压器、互感器、调压器、感应移相器、电抗器、高压断路器、高压熔断器、稳压器、电源调整器、高压隔离开关、装置式空气开关、电力电容器、蓄电池、磁力启动器、交直流报警器、成套箱式变电站、共箱母线、封闭式母线槽，成套供应的箱、盘、柜、屏及其随设备带来的母线和支持瓷瓶等。

4）通风及管道系统：空气加热器、冷却器、各种空调机、风尘管、过滤器、制冷机组、空调机组、空调器、各类风机、除尘设备、风机盘管、净化工作台、风淋室、冷却塔、公称直径300 m以上的人工阀门和电动阀门等。

5）房屋建筑：电梯、成套或散装到货的锅炉及其附属设备、汽轮发电机及其附属设备、电动机、污水处理装置、电子秤、地中衡、开水炉、冷藏箱，热力系统的除氧器水箱和疏水箱，工业水系统的工业水箱，油冷却系统的油箱，酸碱系统的酸碱储存槽，循环水系统的旋转滤网、启闭装置的启闭机等。

6）消防及安全系统：隔膜式气压水罐（气压罐）、泡沫发生器、比例混合器、报警控制器、报警信号前端传输设备、无线报警发送设备、报警信号接收机、可视对讲主机、联动控制器、报警联动一体机、重复显示器、远程控制器、消防广播控制柜、广播功放、录音机、广播分配器、消防通信电话交换机、消防报警备用电源、X射线安全检查设备、金属武器探测门、摄像设备、监视器、镜头、云台、控制台、监视器柜、支台控制器、视频切换器、全电脑视频切换设备、音频分配器、视频分配器、脉冲分配器、视频补偿器、视频传输设备、汉字发生设备、录像设备、录音设备、电源、CRT显示终端、模拟盘等。

7）炉窑砌筑：装置在炉窑中的成品炉管、电机、鼓风机和炉窑传动、提升装置，属于炉窑本体的金属铸体、锻件、加工件及测温装置、仪器仪表、消烟装置、回收装置、除尘装置，随炉供应已安装就位的金具、耐火衬里、炉体金属预埋件等。

8）各种机动车辆。

9）各种工艺设备在试车时必须填充的一次性填充材料（如各种瓷环、钢环、塑料环、钢球等）、各种化学药品（如树脂、珠光砂、触煤、干燥剂、催化剂等）及变压器油等，无论是随设备带来的，还是单独订货购置的，均视为设备的组成部分。

2 材料：

1）各种管道、管件、配件、公称直径300 mm以内的人工阀门、水表、防腐保温及绝缘材料、油漆、支架、消火栓、空气泡沫枪、泡沫炮、灭火器、灭火机、灭火剂、泡沫液、水泵接合器、可曲橡胶接头、消防喷头、卫生器具、钢制排水漏斗、水箱、分气缸、疏水器、减压器、压力表、温度计、调压散热器、供暖器具、凝结水箱、膨胀水箱、冷热水混合器、除污器、分水缸（器）、风管及其附件和各种调节阀、风口、风帽、罩类、消声器及其部（构）件、散流器、保护壳、风机减震台座、减震器、凝结水收集器、单双人焊接装置、煤气灶、煤气表、烘箱灶、火管式沸水器、水型热水器、开关、引火棒、防雨帽、放散管拉紧装置等。

2）各种电线、母线、绞线、电缆、电缆终端头、电缆中间头、吊车滑触线、接地母线，接地极、避雷线、避雷装置（包括各种避雷器、避雷针等）、高低压绝缘子、线夹、穿墙套管、灯具、开关、灯头盒、开关盒、接线盒、插座、闸盒保险器、电杆、横担、铁塔、各种支架、仪表插座、桥架、梯架、立柱、托臂、人孔手孔、挂墙照明配电箱、局部照明变压器、按钮、行程开关、刀闸开关、组合开关、转换开关、铁壳开关、电扇、电铃、电表、蜂鸣器、电笛、信号灯、低音扬声器、电话单机、熔断器等。

3）循环水系统的钢板闸门及拦污栅、启闭构架等。

4）现场制作与安装的炉管及其他所需的材料或填料，现场砌筑用的耐火、耐酸、保温、防腐、捣打料、绝热纤维、天然白泡石、玄武岩、金具、炉门及窥视孔、预埋件等。

5）所有随管线（路）同时组合安装的一次性仪表、配件、部件及元件（包括就地安装的温度计、压力表）等。

6）制造厂以散件或分段分片供货的塔、器、罐等，在现场拼接、组装、焊接、安装内件或改制时所消耗的物料均为材料。

7）各种金属材料、金属制品、焊接材料、非金属材料、化工辅助材料、其他材料等。

3 对于一些在制造厂未整体制作完成的设备，或分片压制成型，或分段散装供货的设备，需要建筑安装工人在施工现场加工、拼装、焊接的，按上述划分原则和其投资构成应属于设备。为合理反映建筑安装工人付出的劳动和创造的价值，可按其在现场加工组装焊接的工作量，将其分片或组装件按其设备价值的一部分以加工费的形式计入安装工程费内。

4 供应原材料，在施工现场制作安装或施工企业附属生产单位为本单元承包工程制作并安装的非标准设备，除配套的电机、减速机外，其加工制作消耗的工、料（包括主材）、机等均应计入安装工程费内。

5 凡是制造厂未制造完成的设备，已分片压制成型、散装或分段供货，需要建筑安装工人在施工现场拼装、组装、焊接及安装内，其制作、安装所需的物料为材料，内件、塔盘为设备。

附录 D 全国冬期施工气温区划分表

省份	地区、市、自治州、盟（县）	气温区	
北京	全境	冬二	I
天津	全境	冬二	I
河北	石家庄、邢台、邯郸、衡水市（冀州区、枣强县、故城县）	冬一	II
河北	廊坊、保定（涞源县及以北除外）、衡水（冀州区、枣强县、故城县除外）、沧州市	冬二	I
河北	唐山、秦皇岛市	冬二	II
河北	承德（围场县除外）、张家口（沽源县、张北县、尚义县、康保县除外）、保定市（涞源县及以北）	冬三	
河北	承德（围场县）、张家口市（沽源县、张北县、尚义县、康保县）	冬四	
山西	运城市（万荣县、夏县、绛县、新绛县、稷山县、闻喜县除外）	冬一	II
山西	运城（万荣县、夏县、绛县、新绛县、稷山县、闻喜县）、临汾（尧都区、侯马市、曲沃县、翼城县、襄汾县、洪洞县）、阳泉（孟县除外）、长治（黎城县）、晋城市（城区、泽州县、沁水县、阳城县）	冬二	I
山西	太原（娄烦县除外）、阳泉（孟县）、长治（黎城县除外）、晋城（城区、泽州县、沁水县、阳城县除外）、晋中（寿阳县、和顺县、左权县除外）、临汾（尧都区、侯马市、曲沃县、翼城县、襄汾县、洪洞县除外）、吕梁市（孝义市、汾阳市、文水县、交城县、柳林县、石楼县、交口县、中阳县）	冬二	II
山西	太原（娄烦县）、大同（左云县除外）、朔州（右玉县除外）、晋中（寿阳县、和顺县、左权县）、忻州、吕梁市（离石区、临县、岚县、方山县、兴县）	冬三	
山西	大同（左云县）、朔州市（右玉县）	冬四	
内蒙古	乌海市、阿拉善盟（阿拉善左旗、阿拉善右旗）	冬二	I
内蒙古	呼和浩特（武川县除外）、包头（固阳县除外）、赤峰、鄂尔多斯、巴彦淖尔、乌兰察布市（察哈尔右翼中旗除外），阿拉善盟（额济纳旗）	冬三	
内蒙古	呼和浩特（武川县）、包头（固阳县）、通辽、乌兰察布市（察哈尔右翼中旗）、锡林郭勒（苏尼特右旗、多伦县）、兴安盟（阿尔山市除外）	冬四	
内蒙古	呼伦贝尔市（海拉尔区、新巴尔虎右旗、阿荣旗）、兴安（阿尔山市）、锡林郭勒盟（冬四区以外各地）	冬五	
内蒙古	呼伦贝尔市（冬五区以外各地）	冬六	

续表

省份	地区、市、自治州、盟（县）	气温区	
辽宁	大连（瓦房店市、普兰店市、庄河市除外）、葫芦岛市（绥中县）	冬二	I
	沈阳（康平县、法库县除外）、大连（瓦房店市、普兰店市、庄河市）、鞍山、本溪（桓仁县除外）、丹东、锦州、阜新、营口、辽阳、朝阳（建平县除外）、葫芦岛（绥中县除外）、盘锦市	冬三	
	沈阳（康平县、法库县）、抚顺、本溪（桓仁县）、朝阳（建平县）、铁岭市	冬四	
吉林	长春（榆树市除外）、四平、通化（辉南县除外）、辽源、白山（靖宇县、抚松县、长白县除外）、松原（长岭县）、白城市（通榆县），延边自治州（敦化市、汪清县、安图县除外）	冬四	
	长春（榆树市）、吉林、通化（辉南县）、白山（靖宇县、抚松县、长白县）、白城（通榆县除外）、松原市（长岭县除外），延边自治州（敦化市、汪清县、安图县）	冬五	
黑龙江	牡丹江市（绥芬河市、东宁市）	冬四	
	哈尔滨（依兰县除外）、齐齐哈尔（讷河市、依安县、富裕县、克山县、克东县、拜泉县除外）、绥化（安达市、肇东市、兰西县）、牡丹江（绥芬河市、东宁市除外）、双鸭山（宝清县）、佳木斯（桦南县）、鸡西、七台河、大庆市	冬五	
	哈尔滨（依兰县）、佳木斯（桦南县除外）、双鸭山（宝清县除外）、绥化（安达市、肇东市、兰西县除外）、齐齐哈尔（讷河市、依安县、富裕县、克山县、克东县、拜泉县）、黑河、鹤岗、伊春市，大兴安岭地区	冬六	
上海	全境	准二	
江苏	徐州、连云港市	冬一	I
	南京、无锡、常州、淮安、盐城、宿迁、扬州、泰州、南通、镇江、苏州市	准二	
浙江	杭州、嘉兴、绍兴、宁波、湖州、衢州、舟山、金华、温州、台州、丽水市	准二	
安徽	亳州市	冬一	I
	阜阳、蚌埠、淮南、滁州、合肥、六安、马鞍山、芜湖、铜陵、池州、宣城、黄山市	准一	
	淮北、宿州市	准二	
福建	宁德（寿宁县、周宁县、屏南县）、三明市	准一	
江西	南昌、萍乡、景德镇、九江、新余、上饶、抚州、宜春市	准一	
山东	全境	冬一	I
河南	安阳、商丘、周口（西华县、淮阳县、鹿邑县、扶沟县、太康县）、新乡、三门峡、洛阳、郑州、开封、鹤壁、焦作、济源、濮阳、许昌市	冬一	I
	驻马店、信阳、南阳、周口（西华县、淮阳县、鹿邑县、扶沟县、太康县除外）、平顶山、漯河市	准二	
湖北	武汉、黄石、荆州、荆门、鄂州、宜昌、咸宁、黄冈、天门、潜江、仙桃市，恩施自治州	准一	
	孝感、十堰、襄阳、随州市，神农架林区	准二	
湖南	全境	准一	
重庆	城口县	准一	

续表

省份	地区、市、自治州、盟（县）	气温区	
四川	阿坝（黑水县）、甘孜藏族自治州（新龙县、道浮县、泸定县）	冬一	Ⅱ
	甘孜藏族自治州（甘孜县、康定市、白玉县、炉霍县）	冬二	Ⅰ
	阿坝（壤塘县、红原县、松潘县）、甘孜藏族自治州（德格县）		Ⅱ
	阿坝（阿坝县、若尔盖县、九寨沟县）、甘孜藏族自治州（石渠县、色达县）	冬三	
	广元市（青川县），阿坝（汶川县、小金县、茂县、理县）、甘孜（巴塘县、雅江县、得荣县、九龙县、理塘县、乡城县、稻城县）、凉山自治州（盐源县、木里县）	准一	
	阿坝（马尔康市、金川县）、甘孜藏族自治州（丹巴县）	准二	
贵州	贵阳、遵义（赤水市除外）、安顺市，黔东南、黔南、黔西南自治州	准一	
	六盘水、毕节市	准二	
云南	迪庆自治州（德钦县、香格里拉市）	冬一	Ⅱ
	曲靖（宣威市、会泽县）、丽江（玉龙县、宁蒗县）、昭通市（昭阳区、大关县、威信县、彝良县、镇雄县、鲁甸县），迪庆（维西县）、怒江（兰坪县）、大理自治州（剑川县）	准一	
西藏	拉萨（当雄县除外）、日喀则（拉孜县）、山南（浪卡子县、错那县、隆子县除外）、昌都（芒康县、左贡县、类乌齐县、丁青县、洛隆县除外）、林芝市	冬一	Ⅰ
	山南（隆子县）、日喀则市（定日县、聂拉木县、亚东县、拉孜县除外）		Ⅱ
	昌都市（洛隆县）	冬二	Ⅰ
	昌都（芒康县、左贡县、类乌齐县、丁青县）、山南（浪卡子县）、日喀则市（定日县、聂拉木县），阿里地区（普兰县）		Ⅱ
	拉萨（当雄县）、山南（错那县）、日喀则市（亚东县），那曲（安多县除外）、阿里地区（普兰县除外）	冬三	
	那曲地区（安多县）	冬四	
陕西	西安、宝鸡、渭南、咸阳（彬县、旬邑县、长武县除外）、汉中（留坝县、佛坪县）、铜川市（耀州区）	冬一	Ⅰ
	铜川市（印台区、王益区）、咸阳市（彬县、旬邑县、长武县）		Ⅱ
	延安（吴起县除外）、榆林（清涧县）、铜川市（宜君县）	冬二	Ⅱ
	延安（吴起县）、榆林市（清涧县除外）	冬三	
	商洛、安康、汉中市（留坝县、佛坪县除外）	准二	
甘肃	陇南市（两当县、徽县）	冬一	Ⅱ
	兰州、天水、白银（会宁县、靖远县）、定西、平凉、庆阳、陇南市（西和县、礼县、宕昌县）、临夏、甘南自治州（舟曲县）	冬二	Ⅱ
	嘉峪关、金昌、白银（白银区、平川区、景泰县）、酒泉、张掖、武威市，甘南自治州（舟曲县除外）	冬三	
	陇南市（武都区、文县）	准一	
	陇南市（成县、康县）	准二	

续表

省份	地区、市、自治州、盟（县）	气温区	
青海	海东市（民和县）	冬二	Ⅱ
	西宁、海东（民和县除外），黄南（泽库县除外）、海南、果洛（班玛县、达日县、久治县）、玉树（囊谦县、杂多县、称多县、玉树市）、海西自治州（德令哈市、格尔木市、都兰县、乌兰县）	冬三	
	海北（野牛沟、托勒除外）、黄南（泽库县）、果洛（玛沁县、甘德县、玛多县）、玉树（曲麻莱县、治多县）、海西自治州（冷湖、茫崖、大柴旦、天峻县）	冬四	
	海北（野牛沟、托勒）、玉树（清水河）、海西自治州（唐古拉山区）	冬五	
宁夏	全境	冬二	Ⅱ
新疆	阿拉尔、哈密市（哈密市泌城镇），喀什（喀什市、伽师县、巴楚县、英吉沙县、麦盖提县、莎车县、叶城县、泽普县）、阿克苏（沙雅县、阿瓦提县）、和田地区，伊犁（伊宁市、新源县、霍城县霍尔果斯镇）、巴音郭楞（库尔勒市、若羌县、且末县、尉犁县铁干里可）、克孜勒苏自治州（阿图什市、阿克陶县）	冬二	Ⅰ
	喀什地区（岳普湖县）		Ⅱ
	乌鲁木齐市（牧业气象试验站、达坂城区、乌鲁木齐县小渠子乡）、吐鲁番、哈密市（十三间房、红柳河、伊吾县淖毛湖）、塔城（乌苏市、沙湾县、额敏县除外）、阿克苏（沙雅县、阿瓦提县除外）、喀什地区（塔什库尔干县）、克孜勒苏（乌恰县、阿合奇县）、巴音郭楞（和静县、焉耆县、和硕县、轮台县、尉犁县、且末县塔中）、伊犁自治州（伊宁市、霍城县、察布查尔县、尼勒克县、巩留县、昭苏县、特克斯县）	冬三	
	乌鲁木齐（冬三区以外各地）、哈密地区（巴里坤县）、塔城（额敏县、乌苏市）、阿勒泰（阿勒泰市、哈巴河县、吉木乃县）、昌吉（昌吉市、木垒县、奇台县北塔山镇、阜康市天池）、博尔塔拉（温泉县、精河县、阿拉山口岸）、克孜勒苏自治州（乌恰县吐尔尕特口岸）	冬四	
	克拉玛依、石河子市，塔城（沙湾县）、阿勒泰地区（布尔津县、福海县、富蕴县、青河县），博尔塔拉（博乐市）、昌吉（阜康市、玛纳斯县、呼图壁县、吉木萨尔县、奇台县）、巴音郭楞自治州（和静县巴音布鲁克乡）	冬五	

注：为避免繁冗，各民族自治州名称予以简化，如青海省的"海西蒙古族藏族自治州"简化为"海西自治州"。

附录 E 全国雨期施工雨量区及雨季期划分表

省份	地区、市、自治州、盟（县）	雨量区	雨季期（月数）
北京	全境	Ⅱ	2
天津	全境	Ⅰ	2
河北	张家口、承德市（围场县）	Ⅰ	1.5
河北	承德（围场县除外）、保定、沧州、石家庄、廊坊、邢台、衡水、邯郸、唐山、秦皇岛市	Ⅱ	2
山西	全境	Ⅰ	1.5
内蒙古	呼和浩特、通辽、呼伦贝尔（海拉尔区、满洲里市、陈巴尔虎旗、鄂温克旗）、鄂尔多斯（东胜区、准格尔旗、伊金霍洛旗、达拉特旗、乌审旗）、赤峰、包头、乌兰察布市（集宁区、化德县、商都县、兴和县、四子王旗、察哈尔右翼中旗、察哈尔右翼后旗、卓资县及以南）、锡林郭勒盟（锡林浩特市、多伦县、太仆寺旗、西乌珠穆沁旗、正蓝旗、正镶白旗）	Ⅰ	1
内蒙古	呼伦贝尔市（牙克石市、额尔古纳市、鄂伦春旗、扎兰屯市及以东），兴安盟		2
辽宁	大连（长海县、瓦房店市、普兰店市、庄河市除外）、朝阳市（建平县）	Ⅰ	2
辽宁	沈阳（康平县）、大连（长海县）、锦州（北镇市除外）、营口（盖州市）、朝阳市（凌源市、建平县除外）	Ⅰ	2.5
辽宁	沈阳（康平县、辽中区除外）、大连（瓦房店市）、鞍山（海城市、台安县、岫岩县除外）、锦州（北镇市）、阜新、朝阳（凌源市）、盘锦、葫芦岛（建昌县）、铁岭市	Ⅰ	3
辽宁	抚顺（新宾县）、辽阳市		3.5
辽宁	沈阳（辽中区）、鞍山（海城市、台安县）、营口（盖州市除外）、葫芦岛市（兴城市）	Ⅱ	2.5
辽宁	大连（普兰店市）、葫芦岛市（兴城市、建昌县除外）	Ⅱ	3
辽宁	大连（庄河市）、鞍山（岫岩县）、抚顺（新宾县除外）、丹东（凤城市、宽甸县除外）、本溪市	Ⅱ	3.5
辽宁	丹东市（凤城市、宽甸县）		4
吉林	辽源、四平（双辽市）、白城、松原市	Ⅰ	2
吉林	吉林、长春、四平（双辽市除外）、白山市，延边自治州	Ⅱ	2
吉林	通化市	Ⅱ	3
黑龙江	哈尔滨（市区、呼兰区、五常市、阿城区、双城区）、佳木斯（抚远市）、双鸭山（市区、集贤县除外）、齐齐哈尔（拜泉县、克东县除外）、黑河（五大连池市、嫩江县）、绥化（北林区、海伦市、望奎县、绥棱县、庆安县除外）、牡丹江、大庆、鸡西、七台河市，大兴安岭地区（呼玛县除外）	Ⅰ	2
黑龙江	哈尔滨（市区、呼兰区、五常市、阿城区、双城区除外）、佳木斯（抚远市除外）、双鸭山（市区、集贤县）、齐齐哈尔（拜泉县、克东县）、黑河（五大连池市、嫩江县除外）、绥化（北林区、海伦市、望奎县、绥棱县、庆安县）、鹤岗、伊春市，大兴安岭地区（呼玛县）	Ⅱ	2

续表

省份	地区、市、自治州、盟（县）	雨量区	雨季期（月数）
上海	全境	Ⅱ	4
江苏	徐州、连云港市	Ⅱ	2
	盐城市		3
	南京、镇江、淮安、南通、宿迁、扬州、常州、泰州市		4
	无锡、苏州市		4.5
浙江	舟山市	Ⅱ	4
	嘉兴、湖州市		4.5
	宁波、绍兴市		6
	杭州、金华、温州、衢州、台州、丽水市		7
安徽	阜阳市、亳州、淮北、宿州、蚌埠、淮南、六安、合肥市	Ⅱ	2
	滁州、马鞍山、芜湖、铜陵、宣城市		3
	池州市		4
	安庆、黄山市		5
福建	泉州市（惠安县崇武）	Ⅰ	4
	福州（平潭县）、泉州（晋江市）、厦门（同安区除外）、漳州市（东山县）	Ⅱ	5
	三明（永安市）、福州（市区、长乐市）、莆田市（仙游县除外）		6
	南平（顺昌县除外）、宁德（福鼎市、霞浦县）、三明（永安市、尤溪县、大田县除外）、福州（市区、长乐市、平潭县除外）、龙岩（长汀县、连城县）、泉州（晋江市、惠安县崇武、德化县除外）、莆田（仙游县）、厦门（同安区）、漳州市（东山县除外）		7
	南平（顺昌县）、宁德（福鼎市、霞浦县除外）、三明（尤溪县、大田县）、龙岩（长汀县、连城县除外）、泉州市（德化县）		8
江西	南昌、九江、吉安市	Ⅱ	6
	萍乡、景德镇、新余、鹰潭、上饶、抚州、宜春、赣州市		7
山东	济南、潍坊、聊城市	Ⅰ	3
	淄博、东营、烟台、济宁、威海、德州、滨州市		4
	枣庄、泰安、莱芜、临沂、菏泽市		5
	青岛市	Ⅱ	3
	日照市		4
河南	郑州、许昌、洛阳、济源、新乡、焦作、三门峡、开封、濮阳、鹤壁市	Ⅰ	2
	周口、驻马店、漯河、平顶山、安阳、商丘市		3
	南阳市		4
	信阳市	Ⅱ	2
湖北	十堰、襄樊、随州市，神农架林区	Ⅰ	3
	宜昌（秭归县、远安县、兴山县）、荆门市（钟祥市、京山县）	Ⅱ	2
	武汉、黄石、荆州、孝感、黄冈、咸宁、荆门（钟祥市、京山县除外）、天门、潜江、仙桃、鄂州、宜昌市（秭归县、远安县、兴山县除外），恩施自治州		6

续表

省份	地区、市、自治州、盟（县）	雨量区	雨季期（月数）
湖南	全境	II	6
广东	茂名、中山、汕头、潮州市	I	5
	广州、江门、肇庆、顺德、湛江、东莞市		6
	珠海市	II	5
	深圳、阳江、汕尾、佛山、河源、梅州、揭阳、惠州、云浮、韶关市		6
	清远市		7
广西	百色、河池、南宁、崇左市	II	5
	桂林、玉林、梧州、北海、贵港、钦州、防城港、贺州、柳州、来宾市		6
海南	全境	II	6
重庆	全境	II	4
四川	阿坝（松潘县、小金县）、甘孜藏族自治州（丹巴县、石渠县）	I	1
	泸州市（古蔺县）、阿坝（阿坝县、若尔盖县）、甘孜藏族自治州（道孚县、炉霍县、甘孜县、巴塘县、乡城县）		2
	德阳、乐山（峨边县）、雅安市（汉源县）、阿坝（壤塘县）、甘孜（泸定县、新龙县、德格县、白玉县、色达县、得荣县）、凉山自治州（美姑县）		3
	绵阳（江油市、安州区、北川县除外）、广元、遂宁、宜宾市（长宁县、珙县、兴文县除外）、阿坝（黑水县、红原县、九寨沟县）、甘孜（九龙县、雅江县、理塘县）、凉山自治州（木里县、宁南县）		4
	南充（仪陇县除外）、广安（岳池县、武胜县、邻水县）、达州市（大竹县）、阿坝（马尔康市）、甘孜（康定市）、凉山自治州（甘洛县）		5
	自贡（富顺县除外）、绵阳（北川县）、内江、资阳、雅安（石棉县）、甘孜（稻城县）、凉山（盐源县、雷波县、金阳县）		3
	成都、自贡（富顺县）、攀枝花、泸州（古蔺县除外）、绵阳（江油市、安州区）、眉山（洪雅县除外）、乐山（峨边县、峨眉山市、沐川县除外）、宜宾（长宁县、珙县、兴文县）、广安市（岳池县、武胜县、邻水县除外），凉山自治州（西昌市、德昌县、会理县、会东县、喜德县、冕宁县）	II	4
	眉山（洪雅县）、乐山（峨眉山市、沐川县）、雅安（汉源县、石棉县除外）、南充（仪陇县）、巴中、达州市（大竹县、宣汉县除外）、凉山自治州（昭觉县、布拖县、越西县）		5
	达州市（宣汉县）、凉山自治州（普格县）		6
贵州	贵阳、遵义、毕节市	II	4
	安顺、铜仁、六盘水市，黔东南自治州		5
	黔西南自治州		6
	黔南自治州		7

续表

省份	地区、市、自治州、盟（县）	雨量区	雨季期（月数）
云南	昆明（市区、嵩明县除外）、玉溪、曲靖（富源县、师宗县、罗平县除外）、丽江（宁蒗县、永胜县）、普洱市（墨江县）、昭通市，怒江（兰坪县、泸水市六库镇）、大理（大理市、漾濞县除外）、红河（个旧市、开远市、蒙自市、红河县、石屏县、建水县、弥勒市、泸西县）、迪庆、楚雄自治州	I	5
	保山（腾冲市、龙陵县除外）、临沧市（凤庆县、云县、永德县、镇康县），怒江（福贡县、泸水市）、红河自治州（元阳县）		6
	昆明（市区、嵩明县）、曲靖（富源县、师宗县、罗平县）、丽江（古城区、华坪县）、普洱市（思茅区、景东县、镇沅县、宁洱县、景谷县）、大理（大理市、漾濞县）、文山自治州	II	5
	保山（腾冲市、龙陵县）、临沧（临翔区、双江县、耿马县、沧源县）、普洱市（西盟县、澜沧县、孟连县、江城县）、怒江（贡山县）、德宏、红河（绿春县、金平县、屏边县、河口县）、西双版纳自治州		6
西藏	山南（加查县除外）、日喀则市（定日县）、那曲（索县除外）、阿里地区	I	1
	拉萨、昌都（类乌齐县、丁青县、芒康县除外）、日喀则（拉孜县）、林芝市（察隅县），那曲（索县）		2
	昌都（类乌齐县）、林芝市（米林县）		3
	昌都（丁青县）、林芝市（米林县、波密县、察隅县除外）		4
	林芝市（波密县）		5
	昌都市（芒康县）、山南（加查县）、日喀则市（定日县、拉孜县除外）	II	2
陕西	榆林、延安市	I	1.5
	铜川、西安、宝鸡、咸阳、渭南市、杨凌区		2
	商洛、安康、汉中市		3
甘肃	天水（甘谷县、武山县）、陇南市（武都区、文县、礼县），临夏（康乐县、广河县、永靖县）、甘南自治州（夏河县）	I	1
	天水（麦积区、秦州区）、定西（渭源县）、庆阳（华池县、环县）、陇南市（西和县）、临夏（临夏市）、甘南自治州（临潭县、卓尼县）		1.5
	天水（秦安县）、定西（临洮县、岷县）、平凉（崆峒区）、庆阳（庆城县）、陇南市（宕昌县）、临夏（临夏县、东乡县、积石山县）、甘南自治州（合作市）		2
	天水（张家川县）、平凉（静宁县、庄浪县）、庆阳（镇原县）、陇南市（两当县），临夏（和政县）、甘南自治州（玛曲县）		2.5
	天水（清水县）、平凉（泾川县、灵台县、华亭县、崇信县）、庆阳（西峰区、合水县、正宁县、宁县）、陇南市（徽县、成县、康县）、甘南自治州（碌曲县、迭部县）		3
青海	西宁（湟源县）、海东市（平安区、乐都区、民和县、化隆县）、海北（海晏县、祁连县、刚察县、托勒）、海南（同德县、贵南县）、黄南（泽库县、同仁县）、海西自治州（天峻县）	I	1
	西宁（湟源县除外）、海东市（互助县），海北（门源县）、果洛（达日县、久治县、班玛县）、玉树自治州（称多县、杂多县、囊谦县、玉树市），河南自治县		1.5

续表

省份	地区、市、自治州、盟（县）	雨量区	雨季期（月数）
宁夏	固原地区（隆德县、泾源县）	I	2
新疆	乌鲁木齐市（小渠子乡、牧业气象试验站、大西沟乡），昌吉（阜康市天池），克孜勒苏（吐尔尕特、托云、巴音库鲁提）、伊犁自治州（昭苏县、霍城县二台、松树头）	I	1
香港澳门			
台湾	（资料暂缺）		

注：1. 表中未列的地区除西藏林芝墨脱县因无资料未划分外，其余地区均因降雨天数或平均日降雨量未达到计算雨期施工增加费的标准，故未划分雨量区及雨季期。
2. 行政区划依据资料及自治州、市的名称列法同冬期施工气温区划分说明。

附录 F 全国风沙地区公路施工区划分表

区划	沙漠（地）名称	地理位置	自然特征
风沙一区	呼伦贝尔沙地、嫩江沙地	呼伦贝尔沙地位于内蒙古呼伦贝尔平原，嫩江沙地位于东北平原西北部嫩江下游	属半干旱、半湿润严寒区，年降水量 280~400 mm，年蒸发量 1 400~1 900 mm，干燥度 1.2~1.5
风沙一区	科尔沁沙地	散布于东北平原西辽河中、下游主干及支流沿岸的冲积平原上	属半湿润温冷区，年降水量 300~450 mm，年蒸发量 1 700~2 400 mm，干燥度 1.2~2.0
风沙一区	浑善达克沙地	位于内蒙古锡林郭勒盟南部和赤峰市西北部	属半湿润温冷区，年降水量 100~400 mm，年蒸发量 2 200~2 700 mm，干燥度 1.2~2.0，年平均风速 3.5~5 m/s，年大风天数 50~80 d
风沙一区	毛乌素沙地	位于内蒙古鄂尔多斯中南部和陕西北部	属半干旱温热区，年降水量东部 400~440 mm，西部仅 250~320 mm，年蒸发量 2 100~2 600 mm，干燥度 1.6~2.0
风沙一区	库布齐沙漠	位于内蒙古鄂尔多斯北部，黄河河套平原以南	属半干旱温热区，年降水量 150~400 mm，年蒸发量 2 100~2 700 mm，干燥度 2.0~4.0，年平均风速 3~4 m/s
风沙二区	乌兰布和沙漠	位于内蒙古阿拉善东北部，黄河河套平原西南部	属干旱温热区，年降水量 100~145 mm，年蒸发量 2 400~2 900 mm，干燥度 8.0~16.0，地下水相当丰富，埋深一般为 1.5~3 m
风沙二区	腾格里沙漠	位于内蒙古阿拉善东南部及甘肃武威部分地区	属干旱温热区，沙丘、湖盆、山地、残丘及平原交错分布，年降水量 116~148 mm，年蒸发量 3 000~3 600 mm，干燥度 4.0~12.0
风沙二区	巴丹吉林沙漠	位于内蒙古阿拉善西南边缘及甘肃酒泉部分地区	属干旱温热区，沙山高大密集，形态复杂，起伏悬殊，一般高 200~300 m，最高可达 420 m，年降水量 40~80 mm，年蒸发量 1 720~3 320 mm，干燥度 7.0~16.0
风沙二区	柴达木沙漠	位于青海柴达木盆地	属极干旱寒冷区，风蚀地、沙丘、戈壁、盐湖和盐土平原相互交错分布，盆地东部年均气温 2 ℃~4 ℃，西部为 1.5 ℃~2.5 ℃，年降水量东部为 50~170 mm，西部为 10~25 mm，年蒸发量 2 500~3 000 mm，干燥度 16.0~32.0
风沙二区	古尔班通古特沙漠	位于新疆北部准噶尔盆地	属干旱温冷区，其中固定、半固定沙丘面积占沙漠面积的 97%，年降水量 70~150 mm，年蒸发量 1 700~2 200 mm，干燥度 2.0~10.0
风沙三区	塔克拉玛干沙漠	位于新疆南部塔里木盆地	属极干旱炎热区，年降水量东部 20 mm 左右，南部 30 mm 左右，西部 40 mm 左右，北部 50 mm 以上，年蒸发量在 1 500~3 700 mm，中部达高限，干燥度 >32.0
风沙三区	库姆达格沙漠	位于新疆东部、甘肃西部，罗布泊低地南部和阿尔金山北部	属极干旱炎热区，全部为流动沙丘，风蚀严重，年降水量 10~20 mm，年蒸发量 2 800~3 000 mm，干燥度 >32.0，年 8 级以上大风天数在 100 d 以上

附录 G 涉水项目施工期通航安全保障费用计算方法

G.1 一般规定

G.1.1 为适应公路工程涉水项目施工期通航安全保障工作的需要，合理确定公路工程涉水项目施工期通航安全保障费用，规范施工期通航安全保障费用计算方法，编制本计算方法。

G.1.2 本计算方法适用于沿海水域、航道等级Ⅲ级及以上的内河水域需要开展通航安全保障工作的设计概算、施工图预算的编制和管理。

G.1.3 需要开展通航安全保障工作的公路工程涉水项目，应根据该项目的通航环境、施工组织等进行专项设计，确定施工期通航安全保障的工作内容，按本计算方法规定计算各项费用。

G.1.4 通航安全保障费用由临时设施设备费、现场保障费、管理经费、税金组成，费用组成如附图 G-1 所示。

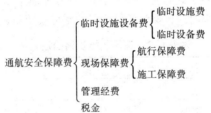

附图 G-1 通航安全保障费用组成图

G.2 临时设施设备费

G.2.1 临时设施设备费由临时设施费和临时设备费组成。

G.2.2 临时设施费是指为实施通航安全保障工作而需使用的办公及生活临时建筑物、通航保障船艇临时靠泊设施所发生的费用等。临时设施费按摊销和周转考虑。

G.2.3 临时设备费是指因工程建设，导致船舶航路、航法或交通管理系统改变，为引导船舶安全航行而需要新建或改建导、助航设备所需的费用，内容包括：

1 导助航设备（如 AIS 基站、雷达应答器、航标等）的新建或改建所需的设备购置与安装费、租赁费、施工期维护费等。

2 交管专台设备的建立或完善所需的设备购置与安装费、租赁费、施工期维护费等。

G.2.4 通航安全保障费不包括因工程建设影响船舶航行而设置临时航道所发生的疏浚、扫测与制图等有关费用，需要时另行计算。临时设备费根据专项设计，按相关行业概算、预算编制规定以及配套定额计算各项费用。

G.3 现场保障费

G.3.1 现场保障费由航行保障费和施障费组成。

G.3.2 航行保障费是指因项目施工影响了过往船舶通航秩序时，采用巡航、值守等方式，对施工水域水上通航秩序进行管理及利用交管专台进行监控而发生的船艇及人员费用。巡航是指以动态巡查的方式对受影响水域实施警戒、疏导与管理,以及在接到现场应急处置需求时,巡航船艇从停泊点驶往现场等工作。值守是指以静态值守的方式对受影响水域实施警戒、疏导与管理。航行保障费的计算公式见下式:

$$F_n = D \cdot [N_s \cdot (P_t \cdot A_t + P_s \cdot A_s) + N_m \cdot A_m]$$

式中 F_n——航行保障费(元)。

D——航行保障工作天数(天),是指在船舶可航行水域施工开始至结束的总天数。

N_s——保障船艇数量(艘),具体计取方法根据专项设计确定,可参考附表 G-1。

附表 G-1 保障船艇数量计取方法

项目轴线跨越船舶航行水域长度 L/km	≤0.5	0.5 < L ≤ 1	1 < L ≤ 10	L > 10
保障船艇数量 N_s	1	2	3	$N_s = [3 + (L-10)/5]$(向上取整)

P_t——巡航日艘班数,按 0.25 艘班/d 计。

A_t——船艇巡航艘班单价(元),按现行《公路工程机械台班费用定额》(JTG/T 3833—2018)相同或相近主机功率的拖轮台班单价计算,即船艇巡航艘班单价 = 不变费用 + 可变费用(人工费、燃料费、淡水费)。保障船艇类型根据专项设计确定,可参照附表 G-2 中水域范围对应;保障船艇主机功率可参照附表 G-2 中保障船艇类型确定。

附表 G-2 保障船艇规格确定方法

水域范围	保障船艇	
	类型	主机总功率/kW
沿海航区	沿海(40 m 级)	2 700
遮蔽航区	沿海(30 m 级)	2 200
主要指内河 A 级航区	内河(30 m 级)	750
主要指内河 B 级航区	内河(20 m 级)	400
主要指内河 C 级航区	内河(15 级)	130

P_s——值守日艘班数,按 2.75 艘班/d 计。

A_s——船艇值守艘班单价(元),按巡航艘班可变费用中的人工费、10% 燃料费及淡水费计算,即船艇值守艘班单价 = 人工费 + 10% 燃料费 + 淡水费。

N_m——航行保障单日工作人员总数,为保障船艇单日工作人员和交管专台单日工作人员数量之和(人),根据专项设计确定。保障船艇单日工作人员可按每艘船每日 6 人计;交管专台单日工作人员可按每专台每日 6 人计。

A_m——航行保障工作人员人工单价(元),按现行《公路工程机械台班费用定额》(JTG/T 3833—2018)中的船舶人工工日单价计算。

G.3.3 施工保障费是指大型构件运输和安装等高风险施工作业过程中,对外部通航环境要求较高时,为防止外部因素对施工作业造成不利影响,需要专门投入船艇和设施设备进行现场警戒所发生的费用。如禁航区、封航、警戒等需要发生的导助航设施、船艇及人员等费用。施工保障工作内容由专项设计确定,施工保障费根据施工保障工作内容,按相关行业概算、预算编制规定以及配套定额计算各项费用。船艇巡航与值守艘班单价、施工保障工作人员人工单价按航行保障费计算方法计算。

G.4 管理经费

G.4.1 管理经费是指通航安全保障实施单位为管理和组织保障工作所需的费用，包括办公费、会议费、差旅交通费、固定资产使用费、工具用具使用费、宣传宣贯费、审计费、调研和咨询费、保障方案编制费、管理人员工资以及其他管理性开支等。管理经费以临时设施设备费、现场保障费之和为基数，费率按5%计算。

G.5 税金

G.5.1 按国家税法规定计算相关税金。

G.6 通航安全保障费用计算方式

G.6.1 通航安全保障费用计算方式见附表G-3。

附表 G-3 通航安全保障费用计算表

序号	项目	说明及计算式
（一）	临时设施设备费	
	临时设施费	按本附录规定计算
	临时设备费	按本附录规定计算
（二）	现场保障费	
	航行保障费	按本附录规定计算
	施工保障费	按本附录规定计算
（三）	管理经费	［（一）+（二）］×5%
（四）	税金	按国家税法规定计算相关税金
（五）	通航安全保障费	（一）+（二）+（三）+（四）

参 考 文 献

[1] 交通运输部职业资格中心. 公路工程造价的计价与控制 [M]. 北京：人民交通出版社，2011.
[2] 交通运输部职业资格中心. 公路工程造价案例分析 [M]. 北京：人民交通出版社，2011.
[3] 杜贵成. 公路工程造价细节解析与示例 [M]. 北京：机械工业出版社，2007.
[4] 宁金成. 公路工程案例分析 [M]. 北京：人民交通出版社，2007.
[5] 董云. 公路工程概预算 [M]. 北京：中国建筑工业出版社，2018.
[6] 顾伟红. 铁路与公路工程概预算 [M]. 北京：人民交通出版社，2014.
[7] 张兴强. 公路工程概预算 [M]. 北京：清华大学出版社，北京交通大学出版社，2011.
[8] 杨建宏，陈志强. 透过案例学公路工程计量与计价 [M]. 北京：中国建材工业出版社，2011.
[9] 邬晓光. 《公路工程预算定额》理解与应用 [M]. 北京：人民交通出版社，2008.
[10] 韩玉祥. 公路工程造价指导 [M]. 北京：化学工业出版社，2011.
[11] 蒲翠红. 公路工程计量与计价 [M]. 北京：西南交通大学出版社，2017.
[12] 钟晓红，董立. 公路工程计量与计价 [M]. 北京：机械工业出版社，2019.
[13] 高峰，张求书. 公路工程造价 [M]. 北京：北京理工大学出版社，2010.
[14] 李栋国，马洪建. 公路工程与造价 [M]. 北京：武汉大学出版社，2017.
[15] 周世生，靳卫东. 公路工程造价 [M]. 北京：人民交通出版社，2008.
[16] 中华人民共和国交通运输部. JTG 3820—2018 公路工程建设项目投资估算编制办法 [S]. 北京：人民交通出版社，2018.
[17] 中华人民共和国交通运输部. JTG 3830—2018 公路工程建设项目概算预算编制办法 [S]. 北京：人民交通出版社，2018.
[18] 中华人民共和国交通运输部. JTG/T 3821—2018 公路工程估算指标 [S]. 北京：人民交通出版社，2018.
[19] 中华人民共和国交通运输部. JTG/T 3832—2018 公路工程预算定额 [S]. 北京：人民交通出版社，2018.
[20] 中华人民共和国交通运输部. JTG/T 3833—2018 公路工程机械台班费用定额 [S]. 北京：人民交通出版社，2018.
[21] 中华人民共和国交通运输部. 公路工程标准施工招标文件（2018年版）[M]. 北京：人民交通出版社，2018.
[22] 方申. 《公路工程预算定额》释义手册 [M]. 北京：人民交通出版社，2019.
[23] 方申，邹苏华. 公路工程材料价格使用手册 [M]. 北京：人民交通出版社，2019.